应用型本科人才培养的研究与实践

主编　李文虎

上海浦江教育出版社

图书在版编目(CIP)数据

应用型本科人才培养的研究与实践/李文虎主编. —上海：上海浦江教育出版社有限公司，2014. 11
ISBN 978-7-81121-384-3

Ⅰ. ①应…　Ⅱ. ①李…　Ⅲ. ①高等学校—人才培养—研究—中国　Ⅳ. ①G649. 2

中国版本图书馆 CIP 数据核字(2014)第 261149 号

上海浦江教育出版社出版
社址：上海海港大道 1550 号上海海事大学校内　邮政编码：201306
电话：(021)38284910(12)(发行)　38284923(总编室)　38284910(传真)
E-mail：cbs@shmtu. edu. cn　URL：http://www. pujiangpress. cn
上海市印刷十厂有限公司印装　上海浦江教育出版社发行
幅面尺寸：169 mm×230 mm　印张：31. 75　字数：538 千字
2014 年 11 月第 1 版　　2014 年 11 月第 1 次印刷
责任编辑：倪项根　蔡则齐　　封面设计：赵宏义　　责任校对：王　艳
定价：90. 00 元

《应用型本科人才培养的研究与实践》

编委会

致力培养应用型本科人才
服务地方经济社会发展

（代序）

应用型人才主要是在一定的理论规范指导下，从事非学术研究性工作的人，其任务是将抽象的理论符号转换成具体的操作构思或产品构型，将知识应用于实践[1]。应用型本科教育是以培养面向生产、建设、管理、服务一线的高级应用型人才为目标定位的高等教育。应用型本科院校的共同特点是：第一，以培养应用型的人才为主。应用型高校可以培养非应用型人才，但主要的、大量的任务应该是培养应用型人才。第二，以培养本科生为主。某些学科专业可以培养研究生，但当前不以培养研究生为主。第三，以教学为主。应用型的高等学校以教学为主，同时也要开展研究，不过它开展的研究是应用性的、开发性的研究。第四，应用型高校应该以面向地方为主。某些专业也可面向地区，甚至面向全国，但它主要是面向地方，为地方服务[2]。自2000年升格为本科院校以来，常州工学院始终秉持"让每一位学生都获得成功"的办学理念，竭力突出地方性，一直坚持应用型，着力尽力于特色发展，凝心聚力于建设特色鲜明的地方性应用型本科高校。

一、立足地方产业发展，优化学科专业结构，走服务地方办学之路

在高等教育大众化背景下，不同层次类型的高校要从本校实际情况出发，合理定位，特色发展。应用型本科高校尤其要进一步强化服务地方经济社会发展的意识，把"立足地方、融入地方、服务地方、贡献地方"作为学校办学的根本使命，着力培养地方经济社会发展需要的高素质应用型人才。应用型本科高校的学科专业建设要紧密结合区域经济结构与布局，以本地区的传统产业、特色产业

〔1〕 潘懋元，石慧霞. 应用型人才培养的历史探源. 江苏高教，2009(1)：7－10.

〔2〕 潘懋元. 什么是应用型本科. 高教探索，2010(1)：10－11.

和新兴产业为服务面向，发挥学校办学优势，遵循本科教学规律，努力探索服务地方的应用型人才培养办学之路。

办学初期，常州工学院顺应常州经济社会发展的需要，重点发展了机械、电气、经济管理、化工等学科专业。近年来，在深化改革开放、转型提升发展的大背景下，常州市的土木建筑、对外经贸、先进制造、软件信息、创意动漫、文化传媒、新兴能源等产业也面临转型升级和旺盛的人才需求，学校审时度势，充分发挥已有学科专业优势，拓展了相关学科专业，使学校的学科专业布局与常州经济社会发展的需要更加吻合，为常州市的支柱产业和新兴产业发展提供了重要的人才支撑及技术支持。当前，常州市重点发展的10大产业链(轨道交通、汽车及零部件、农机和工程机械、太阳能光伏、碳材料、新医药、新光源、通用航空、智能电网、智能数控和机器人)、10大新兴产业(轨道交通、新型化工材料、特种纤维及复合材料、新型金属材料、新型建筑材料、稀土及纳米材料、嵌入式软件、游戏动漫、创意产业、其他特色产业)，均能在常州工学院找到相应的学科专业和技术人才。在升格为本科院校的14年中，学校的本科专业从零起步发展到如今47个专业，实现了与地方产业链相对接，形成了机械工程、电气信息、计算机科学技术、光电工程、土木建筑工程、经济管理、艺术设计、教师教育、语言文学等9大专业群。

在服务地方的办学过程中，学校进一步明确了发展目标和努力方向，使学校的发展与地方经济社会的发展紧密结合。与此同时，全校教师提高了技术开发、成果推广应用、决策咨询等方面的能力，促进了教师学术水平的提升，从而提高了学校的办学能力和水平。此外，通过加强与地方的交流合作，学校也获得了地方更广泛的认可和更有力的支持，为今后发展创造了良好的外部环境。

二、深化政产学研合作，改革人才培养模式，走产学研结合办学之路

应用型本科高校需要依据政府、高校、企业、科研机构及社会其他系统的利益需求，寻求价值取向的结合点和利益的结合域，通过学校主动、政府牵动、业界联动，建立和完善合作育人、合作办学、合作就业、合作发展的长效机制，实现共同目标的融合、相近目标的契合、矛盾目标的转化，全面提升政产学研合作水平。从20世纪80年代开始，常州工学院就开始探索产学研结合培养应用型人才的路径，所实施的产学结合、工读交替的“三明治”式培养模式受到教育界和地方的普遍好评。学校与常州机床厂等企业合作开展的学生3年学校教育与1年工厂

实习统筹安排的"3+1"教学模式,被当时的《文汇报》《中国教育报》等媒体誉为"常工模式"。近年来,特别是教育部"卓越工程师教育培养计划"启动以来,学校遵循"卓越计划"所倡导的理念,积极实施"卓越计划",启动了新一轮人才培养模式改革。在"培养适应地方经济社会发展需要的、具有创新精神和实践能力的高素质应用型人才"这一总的人才培养目标的指导下,通过加强专业建设与教育教学改革、强化师生创新精神和实践能力培养、建设适应应用型人才培养的教师队伍、营造有利于产学研有机结合的校园文化氛围等举措,不断改革和创新人才培养模式,全力培养应用型人才。

构建校企一体合作育人模式。学校在专业结构调整、培养方案制定、课程建设、教学实施及教学评价等方面不断加强与行业、企业及科研单位的合作,吸引其更多地参与到人才培养的过程中来。所有专业都以学科为背景,以行业为依托,组建专业教学指导委员会,把握教学工作总体方向。围绕应用型本科人才培养目标规格,整体优化人才培养方案,开设校企合作课程,聘任企业兼职教师,遴选与工程实际"零距离""无缝对接"的教学内容。构建系办专业的组织架构,实行班级导师或导师组制度,把教学、科研、生产三者有机结合落到实处。

产学合力深化实践教学改革。学校构建了以培养学生创新精神和实践能力、促进学生全面发展为目标,以提高学生的基本技能、专业技能和专业核心能力为主线的实践教学体系。大力加强实验室和校外实践教学基地建设,使其成为训练学生专业技能的基地。同时,学校成立了一些具有产学研功能的校内实体,实现了教学、科研、生产相互促进、共同发展。目前,学校依托土木建筑工程学院建立的常工建筑设计研究所、常工建筑工程质量检测所,依托计算机信息工程学院建立的常工富藤科技有限公司、常州蓝联科技有限公司,依托艺术与设计学院建立的意工厂创意产业有限公司,依托光电工程学院建立的大地测距科技有限公司,依托电子信息与电气工程学院建立的常工电子科技有限公司以及常州工学院科技产业园等产学研实体,在培养应用型本科人才中发挥了重要作用。

校企共建"双师型"教师队伍。学校非常重视"双师型"教师队伍建设,通过产学研有机结合,建立了一支教学水平高、工程实践能力强的教师队伍。一方面,学校鼓励教师到企业、工程一线顶岗锻炼、开展技术研究,提高教师的科研能力和工程实践能力。另一方面,学校从企业和科研院所聘请既有丰富的实践经验又能从事教学工作的高级技术骨干和管理人员担任兼职教师,改善教师队伍结构。学校的"专业导师""职业导师"与企事业单位的"校外导师"合力于校企合作、产教融合，致力于培养应用型人才。

产教相融构建创新文化氛围。学校着眼于学生的品德和人格塑造，注重加强应用型高校的校园文化建设，从课内到课外、从理论教学到实践教学，鼓励学生实践创新，全方位提升学生的科学素养和人文素质。学校将创新创业类课程纳入培养方案，构建了国家、省、校、院四级大学生实践创新训练体系，将创新创业教育贯穿于人才培养全过程，逐年增加校级立项资助项目数量，确保每个学生在校期间至少能参与一项有质量的创新创业项目。学校出台了学科竞赛管理办法和奖励政策，制定了重点资助的学科竞赛目录，充分调动广大教师指导学生参加学科竞赛和科技创新活动的积极性，大力开展课外科技活动和创新创业活动。同时，学校鼓励师生深入企业、社区、乡村，开展科技服务，扶助困难群体，拓展志愿活动，接地气、知实践、动真情，增加师生对国情、省情、社情、民情的切身感受，在社会实践中受教育、长才干。

三、加强教学内涵建设，提高人才培养质量，走内涵提升办学之路

应用型高校在办学过程中，要致力于建设符合应用型人才培养要求的教学文化，为应用型人才培养提供理论支撑、氛围支持。近年来，常州工学院紧紧把握“内涵提升”主线，在教学建设与管理方面主要抓了以下“四度”“四化”：

提高教学研究的深度。积极组织广大教师和管理人员开展教研活动，将新的教育思想观念、新的教学研究成果应用到具体的教学工作之中，提高人才培养方案的科学性、前瞻性，改变教学内容陈旧、方法手段落后的现象，充分发挥教学研究对教学改革与发展的推动作用。

提高教学建设的高度。紧紧围绕应用型人才培养目标，以全面实施素质教育为主线，按照“准确定位、改革创新，强化实践、突出特色，整体规划、逐步推进”的原则，从培养模式、培养方案、教学团队、课程教材、教学方式、实践教学、教学管理等维度出发，大力进行教学基本建设，强化特色意识和创新意识，提高教学建设的高度，培育标志性成果。

提高教学资源的广度。健全课程开设、审核机制，选用反映产业发展前沿的优质教材，把最新的科研成果、最新的应用技术及时引进课堂，以保持教学内容的时代性和实用性；开展课程专项评估，加强课程资源开发，加大精品课程、精品教材建设力度；鼓励与企事业单位、科研院所合作，共同开发体现社会生产与职业需求的新课程新教材，充分挖掘办学资源，为学生提供充足的学习资源。

提高教学监控的强度。健全质量保证体系，完善教学评价制度，重视和发挥专家组织的评价功能；充分利用现代教育评价方法与技术，有重点、有计划地进行课堂教学质量、专业建设质量、课程建设质量、试题库建设质量、毕业设计(论文)质量评估；加强专业设置、培养方案制定、课程教材建设、实践性教学环节及实施过程的质量管理；完善教学督查、考试督查、学生评教和毕业生跟踪调查等督查与反馈制度；建立政府、学校、专门机构和社会多元评价相结合的教学评估制度，编制并发布《本科教学质量年度报告》，接受社会监督。

推进培养模式的多样化。以社会需求和就业需要为导向，着力推进人才培养模式多样化，架设人才培养的立交桥。实施“卓越工程师教育培养模式”改革“校企深度融合培养模式”改革以及“中职与普通本科3+4分段培养模式”“高职与普通本科‘3+2’分段培养模式”改革，积极探索“技术+管理”“技术+人文”的复合型人才培养模式改革等。

推进教学资源的信息化。充分利用信息技术，构建信息化教学服务平台，完善数字化教学支持服务系统，加速教育资源的集成共享，促进教育信息资源与课堂教学的有机结合，推进基于网络的人才培养模式和教学内容、教学方法改革；实施“优质教学资源建设与共享计划”，着力建设一批精品共享课程和精品视频公开课程，建设信息化教学资源库，优化课程资源共享系统，提高教学的信息化水平。

推进教学思想的国际化。加强对外交流与合作，举办国内外、境内外合作班，国际课程实验班，招收外国留学生和港澳台学生；借鉴国际先进的教育理念和教育经验，引进国外优秀课程、教材，推进双语教学，着力培养一大批具有国际视野、知晓国际规则、能够参与国际事务和国际竞争的国际化人才；吸引境外知名高校、教育和科研机构以及企业，合作设立教育教学、实训、研究机构，共建一批国际化的专业和课程；加强与国际知名大学合作，积极推进教师互派、学生互换、学分互认等。

推进教师发展的专业化。从课程集群建设出发，组建教学团队，遴选教学团队带头人；设立“教学名师工作室”，充分发挥教学名师的引领示范作用；举办“名师公开课”“青年教师公开课”“资深教师示范课”“研究性教学示范课”，加强教学研究，打造优质课堂；实施“教授引进、培育工程”“博士引进、培养工程”，选拔骨干教师到海外研修、到企业挂职，使教学团队的职称、学历、年龄结构逐渐优化，理论水平和实践能力逐渐提升。

通过全体师生的共同努力，学校的人才培养质量逐渐提高，应用型人才培养的特色逐渐形成。江苏省教育厅公布的全省高校毕业生就业情况统计数据显示：常州工学院2010届毕业生的就业率为97.4%，协议就业率为94.4%；2011届毕业生的就业率为97.8%，协议就业率为96.3%；2012届毕业生的就业率为97.8%，协议就业率为97.2%；2013届毕业生的就业率为97.07%，协议就业率为96.53%，均位于全省高校前列。麦可思数据有限公司提供的《2012常州工学院社会需求与培养质量年度报告》显示：常州工学院毕业生从求职到接受第一份工作平均得到3.2份工作邀请，受雇全职工作的比例为88.8%；就业于工业成套设备制造业、通用机械设备制造业、半导体和电子元件制造业等行业的毕业生，与本省非“211”本科院校从事相同职业的毕业生相比，其半年后的月收入表现出明显优势。该公司提供的《2013常州工学院社会需求与培养质量年度报告》则显示：从全校整体情况来看，学生价值观提升状况较好，基本工作能力和核心知识能满足工作要求，人才培养整体评价较高，毕业生中有34.8%的人在学校所在地——常州就业。

我们认为，立足地方、服务地方是应用型高校的立校之本。应用型本科教育应定“性”在地方（行业）、定“型”在应用、定“格”在特色、定“点”在实践。在今后的办学过程中，我们将牢牢抓住历史机遇，根据自己的传统、特色、优势以及本地经济社会发展的需求，写好“转型”“提升”“发展”三篇大文章，深化校地互动、产教相融，致力于培养应用型本科人才，办出特色，办出水平，为地方经济社会发展做出自己应有的贡献。

李文虎

2014年8月

目　录

上篇　理论研究

中篇　实践探索

下篇　成果概览

上篇　理论研究

应用型本科院校的战略定位

张昌波

一、应用型本科院校及其定位问题的提出

应用型本科院校就是培养本科层次应用型人才的高等学校，之所以称为应用型本科院校，最终还是要落脚到它的人才培养上，即主要是对这类学校的人才培养目标、规格以及人才类型、层次作出了规定。它的培养目标是培养具有一定知识、能力和综合素质，面向生产、建设、管理、服务等一线或岗位群并适应其需求，具有可持续发展潜力的高级应用型专门人才。

应用型本科院校开展应用型本科教育是本科层次教育，有着本科教育的共性，但它又有别于普通本科，它更强调的是实践性、应用性和技术性。它不同于专科层次，要求学生具有较为宽广的理论基础和可供广泛迁移的知识平台，使学生具备较强的终身学习能力，有进一步发展的后劲。它把人才培养目标定位在一线或实际岗位群，使其具有适应高新技术发展及自我学习、提高的能力。所以，应用型本科教育既非宽泛的工程科学教育，亦非狭窄的职业技能培训，而是培养适应工业、工程生产第一线现实和发展需要的工程应用型、技术应用型人才，是保证本科人才的基本素质，又具有现代职业技术教育特征的高等教育。

表现在人才培养上，与精英高等教育或研究型大学相比较，应用型人才培养主要具有以下特点：第一，教学内容是围绕着一线生产的实际需要加以设计的，强调基础、成熟和实用，而相对忽视对学科体系的强烈追求和对前沿未知领域的高度关注。第二，这种人才的能力培养以一线生产的实际需要为核心目标，在能力培养中特别突出对基本知识的熟练掌握和灵活应用，以及解决实际问题的能力，比较而言，对于科研开发能力就不作过高的要求。第三，应用型人才培养过程更加强调与一线生产实际相结合，更加重视实习和实训教学环节，它比工程研

究型、设计型人才培养更需要工程实践训练,更要有良好工程环境和氛围的体验。

从高等教育自身乃至整个社会发展需要来看,在国家进一步推进高等教育大众化及多样化,强调高校服务地方经济建设的今天,建设和发展应用型本科院校,开展应用型本科教育,有着极强的必要性。从目前状况来看,把自己定位为应用型本科院校的主要为一些地方高校或新建本科院校,这些高校在我国整个高等教育系统中已经占到很大比例,一些地方性的工学院、工程学院和工业学院顺应时代和社会的发展需要,纷纷提出定位于应用型本科院校,培养应用型人才的发展思路。学校定位十分重要,它决定了学校的发展目标、基本策略和发展格局。科学定位是学校制定规划、配置资源乃至发挥优势和办出特色的前提。那么,这些应用型本科院校究竟如何从战略上对自己进行定位呢?华中科技大学刘献君教授认为,“高等学校定位,应该从三个层面来考虑,即高等学校在整个社会大系统中的定位,一所学校在整个高等教育系统中的定位,学校内部各要素在学校发展中的定位”。这为应用型本科院校的定位提供了很好的思路。

二、应用型本科院校在社会和整个高等教育系统中的定位

应用型本科院校一方面存在于社会的大环境中,另一方面,它又存在于高等教育的大系统中,是国家整个高等教育体系的一部分。因此,应用型本科院校可从区域、学科专业、办学类型、办学层次等方面来进行战略定位。

(一) 区域定位——突出地方性

应用型本科院校大多是地方政府从本地区经济建设的需求出发而建立的,它们适应需要而产生,适应需要而发展。所以要时时刻刻清楚地认识到自己是地方政府办的大学,如果不能高质量地为地方经济建设和社会发展服务,在学科、专业设置及人才培养的层次、数量乃至就业去向都没有鲜明的地方色彩,学校不仅会失去地方政府的支持,也会失去社会和学生家长的支持。

应用型本科院校在服务对象、招生、就业等诸方面要有明确的区域定位,找准自己的位置,突出地方性,全心全意为地方发展服务,使自身的改革与发展与本地区的经济、社会发展紧密结合,对本地区的发展承担起应有的责任,只有这样,才能够成为当地经济、科技、文化发展所需要的人才培养和科技开发的重要

基地,也才能有学校的长足发展。

(二) 学科专业服务面向定位——产业性

应用型本科院校在设置、调整学科专业时,要以满足本地区确定的基础产业、支柱产业和重点产业的发展需要为依据,并随本地区产业结构的变化而适时变化,构建起主动适应地方经济、社会发展的学科专业运行机制。学科建设主要是要为专业建设、专业的设置和灵活调整服务,并最终为教学服务。专业从设置到招生,从人才培养过程到毕业去向,都要突出地方产业性,即根据产业需要设置专业,根据产业对人才的要求确定人才培养目标、规格,按照产业要求培养的人才又进入相应的产业中。

(三) 办学类型和层次定位——本科层次、以工科为主的教学型(教学为主、科研为辅)应用型高等院校

根据不同的维度,如按隶属关系、按办学主体进行划分,就会有不同的办学类型。一般来说,学校类型可按照高校职能的主要取向和学科结构特征两个维度进行划分。从高校职能的主要取向来看,高校主要有三个职能,即教学(人才培养)、科研和社会服务,根据其职能取向的侧重不同,可划分为教学型、研究型和教学研究型高校。这样,应用型本科院校应属于教学型高校,它的主要职能是培养人才。当然,说它是教学型高校,并不是说应用型本科院校就不需要开展科研,而是说它要以教学为主、科研为辅,科研要为人才培养、提高教学质量服务,而不是二者并重。从高校学科结构特征来看,主要有单科性院校、多科性院校和综合性院校。应用型本科院校无论属于单科性院校或多科性院校,均须突出应用性。如果是多科性院校,宜以工科为主,适当开设其他应用类学科。

至于办学层次,主要是从纵向上对高等教育进行划分,包括专科、本科和研究生教育。应用型本科院校当然属于本科层次,以本科教育为主,可适当发展研究生教育。之所以提出适当发展研究生教育,其目的在于以研究生教育带动本科教育上水平,并进一步促进学科和专业的建设和发展。当然,这种应用型本科教育应与专科教育、传统本科或普通意义上的本科教育是有所区别的,这都要求它的内部各要素在学校发展的定位上能体现出来。

三、应用型本科院校内部各要素在学校发展中的定位

学校要主动适应经济社会的发展需要，就是要根据自己在社会和整个高等教育系统中的定位，来对学校内部各要素及其之间的相互关系进行准确定位。总体上，应用型本科院校应以提高应用型人才培养质量为宗旨，以教学为中心，以学科专业建设为龙头，以教师为本，来对学校的各种资源进行调配。具体表现在办学目标和规模、教学改革与人才培养、学科专业建建设和师资队伍建设等方面。

（一）办学目标和规模定位

由于各个应用型本科院校的发展历史、规模、办学条件、办学水平、学科专业建设等方面都存在差异，所以其目标和规模定位也不尽相同，这里仅就相通的地方进行探讨。这样，应用型本科院校的总体办学目标和规模可描述为：深化教学改革，全面推进素质教育，努力创建以应用能力培养和评价为主导的、具有应用型本科院校特色的人才培养体系；立足地方，面向省市，主动适应地方经济建设和社会发展需要，服务生产、管理一线，致力为地方培养富有创新精神和实践能力的高级应用型专门人才，使学校成为地方经济建设和社会发展的主要智力支持源和人才培养基地；积极挖掘校内外办学潜力，努力实现规模、结构、质量、效益持续健康协调发展，促进教学质量、应用研究能力、学校管理水平和办学效益的全面提升。

（二）教学改革与人才培养定位

应用型本科院就是要努力创建以应用能力培养和评价为主导的、具有应用型本科院校特色的人才培养体系。具体来说，首先，在培养目标、培养规格上，应强调其培养的人才具备上手快动手能力强的特点，具有较好的工程意识，注重技术实施和技术运用，善于解决生产和管理一线中的实际问题，能够被单位用得上、留得住。其次，在教学内容和课程设置方面，应用型本科院校应打破严格的学科理论体系，按照实际岗位对人才的知识、能力要求来组织教学内容，以此来加强知识和能力的应用性。第三，在教学过程中，应用型本科院校应强调加强实践教学环节，增加实训教学，以增强学生实训体验，提高其实际操作能力。第四，

在人才培养质量上，应建立健全校内监控和社会评价反馈机制，增强毕业生就业竞争能力。

(三) 学科专业建设定位

总的来说，就是要积极构建面向地方支柱产业、面向高新技术产业和服务业的应用型学科专业体系。具体来说，首先，以社会为导向、以学科建设为龙头、以专业建设为重点，统筹学校人才培养工作。主张学科建设服务专业建设，学科建设带动专业建设，以学科建设为中心开辟新专业。其次，鼓励广大教师根据学校及地方经济建设需要，开展应用研究和科技开发，以促进学科专业建设。第三，着重加强重点、优势、特色学科专业建设，使这些学科和专业真正成为学校的“拳头”品牌。第四，在继续发展现有特色和优势学科的同时，紧密结合地方经济、社会发展需要，积极调整、优化学科结构。第五，适当发展应用型研究生教育，开办工程硕士学位点，以进一步提升学科建设和人才培养水平。

(四) 师资队伍建设定位

要求着力塑造一支能适应应用型本科人才培养的高素质师资队伍。具体来说，是以培养学科带头人、学术骨干和青年教师为重点，加强师资队伍建设；重视引进和培养既有教师职务，又有工程专业技术职务的“双师型”教师，保证“双师型”教师的比例逐年上升；加强教师的继续教育和培训，培养教师形成应用型人才的教育观，增进其培养应用型人才的技能，切实扭转目前大多数教师尚不能完全适应应用型人才培养需要的局面。

(2005 年 10 月发表于《高等职业教育：天津职业大学学报》)

论应用型本科教育的性质与特征

陶岩平

1998年至2003年，我国新增设本科院校(均为专科院校升格为本科院校)114所，其中，部分工学院、工程学院、工业学院于2001年提出了学校定位于培养适应社会需要的高层次应用型人才，实施“应用型本科教育”。由于“应用型本科教育”在我国是一个教育新概念，不同的人存在着不同的看法。因此，如何理解“应用型本科教育”，对于“应用型本科教育”的实践有着现实的指导意义。

一、应用型本科教育的含义

“应用型本科教育，简单地讲，就是培养高层次应用型人才的本科教育。”其主要有以下三方面的含义：

(一) 应用型本科教育培养的人才属于应用型人才

人才，从生产或工作活动的过程和目的来分析，总体上分为两大类：一类是学术(科学)型人才，发现和研究客观规律的人才；另一类是应用型人才，应用客观规律为社会谋取直接利益的人才。在科学原理(即客观规律)成为社会的直接利益的过程中，存在着三个转化：第一个转化，是将科学原理演变为工程(或产品)设计、工作规划、运行决策；第二个转化，是将第一个转化的结果转化为生产经营活动的工艺、程序、方法，进行现场管理、智力操作；第三个转化，是将第二个转化的结果进行技能操作，形成产品和服务。在应用型人才中，把实现这三个转化的人才分别称为工程型人才、技术型人才和技能型人才。

(二) 应用型本科教育的教育层次是本科教育

在我国，高职高专最早把培养目标指向应用型人才，那么培养应用型人才的本科教育与专科教育的区别是什么？从现象到本质的区别主要有：①在监控体系上，本科教育接受的是《普通高等学校本科教学工作水平评估方案(试行)》，而专科教育接受的是《高职高专院校人才培养工作水平评估方案(试行)》。②在学术要求标准上，应用型本科教育一般授予学士学位，而专科教育一般不授予学位。③在终身教育上，受过本科教育的考生比只接受过专科教育的考生更易考取研究生。④在教学计划的专业智能难度上，应用型人才的本科教育比专科教育的要求要难。我国《高等教育法》规定，专科教育应当使学生掌握本专业必备的基础理论、专门知识，具有从事本专业实际工作的基本技能和初步能力；本科教育应当使学生比较系统地掌握本学科、专业必需的基础理论、基本知识，掌握本专业必要的基本技能、方法和相关知识，具有从事本专业实际工作和研究工作的初步能力。一些高新技术工艺、数控机床的操作，IT 软件的制作生产等工作岗位对人才的要求，是一般高职高专教育所不能满足的，需要本科教育。⑤在教学计划的专业智能复杂程度上，应用型人才的本科教育比专科教育的要求要复杂。例如，一般培养复合型人才，双专科相当于本科。

(三) 应用型本科教育的培养目标指向高级技术型人才或初级工程型人才或中级工程型人才

教育层次与人才层次具有对应性。国际常采用“职业带”(Occupational spectrum)理论来解释教育层次与人才层次的对应性。这一理论以工业职业领域为例，将各类工业技术人才的知识和技能结构用一个连续的职业带来表述。如图 1 所示。每一类人才占有一块面积，从 A 至 B 为技术工人区域，C 至 D 为工程师区域，E 至 F 为技术员区域。技术员地位居中，称中间人才(Middle-man)。由于职称与职务和工作岗位并无明确的一一对应关系和界线，因此，职业带中，存在着既可以由技术工人也可以由技术员承担的岗位区域，也存在着既可以由技术员也可以由工程师承担的岗位区域，即各类人才在职业带的交界处是重叠的。图 1 中斜线 A’D 的左上方代表手工操作和机械技能，右下方代表科学和工程理论知识。对技术工人的主要要求是操作技能，对工程师则是理论知识，对技术员两方面都需要。如以 GG’G”表示某一职业岗位，其对操作技能与理论知识两方面要求分别用线段长度 GG’与 G’G”表示。国际上一般把分别培养技术工人、技术员、工程师这三个系列人才的学制相应地称为“职业教育”(Vocational education)、“技术教育”(Technical education)、“工程教育”

(Engineering education)。现在,职业教育和技术教育在国际上称为技术和职业教育与培训(TVET)。应用型本科教育的培养目标就是指向职业带中的CF区域,它是技术员与工程师的交叉区域,即高级技术型人才或初级、中级工程型人才,他们属于中、高级应用型人才。应用型本科教育从事的就是技术教育与工程教育在本科教育层次上交叉部分的教育。

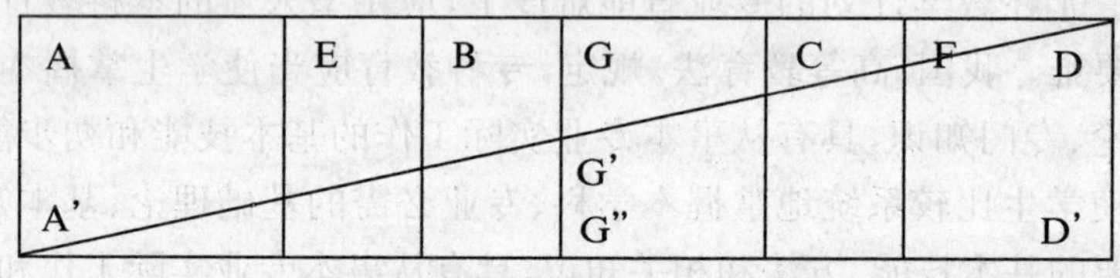

图1 职业带

职业带理论,仅以工业技术人才为例来表述复杂的、多维的社会人才结构虽然是不够精确的,但就总体而言,它还是可以反映出人才结构与教育结构的相互关系,有助于我们理解高等教育的核心内涵。

总之,应用型本科教育培养的人才是中级、高级应用型人才。对于文科来说,培养的是应用文科理论为社会谋取直接利益的人才;对于工科来说,培养的是介于工程型人才和技术型人才之间的应用型人才(工程技术型人才)。

二、应用型本科教育的性质

应用型本科教育的性质就是培养经济技术发展中需要的中、高级应用型人才的本科教育。

在经济全球化、知识经济初见端倪的国际经济发展形势下,我国进入了全面建设小康社会的发展阶段,需要大批的中级、高级应用型人才。其主要原因是:

第一,高新技术的发展使生产从劳动密集型向技术密集型转变,高新技术产业逐步取代传统的产业,涌现了大批的高科技知识密集型企业,采取智能化设施系统化控制生产和综合化、智能化等管理手段。这些企业迫切需要能在生产或管理第一线从事科技信息含量高、产品更新快、经营管理综合性强等工作的接受过本科教育的高新技术应用型人才。

第二,现代工程日益体现出其“实践、应用、综合和创新”的特点,迫切需要能在工程链(研究、开发、设计、制造、运转、营销、管理)中工作,可使研究工作深化、生产工艺水平和营销管理水平提高的“技术开发型”“集成创新型”“工程技术应用型”的中、高级应用型人才。

第三，21世纪的地方经济建设急需中、高级应用型人才。以常州为例，2001年，常州就业人口187.11万人，就业人口中工程技术人员比例为2.7%，在工程技术人员中的高级、中级、初级职称的比例为4.2：22.6：73.2。由于常州产业定位于现代制造业基地，常州市2004年度人才需求量达1.2万名，其中：本科6 000名，硕士250名；机械类、电气信息类、建筑类的需求比和紧缺方向见表1。

表1　常州市机械类、电气信息类、建筑类人才的需求比和紧缺方向

专业	中专：大专：本科：研究生	紧缺方向
机械类	0.3：0.25：0.3：0.15	机械设计制造及其自动化、材料成型及控制工程、变压器设计方向、柴油机增压方向、纺织机械方向
电气信息类	0.22：0.31：0.31：0.16	软件设计、电子信息工程、电气工程及其自动化、光学方向
建筑类	0.26：0.22：0.3：0.22	建筑学、工业与民用建筑、路桥方向

另外，随着人民生活水平的不断改善和提高，群众对本科教育的需求也不断增加，把应用型人才的培养层次从专科层次提升至本科层次，可以满足一部分群众的要求，这是个人自身发展的要求。

因此，从应用型本科教育的目的来看，应用型本科教育的性质就是为了满足经济技术发展中需要的中、高级应用型人才的要求的高等教育。应用型本科教育区别于其他本科教育的基本属性，就是培养目标指向于中、高级应用型人才的本科教育。

由于应用型本科教育的培养目标处于相当于技术员和工程师的交叉部分，在我国导致了应用型本科教育是否属于高等职业教育之争。鉴于我国定位于应用型本科教育的院校，实施的教学计划均是依据教育部高教司（1998年颁布）《关于普通高等学校本科专业目录和专业介绍》而制订的，而且培养对象是高中毕业生，因此，在我国现阶段，应用型本科教育总体上不属于高等职业教育或成人教育。应用型本科教育，实质上是新建本科院校在培养目标上的定位划分，并不是在教育类型上的划分。

三、应用型本科教育的特征

应用型本科教育的含义和性质决定了应用型本科教育具有以下基本特征：

（一）应用型本科教育的培养目标主要指向技术师、工程师、经济师、经理

经过应用型本科教育的毕业生，具备相应领域的综合职业能力和全面素质。毕业生在基础理论、专业理论知识和实践技术技能各方面具有应用和复合特征，适应了社会行业（职业）或技术岗位技术水平提高和知识能力结构多样化的需要。

（二）应用型本科教育的专业设置具有行业、职业或技术的定向性和地方性

应用型本科教育的专业设置，是在相对稳定的学科基础上针对工程技术、应用技术、职业岗位（群）设置专业（专业方向），以利于毕业生适应千变万化、日新月异的职业岗位，具有行业、职业或技术的定向性和地方性。

（三）应用型本科教育的教学计划以教会学生掌握技术应用能力或胜任工作岗位任务为主线设计培养方案

教学内容以职业岗位或工程技术领域的需要为出发点，在满足某一专业的学科理论的基本要求上，以生产现场正在使用和近期有可能推广使用的技术为主要业务范围，具有应用性、针对性和实用性。公共基础课和专业基础课的教学内容以适应终身教育为度，专业课的教学内容针对性和实用性加强。实践性教学环节，以培养学生的技术应用能力和智力技能为目的，在教学计划中占有较大比例，其中又以实训为重，要求实践教学时间应占教学总周数的三分之一以上，以使学生有针对性地获得较为系统的基本技能训练和专业技术训练。应用型本科教育强调基础理论和技术基础理论的教学以应用为目的，以掌握核心知识、强化应用为教学重点，使毕业生掌握某一职业岗位（群）或某类技术岗位（群）所需要的理论知识和技术技能，具有分析解决一般实际问题和应用研究能力，具有基础理论适度、技术应用能力强、知识面较宽、素质高等特点。

（四）应用型本科教育的培养条件必须具备双师型师资队伍和实习实训条件

双师型师资队伍的建设是提高应用型本科教育教学质量的关键，要求教师具有理论知识和实践经验。为了保证应用型人才特定培养目标的实现，还必须要有相应的实习和实训条件，可供学生进行现场实习、技术应用、综合锻炼、反复训练。

（五）应用型本科教育与实际部门紧密联系

学校与社会用人部门紧密联系、师生与实际劳动者紧密联系，进行产学研结合和合作，这是应用型本科教育的目的要求和培养高层次应用型人才的基本途径，也是应用型本科教育重要而十分突出的特点。

就我国的教育情况来看，实施应用型本科教育的主体主要有工学院、工程学院、工业学院、理工学院等本科院校，以及办有本科专业的高职高专院校。他们都可以在本科教育层次培养中、高级应用型人才。而定位于应用型本科教育的院校就是应用型本科院校。

（2004 年 3 月发表于《常州师范专科学校学报》）

论地方本科院校人才培养目标的定位：技术应用型人才

何一鸣　江昌勇

培养目标，是“指根据一定的教育目的和约束条件，对教育活动的预期结果，即学生的预期发展状态所作的规定”。培养目标的定位就是对所培养的人才规格进行界定和规范的过程。随着高等教育从精英阶段进入了大众化阶段，受高等教育人数的增加，传统本科教育的同质化体系将逐步分化，高校的分类、分层培养格局必定显现，意味着接受高等教育的形式与内容应有新的分化，人才培养规格多元化趋势已呈必然趋势。《教育部财政部关于实施高等学校本科教学质量与教学改革工程的意见》（教高〔2007〕1号）文件明确提出对高校“分类指导、鼓励特色、重在改革”，旨在鼓励各级各类高等学校发挥自身优势，努力办出特色，将在不同类别、不同层次的高校建立各具特色的人才培养模式创新实验区。

地方本科院校是指高等教育体系中一批分布在省会城市、地市及以下所在城市，由省、市政府直接管理或者以地方管理为主，主要为当地政治、经济、文化、教育发展培养人才的非国家重点建设的本科院校。作为依托地方、主要面向区域经济和行业需要为地方经济建设和社会发展服务的院校，承担的是大众化教育培养责任。立足地方、服务地方，培养应用型人才不仅是学校自身发展实际的必然选择，寻求发展特色的必有之路，更是实现跨越式发展的便捷之路。

然而，在实践发展过程中，由于对“应用型人才”内涵的混淆和对“应用型人才”范畴认识上的模糊，高校应用型人才的培养目标定位仍存在着一定程度的偏差。本文在对应用型人才的内涵、界定及分类培养等进行剖析的基础上，基于对“培养高等技术应用型人才”的理解和把握，阐述地方本科院校培养目标的定位问题。

一、应用型人才的内涵及界定

从字面上理解“应用”这个词的意思，主要有两个：一是指使用，如应用新技术；二是指将有关原理性的知识直接用于生活或生产实践。将“应用型”与“人才”这两个概念结合在一起使用，就变成了“应用型人才”。它是20世纪80年代中期以后中国本科教育改革的成果之一。

按照学科专业、行业领域、教育层次、岗位职位等不同的分类标准，可以将人才划分为不同的类型。“应用型人才”是与“专门人才”“理论型人才”或“学术型人才”相对应的不同的人才类型。一般来说，理论界通常把从事揭示事物发展客观规律的科学研究人员称为学术型人才，而把科学原理应用到社会实践并转化为产品的工作人员称为应用型人才。所谓应用型人才，实际上就是高等学校根据社会实际需要所培养的，面向实践、面向生产一线，掌握一定的基础理论知识并能将相应的科研成果进行转化的人才。简单地说，就是将科学的一般理论和最新研究成果运用到实际的经济生产领域中的专门人才，这种人才在具备坚实的基础理论的同时，对现实的经济、科技的发展状况也有较强的把握能力，能够将各种知识性的成果运用到实际的生产过程，发挥科学知识的经济效益。

可以从以下几方面理解对应用型人才的界定：

(1) 相对于学术型人才，应用型人才是指面对实际问题，能解决实际问题的人。

(2) 应用型人才是一个广义概念，界定应用型人才是以“类型”区分而不是以“层次”区分。

(3) “应用型人才”涉及的主要是能力问题。它虽然也强调基本理论、基本知识，但更强调从事实际工作的各种应用能力或技能。

(4) 从应用型人才的工作职能来看，其活动的主要目的不是为了探求事物的本质和规律，而是利用已发现的科学原理服务于社会实践，为社会创造直接的经济利益和物质财富。

(5) 应用型人才的特点就是知识面比较宽，具有跨学科性，又面向于社会的实际需要，具有多方面的适应性。

二、应用型人才的分类培养

对于高等技术应用型人才的判定，势必涉及“应用型人才”的内涵及分类培养，涉及“技术应用型人才”的范畴。

就“应用型人才”本身而言，可以做进一步的区分，并且每一种应用型人才都是社会生产链条上不可或缺的一环，对于社会经济发展具有独特的、不可取代的作用。

按照培养的层次，可以分为研究生层次、本科层次和专科层次的应用型人才。

按照在生产活动过程中所运用的知识和能力所包含的创新程度、所解决问题的复杂程度，应用型人才可以进一步细分为工程型、技术型和技能型。工程型人才主要依靠所学专业基本理论、专门知识和基本技能，将科学原理及学科知识转化为设计方案或设计图纸；技术型人才主要从事产品开发、生产现场管理、经营决策等活动，将设计方案与图纸转化为产品；技能型人才则主要依靠熟练的操作技能来具体完成产品的制作，把决策、设计、方案等变成现实，转化为不同形态的产品。

随着知识经济时代以及我国高等教育大众化时代的到来，把应用型人才的培养任务视为专科或高等职业教育的“专利”是一个误区。各高校都需要培养应用型人才，研究型大学也不例外，研究生也强调应用型人才的培养，如法律硕士、工程硕士、MBA、EMBA、MPA之类，就属研究生层次的应用型人才。但不同层次的应用型人才在知识结构和基本技能等方面的要求是很不相同的。因此，不同层次、不同类型的高校应该侧重于培养不同类型的应用型人才，准确定位，有所侧重，从而形成分层次培养应用型人才的格局。

其中，为避免同质化竞争，教学研究型、教学型院校，尤其是地方本科院校应侧重于培养技术应用型人才，找准人才培养目标的定位，走错位发展之路，使学生在理论与实践、基础知识与动手能力之间兼顾与平衡。应用型本科院校必然会比研究型、研究教学型大学在基础知识、专业教育的深度要浅一些，但比高职院校教授的专业理论知识和技术更广一些。

三、地方本科院校的培养目标定位于技术应用型人才的必要性

技术应用型人才的提出源于我国产业结构的提升。随着我国的产业结构逐步从劳动密集型向高科技知识集约型方向转变。一方面,传统产业与数字化相结合,出现了一些知识含量、技术含量较高的新职业。另一方面,知识经济催生了以"高新技术"和"文化内涵"为特征的新兴产业和创意产业。新兴行业的不断出现,原有行业的调整和转化,使得市场需要一大批既具有理论和专业知识,又具有很强的实践应用能力的劳动者,而我国对这方面人才的培养远远没有跟上经济的发展。这就为技术应用型人才的产生创造了契机。

技术应用型人才是在出现大量毕业生结构性失业的背景下提出的。一方面,我国的产业结构进行了调整和转换,出现了许多高级技术岗位缺人的情况;另一方面,中国高校普遍把研究型院校作为发展目标,把培养目标定位于"高、精、尖"人才,致使学生不能适应劳动力市场对技术应用型人才的大量要求,因此便出现了"有事没人干,有人没事干"的矛盾局面。

培养技术应用型人才是地方本科院校在应对高等学校激烈的竞争局面中提出的。我国的高等教育在重点发展一流大学和高等职业教育的"二元重点发展目标"指导下,研究型大学和高职高专院校的发展较为迅速。而处于二者中间的地方本科院校,既没有条件走学术研究型的发展道路,也不具备高职高专的办学活力,所面临的形势比较严峻。培养技术应用型人才有利于其在激烈的高校竞争中赢得市场。首先,技术应用型人才具有较高的学历和较扎实的基础知识,这是高职高专培养的人才所不具备的;其次,技术应用型人才主要从事产品开发、生产现场管理、经营决策等活动,将设计方案与图纸转化为产品,有较强的动手能力。这又是研究型大学培养的人才所无法比拟的。可见,地方本科院校把培养目标定位于技术应用型人才,既适应社会发展的新需求,又充分发挥出自身的优势。

四、关于培养目标定位的几方面问题

单一的人才观念和单一的评估体系导致一些教学型院校不去扎扎实实研究

如何培养应用型人才，而是盲目追求办学层次的升格以及办学规模的大而全。许多地方高校虽然也提出了一些要创建自己特色的响亮口号，包括走应用型教育之路，但实际上仅停留在表面层次。仍然强调知识质量观，重视知识，忽视实践能力和应用能力的培养，人才培养规格还是强调学术性、研究性，学生的实际工作能力相对不足。这种状况与社会迫切需要地方本科院校培养大量的技术应用型人才的要求存在较大差距。

（一）整体要求

将地方本科院校的培养目标定位在技术应用型人才，即“以适应广大用人单位实际需要的技术型的大众化教育为取向，面向基层，将科学的一般理论和最新研究成果运用到实际的经济生产领域的专门人才”。它主要涵盖“知识”“技能”“态度和情感”三方面，这三方面构成了培养目标的整体要求。培养目标正是通过这些方面的不同要求体现出来的。

（二）定位思路

随着应用型本科教育的发展，无论是理念、方法，还是特点都发生了很多变化。其培养目标的定位也是不断发展的，呈现出了许多新特点。它的定位已从原来的封闭式向开放式发展，整个培养目标定位系统从静态向动态转变。

决定地方本科院校培养目标定位的因素主要有以下三点：

一是技术应用型人才教育的性质及任务。它说明的是技术应用型人才教育在整个教育系统中处于什么样的地位，它在现代教育中承担的职责和任务是什么。

二是区域经济与社会的发展水平。地方本科院校培养目标的设定是极具地方性的，它必须与当地的产业结构及人力结构结合起来，因为它培养的人才基本上是为本土产业设计的，以发挥当地特色。

三是人力资源市场对人才的具体需求。这是具体到特定岗位上的对人才的知识技能等方面的要求，这是保证地方本科院校教育培养人才“出口”通畅的重要因素。

这三个定位因素的逐步确立，就使地方本科院校的培养目标渐渐清晰。

1. 基于教育的分类，应用性专业教育是应用型本科教育的基本特性

应用型本科教育作为整个教育系统中的一个组成部分，其定位应该先在国

家制定的大教育体系中找到自己的位置。然而再把视角深入到自身的小系统内部。

长期以来,我国片面强调学术性人才的培养,忽视应用性人才的造就,结果导致中层技术人才和高级业务型人才的持续缺乏。随着技术水平的不断提高,国际竞争的加剧,以及高等教育大众化的加速,这种矛盾将更加突出。因此我国教育的重心必须从学术型教育向技术一应用型教育转移,而技术应用型人才的教育培养正有用武之地。

2. 基于人才需求结构,技术一应用型岗位是应用型人才教育培养的基本定向

市场经济对置身于其中的地方本科院校应用型教育运行机制产生重要的影响,应用型本科教育必须引入市场机制,主动或被动地接受供求机制、竞争机制、风险机制等机制的作用。以求自身的生存与发展,同时它也是应用型本科教育运行与发展的活力源。特别是人才市场供与求之间的关系更是成为地方本科院校确立自己的培养目标的重要依据。

目前我国最缺乏的人才就是精于技术和业务的人才,如业务员、高级工、技术维护和应用开发人员等。这说明应用型本科教育需要瞄准技术性、业务性的岗位,着紧用力,改革办学模式,提高教育质量,培养出技术或业务水平过硬的、适合区域经济发展和社会需要的技术性和应用性人才。

3. 基于工作分析的角度,职业实践能力的培养是技术应用型人才教育培养的实施重点

如果说教育体系位置分析属于宏观战略,市场需求分析属于中观层面的定位,那么工作分析则无疑是地方本科院校进行培养目标定位的最后一步,即微观部分的策略了。

职业分析是应用型本科教育培养目标定位的重要理论方法。工作分析就是职业分析岗位性的细化,工作分析的结果一般是形成工作说明书,它对某特定工作岗位的性质、特征及担任此类工作应具备的资格、条件都做出详尽的说明和规定。这样就可以对培养目标的具体标准进行细化,由此对课程设置等方面做出相应的设计,并最终使培养出的人才与原来设定的培养目标在内涵上得到统一。

因此,工作分析作为地方本科院校进行培养目标定位时的最后以及最微观部分,必须予以特别的重视。事实上,在我国的职业分类中,很多岗位都已经形成了比较成熟的工作说明书,地方本科院校可以借鉴这样现成的工作说明书,帮

助自己进行培养目标定位。

必须摆脱学科性教育的框框，走出一条高效的、有应用型特色的、能够强化技术与业务能力训练的教育模式。因此，全面强化职业实践能力，培养出能够充分胜任技术一业务岗位的综合素质，是今后技术应用型人才教育培养的发展方向。

（三）时代特征

1. 以就业为导向

市场经济条件下的技术应用型人才教育培养，其定位的目标最明显的特征无疑就是以就业为导向，以市场为中心。地方本科院校必须彻底打破计划经济时代办学的封闭和半封闭状态，把自己推向市场，建立学校和市场联系的广泛渠道，成为整个开放市场的一部分。也就是说，地方本科院校把满足市场需要作为办学的宗旨，把接受市场检验作为办学的标准，在快速变化的市场中把握培养目标的要素，保证自己培养目标是合乎市场需求的，培养的人才“出口”通畅。

2. 以学生为主体

教育的一大重要责任就是对学生的发展负责，以学生为本的思想更是现代教育所强调的重要理念。要从理论和实践上都切实落实学生的主体地位。学生才是地方本科院校的直接服务对象，学校与学生的根本利益在本质上是一致的。地方本科院校培养目标的设定，也必须体现这一点。必须首先符合的是“人本”的要求，它不是短期功利的就业包装，它不应该束缚学生的个性潜能的发展，而应该从学生的终身发展着眼，给学生表现真实的自我、发现潜在能力的机会和条件。

3. 以能力为本位

现代技术应用型人才教育强调的是能力本位，这就要求其培养目标的定位在操作和最后的呈现上也应该是以能力模块的方式运作的。技术应用型人才教育培养目标的构成要素应该尽量以能力模块的形式表述。不仅要帮助学生学好知识，更重要的是提高能力，不仅使学生适应目前的岗位竞争，更要适应未来职业竞争和广泛意义上的生存竞争。技术应用型人才教育首先是职业导向性的教育，传授职业知识和技能，培养职业道德，提高职业能力，这是它的特殊任务。由此，其培养目标的设定理所当然地要在职业技能上下功夫，从而通过教育培训使一般人力资源成为技术人力资源。

五、结束语

在现代社会，人们的分工越来越细，对人才的需求是多类型的。大众化的高等教育如何适应现代经济发展的需要、如何培养当今社会所需要的、适应区域经济发展的、深受用人单位欢迎的技术应用型本科人才等，是我国高等教育从精英教育向大众化教育的重大转移过程中出现的热点问题，更是地方应用型本科院校所面临的共性问题。

“以就业为导向、以能力为本位、以学生为主体”是地方本科院校实现技术应用型人才这一培养目标的出发点，也是技术应用型本科人才培养的归宿。技术应用型本科人才培养的实践过程，不仅取决于培养过程、方法、途径的复杂多样化，而且也取决于其多样化方法途径的个性化和个性化与实现培养目标的协调一致性关系。其实践和研究的趋势应该侧重于：

(1) 遵循教育外部关系规律，以社会需要为参照基准，调整学校的专业设置、合理定位专业的培养目标、准确界定人才的培养规格，使技术应用型本科人才培养更好地适应经济与社会发展的需要。

(2) 遵循教育内部关系规律，以专业的培养目标、培养规格为参照基准，精心设计专业培养方案、培养过程的实施与监控体现科学性，使人才培养过程中的诸要素更加协调。

(2007 年 12 月发表于《常州工学院学报》)

论应用型本科人才及其培养

周泽民

进入21世纪以来，越来越多的高等学校，特别是新建地方本科院校，纷纷将学校的人才培养目标定位于应用型本科人才，从而使应用型本科人才及其培养成为高等教育研究的一个新热点。本文主要探讨应用型本科人才的主要特征及其培养的基本策略。

一、应用型本科人才及其主要特征

应用型本科人才是近几年才出现的新名词，目前还没有一个公认的内涵表述。我们的观点是，应用型本科人才就是由本科教育培养的应用型人才。

何谓应用型人才？20世纪70年代末80年代初新办的高职高专院校，主动适应地方经济建设和社会发展需要，面向地方基层单位、中小企业和乡镇企业培养人才，在多年的办学实践中，高职高专院校认识到传统高等教育培养的人才已不能满足用人单位的实际需要，为了适应社会现代化生产对人才的新要求，为了促进高新技术在生产领域中的运用，高职高专院校结合自身的改革经验，积极倡导并努力培养适应基层部门和企事业单位生产工作第一线需要的、德智体诸方面都得到发展的高等应用性专门人才。随着这种新型人才受社会欢迎程度的不断提高，人们约定俗成地称之为应用型人才。

应用型人才原本都由高职高专教育培养，那么为什么现在还要由本科教育培养呢？这是时代发展的要求。首先，随着越来越多的高新技术快速而直接地应用于社会生产的各个领域，许多工作在一线的技术人员，特别是高职高专教育培养的技术人才难以满足现代化生产的新要求，社会迫切需要高层次的应用型人才。其次，随着人民生活水平的不断提高，广大学生在学习先进技术提高就业能力的同时，也希望能接受到更高水平的文化教育，也就是说，他们希望能在本科教育的层面去掌握新技术，成为社会欢迎的应用型人才。再次，我国的高等教育已经进入大众化阶段，规模庞大的本科教育不能再按传统的一种模式培养单一人才，必须多元化发展，必须采用多种模式多样化地培养各种人才，应用型人才正是其中的一种新型人才。因此，本科教育培养应用型人才既是社会发展的要求，也是高等教育大众化的要求，更是广大人民群众的要求。

由本科教育培养的应用型人才称为应用型本科人才，那么这样的人才目前是否存在呢？答案是肯定的。1996 年佛山科技学院由普通高等专科学校升格为普通本科高校，时任院长的谢颂凯先生在论述该校走向现代化的战略选择时指出，佛山科技学院要为佛山市和广东省培养应用型人才。与佛山科技学院同时升格的江南学院（现已与无锡轻工学院合并为江南大学）当时也有人提出要适应地方需要培养应用型人才。同样的倡议还出现在青岛大学、三峡学院等。进入 21 世纪以后，随着我国高等教育大众化进程的步伐，许多地方新建了一批本科院校。这批本科院校大多数是在原来的高等专科学校基础上通过合并等措施建立的，他们普遍地继承了主动为地方经济建设和社会发展服务的优良传统，以人才市场的需求为导向，不断推进教育教学改革，积极探索应用型人才的培养。2003 年，教育部“21 世纪中国高校应用型人才培养体系的创新与实践”课题研究协作组在湖南工程学院召开研讨会，来自全国 40 多所本科院校介绍了各自关于培养应用型人才的理论研究成果和实践探索经验。这些学校的改革实践以及取得的初步成效充分证明，我国的本科教育确实有部分正在有意识地培养应用型人才，也就是说，应用型本科人才是客观存在的，而且已经有了一定的发展历史。

以上我们从外延对应用型本科人才进行了界定，并讨论了应用型本科人才的存在性和合理性，下面我们从实际出发分析归纳应用型本科人才的内涵特征。

目前培养应用型人才的本科高校已经有很多，其中影响较大的有常州工学院、南京工程学院、湖南工程学院、黑龙江工程学院等。分析这些学校探索应用型本科人才培养的研究成果和实践经验，我们初步归纳出应用型本科人才的一些特点：他们的就业去向主要是地方企事业单位，其中以科技型企业、中小企业或社会基层管理部门为多；他们的工作岗位大多数是生产、制造、工程、管理或服务等一线的技术岗位；他们的主要任务有高新技术仪器设备的使用和管理、新产品的开发和生产、新工艺的设计和实施等；他们的智能结构是在本科教育的公共基础平台上，以技术科学知识为理论，系统地掌握该项技术及其应用能力；他们的能力特长是较为系统地掌握某项先进技术且能熟练地在生产实际中运用。

综上所述，所谓应用型本科人才，就是由本科教育培养的应用型人才，他们擅长在科技型企业、中小企业和基层单位的一线技术岗位从事技术开发和应用等工作，他们较为系统地掌握着某项先进技术并能熟练地应用于生产实际。应用型本科人才是高等教育大众化的产物，是高等教育特别是本科教育培养的一种新型人才，是高职高专教育培养的应用型人才的提升和拓展。应用型本科人才的培养既满足了社会对技术人才的新要求，又满足了广大学生及其家长对高层次高等教育的求学愿望，更适应了高等教育大众化发展的需要。

二、应用型本科人才的培养

虽然许多本科院校都在探索应用型本科人才的培养，且取得了初步的成绩，但综观各个学校的实践，应用型本科人才的培养还存在着许多问题，下面着重探讨几个亟待解决的问题。

首先，培养应用型本科人才必须更新观念，转变思想，树立正确的教育教学思想。应用型本科人才是随着高等教育大众化而产生的新型人才，高等教育精英阶段的许多观念显然不再适合这种新型人才的培养，因此我们必须更新观念，转变思想，应该站在高等教育大众化的立场来看待应用型本科人才及其培养。目前许多人还保持着传统的观念，如本科教育就是培养精英人才，培养应用型人才不能保证本科教育的质量等。长期以来由于我国的高等教育一直处在精英阶段，因此在进入大众阶段初期，出现这些问题是可以理解的。但是我们更应该看到，本科教育培养应用型人才不仅有利于满足社会用人单位对人才的需求，而且有利于满足广大学生对高层次教育的需求；不仅能满足社会对高等教育的需求，而且也是高等教育自身发展的需要。另外，提升应用型人才的培养层次既是社会发展的结果，也是高等教育发展的结果。因此，本科教育培养应用型人才是社会现代化发展的结果，是高等教育多元化发展的必然。

其次，培养应用型本科人才必须落实为企业服务的办学理念。应用型人才主要就业于企业，为企业服务是我们必须坚持的办学理念。然而在办学实践中落实这一办学理念并不是件容易的事，还存在着许多操作层面的具体困难。一些学校的经验值得借鉴，在坚持以市场为导向的前提下，确定一定数量的典型企业作为社会用人单位代表，他们在这些有代表性的企业中邀请一些典型技术岗位的从业人员参与分析，共同制订应用型人才的业务规格。这样做，一方面可以使应用型本科人才这一培养目标更加具体,凸显应用型本科人才的核心特征,另一方面,也是更重要的方面,可以以此来摆脱精英教育的传统束缚,有利于探索新的人才培养模式。

再次,培养应用型本科人才必须系统改革教学内容和教学方法。应用型本科人才是一种新型人才,照搬传统本科教育模式难以达到培养目标,所以大力推进教育教学改革是必须的。分析新建地方本科院校培养应用型人才的实践,我们发现,培养应用型本科人才的教育教学改革的难点主要是教学内容及其方法的改革。一方面是长期养成的习惯使然,我国的高等教育长期以来一直处于精英阶段,目前虽然进入了高等教育大众阶段,但培养人才的许多做法仍沿袭着过去的传统,特别是在教学内容和教学方法方面。另一方面是教学内容和教学方法的改革涉及面广,工程量大,费时费力难以在短期内完成。教学内容及其方法仅在一门或几门课程中改革难以奏效,必须所有课程相互配合,整体推进,综合改革,所以教学内容和教学方法的改革涉及到所有开设的课程和教学环节,需要全体教师的参与,是一项面广量大的工程。但是教学内容及其方法是人才培养的重要保证,它决定着人才的智能结构,因此,为了达到应用型本科人才的培养目标,必须改革教学内容和教学方法,而且必须进行系统综合的改革,重构满足应用型本科人才培养要求的教学内容和教学方法。为此这样几个观点是值得关注的:不仅要注重理论基础,更要注重技术学科的知识传授;不仅要强化技术应用能力的培养,还要注重技术与生产实践相结合的能力的培养;不仅要强化实践性教学环节,更要注重实践性教学环节对动手能力的培养;不仅要广泛应用现代教育技术,更要注重在实践中积累经验。

最后,我们要强调的是培养应用型本科人才应积极推进产学结合,努力强化学生动手能力的培养。应用型本科人才的培养必须着重学生动手能力的培养,这是普遍认同的观点,也是应用型本科人才的最大特点。但是我们必须认识到,应用型本科人才动手能力强是有条件的,是相对的。其条件就是学用一致,即学生在学校学习掌握的能力应是工作中需要的,其相对性是指应用型本科人才相对其他类型的特别是高等教育精英阶段的本科毕业生其应用技能更加熟练。因此强化学生动手能力的培养首先要了解用人单位的实际要求,做到学用一致,其次为了提高学生应用技能的熟练程度,在校期间应让学生有足够的锻炼时间,以便积累必要的经验。为此,我们必须不断推进教育教学改革,系统改革教学内容和教学方法,突破传统的培养模式,努力加强实践性教学环节。

(2005年12月发表于《常州工学院学报(社科版)》)

试论应用型本科院校的生存和发展环境

张昌波

应用型本科高校立足地方，瞄准经济社会发展需要，为地方输送“适销对路”的高素质应用型人才。应用型本科院校就是培养本科层次的应用型人才的高等学校，它主要是对学校培养目标、规格和输出的人才类型、层次作出了规定。它的培养目标是培养具有一定知识、能力和综合素质，面向生产、建设、管理、服务等一线或岗位群并适应其需求，具有可持续发展潜力的高级应用型专门人才。它是一种培养技术应用型人才的教育，是“一线工程师的摇篮”。由此，应用型本科教育是专业性教育，而不是学术性教育；它所培养的人才是应用型人才，而不是研究型人才。这种技术实施型、工程管理型人才，与在第二线从事研究、设计工作的研究开发型工程师不一样，要求有很强的工程实践能力。他的培养比工程研究型、设计型人才培养更需要工程实践训练，更要有良好工程环境和氛围的体验。

应用型本科是本科层次教育，有着本科教育的共性，但它又有别于普通本科，更强调的是实践性、应用性和技术性。它更不同于专科层次，它要求学生具有较为宽广的理论基础和知识平台，使学生具备较强的终身学习能力，有进一步发展的后劲。它把人才培养目标定位在一线或实际岗位群，使其具有适应高新技术发展及自我学习、提高的能力。所以，应用型本科教育既非宽泛的工程科学教育，亦非狭窄的职业技能培训，而是培养适应工业、工程生产第一线现实和发展需要的工程应用型、技术应用型人才，是保证本科人才的基本素质，又具有现代职业教育特征的高等教育。

与精英高等教育或研究型大学的人才培养模式相比较，应用型人才培养主要具有以下特点：第一，这种人才的知识结构是围绕着一线生产的实际需要加以设计的，在课程设置和教材建设等环节上强调基础、成熟和实用的知识，而相对忽视对学科体系的强烈追求和对前沿性未知领域的高度关注。第二，这种人才的能力体系也是以一线生产的实际需要为核心目标，在能力培养中特别突出对基本知识的熟练掌握和灵活应用，比较而言，对于科研开发能力就不作更高的要求。第三，应用型人才培养过程更加强调与一线生产实际相结合，更加重视实习和实训教学环节，通常将此作为学生融会贯通专业知识和锻炼实践能力的重要教学活动。

应用型本科院校的生存和发展环境，与一般本科院校有着共性的地方，本文不作详细探讨。下面仅就能反映应用型本科院校个性特征的一些方面进行分析。

一、地方经济社会发展环境

应用型本科院校大多为地方性院校，地方经济社会发展为应用型本科院校提供了生存和发展壮大的宏观环境，包括政治环境、经济发展水平、产业结构以及高等教育投资能力（政府、家庭）等。同时，举办应用型本科院校也是为了应对地方经济社会发展的需要，为其提供智力支持，为地方培养和输送"适销对路"的人才等，这是社会现实情况。从理论上讲，教育学原理告诉我们，教育外部规律之一就是经济发展水平决定教育发展水平，即经济发展水平决定教育发展规模，经济结构决定教育结构；反之，就决定了办教育必须适应经济发展状况，瞄准市场需求，否则就会被无情地淘汰。

从某种意义上说，应用型本科院校与地方经济社会发展的结合更加紧密，更为直接。以上社会现实和教育学理论告诉我们，应用型本科院校要把自己置于地方经济社会发展的大环境之中，遵循客观规律，即地方产业结构决定人才需求结构，学校根据人才需求决定专业设置及其培养目标和规格，根据培养目标、规格制定培养方案，按照方案培养出来的学生毕业后进入相关的产业结构中，如下图所示：

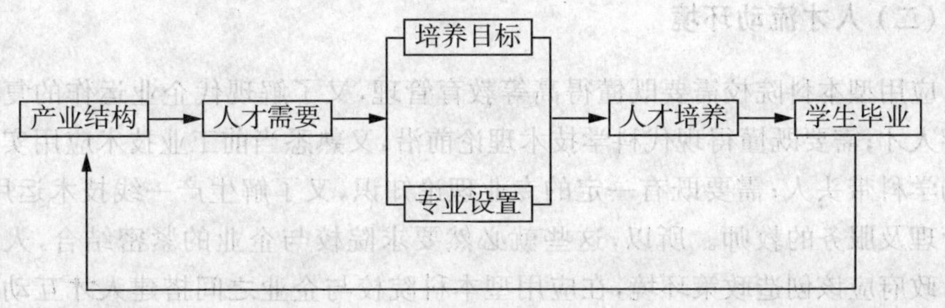

以常州工学院为例，它所处的常州市是一个工业化程度较高、以制造业为主的中心城市，地处长江三角洲和苏南，经济比较发达，基础教育质量高，政府及学生(家庭)投资高等教育能力强，高等教育需求旺盛，2003年适龄青年高等教育入学率达到42%，已经进入国际上公认的高等教育大众化阶段。经过多年的实践和探索，常州工学院始终把自己定位为应用型本科院校，立足常州，致力于为地方培养经济社会发展需要的高素质应用型人才。同时，常州工学院也在积极服务于地方经济社会发展中找到了自己的位置。近年来，常州市政府提出了走新型工业化道路，创建现代制造业基地，这些都为常州工学院的生存和发展提供了较好的环境。

二、政策环境

(一) 办学自主权

在学科和专业结构上，我国高等学校科类专业名称和设置过去完全由政府决定，后来放开了学校的专业设置自主权，但名称与口径划一。这种情况很不利于学校根据社会和经济需要，因地制宜，机动灵活，面向当地，办出特色。对于应用型本科院校来说，它并不像其他研究型、综合性大学那样追求规模扩张，讲求学科门类齐全和理论研究的前沿性。应用型本科院校追求内涵发展，不搞盲目扩张和追求“大而全”，在学科门类上主要以工学为主，在专业设置上紧跟市场需要，讲求最大限度的灵活性。所以，在专业设置上，对待应用型本科院校，如果也像研究型、综合性大学那样，强调专业名称的整齐划一，这样，应用型本科院校就失去了自己的特色、灵活性乃至生命力。因此，应该给应用型本科院校以更多的专业设置权，只要是有利于地方经济社会发展，有利于应用型本科院校的自我良性发展，就应该鼓励他们大胆去尝试，去探索。

(二) 人才流动环境

应用型本科院校需要既懂得高等教育管理，又了解现代企业运作的复合型领导人才；需要既懂得现代科学技术理论前沿，又熟悉当前工业技术应用实际需要的学科带头人；需要既有一定的专业理论知识，又了解生产一线技术运用、工程管理及服务的教师。所以，这些就必然要求院校与企业的紧密结合，人才互动。政府应该创造政策环境，在应用型本科院校与企业之间搭建人才互动的平台。可以通过政策鼓励企业人员到院校任教，也可以安排学校教师到企业挂职锻炼和培训学习，建立教师培训基地等。

关于应用型本科院校的“双师型”教师，目前只是一种普遍的提法，在高校内部，究竟对其如何界定，如何引进、如何进行培养以及相应的待遇等问题，都还没有形成一套明确、完整的可供操作的机制，这样不利于提高“双师型”教师的积极性。在高校外部，以江苏省为例，该省先后出台了《关于面向社会认定教师资格工作的通知》(苏教师〔2002〕56 号)和《关于面向社会认定教师资格工作有关问题的处理意见》(苏教师〔2003〕2 号)，文件主要是针对普通高校应届毕业生和师范类专业毕业人员参加教师资格认定作出了一定的规定，对社会其他人员，如企业、机关等单位人员就没有作出说明和鼓励性的政策。另外，我国《教师法》规定，取得高等学校教师资格应当具备研究生或大学本科毕业及其以上学历，但对于很多企业人员来说，目前还比较难以达到这一要求。所有这些都不利于吸引企业一线人员到应用型本科院校任教，不利于学校“双师型”教师队伍建设。

三、资金筹措环境

(一) 政府财政拨款

由国家举办的应用型本科院校，政府是其筹资的主要来源，政府总体上应该依法保证教育经费的“三个增长”。1993 年《中国教育改革和发展纲要》规定，要“改革对高等学校的财政拨款机制，充分发挥拨款手段的宏观调控作用。对于不同层次和科类的学校，拨款标准和拨款方法应有所区别”。应用型本科院校大多是工科院校，需要增强实践教学环节，添置并不断更新实验设备，购买教学试验材料，培养、引进“双师型”教师等，实践教学时数要占总学时的 40%以上。所以，与一般普通院校，如文科院校相比，应用型本科院校学生的培养成本高。据发达国家统计表明，培养应用型人才的成本是普通教育的 2.5 倍。因此，政府在给应用型本科院校拨款时，要考虑到这些因素，予以适当的倾斜。

(二) 收取学费

根据国家有关适度收取学费的政策精神，兼顾办学成本和受教育者的实际承受能力，在充分调研、广泛听取应用型本科院校意见的基础上，确定合理的收费标准。根据应用型本科院校办学的客观要求，政府物价部门应当允许学校在执行基准收费标准时，留有一定的浮动空间。由于应用型本科院校的培养成本较高，所以，其学费可适当高于一般院校。另外，还可按照“优质优价”的原则，对于国家及省市示范性专业，可以由学校根据生源以及毕业生市场供求变化，自行确定相关专业学生的收费标准。

（三）其他来源，包括自主创收、企业赞助、社会捐助及募集教育基金等

如果学校在资金上仅靠政府拨款，学校的各项建设缺乏资金支持，就没有发展后劲，也很难说有较好的发展前景。由于应用型本科院校更贴近实际，注重应用研究，所以它在自主创收方面，具有自己的优势。这类院校应加强与企业的联合，积极开展应用技术的开发和研究，加快技术成果向现实生产力的转化，提高经济效益。同时，应用型本科院校还可利用同广大企业的联系，积极募集企业赞助、社会捐助及建立教育基金等，为学校的可持续发展提供保障、增强后劲。

四、校内外教学环境

（一）思想认识环境

应用型本科教育产生于现实经济社会发展需要，它是一个新生事物，正处于探索之中，需要有一个较好的思想认识环境。在校外，政府、企业及社会各界都要对应用型本科教育有一个基本的认识，要看到它在地方经济社会发展中的重要地位和作用，看到应用型本科人才的培养是经济社会发展的必然要求，应该从政策、资金、物资、设备及道义等方面给予理解和支持。在校内，学校党委、行政、教师、学生以及后勤人员都要对应用型本科教育有一个共同的认识，这样才能形成办学合力。这些认识包括：牢固树立面向社会意识，按照社会需要培养人才；正确认识应用型本科教育的性质、特征、地位和作用；明确应用型本科教育的培养目标、规格以及人才培养模式；树立正确的教学质量观等。

（二）实验、实训环境

1. 政府搭台，建立大学生实训中心

实训设施投资大，技术更新快，每个学校都要建立实训中心，学校资金肯定

不足，而且这样“小而全”的建设方式投资分散，浪费较大，不能实施重点建设。所以，省级或市级政府可以集中财力，统筹教育资源，实行重点建设，搭建大学生实训平台，实现资源共享。江苏省常州市在这方面做出了有益的尝试，受到了教育部领导的肯定。2003 年，有 6 所高校进驻的常州大学城启动了建设占地1 150亩的现代工业中心和高校科技园，重点建设和装备实训中心，用 2～3 年时间，筹备 2.5～3 亿资金，用于数控、自动化、软件等多个实训研发中心重点项目的装备建设，使之成为学生实习培训中心、研发中心、职业技能考核鉴定中心以及产学研相结合的基地，为强化学生的实践能力提供场所和物质条件。

2. 校外实习基地建设

在进行实训、实习基地的建设过程中，仅仅依靠学校单方面的力量是难以达到预期效果的。为此，必须积极寻求与企业合作，通过签定协议，建立稳固的校外实训、实习基地，为学生提供实践的场地，使学生的理论知识和生产实践相结合，缩短学生所学专业与就业岗位要求的差距，是所谓“零距离”培养，这样将教学延伸到企业，让学生贴近生产一线，不但是让他们把学习到的知识运用到实际中去，还可使他们尽快熟悉生产环境，培养其岗位意识、团队意识、组织纪律性、协作精神和敬业精神。

3. 学校实验设施建设

在教学装施上应加大建设投入，着力建设综合性强、模拟性强、能有效培养学生解决实际问题的实验实习场所及现代教育技术系统，为应用型人才培养模式、教学内容和课程体系改革、工程综合能力培养及教学方法的创新，发挥基础保障作用。

学校应建设高水平的校内实训、实习基地。校内实训、实习基地的建设，应着眼高水平、高起点、上规模、上档次，同时要将学校和企业有机地联系起来；要集实习、科研和生产于一体，即产学研结合，使其成为学校实践性教学和增加经济收入的重要阵地。

五、招生就业环境

招生和就业是学校办学的两个重要环节，应用型本科院校应从战略的高度，加强组织机构建设，十分重视和认真抓好学生的招生就业工作。可成立专管招生、就业工作的部门，建立大学生就业指导中心，为开展学生就业日常工作、开拓学生就业市场、建立人才质量的咨询和反馈机制提供组织保障。招生就业部门应主要抓好招生形势的分析，开展交流招生，优化生源资源配置；对大学生加强就业指导，开设就业指导讲座和辅导课，对大学生进行职场模拟训练；开展人才需求预测；分析和反馈学生的就业能力；广泛收集人才需求信息，积极帮助学生联系就业单位，与企业建立长期的联系，为毕业生开辟较为稳定的就业渠道和更为宽泛的就业市场。

另一方面，是要努力探索人才质量的社会评价和反馈机制。社会对毕业生的评价是应用型本科院校人才培养质量的最好试金石，由此，学校招生就业部门要定期或不定期开展社会评价的调研工作，广泛收集信息，认真分析现状，并及时把情况反馈到教学的各个环节之中，以不断调整和完善人才培养目标、培养计划乃至教学方法、方式等，进而不断增强毕业生的就业能力。

（2005 年 4 月发表于《理工高教研究》）

从人才类型的划分论应用型人才的内涵

刘维俭　王传金

近年来，有关“应用型人才”的研究成为高等教育研究的又一热点，相关讨论充溢着理论界。一些高校，特别是工科院校和职业技术学院，相继把办学目标定位在“培养应用型人才”上。悉心体味这些理论和实践，我们发现人们对应用型人才类型的认识不统一，或语焉不详，人云亦云；或立论不清，违背逻辑；或仅从表面或常识的层面来理解，而没有真正把握其实质。因此，我们认为有必要对应用型人才类型进行学理剖析。

一、人才分类

从本质上说，社会所需的人才类型是由社会发展的不同需要所决定的，而任何社会的发展都依赖于两种需要的推动，一种是认识世界的需要，即认识世界的本质属性及其客观规律；另一种是改造世界的需要，即利用客观规律以服务于社会实践。人类认识世界的目的在于改造世界，也就是说，要把客观规律转化为具有社会价值的物质或非物质形态。在客观规律转变为社会直接利益的过程中，存在着两个转化：一个是把客观规律转变为科学原理，如相对论、量子论、电磁波、热力学原理的发现等；另一个是把科学原理应用于社会实践从而转化为产品（物质的或非物质的），如发电机、蒸汽机、电信的出现等。从严格的科学立场看，第一个转化是科学原理的发明过程，应属于科学“研究”的范畴，第二个转化显然属于科学“应用”的范围。相应地，这两种转化就需要两类人才。

（一）学术型人才

学术型人才是指从事研究客观规律、发现科学原理的人才。他们的主要任务是致力于将自然科学和社会科学领域中的客观规律转化为科学原理。从学术型人才的知识构成来看，其知识结构主要由基础科学的知识组成，如数学、物理学、化学、生物学、语言学等。从学术型人才的工作职能来看，其研究活动的主要目的是为了探求事物的本质和规律。由是观之，学术型人才的主要特点是：以客观规律为研究对象，从事学术性的工作，与具体的社会实践关系不是很直接。在现实中，学术型人才主要指那些从事基础科学研究的科学家，如数学家、物理学家、化学家、生物学家、经济学家、法学家、语言学家等。

（二）应用型人才

应用型人才是指从事利用科学原理为社会谋取直接利益工作的人才。他们的主要任务是将科学原理或新发现的知识直接用于与社会生产生活密切相关的社会实践领域。从应用型人才的知识构成来看，其知识结构主要由应用科学的知识组成。从学理上说，应用科学是与基础科学（或理论科学）相对的一个词，指和人类生产生活直接联系的科学，如医学、农学、林学、工学等。在实践中，人们常把应用科学作为工程科学和技术科学的总称。

所谓工程科学是指将自然科学的原理应用到工农业生产部门从而形成的各学科的总称，如土木建筑工程、水利工程、冶金工程、机电工程、化学工程、海洋工程、生物工程等。这些学科是运用数学、物理学、化学、生物学等基础科学的原理，结合在科学实验及生产实践中所积累的技术经验而发展出来的。

所谓技术科学是关于技术的基本理论的科学，它以人工自然为研究对象，以技术客体为认识目标，通过技术理论的建立和应用给出工程技术客体的有效设计和计算方法，为人类控制和改造自然提供理论。

从应用型人才的工作职能来看，其活动的主要目的不是为了探求事物的本质和规律，而是利用学术型人才发现的科学原理以服务于社会实践。由是观之，应用型人才的主要特点是：以科学原理及人工自然为研究对象，从事与具体的社会生产劳动和生活息息相关的工作，能为社会创造直接的经济利益和物质财富。

需要说明的是，根据学术型人才的特点，那些以研究或阐释各种科学原理（包括自然的、社会的、人文的以及应用科学中的基础学科等）为己任的理论工作者也应该属于学术型人才。事实上，在专业技术领域，我们就是按照这种标准对人才进行分类的，例如，在我国，教育学硕士、法学硕士、工学硕士等学位属于学术性学位，获得这种学位的人就属于学术型人才，而教育硕士、法律硕士、工程硕士等学位属于专业学位（国外称其为职业学位），获得这种学位的人则属于应用型人才。这一点在科学院院士和工程院院士的区分标准上也可以得到进一步的佐证。科学院院士注重在学术上的成就，属于学术型人才；而工程院院士则注重在解决重大现实问题上的建树，属于应用型人才。当然，随着科学技术的迅速发展以及学科分化与综合水平的不断提升，各专业之间、各岗位之间的交叉渗透也日益增多，因此社会对未来人才知识能力的复合性要求日趋强烈，相应地出现了许多复合型人才（在具体的实践中，很难将这些人才截然归为学术型人才或应用型人才），例如有些科学家既是科学院院士也是工程院院士。这说明，学术型人才和应用型人才的划分只是在一定范围内具有相对的意义。

二、应用型人才分类

通过上面的分析可以看出，应用型人才是将科学原理转化成工程原理进而再转化成产品的人才，主要从事与社会生产生活紧密相关且能产生经济效益的工作。在科学原理转化为产品的过程中，存在两个阶段：第一个阶段是将科学原理演变为工程原理或工作原理，我们将从事这个阶段工作的人才称为工程型人才；第二个阶段是将工程原理或工作原理应用于社会实践从而将其转化为具体的产品等，该阶段通常包括两类人才：一类主要从事实际操作或具体运作，另一类主要从事组织管理操作活动并处理操作过程中的技术问题，我们将前者称为技能型人才，后者称为技术型人才。据此，我们可以将应用型人才划分为：

（一）工程型人才

工程型人才的主要任务是把学术型人才所发现的科学原理转化成可以直接运用于社会实践的工程设计、工作规划、运营决策等，如根据热力学原理研究并设计出蒸汽机的工作原理。在现实中，像建筑师、软件设计师、统计师、经济师、会计师等就属于工程型人才。

（二）技能型人才

技能型人才是在生产第一线或工作现场通过实际操作将工程型人才设计出来的图纸、计划、方案等转变成具体产品的人才，他们主要从事具体的社会生产实践活动，例如工程建设、加工制造、提供服务等具体的操作工作。在现实中，技工、商贸服务人员等就属于技能型人才。

(三)技术型人才

技术型人才是介于工程型人才和技能型人才之间的一种人才。与技能型人才一样,技术型人才也处于生产第一线或工作现场,但他们不是具体的操作者,而是从事组织管理生产、建设、服务等实践活动以及技术工作的人才,诸如工艺水平的设计、工艺流程的监控、生产工具、机器、设备的运行与维护以及产品、服务的改进和更新等。在现实中,那些在生产现场从事技术工作和管理工作的人才就属于技术型人才。

从现代社会生产活动的过程看,工程型人才处于研发、规划、设计、决策等环节,技能型人才处于生产、建设、服务等实际操作一线环节,技术型人才主要处于操作一线环节中的技术岗位和管理岗位,这三类人才都具有彼此难以替代的职责。从知识的角度看,我们注重工程型人才学科知识的深度和系统性,强调技术型人才学科知识的广度和实用性,但技术型人才又需要比技能型人才较复杂的专业理论知识与技术。从能力要求上看,工程型人才要侧重于工程科学的研究和工程设计,强调科学研究能力;技术型人才则侧重于生产、建设、管理和服务等方面的技术应用与开发,强调综合应用能力和解决实际问题的能力;技能型人才则侧重于职业岗位的具体操作,强调动作技能和经验技能。但在现实中,人们却将应用型人才的概念狭窄化,只是将那些处于实践一线从事具体生产建设活动或直接服务于生活实践领域的人称为应用型人才,此时的应用型人才主要成为与从事理论工作的人相对应的概念。这种概念窄化的结果是将应用型人才等同于实物操作型人才,从而造成对各类人才属性和功能认识的混乱,进而导致培养这些人才的教育机构或部门对所培养人才规格定位的模糊。从学理上说,区分应用型人才的标准应该是工作职能的性质,而不是工作的性质,也就是说,不能以是否直接处于具体的实践活动领域作为划分应用型人才的标准。像工程院院士、工程硕士、教育硕士等应用型人才,他们通常从事的也是理论性工作,是运用自己所掌握的理论知识来解决现实问题,但他们未必一定处于具体的社会生产实践活动领域。

三、技术型人才分类

技术型人才产生于20世纪初,是技术活动日益复杂、专业化程度日益提高的产物。从国际上看，一般把技术型人才划分为：

(一) 技术工程师(Technologist or Technician engineer)

技术工程师也称为现场工程师、工艺工程师、技术师等。技术工程师主要从事理论技术的研究以及高新技术的开发工作，注重技术创新，强调的是技术研究能力和创造性智力技能。

(二) 技术员(Technician)

技术员主要从事运用技术理论知识和经验知识解决生产一线实际问题的工作，注重技术应用，强调的是技术综合能力和一般性智力技能。可以看出，技术工程师与技术员的区别在于前者能创造性地运用理论知识广泛地解决问题，并在开发更有效的新工具与新技术方面更富有创造力，而后者主要从事常规化与标准化的工作，因而不像技术工程师那样需要更好的资质与创造力。

从发达国家培养技术型人才的经验来看，他们一般都是通过专门的教育——高等技术教育来培养技术型人才，以区别于科学教育(学术教育和工程教育)。实际上，早在1965年，美国教育家费依屈克(H. A. Foechek)就预言："在将来某一时候，大学本科水平上可能至少有四种基本类型的学士学位教学计划——科学类(Science)、工程科学类(Engineering science)、工程类(Engineering)和工程技术类(Engineering technology)。"而工程技术类正是以实施高等技术教育为主，例如英国的多科技术学院、德国的高等专科学校、美国的社区学院、日本的短期大学和高等专门学校以及我国台湾地区的技术学院和科技大学等。和科学教育一样，高等技术教育一般也有三个层次，即专科、本科和研究生，其中专科教育以技术应用为主，主要培养在社会生产、建设、管理和服务第一线从事技术应用的人才；本科教育(包括部分硕士生教育)，兼具技术应用与技术创新，主要培养从事高新技术转化和应用的中间型人才；研究生教育以技术创新为主，主要培养从事高新技术发明的技术精英型人才。

(2006年6月发表于《常州工学院学报(社科版)》)

应用型本科教育人才培养目标与课程体系建设

汪禄应

在我国，“应用型本科教育”是伴随着“高等教育大众化”这一发展形势不断明确起来的一个新概念，也是为了适应社会“应用型人才”的大量需求，高等教育的一个重要增长点。从整个发展趋势来看，“应用型本科院校”在未来一定时期将有可能成为我国高等教育的主要力量之一。因此，我们必须加紧研究和认识这类高校的办学特点和规律，特别是要研究和认识其人才培养目标以及由这一目标所决定、所要求的课程体系建设与改革。

一、对应用型本科教育人才培养目标的基本认识

应用型本科教育人才培养目标的认识和把握，不仅涉及到我们对高等教育本质的理解，涉及到我们对高等教育发展趋势的把握，同时也关联到我们对于我国在 21 世纪全球发展战略地位的认识和把握。

（一）高等教育的本质要求应用型院校应注重培养学生的科学探究精神

高等教育的本质是什么？关于这一点，世界高等教育发展史带给我们的启示是意味深长的。早在 19 世纪，柏林大学的创办者洪堡就主张，高等教育的实质在于引导学生对科学进行自由的研究和探索，教学与研究应当在高等教育机构中做到有机结合。而几乎在同时，拿破仑对法国高等教育的改革则恰恰相反，他把高校当作主要传授实用知识和技术的场所，最终它们的主要职能全都归结为教学。为此，法国付出了相当大的代价。因为在法国，高校被认为主要是发展专门实用技术，培养各种专门和职业人才的场所，对实用和效用的追求便完全压倒了对知识和真理的探索。虽然法国在一个不长的时间里一度成为一个强大的

军事大国，但发展缺乏后劲，很快就丧失了在军事、技术上的优势。在中国，在京师大学堂创办之前的30多年间，“专门教育”一直是高等教育的主要任务。直到20世纪初，才有蔡元培对高等教育本质的一系列比较清晰的论述。蔡元培认为，在高校，“学必借术以应用，术必借学为基本，两者并进始可”。

因此，我们认为，大凡高校都应在上述两方面都有所作为。既要“术”，也要“学”；既要讲教学，也要讲研究；既要抓科技的应用，也要抓基础理论的研习和探讨。自然，“应用型本科院校”作为一般高校，必须拥有高等教育的一切本质特征，具备高等教育的一般品格。也就是说，大凡高校都必须让学生在上述两个方面都得到发展，都有所表现，只是各有不同侧重罢了。作为“应用型院校”，自然侧重于“术”，侧重于“教学”，侧重于“科技的应用”。但是，从教师来说，其教学必须具有相当的“研究”品格，充分反映最新的科研、技术和学术成果；从学生来说，不仅要在科技的应用方面有突出的能力，而且还应当具备较强的探究意识和科学探索精神。在发展能力的同时，注重培养学生的科学探究精神，使他们具备一定的开拓意识与研发潜力，这是应用型本科教育与过去的专科教育的最根本区别。

（二）高等教育的发展趋势要求重视应用型、行业特色型人才的培养

今天，我国高校系统结构正呈现这样一种发展趋势，即所有院校向两极发展，一类走向“研究型教育”，一类则明显把“应用型教育”作为自己的发展方向。“研究型教育”的高校，在整个高校系统中数量不多，基本上是“名校”。这类高校较多地继承着以往“精英教育”的传统，学生以“做学问”“搞研究”作为主要努力方向。而“应用型院校”，数量众多，但一般特色鲜明。其办学方向，特别是专业设置、课程计划，具有较强的行业针对性、社会适应性和市场竞争性。尽管数量多，分布广，但创“名牌”，做“名校”，是它们的共同追求，有的学校甚至也能跻身“世界一流”！如瑞士酒店管理学院、德国包豪斯建筑工程大学等，都是国际一流的“应用型院校”。这类高校多为地方院校，主要为地方或具体行业提供大批急需的应用型、行业特色型人才。

这种应用型、行业特色型人才一般都浸染并成长于一定的行业文化中。如传统的建筑行业、机电行业，新型的IT行业、电子行业，以及不断发展的汽车行业、商务行业、旅游行业等，不同的行业都有自己不同的行业文化氛围和文化特质。学生一入学就以特定的行业为自己的发展目标，学习并熟悉该行业的历史

发展和地区分布，感受并习惯不同的行业文化。虽然同一行业有不同的岗位以及不同的岗位要求，但所有岗位人员一般来说都有相同或相似的文化传统和文化规范。

因此，应用型院校对于具体行业的人才需求以及地方经济与社会发展状况都要有一个比较清楚的调查与研究，甚至对未来三五年的地方或具体行业人才需求变化要有一个较为准确的预测。

显然，这类高校更多地体现着现代“大众教育”的诸多特色。它们通常以现代科学技术的普及、应用与管理作为自己的主攻方向，所培养的学生不以通才标准为发展目标，而是有比较强的专业和行业特点，以“特色”取胜。它们一般不属于“通才教育”，也有别于传统的“专门教育”，而是具有“通才底色”甚至“通才特质”的“专门教育”。他们中的绝大多数毕业后主要不是成为“学问家”，而是成为熟悉现代科学知识、管理知识，掌握当今各类应用能力的高级专业人员，是工业化向信息化时代转型和发展过程中各行各业急需的各类应用型、行业特色型人才。

二、应用型本科院校课程体系建设的主要策略

当前，课程改革是高等教育改革的主要任务之一。上述人才培养目标的分析是我们实施课程改革，构建“应用型本科院校”课程新体系的基本依据。

从历史来看，我国应用型高等教育的课程模式基本上沿用的是培养学术型、研究型人才的学科系统化模式。这种课程模式把追求学科体系的系统性、完整性作为课程体系建设的基本要求。一些典型的应用专业都很少形成培养应用型人才的课程模式。因而这种课程模式与工作中的实际能力需求存在相当大的距离。因此，改革与实际应用相脱节的课程体系、教学内容、教学方法和手段，建立应用型、实践型课程体系，已经成为应用型人才培养的当务之急。

我们认为，应用型本科教育课程体系建设的主要策略如下。

（一）以“市场需求”作为专业设置和课程设计的基本准则

课程决定于专业，专业性质与特点决定了课程的性质与特点。在市场经济条件下，人力资源日益“市场化”，高校也日益成为国家人力资源开发的基本力量。高校，特别是应用型高校，它们的发展在很大程度上取决于它们在人力资源开发方面的实力。因而，从市场的需求出发，加强专业设置的应用性，挖掘新的

专业，建立适销对路的专业或专业群，是应用型院校课程与课程体系建设最基础同时也是最重要的工作。因为一定的课程体系总是为一定的专业服务的。如果专业没有找准，应用性不强，市场不欢迎，课程体系建设的意义也就不大；相反，如果专业应用性强，正是市场急需的专业，课程体系建设的意义、特点也就容易为人们所认识。这也正是应用型院校的社会适应性和市场竞争性在专业设置和课程方案设计上的表现。

专业评价指标的确认，必须从市场出发，学科、师资或其他方面不能作为评价的主要依据。我们欣喜地发现近几年一些高校的招生目录中，一个个鲜活的专业名称开始跃入人们的眼帘。比如在经济管理系，就开设了如下专业：网络营销、现代物流管理、电子商务、财务管理等。这些专业一方面应用性都很强，另一方面在当今的人才市场上又大受欢迎。设置专业从市场需求出发，而不再一味强调学校有什么设备，有什么师资就开设什么专业。这是应用型院校专业设置的基本准则，也是其课程设置、课程体系建设的重要策略。因为对于专业来说，对于人力资源的数量和质量来说，它们最终取决于市场，取决于行业和产业的要求，取决于企业和企业具体岗位的具体需要。专业的改造、创新和发展离不开市场，要追随市场；课程设置、课程体系建设也要从市场出发，具有主动性、前瞻性和创造性。

（二）以“能力本位”作为课程体系的主要价值取向

“能力本位”是对应并区别于传统普通教育的“学科本位”的一个重要概念。就应用型院校来说，这里的“能力”更主要地表现为现代科学技术的应用能力、开发能力。这种应用能力、开发能力通常又是与某个具体的行业联系在一起的。

“能力本位”课程体系中的这些课程，既包括一般常规意义上的理论课程，也包括为培养目标服务的所有实践教学环节以及有组织的课外活动和社会实践活动。所有这些课程最终都着意于学生的实际应用能力的提高，体现发展学生的实践能力这样一种价值取向。

这一课程体系的建立，首先依赖于我们对人才在该行业所须能力的调查和分析。这种调查和分析是我们把握专业综合能力、专项能力以及能力要素的基础。有了这一基础，我们就能为相应的能力要求组织和设置与之相匹配的课程或课程单元。由这些能力要求组织形成的这些课程与课程单元，最终构成具有不同能力特点和倾向的课程结构模型。这样的课程结构模型便是我们所追求的“能力本位”课程体系。

显然，这种“能力本位”课程体系的建立是我国高等教育观念的重大突破。虽然我国的近代高等教育一开始就是从“技术优先”的高等专门学校发展起来的，但本科院校建立之后，专门教育的地位就开始下降；时值今日，接受专门教育，读应用型院校，在很多情况下并不是家长和学生的自觉选择和理想追求。“重学轻术”的思想在高校校园内外，在高等教育的方方面面普遍存在，甚至根深蒂固，要想扭转过来，还需要做大量的多方面工作。

首先，我们的课程观念，在师生中间，甚至在课程管理部门那里，都必须有一个大的转变。理论课程是课程，大量的有组织的实践活动，特别是创新实践，也同样是学生接受学习、增长才干的课程，而且是让学生走出“纸上谈兵”的“实战”课程。这种带有浓厚实践色彩的“实战”课程是西方发达国家的常见课程、精品课程，也是我国不少高校，特别是一些高职院校的创新课程、特色课程。在荷兰，有中国学生在他们一所高校读酒店管理。令中国学生感到惊奇的是，教师上课不讲课，只是让学生不断讨论、实习、写作业。唯一系统开设的，是一门辅导学生进行自我设计的课程。结果，本来枯燥的酒店管理，学生学得津津有味。在我国，现在不少应用型院校，尤其是一些高职院校就通过“创办大学生就业一条街”来发展学生的实践能力。比如电子商务专业学生在“大学生就业一条街”里就能够进行除“外汇结算”以外的所有电子商务流程实践，等等。

自然，这些强调实用性、实践性的应用型课程不是“能力本位”课程体系的全部内容，但这些课程的实施对于“重学轻术”的传统高等教育观念是一个巨大的挑战。自信地、有准备地迎接这一挑战，是“能力本位”课程体系最终得以实施的关键所在！

（三）以“课程开发”作为保证课程体系的灵活性和生命力的根本措施

现代课程论告诉我们，课程与课程体系应当在保持相对稳定的基础上努力求新、求变，“变态”乃课程之“常态”。同一专业，不同的学校可以而且应该有不同的课程与课程体系；同一专业，同一学校，不同届别，也应当有不同的课程设计，特别是要有课程和教学内容的不断更新和发展。

课程的这种发展观和更新意识是我们进行课程开发实践的思想基础。完成课程开发这一任务的主体包括高校课程管理机构一直到实施课程的广大一线教师。发达国家应用型院校甚至设有由诸如社会工商界人士与教育界人士共同参与的课程开发委员会。这一课程开发委员会全面负责课程的开发、审查和评估及其实施过程。

传统的“课程开发”主要表现在集体编写教材，精选精品教材等措施方面。这一措施和办法现在当然没有过时，不能丢弃。但是，从现代课程的发展趋势来看，特别是从应用型院校的培养目标来看，“课程整合”应成为当前“课程开发”的一个重要思路。

当前流行的“拼盘模式”只能说是“课程整合”的“初级阶段”。但是这种“拼盘模式”从现实来看却是包括我们中国在内的世界上多数高校事实上普遍实行的一种“课程整合”模式。“拼盘模式”最典型的做法是将各自独立的不同课程按一定的权重进行组合。自然，这种课程教育是一种先接受、后整合的教育，其整合是受教育的学生自己在头脑中最后完成的整合，这种整合的质量和效果总是令人质疑的。真正的理想的课程整合，应该是先整合，后传授，也就是在教育者那里就预先实现的整合。

在这方面，美国克拉克大学所进行的“群集课程”试验，在商科教学中取得的显著成绩令人鼓舞。

“群集课程”的运作规则是，将原本独立的两门或三门课程组成“紧凑”或“松散”的群集。“紧凑”者，所有的学生编入所有课程的学习中；“松散”者，则无须将学生编入所有课程。进入群集的课程必须有一个以上共同论题（或共同主题，或共同论点，或它们的组合），同时也必须有一些共同的课时，这些共同课时，会有一个以上的教师在一个课堂中与学生分享多种可能性。如图 1 所示。

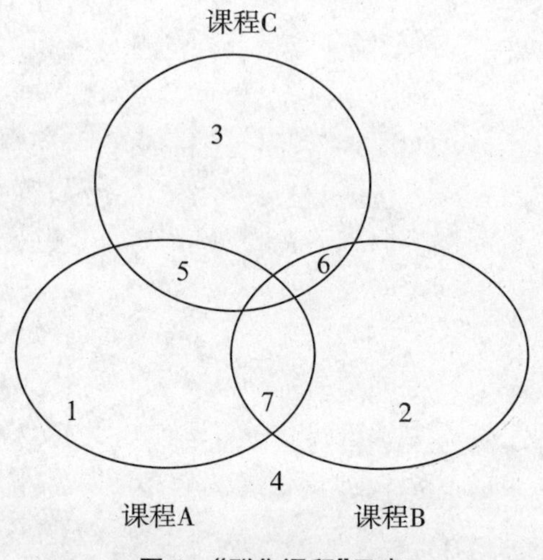

图 1 “群集课程”示意

上图三个圆圈代表三门课程 A,B,C,并由它们组成一个松散的群集。其中,个别课程的课时不与其他课程发生关联,如图中的 1,2,3 三个区域所示;另外一些时候,如课程 A 和 B 在 4 的区域,课程 A 和 C 在 5 的区域,课程 B 和 C 在 6 的区域显示有共同课时;有时,甚至三门课程会有它们的共同课时,如区域 7 所示。

这样的"群集课程"在实施前相关教师必须组织教学研讨会。他们一方面阅读和共同学习群集课程中指定学生阅读的共同教材或参考书,接触和了解对方课程的内容,另一方面交流各门课程各自的教学大纲,讨论群集课程的教学方法以及对学生学业的评价、评分标准等。

类似的试验当然还有。相信这种"课程整合"为特征的"课程开发"一定能够为应用型本科教育课程体系保持旺盛的生命力发挥作用。

(2005 年 4 月发表于《大学教育科学》)

论应用型本科院校的教学改革

李文虎

近年来，越来越多的新建本科院校将自己的发展目标定位于开展应用型本科教育、培养应用型本科人才，我们称这类普通高校为应用型本科院校。应用型本科院校是在我国高等教育大众化进程中诞生的一类新型高校，大多数是由原来的高等专科学校通过合并组建而成的。为了能够有效地培养社会急需的应用型本科人才，应用型本科院校必须转变教育思想，更新教学观念，广泛而深入地开展教育教学改革，特别是在培养目标、教学内容、教学方法、教学质量及其管理等方面。本文就这些亟待解决的几个主要问题展开讨论。

一、关于培养目标

由于大多数应用型本科院校是由原来的高等专科学校合并组建而成的，因此在升为本科高校后，应用型本科院校特别注重提高自己的教育水平，在培养目标上严格按照本科教育的要求进行改革。普遍的做法是按照教育部有关文件要求，参照传统本科院校的经验，提高人才培养的层次水平。就目前的改革成效而言，许多院校都已达到了本科教育的层次水平。然而，应用型本科院校仅仅按照传统本科教育的培养目标来提高自己的层次水平远不能满足社会对应用型本科人才的要求。因此，作为在高等教育大众化进程中产生的新型高校，应用型本科院校不能仅根据本科教育的水平要求提高培养目标的层次要求，而必须根据社会对应用型本科人才的要求，全面改革培养目标。

从近几年的就业信息可以看到，应用型本科院校的毕业生主要是到企业和基层单位工作，这与传统本科教育的毕业生就业不同，甚至可以说是发生了很大的变化。传统本科教育，也就是高等教育精英阶段的本科教育，其毕业生主要是去国家机关、科研院所、高等院校或大型企业，从事高层管理、研究、开发、设计或教学等工作。现在应用型本科院校的毕业生，大部分是到中小型企业和基层单位，在生产、工程、建设等一线岗位从事技术应用工作。显然，中小型企业或基层单位对一线岗位的技术人员的业务要求不同于国家机关、科研院所、高等院校和大型企业对研究、设计人员的业务要求。因此，应用型本科院校必须在提高培养目标层次水平的同时，根据中小企业和基层单位对应用型本科人才的实际要求，构建培养目标的业务规格，从而形成应用型本科教育的人才培养目标。

应用型本科院校为中小企业和基层单位培养人才，是高等教育因规模扩大而拓展的新的服务领域，是高等教育在大众阶段的新任务，是高等教育全面服务社会的重要体现。因此应用型本科院校必须适应这种变化，积极承担这项光荣而艰巨的时代责任，认真对待社会新的要求，针对中小企业和基层单位的用人要求改革培养目标。据初步调研，中小企业和基层单位最欢迎能在一线岗位从事技术工作的实用人才，相对国家机关、科研院所、大型企业，他们对人才的要求主要集中在人才的实际工作能力上，他们要求毕业生掌握一两项现行技术并能熟练地在实际工作中运用。如某机械制造企业为设计部门引进人才时，根据该企业的实际情况，特别关注应聘者能否独立使用 ProE 制图软件绘出合格的机械图纸。这样的案例很多，我们可以这样来归纳中小企业和基层单位对人才的基本要求：他们更注重人才是否掌握生产实践中需要的技术，并能按照工作岗位的要求熟练地运用以解决实际问题。因此，应用型本科院校培养人才必须做到这样两点：一是毕业生必须掌握至少一项专门技术，这技术是社会实际工作中正在运用或即将运用的技术，二是毕业生能够在实际岗位上熟练运用这技术以正确解决工作中的实际问题。这两点就是应用型本科人才的基本特色，是应用型本科院校改革培养目标的关键，并将成为应用型本科教育的类型特点。

二、关于教学内容和教学方法

应用型本科院校在成立之初就积极开展教学改革，与提高培养目标的层次水平相呼应，应用型本科院校的教学改革主要是按照本科教育的基本要求强化基本理论知识、完善学科体系、加强实践教学、强化能力培养等。相对过去的专科教育，应用型本科院校明显加强了公共基础理论，普遍重视了学科的理论体系，如加强工科的“高等数学”“大学物理”，文科的“大学语文”等课程以及专业基础课程。同时为了加强大学生的实践能力和创新能力的培养，应用型本科院校不断强化实践性教学环节，努力加强大学生素质教育。从这几年的改革实践来看，应用型本科院校的教学改革取得了许多成果，但与培养应用型本科人才的要求相比，无论是教学内容，还是教学方法，其改革的力度和深度还不够，成效还不高，特色也没有明显形成。

分析其原因，一方面是应用型本科院校重视了按照本科教育的基本要求改革基础理论课程，却在专业课程方面无论是广度还是深度都开展得不够。相对基础课程，专业课程的改革似乎才刚刚起步。相对培养目标，专业课程的改革则显得零敲碎打。专业课程改革的迟后，首先影响培养目标的实现。由于专业课程教学内容和教学方法的改革不到位，培养目标提出的业务要求就落不到实处。其次影响基础课程的改革。因为基础课程既有自己的教学目标，更要为专业课程打基础，专业课程对基础课程具有一定的导向作用，如果专业课程仍停留在原来的状况，则基础课程就容易陷入改与不改的困境，更会造成基础课程与专业课程的脱节。再次就是阻碍了教学改革的整体推进乃至改革效益的提高，更是影响了应用型本科院校特色的凸现。

另一方面是专业课程改革没有紧紧围绕培养目标的业务要求来开展。应用型本科院校以培养应用型本科人才为己任，应用型本科人才以掌握技术并能熟练运用为主要特点，因此，应用型本科院校的教学内容和教学方法应紧紧围绕着学生掌握技术及其应用能力的培养来选择、组织和展开。分析应用型本科院校近几年教学改革实践可以看出，应用型本科院校的教学方法，特别是专业课程的教学方法仍延续着专科教育做法，即注重实践教学环节强化动手能力培养。专科教育与本科教育的教学方法虽然有些在形式上是相同的，但其实质是有区别的。应用型本科院校在继承过去的成功经验和优良传统时，必须结合新的要求进行相应的改革，特别是专业课程的内容及其教学方法。

应用型本科院校改革教学内容和教学方法势在必行。只有成功改革的教学内容和教学方法，应用型本科院校的预定目标才有可能实现，应用型本科教育的特色才能凸显。因此，应用型本科院校首先要调整先基础后专业的改革策略，实施综合改革策略，将基础课程和专业课程的改革相互配合、协调推进，从而保证基础课程和专业课程的教学内容前后呼应，具有良好的连贯性和一致性。其次要强化技术科学，以技术知识及其应用技能为核心重组教学内容，以培养技术能力为依据重构课程体系。再次要强化理论与实践的良好结合，所谓良好结合就是这种结合应该对社会的实际工作岗位有较好的模拟性，即学生应该在与将来的社会实际工作岗位相接近的环境中学习和掌握技术并得到一定的实际应用经验。最后还要注意的是,应用型本科院校的实践教学应针对技术应用能力的培养来展开,不仅时间上要保证,更关键的是内容的贴切,要彻底改变过去“走过场”的做法,使实践教学真正起到培养能力的作用。

三、关于教学质量及其管理

随着高等教育大众化进程的推进,高等院校的教学质量越来越受到社会的关注,新建高校特别是应用型本科院校的教学质量更是受到一定程度的质疑,并形成了一些不太正确的认识,其中应用型本科教育是低质量的高等教育就是较有代表性的一种。不可否认,将高等教育精英阶段的教学质量标准用到大众阶段来衡量所有的高等教育,则大部分将达不到这个标准。应用型本科院校因招收的学生和教学条件都不能和传统本科院校相提并论,因此达不到原来的标准属于正常现象,这不是高等教育的质量在下滑。之所以会造成应用型本科院校质量低下的错觉,主要原因是我们的认识没有跟上时代的步伐。

高等教育从精英阶段进入大众阶段,这是由量变到质变的飞跃。多元化发展就是高等教育进入大众阶段后的一个重要变化,而包括应用型本科教育在内的各种新型高等教育积极发展就是高等教育在大众阶段多元化发展的突出表现。面对现在由多种类型组成的高等教育,坚持用原来的标准来衡量各种不同类型高等教育的教学质量,其结果必然是新型的高等教育受到不正确的评价。这显然是不科学的,是不利于高等教育健康发展的。因此,在高等教育进入大众阶段的今天,我们必须转变教育思想,更新教学观念,分别对待社会的不同需求,建立与各种类型的高等教育相适应的新的教学质量标准。但是这里必须说明一点,建立新的教学质量标准不是要否定高等教育精英阶段的教学质量标准,相反,那些继续为国家机关、科研院所、高等学校、大型企业培养人才的老高校仍将坚持原来的教学质量标准。

应用型本科院校是随着高等教育的大众化进程而诞生的新型高校,它开展的高等教育不同于精英阶段的高等教育,它是为中小企业和基层单位培养应用型本科人才,有着自己的特点。因此,应用型本科院校的教学质量不能用精英阶段高等教育的教学质量标准来衡量,而必须根据中小企业和基层单位对应用型人才的实际要求来建立新的教学质量标准,在此我们有必要说明。

高校的教学质量标准可分为内部标准和外部标准，内部标准是指高校自己衡量其教学工作的质量标准，外部标准则是指社会用人单位衡量高校毕业生的质量标准。外部标准是社会标准，它反映社会用人单位对高等学校培养人才的要求。虽然这个标准仍由高校自己来制定和评价，但其实质是由社会决定的。因此，应用型本科院校必须广泛开展社会调查，分析研究社会用人单位对应用型本科人才的各种要求，在此基础上科学地制定应用型本科人才的培养标准，即应用型本科院校教学质量的外部标准。在具体制定这个外部标准时，我们必须坚持"三个核心"，即以中小企业和基层单位为核心，以中小企业和基层单位的一线技术岗位为核心，以社会急需的技术应用能力为核心。同时，我们必须克服"追高求全"的陋习，实事求是地建立应用型本科院校的教学质量外部标准。

外部标准具有十分重要的地位，但也存在着一些不利管理的缺陷，最突出的一点就是它是用于"事后管理"，即它是用来衡量毕业生或临近毕业的学生。因此对于注重培养人才的高校来说，仅有教学质量的外部标准是不够的，这不利于引导学生成才。这也是高校较为重视教学质量的内部标准的一个原因。内部标准虽然服从于外部标准，但它是教学质量的保证和基础。因为教学质量的内部标准注重教学工作的质量，所以它能保证最终培养人才的质量。因此应用型本科院校不仅要根据社会对应用型本科人才的实际要求构建新的教学质量外部标准，也要根据高等教育的内部规律建立教学质量的内部标准。

高等学校教学质量的内部标准是高校衡量教学工作的标准，一方面服从于社会对人才的培养要求，另一方面服从于高等教育规律。因此应用型本科院校建立教学质量的内部标准首先服从中小企业和基层单位对应用型本科人才的培养要求，即要服从外部标准，其次要遵循高等教育的基本规律。这方面，高等院校在长期的教学及其管理工作中积累的大量成功经验是应用型本科院校必须学习和值得借鉴的。关键是如何将中小企业和基层单位对应用型本科人才的培养要求与高等教育教学管理的经验有机地结合起来构建新的教学质量标准。总之，应用型本科院校作为一类新的高等院校，其教学质量及其管理工作的改革，一是要根据中小企业和基层单位对应用型本科人才的要求构建新的教学质量外部标准，二是要遵循高等教育的基本规律对传统的教学管理进行大胆的改革。

（2005 年 12 月发表于《常州工学院学报（社科版）》）

论应用型本科教育专业核心能力及其培养

周泽民

进入21世纪后，许多新建地方本科高校确立了“开展应用型本科教育、培养应用型本科人才、建设应用型本科院校”的办学理念。应用型本科教育、应用型本科人才是在我国高等教育大众化进程中提出的新概念，如何培养应用型本科人才是新建地方本科院校积极思考并着力解决的重要课题。研究专业核心能力有利于应用型本科教育人才培养目标和培养规格的创新，有利于应用型本科教育人才培养模式以及教学方法的改革，是新建地方本科院校发展改革的需要。

一、专业核心能力概念界定

核心能力(Core competence)首先产生于企业管理学，是其近几十年的一个研究热点。普拉哈拉德和哈默尔(Prahalad & Hamel)认为，“核心能力是组织中的积累学识，特别是如何协调不同的生产技能和有机结合多种技术流派的学识”。具体地说，核心能力是企业在长期生产经营过程中积累的知识和特殊技能(包括技术的、管理的等)以及相关资源(如人力资源、财务资源、品牌资源、企业文化等)组合成的一个综合体系，是企业独具的，与他人不同的一种能力。核心能力是企业的一种优势，是企业竞争优势的支撑，体现了企业的效率。一套强有力的核心能力决定着企业特有的战略活动领域，影响着企业未来的收益和战略选择，是企业在竞争中获取领先地位的关键性能力。

虽然学校不能完全模仿企业的核心能力，但其理论和思想却给我们很多启迪。借助企业核心能力理论，将有助高校解决诸如专业生存和发展的基本规律是什么、影响毕业生就业与发展的根本因素是什么等高校人才培养工作的一些重大问题。为了探讨在高校中应用企业核心能力理论，我们在一所新建地方本科院校选择了近20个专业进行试点研究。查阅和分析了每个专业的培养方案和主要课程的教学大纲，先后同学院院长、专业系主任、主要课程的主讲教师等进行座谈，并有重点地和系主任紧密合作，着重研究专业核心能力的构建、培养和评估等问题。

专业核心能力，简单地讲，就是本专业所特有的针对社会专业领域的能够履行岗位职责的实际能力。专业核心能力首先是一种实际工作能力，其次是一种专业能力。倡导专业核心能力主要是为了提高毕业生的工作能力，从而提高学校的毕业生就业率和教育教学质量，以达到培养应用型本科人才的目的。我们有这样一个基本理念：作为一名高校培养的专业人才，当其毕业时应该掌握至少一项工作能力，据此他能够在社会上完成某项专业任务，履行某项岗位职责，从事某一专业工作，在对应的专业领域里成为一名合格的专业人员。如电子信息工程专业的毕业生掌握了“以模电、数电、信号与系统及高频电路为核心结合电子电路 EDA 设计的无线信息技术应用能力”，则他就能在电子行业的企业从事“电子产品的设计与开发”或“电子电路线路板布局布线设计”等工作。因此，从某种意义上讲，我们提出的专业核心能力就是专业工作能力。

能力是多个学科都有的常用概念，我们倡导的专业核心能力既不是心理学中的元能力，也不是教育学中的基本能力，而是面向专业工作的综合能力。一般而言，专业核心能力是专业基础知识和基本技能在某一职业领域里的综合应用。在试点专业中，许多专业就将基本能力视作专业核心能力，如有的专业将“学习与研究能力”列为专业核心能力，有的将“沟通和交际能力”列为专业核心能力。毫无疑问，“学习与研究能力”“沟通和交际能力”等都是非常重要的能力，但这些能力不是哪个专业所特有的，属于各类专业都应培养的基本能力。因此，这类能力不能作为专业核心能力。又如教师的“备课能力”、播音员的“备稿能力”等，这些能力对于完成专业工作至关重要，但仅凭这些能力是难以完成“课程讲授”或“播音主持”工作，这些能力不是完整的工作能力。因此，教师的“备课能力”、播音员的“备稿能力”等这类能力也不是专业核心能力。一种能力能够被称为专业核心能力，最关键的标准是看它是否能够据此完成某项实际岗位工作。

专业核心能力大致可以分为两类：技术应用能力和岗位工作能力。也就是说，专业核心能力既可以是一种专业技术在某个领域里的应用能力，也可以是一种针对社会专业岗位的实际工作能力。试点专业“电气工程及其自动化”和“电子信息工程”明确的专业核心能力就是典型的技术应用能力，如“电气工程及其自动化”专业的“以 PLC 为核心的电气控制系统应用能力”“以单片机为核心的计算机控制系统应用能力”“以计算机技术为核心的现代信息系统应用能力”和“以供配电技术应用为核心的电子系统自动化应用能力”。又如“电子信息工程”专业得“以模电、数电、信号与系统及高频电路为核心结合电子电路EDA设计的无线信息技术应用能力”“以单片机为核心的计算机控制系统应用能力”“以计算机高级语言及压缩编码技术为核心的信息处理技术和计算机技术应用能力”和“以计算机网络技术为核心的计算机信息传输应用能力”。试点专业“土木工程”确定的专业核心能力则属于岗位工作能力，即是针对专业岗位的实际工作能力，如“针对房屋建筑工程的设计、施工管理能力”“针对交通土建工程的公路和小型桥梁的设计、施工管理能力”“针对施工管理、工程造价、房地产开发、工程招投标等的工程管理能力”。

二、专业核心能力的培养

传统上，高校比较了解基础知识、基本技能，也比较擅长培养基本能力等。对于专业核心能力，不仅在认识上存在模糊，在操作上也缺乏有效办法。应用型本科人才必须注重能力培养，而这能力并不是传统意义的基本能力，应用那种能在专业岗位完成具体任务的实际工作能力，也就是专业核心能力。下面以外语专业为例，说明专业核心能力的构建。

众所周知，语言的基础知识有三类，即语音、语法和词汇，语言的基本技能则有听、说、读、写、译五个。对于外语专业而言，基本能力为翻译，包括口译和笔译。长期以来，我国高校培养的外语人才主要是擅长文学作品和外事活动的翻译人才，这种传统至今仍可在高校普遍见到。然而，当前社会需求的外语人才大多数是从事技术资料、贸易商务、管理文秘等方面的翻译人才。因此，对于外语专业而言，其专业核心能力应该是在某一职业领域内的业务翻译能力，既可能是传统的文学作品翻译能力、外事活动翻译能力，也可能是技术资料翻译能力、贸易商务翻译能力和管理文秘翻译能力。其中文学作品翻译能力的主要构成是笔译能力和文学素养，外事活动翻译能力的主要构成是口译能力和外事知识，技术资料翻译能力的主要构成是笔译能力和相应的技术知识，贸易商务翻译能力的主要构成是口译能力、笔译能力和贸易知识，管理文秘翻译能力的主要构成是口译能力、笔译能力和行政管理知识。

无论是技术应用类专业核心能力，还是岗位工作类专业核心能力，都具有明显的综合性或复合性特点。一般地，专业核心能力的综合性主要表现其构成既包含专业知识和能力，也包含职业知识和能力，如外语专业的外事活动翻译能力，它既包含外语专业的知识和能力，也包含外事活动的知识和能力；专业核心能力的复合性主要是指有些专业核心能力包含多学科的知识和能力，如外语专业的贸易商务翻译能力，它包含外语与贸易两个学科的知识和能力，又如外语专业的技术资料翻译能力，是外语专业和相应技术专业的复合。

一个专业会有多个专业核心能力。理想的培养方案当然是让学生掌握所有的专业核心能力，但事实上很难做到这样。作为专业的举办者，学校或系部应该了解其所有的专业核心能力，并尽可能针对每项专业核心能力制订相应的培养策略。而在实际培养过程中，学校则应根据社会的用人需求培养学生的专业核心能力。一般而言，学校不应要求学生掌握所有的专业核心能力，但必须教会学生至少一项专业核心能力。这是培养应用本科人才专业核心能力的一个基本原则。

专业核心能力的培养应避免一味追求先进、高新、齐全，而应把重点放在适应社会、满足企业、符合岗位要求等方面，而且要根据社会的用人形势变化及时调整培养的重点。当社会需要先进的高新技术，则学校应创造条件努力培养高新技术应用人才，如果社会仍大量需要传统工艺人才的时候，则学校应坚持培养传统工艺人才。学校必须避免为了追求先进而放弃传统工艺人才的培养。“机械设计制造及其自动化”确定了三项专业核心能力，分别是计算机辅助设计能力，计算机辅助制造能力和设备控制能力。其中计算机辅助设计能力包括应用计算机绘图、机械力学建模和计算机辅助设计、一般机械系统计算机辅助设计、应用 PROE 软件进行三维造型设计；计算机辅助制造能力包括中等复杂零件手工编程和计算机自动编程，先进制造技术应用（包括三维扫描测量，快速反求成型等）；设备控制能力包括一般机床系统电气和 PLC 控制，一般机械液压系统设计与控制，一般机械零件数控编程和操作。这三项专业核心能力仅是该专业许多能力中的一部分，是根据当前地方社会用人的实际要求而确定的。

专业核心能力的培养不同于基本能力的培养，其最大的区别在于综合性。在传统的人才培养模式中，课程以传授知识为主，实践教学以培养技能和能力为主，而所有这些知识和技能、能力都是根据教学规律来设计的，往往与实际工作要求还有一定的距离。如外语专业，一般的学生都有较好的翻译能力，包括口译和笔译能力，但他们如此的翻译能力仅擅长在文学或外交领域，当毕业生进入社会其他工作领域时，就不能马上顺利完成任务，原因是大多数人缺乏相应的其他相关知识和能力。传统的教育注重知识的传授，经过近期的改革，高校已经对能力的培养给予了足够的重视，并通过加强实践教学环节强化能力的培养。但注重培养的能力主要是专业基本能力，如外语专业的翻译能力，至于这些专业基本能力在社会上的实际应用则仍没有给予足够的重视，也就是说专业基本能力的应用能力仍没有培养到位。因此，针对专业核心能力还需要专门设计相应的教学环节来培养。在试点专业中，土木工程专业设计了一系列的课程设计等实践教学环节来强化专业核心能力的培养。如为了培养“针对交通土建工程的公路和小型桥梁的设计、施工管理能力”这一专业核心能力，设计了桥梁工程课程设计、施工组织课程设计等。

一般而言，专业核心能力的培养需要高度综合化的实践性教学，需要加大教学的模拟性和仿真性。目前高校开展的教学较为理想化，也就是说是在理想状态或理想环境中实施的，这有利于提高教学效益和教学效率，但这并不适合专业核心能力的培养。有些专业针对专业核心能力开设相应的核心课程，较好地解决了专业核心能力的培养问题。但是不同专业有不同的核心能力，各个专业核心能力有着各自的特点，其培养要求也是不尽相同的，学校很难用一种模式来统一培养。在实践中，专业核心能力的培养需要根据各自的特点来设计和实施培养。

开展专业核心能力研究是一件很有意义的工作。专业核心能力体现了社会对应用型本科人才的核心要求，地方本科院校可以要求所开设的专业都确定相应的专业核心能力；可以将专业核心能力列为专业培养方案中培养目标和业务规格的主要内容；可以要求教学工作围绕专业核心能力的培养来设计和展开，特别是课程体系和实践教学环节可以针对专业核心能力进行开发、设计和组织。

（2009 年 8 月发表于《常州工学院学报（社科版）》）

地方应用型本科院校人才培养及其管理体系的探索与实践

马树杉

理论界和高教界对影响高校人才培养的瓶颈因素作过大量的研究，但大多集中在宏观方面如高等教育的结构、布局、领导、管理体制等，也涉及到教育教学改革层面，如人才培养模式、课程体系、教学内容、教学方法改革等。但很少涉及高校内部的人才培养体系及其实施等问题。本文试就应用型本科院校的人才培养体系及其管理体系以及相互关系作初步的探索。

世纪之交，我国许多地方新建了一批本科院校，这些新建地方本科院校都将自己的培养目标定位于应用型本科人才。我们将以培养应用型本科人才为主要任务的高校称为应用型本科院校。应用型本科院校在社会服务对象、培养目标、培养模式等许多方面，都与传统的高水平研究型高校不同，因此本文主要针对应用型本科院校的具体情况展开讨论。

一、人才培养体系和管理体系分析

新办地方工科类本科院校，全国大约有一百余所，主要以培养应用型本科人才为己任，其人才培养体系和管理体系大同小异。大致可以描述为：

(1) 一般按学科、专业制订人才培养计划(有的仍称教学计划)；按二级学院(系)、专业班级组织学生；按专门制定培养计划开展教学活动。

(2) 一般都把人才培养工作分成教学和学生两条线管理，教学由分管院长、教务处负责管理，各二级学院(系)，按教务处规定负责日常教学管理。二级学院(系)又由分管教学的副院长(副系主任)负责具体工作。一般二级学院(系)再下设教研室，负责授课和教学研究。学生工作有一党委副书记和副校长分管，各二级学院总支、辅导员和班主任负责具体事务。学生思想政治工作还由党委宣传部管。共青团主要管学生会和学生社团。

（3）一般强调适应社会需要办学，进行应用型人才培养模式的探索和实践，但局限于“教学口”内。一般都强调加强思想政治教育，但局限于“党群口”内。

（4）人才培养计划一般由二级学院（系）制订，由教务处和分管教学的领导审批，批准后主要在“教学口”内实施。

应该说这种人才培养体系和管理体系是因传统、经验和形势变化以及上级要求逐步改良而来。基本符合当前高校现行的体系，适应当前办学需要。但这种培养和管理体系也存在明显的不足，主要表现为：

1. 培养计划的完整性得不到落实

大多数高校都从学生全面发展的要求，把原来的“教学计划”改成“人才培养计划”，将学生德、智、体、美诸方面的培养统筹考虑。但是，教务处只管学生培养计划内的学习，不管其他；学生处只考虑学生条线上的工作，不管专业培养目标的具体实现。培养计划的综合性和完整性得不到实施上的保证和落实。

2. 两条线管理割裂了人才培养有机系统，严重影响了人才培养的效果

人才培养分两条线管理，如果两者协调一致，会产生较佳效果，但实际上，两条线各行其是，不仅难以配合，而且常常发生摩擦，产生内耗。不是哪条线不想搞好，而是双方各自只按条线惯性去运动，很难协调到一起。表面上两条线都做了许多事，也取得了很大的工作实绩，结果却是学生或忙忙碌碌应接不暇，或茫然不知所从难以学成，人才培养效果与人才培养目标相差较远。

3. 对人才培养缺乏全面负责的部门和人

虽说人才培养是人人有责，但实际上却谁也不负责。质量控制和保证体系跟不上形势发展需要，人才培养质量难以评估，说不清是提高了还是下降了。按理说校长要对学生德智体美全面发展负责，但是校长往往只能把这个责任分解到教务处、学生处和各二级学院等有关部门。似乎所有部门都在负责，但实际上，人才培养计划实施得如何，学生毕业时有没有达到培养目标的要求，没有哪个部门、哪个人能明确客观地回答这个问题。事实上，学校还没有从管理制度上明确哪一个部门或责任人来系统全面地负责这方面的问题。

4. 在人才培养中没有发挥教师应有的作用

按理说“教书育人”是教师的天职。但由于长期以来人才培养过程分工过细，导致教师职责扭曲，把上课和科研看成是份内事，把“育人”看作是份外事。教师只对学科负责，只对课堂负责，只要上好课、搞好科研就行，教师应有的作用

在人才培养过程中没有得到充分的发挥。当前，教师对学生思想政治教育懒得问津，对专业建设、课程建设十分淡薄，对教育教学改革缺乏热情，人才培养的许多工作难以推进等，这些都与教师关于人才培养的主人翁意识的丧失有很大关系。

5. 人才培养的理念陈旧

培养人才、开展教育教学，都需要先进科学的理念来统领和指导。当前人才培养工作仍残留着一些需要转变和更新的思想观念，如没有充分考虑学生成长、成才的需求；没有完全遵循学生学习的内在规律；对学生还是管得多、要求多而关心少、引导少、服务少；没有把学生的学习积极性有效地调动起来。

二、改进人才培养管理体系，提高人才培养质量

关于应用型本科院校的人才培养，经过多年的探索和实践，已经有了较为明确的培养目标，也摸索出许多行之有效的培养模式。要进一步提高人才培养质量，改进人才培养管理体系就是一个瓶颈问题。许多人习惯把管理体系的问题，说成是学校的领导体制问题。其实不然。人才培养上的问题固然与大的体制有一定关系，但国家已经把高校内部机构设置权放给高校，而且对人才培养体系的设计和管理也没有设置框框，只是教育行政部门管理的参照框架和传统的高校人才培养体系对我们改革的决心还有一点影响。因此，关键的问题在高校内部，在高校领导观念的转变和认识的提高。

1. 改进管理体系

要改进现行的人才培养管理体系，必须真正树立如下观念：

(1) 学生是学校之本。包括制订培养计划在内的学校一切工作都要充分考虑学生的特点和成长的规律。

(2) 人才培养是高校的中心工作。学校一切工作应当围绕人才培养展开。校长和二级学院院长应当亲自抓人才培养工作。

(3) 人才培养是每个教师的天职。教师应把培养人才作为自己的主要工作。每个教师都应关注学生、关心学生。教师不仅要培养学生的业务才能，而且也要承担学生思想政治教育的责任，成为学生思想政治教育的主力军。

(4) 人才培养工作是一项复杂的系统工程，它是由若干个子系统组成的有机整体。各个部门要相互配合，协同作战，合作完成人才培养任务。

(5) 人才培养是一个可以设计可以控制可以检测可以评估可以改进的过程。可以有多种模式。

(6) 人才培养责任应当分解。针对一个专业或一个年级的学生,要有部门和责任人全面负责人才培养的整体设计、跟踪协调、关注结果、收集反馈信息、改进培养计划等各方面的工作。

2. 探索有效措施

鉴于现行人才培养管理体系的诸多不足和提高人才培养质量的强烈愿望,在对人才培养体系诸多问题进行思考和调研的基础上,常州工学院从 2002 年开始进行了人才培养管理体系改革的探索和实践,主要措施是:

(1) 进一步明确了人才培养体系的内涵和外延,把学校的教学管理工作、学科建设和专业建设工作、图书资料和信息提供工作、现代化教育技术的推广和服务工作、学生管理工作、招生和就业指导工作、共青团工作、两课教育和思想政治工作、素质教育工作、教师管理和队伍建设工作、校园文化和校风建设工作等等都纳入人才培养体系,成立了人才培养委员会。由人才培养委员会组织专家教授、管理人员共同来设计、统筹学校的人才培养工作,特别是协调教学管理部门和学生工作部门的工作。

(2) 学校打破专业教研室不管学生的传统习惯,加强了专业教研室建设,明确专业教研室必须对本专业所有学生的全面发展负责,二级学院(系)要对所属学生的全面发展负责,学校对全体学生负责,建立了学校、二级学院(系)、专业教研室三级负责的人才培养责任制。学校还建立了班级导师制,由专业教研室向本专业学生班级派出有一定威望的教师,对学生的生涯设计、成才规划、选课、生活等进行引导和指导。班级导师制改变了过去专业教师不关心学生全面成长的观念,改变了对学生的培养以智育为主的做法,注重引导式、启发式教学,教师以身作则,言传身教,注重以榜样和权威的力量去带动和说服、激励和帮助学生。

(3) 要求二级学院(系)和专业教研室,根据本专业培养应用型本科人才的目标、社会需求和学生实际,研究并修订人才培养计划。学校各个二级学院、专业教研室对所办专业的知识和能力进行了系统分析,找出最小的如同语言中的词那样可以迁移能够重新组合的知识点、技术点和技能点。以这些知识点、技术点和技能点为基本单元,对教学内容进行优化组合,建立了新的课程体系,确定了教学和考核重点。在此基础上要求各专业都要确定鲜明的培养目标,以人才培养特色强化专业特色,同时强调培养学生参与社会竞争的能力。

(4) 树立新的质量观和多样化的质量标准，成立教学质量评估中心，探索人才培养校内质量评价方法，建立校内质量考评制度和质量控制保证体系。

3. 主要成效

经过多年的探索和实践，常州工学院的人才培养管理体系改革取得显著成效：

(1) 牢固确立了人才培养在学校的中心地位。

(2) 推动了过去难以推动的教学改革。

(3) 调动了教师教书育人的积极性和学生学习的积极性。密切了师生关系，发挥了老师在思想政治教育中的主力军作用，增强了吸引力和感染力，思想政治教育落到实处，教风、学风明显好转。

(4) 在应用型本科人才培养方面探索了新路、积累了经验。

4. 存在问题

常州工学院的人才培养管理体系的改革也碰到许多困难，也还有许多没有做到位的地方，需要加大力度，适当调整，继续推进，主要问题有：

(1) 教育教学的思想观念还需进一步转变。观念的问题不解决，许多同志会旧瓶装新酒，嘴上说一套，干的还是老一套。

(2) 教师职责还须进一步明确，要处理好科学研究与人才培养的关系。要正确评价并承认教师在人才培养上付出的劳动。

(3) 要正确处理专业建设和学科建设的关系。

(4) 要对教学改革给予更多的投入。

(5) 需进一步明确并协调好校内党政职能部门的关系。处理好整体设计和分工合作的关系。

三、关于人才培养体系和校内管理体系的协调

人才培养是高等院校的中心工作，但不是唯一的工作，高等院校有其他功能。在高校内部，人才培养工作也需要诸如科研、后勤、人事、财务等其他工作的支撑和服务。高校的教师除了教书育人外，还有科研和其他任务。正确处理好人才培养工作与其他工作的关系，协调好人才培养管理与校内其他管理的关系，人才培养工作才能得以顺利开展，并不断改善。根据学校一切工作围绕人才培养工作展开的原则，应用型本科院校宜在校内领导管理体制上作些改革。

(1) 落实一把手抓人才培养。院长应主动承担统筹全院人才培养工作的责任。

(2) 在学校层面上应强调统筹规则,统一指挥。因而分管教学的副院长和分管学生工作的副院长最好是一个人。如是两人,则院长宜加强协调。

(3) 将专业教研室作为学校人才培养的最小的责任单位,人才培养的工作重心宜下移到专业教研室。加强专业教研室的建设,让它真正能承担起培养学生、对学生负责的责任。

(4) 职能部门能合则合,减少多头指挥和内耗。

(5) 明确人才培养管理体系与科研管理体系的关系。促进产学研结合,一体化培养人才,进行科研、开发和发展科技园区的校内外产学研基地建设。

(6) 明确专业教研室的教师职责,在人事制度改革和分配制度改革中予以倾斜。

(2006 年 4 月发表于《常州工学院学报(社科版)》)

新建本科院校新教师教学工作能力培养模式的改革

周泽民　陶岩平

随着我国高等教育进入大众化阶段，大量的新教师进入高校并迅速走上教学岗位，承担相应的教学任务。虽然这些新教师学历高，普遍拥有硕士或博士学位，但多数因缺乏相应的教育理论基础和教学实践能力而不能满足高校教学工作的实际要求。因此，新教师培训成为高校师资队伍建设的一项重要任务。近几年来，许多高校都在大胆探索的基础上积极改革新教师培训方式，并努力形成各有特色的新教师培训模式。但是从培训的实际效果看，新教师培训模式仍然不能满足高校教学工作和教师成长的要求，需要进一步改革，不断完善。

一、当前高校新教师培训现状及存在的不足

自国家颁布《高等教育法》和《教师法》以来，我国高校教师培训工作普遍受到高度重视，不仅各省举办教师岗前培训班，而且各高校也组织校本培训。省教育厅组织的高校教师岗前培训班，一般以《高等学校教师岗前培训暂行细则》和《高等学校教师岗前培训教学指导纲要》为依据，通过“简明高等教育学”“高等教育心理学”“教育法教程”“教师职业道德概论”4门课程传授高等教育学、高等教育心理学、高等教育法规和高等学校教师职业道德基础知识。培训以集中授课为主，也适当采取专题讲座、典型报告等形式。总学时略高于110学时。岗前培训的考核以闭卷考试为主，兼顾学习作业。

各高校的校本培训则注重学校基本情况的介绍，一般包括学校的办学历史、办学理念和思想、发展方向和定位、校风教风以及学风。另外学校的管理制度也是重要的培训内容，如教学管理制度和规范要求等。也有开展教学技能、科研工作和学生工作等能力培训的，但主要是老教师的经验介绍。

总体上讲,省教育厅组织的课程培训强化了新教师树立相应的教育思想和教学观念,完善了新教师的知识结构,为履行教师岗位职责承担教学任务打下了坚实的教育学理论基础。学校开展的校本培训主要是加深了新教师对学校办学体系、教学规范等基本制度和运行机制的了解,促进新教师尽快融入学校、进入角色,同时也提高了新教师的教学能力。新教师培训的效果是明显的,许多教师的一致反应是受益匪浅。但是,从新教师从事教学工作的实践看,目前的新教师培训仍然存在着许多需要改进的地方。

(一)培训重理论轻实践

教学工作是一项专业性较强的工作,需要相应的理论指导。对新教师进行教育学理论知识的传授是必要的,特别是对于没有师范教育经历的新教师。然而,教学工作更是一项复杂的实践工作,且具有一定的艺术性,仅有教育理论知识并不能有效地开展教学工作,需要一定的技能和技巧。因此教师岗前培训仅开展教育理论知识的传授是不够的,要强化新教师完成教学工作的实践能力培养。虽然这在操作上存在许多困难,但如果我们重视了并充分利用师范教育以及诸如网路等现代教育技术手段,强化新教师的教学技能还是可以做到的。

(二)培训重形式轻内容

目前的培训主要有两大块,一是省厅组织的“简明高等教育学”“高等教育心理学”“教育法教程”“教师职业道德概论”4门课程的集中教学,二是各高校自行组织的校本培训。省厅组织的4门课程按照《高等学校教师岗前培训暂行细则》和《高等学校教师岗前培训教学指导纲要》的要求,传授高等教育学、高等教育心理学、高等教育法规和高等学校教师职业道德等基础知识。各高校的校本培训也是有组织、有计划地开展着。从数量和形式上看,目前的新教师培训量还是充分的,但从实际效果看,目前的培训内容针对性不强,不适应新教师完成教学任务的实际需要,对新教师教学实践的指导效果不佳,需要进一步充实和优化,特别要强化教学方法、教学技能的培训。

(三)培训缺乏整体规划

教师是综合性很强的职业,不仅要掌握学科知识,而且还要掌握教育教学知识。高校教师更要承担人才培养、科学研究和社会服务等重任,因此教师培养是一项长远而艰巨的任务，需要长期规划分段实施。目前的培训应该是考虑了教师成长的长期需要，特别是教育理论基础知识，但在实施层面，目前的培训缺乏整体规划。首先是培训时间不合理，许多教师反应，在他们走上讲台前没有接受相应的培训，许多培训都是在他们上课后才开始的。其次是新教师迫切需要指导的是如何备课和上课，但培训内容很少涉及，解决不了新教师教学实践的困惑和难点。还有大多数教师反应，青年教师在度过上课技能关后，还需要参加教材、课程、专业等多层面的建设与改革工作，需要了解和掌握这方面的知识和经验以及教育教学研究方面的知识，目前这方面的知识没有系统的培训，主要靠教师自学和摸索，效果和效益都很不理想，影响教师职业生涯的提高和发展。

结合教学实践效果看，当前高校新教师的教学工作能力尚不能完全满足人才培养的工作需要，高校新教师培训不能满足新教师成长的需要。高校必须重视新教师的培训，并根据人才培养的实际需要设计和开展教师培训，积极探索行之有效的新模式，确保新教师在培训过程中提高教学工作能力，能够胜任教学工作。

二、高校新教师教学工作能力培养模式的改革措施

经过多年的实践探索，高校新教师的岗前培训已基本形成固定模式，即全省统一的教育理论学习和各校自办的校本培训。全省统一的教育理论学习包括“高等教育学”“高等教育心理学”“教育法”“教师职业道德”等课程；各校自办的校本培训则各有特色，一般都包括介绍学校概况、管理规范、岗位要求等，也有一些学校安排了教学知识和能力方面的辅导和报告。现行的这个模式基本上满足了高校新教师进入教学岗位的工作需求，但是从教学实践的角度看，新教师培训仍然存在着一些需要改进的地方，特别是在个性化辅导和长期规划等方面需要加强。

(一) 进一步完善教育理论知识的学习

作为一名高校教师，必须掌握相应的高等教育理论知识和实践技能，仅仅依靠“高等教育学”“高等教育心理学”“教育法”“教师职业道德”四门课程的集中教学是不够的，必须增加有关高校教学的理论知识和实践技能方面的学习和培训，而且后者更为重要和紧迫。因为作为一名新教师进入高校首先面临的是教学任

务，只有掌握的教学理论知识和实践技能才能胜任教学工作，做到高标准地起好步开好头，并今后的发展打好坚实的基础。因此在新教师岗位培训中，应增加高校教学理论课程，如“大学教学论”等。

（二）注重校本培训的专业化

目前，高校普遍重视新教师的校本培训，从时间、内容、方法到考核都有明确的管理制度。但是，从校本培训的要求来看，目前高校的校本培训还存在着一个较大的问题，那就是培训新教师的人员不够专业，也不够稳定，特别是传授和训练新教师教学技能方面的师资。因此，学校要注意培养擅长这方面工作的师资，要注意开发适合本校需要的校本培训，包括内容、形式和方法，努力使学校的新教师培训乃至整个教师培训工作专业化。

新教师培训是一项复杂的系统工程，并不是所有老教师都能较好地完成培训新教师任务的，不同的教育对象、不同的教学内容需要不同的教学方法，对师资的要求也是不同的，因此培训新教师的老教师也需要培训，尽量提高培训的专业化程度。

提高校本培训的专业化程度，一方面要提高实施培训的教师指导新教师的能力和水平，特别是对新教师进行“传帮带”的老教师的教学实践指导能力和培训责任心。另一方面要注重开发设计适合学校实际的培训课程和项目，特别要注重根据新教师的个人情况实施个性化的培训，确保每个教师都达到学校的要求。

（三）强化校本培训的针对性和实用性

当前的校本培训一般以介绍学校的概况、管理制度、教学规范等岗位要求为主。虽然相对教育理论知识学习，校本培训更为多样化，各校各具特色，但是大多数学校的新教师培训还是没有针对新教师的工作需要进行设计和开展，缺乏针对性和实用性。了解学校的基本概况、管理制度、教学规范等岗位要求固然重要，但对于高校新教师而言，最为迫切的需要是完成教学任务和辅导学生的实际能力。因此，高校新教师的校本培训应首先针对新教师的工作需要，着重培训和提高新教师的教学工作能力，包括辅导学生的能力。强调校本培训的针对性和实用性就是要根据学校的教学工作实际进行培训内容和方式的开发设计，要注重教学理论知识和教学工作能力的传授和培训，要强化教学实用技能的培训，如通过说课等手段，培训新教师的课堂教学技能，帮助新教师有信心走上工作岗位，有能力完成教学任务。

（四）制订成长规划，激励早日成才

现代社会对高校的期望是越来越高，这些不断提高的期望也对高校教师提出了越来越高的要求，因此尽快地将新教师培养成为教师来担当相应的责任已经是高校师资队伍建设的首要任务。现代社会对合格教师的要求已经不再是讲师了，而是教授。成为一名教授对刚进入高校的新教师是一个相对较长的过程，也是一个较为艰辛的过程，是一个需要认真规划的成长过程。高校应将制订新教师的成长规划纳入校本培训，在新教师进入高校时就及时为他们进行职业发展规划。职业发展规划应从教学起步，促进全面发展，应明确从讲师到副教授再到教授每个阶段的任务要求，如教学任务要求、科研任务要求和学生工作要求等，并相应地明确学校、部门和个人的责任，激励教师健康成长。

新教师培训模式需要在实践中不断完善，特别是要处理好教学起步和全面发展、集中讲授和个别指导、长远规划和分段实施等相互关系，重视新教师的职业成长规划的共同制订，长远设计，分布实施，有序推进，注重对新教师的传帮带，强化个别辅导和指导，确保每个新教师都能达到学校的工作要求。新教师培训不仅能加快新教师的成长，促进师资队伍建设，而且也有利于教学质量的提高，是一项必须高度重视的基础工作。

（2011 年 10 月发表于《常州工学院学报》）

大学教师教学发展项目回顾与前瞻

——以应用型本科人才培养为指归

苗贵松

一、高校教师教学发展观的技能型转向

大学教师的教学能力和水平是高等教育质量的决定性因素，因此西方发达国家均十分重视高校教师的教学发展问题，研究成果也较为丰硕。艾博的《关于学院教学发展和优秀教学认可和评价》(1972)、森吹的《教师发展在美国学院和大学中的实践》(1976)等是国外关于高校教师教学发展的早期成果。1991年，美国教育联合会(NEA)明确提出教学发展是教师发展的四个主要方面之一。同年，陆冰发表的《中美高校教师发展项目比较研究》(得克萨斯科技大学博士学位论文)则是高校教师教学发展研究的代表性成果。2002年，吉利斯皮在《高校教师教学发展指南》中提出了教师教学发展的操作策略，如教师参与、项目导向、资金支持等。

从上世纪末开始，国内高等教育进行了一系列改革，其中转变教育思想、更新教育观念、提升教学能力是核心。学术研究热情很高，仅中国知网高等教育学科就有四百多篇含“教学技能”篇名的论文，但绝大多数属于师范教育范畴，谈高校教师教学技能的不足20篇。马永富(1999)将斯金纳操作条件作用原理、布鲁姆教育目标分类理论和信息加工理论作为教学技能分解的理论依据，戴捷(2003)探讨了高校化学教师在教材组织、教学设计和课堂教学等教学活动中应注意的问题。张波(2007)在教学文案、讲授方法、教育技术、教学语言、教学板书、教学组织等技能方面提出改进举措，郁美(2007)针对高校青年教师课堂教学技能状况进行对策研究，郭旭(2008)则对高校优秀教师教学技能个案进行比较。

近年来，对高校教师教学技能提升要求更为迫切。高佳(2011)对高校教师教学技能的认识悖论进行剖析，王凤玲(2013)则提出构建高校“校本”教师教学

技能培训支持系统。

近十年来,发达国家大学教师教学发展逐步趋向了全程化,逐步实现了综合化,基本完成了制度化,逐步逼近了专业化,部分地趋近了学科化,逐步实现了技术化。我国则以港台高校为先锋,紧随世界潮流。高校教师教学发展项目的典型案例,见表1。

表1 高校教师教学发展项目的典型案例

序号	高校项目	项目内容	备注
1	美国密歇根大学“学习和教学研究中心”资助项目	支持教师改善教学,促进教师专业成长。其中教务长办公室和学术副校长提供经费资助讲师专业发展基金等3个项目,中心资助多媒体教学资助金、教学发展基金、教学技术资助金等5个项目	中心还设立戏剧项目,演出学校和课堂上涉及教学法、教师辅导、多样性教学观念等主题的18个短剧
2	美国加州州立大学系统“教学和学习研究所”资助项目	研究所每年在一个专业中只批准一个课题,要求在一年内完成。根据课题内容,重要的分校必须参加。结题时说明课题成果、教师参与和经费使用情况,研究报告需在校园网公布	研究所的首要目标是支持高水平的大学教学和教师专业成长,不资助单一校区内的课题
3	美国加州州立大学富尔顿分校“教师教学发展”资助项目	属于秋季项目之一,目的是改善学院教学,分校所有全职教师均可申请,资助教师各种改进将教学的活动,但不包括差旅费用	还设立“罗伯特与路易斯·李合作教学奖”,支持院系进行合作性教学
4	美国圣·托马斯大学“改善教学”资助项目	将获得资助的教师组织在一起,共同了解教学方法、设计教学活动和评价手段、召开研讨会,同时也与熟练运用该种教学方法的教师进行咨询	该项目只资助教师在教学方法上进行改革,对教学内容的改革不予资助
5	英国剑桥大学个人与专业发展中心“大学教师发展”项目	针对教学人员的发展机会:职业生涯指导,机构领导课程,高等教育实践捷径项目(核心研讨课、个人专业咨询)负责人专项培训	相关课程:就职、个人技巧、IT技术、职业发展、员工评价与发展、专业技巧

(续表)

序号	高校项目	项目内容	备注
6	英国布里斯托大学"大学教师教育支持部"四项目	针对新教师的项目：核心发展课程，评价通道，午间工作坊；针对研究型教师的项目：学术职业生涯第二阶段(2周培训项目、新讲师全套发展项目)，午间工作坊(包括实验室基地教学和教师指导等)；针对大学教师发展督导的项目：实践基础的活动(撰写关于核心发展课程和评估项目层面的反思报告等)，新大学教师发展者就职指导论坛，工作坊；针对知名高级教师的项目：可选择性网络模块课程(包括小组教学、教学技巧、学生评估、项目或课程设计、以实验室为基础的教学和网络学习等)	教师教育支持部针对新教师、研究型教师、知名高级教师和大学教师督导的发展项目各不相同。该大学教师教育支持部最大的特色是为大学教师发展督导提供发展项目。工作坊、课程培训、实践活动和模块课程是该大学教师教育支持部分最主要的项目实施方式
7	拉脱维亚大学"大学教学法导论"项目	主要针对刚入职的，在高校工作少于3年的讲师。新任教师2个学期要学习160小时(72小时为面授)，内容分为学习的理论与实践、学习环境与教学方法、学习风格与教学手段、信息技术与专业发展、课程设计与评估、职业反思和专业发展6个板块	项目具有人性化的特点：它善于利用大学教师本身的经验，不将项目的完成情况和工资挂钩，但和教师任期结合来激发参与动机
8	芬兰赫尔辛基大学"教师发展课程"与项目	60学分的学习模块中包括25学分的基础课程和35学分的中级课程。基础课程的内容有高等教育教学与学习、教学设计、应用与评价、基于研究的大学教学发展、学生辅导与指导、大学教学初级专业知识，大部分课程都包含教学实践。中级课程包括27学分的必修课程与8学分的选修课程，为期两学年，目的是将教师的教学提升到学术水平	此外，"教学评价矩阵"从学院或系的角度出发，对教学计划、教学实施和教学评价进行全面调查，用尚可、良好、优秀和出色四个等级来定期评估教学各方面，独立于学校评估之外

（续表）

序号	高校项目	项目内容	备注
9	澳大利亚悉尼大学教学与学习研究中心"本科文凭课程"和"硕士学位课程"	第一类是为期一年的非全日制正规大学教学资格证书课程，乃聘任必备；第二类是对在线学习的烟具和对学生研究指导的课程，可以达到硕士研究生水平	澳大利亚国立大学高等教育与教学中心甚至还可提供高等教育博士学位课程并有资格授予博士学位
10	台湾大学教务处教学发展中心主要项目	一是开展新教师研习营。二是建立教师传习制度（协助教师组成不同主题社群，通过小组间互动，促进教师教与学的专业成长）。三是举办卓越教学讲座及教学工作坊（设计一系列与教学有关的讲座、工作坊及论坛，邀请校内外教学杰出教师分享教学心得）和教学领航计划（促进本校教师间教学经验传承与交流分享，增进教师教学效能，聘请本校资深优良教师为领航教师，由领航教师主持各类教学咨询活动并提供其具体建议）。四是推广微型教学，为本校教师提供教学演练的条件，并通过资深教师或同事之间的回馈，提升教师教学效能	此外，加强教学助理的管理，是一大特色。具体包括开展教学助理认证研习会、开展教学助理教学评价与咨询、建立教学助理交流平台（增进教学助理对其任务的了解深度，激发其教学热情，提高教学技能）以及进行杰出教学助理遴选暨资格审查和制定教学助理工作手册等工作
资料来源：根据徐延宇、陈素娜(2009)，范怡红(2010/2012)、冉源懋、李荣(2013)的研究论文整理。			

1965 年，威尔伯特在密歇根大学创立第一个教师与教学发展中心。1969 年，昆士兰大学高等教育研究中心成立，任务之一是为帮助本校青年教师尽快胜任教职。1975 年，伯格威斯特和菲利普斯《有效大学教师发展项目的组成部分》一文提出第一个理论模型：大学教师发展项目必然包含教师个人态度、组织结构和教学过程几个层次，缺一不可；第二种大学教师发展模型由盖夫同年出版的《大学教师更新》中提出：更多地关注科目和课程设计，其目标是"学生学习的改进"。两个模型之间最重要的差别是，当伯格威斯特的模型认为三个部分统一存在于一个成熟的教师发展模型中，盖夫的模型则认为三个部分任何一个都能独

立发展。总体而言，美国大学教师发展项目大多具有很强的现实性与操作性，即针对具体的院校类型、教师类型和学科特点进行教师发展计划的设计与评估。一句话，注重实践是根本。

奥卢大学和赫尔辛基大学是芬兰最早建立教学与学术发展部门的高校，时间在1994年至1995年间。1998年日本大学审议会的报告将大学教师发展定义为："以每个大学教师为对象，在教学内容以及教学方法方面所进行的有组织的研究、研修。"这一定义将大学教师发展的内容定位在了教师的教学能力方面，抓住了教育的核心。此外，英国剑桥大学的教师发展政策更注重专业能力，也抓住了大学的核心。1998年，剑桥大学《大学教师发展政策：学术个人发展》发布；2008年，发布新的《大学教师发展政策》；2009年，该政策更名为《个人与专业发展政策》。二者实为一体两翼，相辅相成。

台湾大学为了全面提升教学质量，于2006年5月成立教学发展中心。该中心隶属于教务处管理，为促进教师发展提供支持。这种模式也是我国内地许多高校教师教学发展中心的设置类型。虽然不直属于教学校长，但也有它的业务优势。台湾地区高校以教学发展机构推进教师发展的做法，可以归纳五个方面的特点：

一是开展教学发展规划研究，设计教师专业成长课程。例如，开教学领航计划，传承教学经验；开展教师成长群体划，促进教师群体的发展。

二是组织教师发展活动，邀请各领域的专家学者进行教学指导，分享教学与研究经验，提供教师交流与观摩的机会。例如举办专题演讲、教学工作坊及研习营等教学主题活动。

三是加强教学管理制度建设，制定相关校规、院规、系规，保障教师学发展的制度化与规范化。仅以台北大学人文学院为例，其重心在院系(这与内地重心在学校层面有很大不同)，院规有人文学院奖励特殊优秀人才评选准则、教师评审委员会设置办法、教师升等评审准则、课程委员会设置办法、院长选荐办法、院务会议设置办法、教师评鉴准则、自我评鉴实施要点等制度，中国文学系系规有教师评鉴细则、经费稽核委员会组织办法、助教聘任办法、自我评鉴实施细则、教师聘任暨升等评审办法、课程委员会组织办法、系务会议设置办法、系务会议议事规则、系主任选荐办法、学术委员会组织办法等制度，教师教学发展的实践效果好，也符合校院二级管理的趋势。此外学校层面设立教学卓越计划专区，这对大学教师教学发展提供强力保障。

四是加强教信息技术研究与推广，如研究教学评价系统与多媒体课件制作方法，开展数字化教学，为教师提供教学辅助系统，为全校教师提供教学相关信息内容和资源。

五是重视新教师的入职教育与培训工作，了解教师需求，为新教师提供教学辅导与支持，其内容包括本校发展理念介绍、杰出教师经验分享、各类校园资源说明、跨学院教师联谊等。

二、高校教师教学发展对策

2012 年 3 月，教育部在《关于全面提高高等教育质量的若干意见》中明确要求高校普遍建立教师教学发展中心。教师教学发展中心的主要职能是提供教学咨询、开展教师培训、进行教学研究，为教师的专业发展提供支持，进而提高教师（尤其是青年教师）的教学素质，为全面提高教学质量提供人力保障。2013 年 3 月，教育部批准北京大学等 30 所高校实施建设教师教学发展示范中心建设项目，每个中心支持建设经费 100 万元。机构设置和经费保障缺一不可。

近几年来，我国内地学者对大学教师教学发展问题进行了初步探索，主要观点见表 2。

表 2　我国内地学者的高校教师教学发展对策

序号	学者	主要观点
1	崔　军	建立院、系、教研室三级教师发展制度。学院层面要充分利用质量工程项目，为教师教学发展提供重要平台，如精品课程、教学团队、教学名师等，使教师在项目建设中提高教学水平。系、教研室层面的教学研究与实践对教师专业发展起促进作用，可成立教学研究志愿者组合小组、青年教师专业发展小组、学科教师合作小组、年级教学内容方法研究小组等学习型组织
2	黄　菡	高校教师培训机构可按学科和职称两个维度对参加培训的教师分类，将学科相近、职称级别相同的教师分为一组，并为每组配备专业的教师培训人员。在此基础上，每组的培训内容除了教育学、心理学的基本知识大体相同以外应存在差异，并以项目的形式予以体现
3	陈明伟	各大学应在学院层面上大力重建教研室，形成一个个的教学专业发展共同体，为教师的交流提供组织平台。通过教研室这一组织，大力提倡鼓励教师之间在业务上的互相帮助，开展教师之间的“传帮带”；加强大学教师之间的交流和合作，增强大学教师的组织归属感。充分发挥教研室培养教师的功能，让教研室成为大学教师发展的“加油站”

（续表）

序号	学者	主要观点
4	刘小强	要有针对性地对不同群体实行不同的发展策略：高度关注教学发展“高原期”（任教4～8年的大学教师），应采取交流反思、专家讲座和个体咨询相结合的方式；对教龄3年以下教师群体着重教育技能，对教龄9～15年的群体着重教育理论，对教龄16～25年的群体则重在专业学术发展
5	刘　尧	实施教师职业发展规划，要促使教师教学与科研互利共生，协同发展。学校要建立协调的教学与科研激励约束机制。比如，在晋升评优上，优秀教师的评选要注重教学和科研两个方面的实际成绩；教师职务评聘的政策要向教学和科研结合得好、实绩突出的教师倾斜；加快建立和完善教学与科研分类评估政策，从制度建设上促进教学与科研向良性互动的方向上发展
6	陈凯泉	应从设置专业的教学发展支持机构和建设教学发展共同体两方面确保教学发展的组织归属，从奖励优秀教学、制订常态化的教学发展规划、职称评定中充分考虑大学教师的教学绩效等三方面，创设清晰的教学发展的制度导向；并应基于学习科学的理念，超越信息技术整合教学能力的培训范式，引领教师走出信息技术使用唯PowerPoint误区，创设教师教学发展虚拟学习网络
7	吴振利	提出自我指导性教师教学发展的基本观点：广域实践是教师教学发展的主要依托；同事等相关者是教师教学发展的重要资源；反馈是教师教学发展的调节与推进器；自我是教师教学发展的动力源；外部支助是教师教学发展的助力场；科学、切实与可行的规划是教师教学发展的图纸
8	沈文淮	项目培训模式：采用混合学习的理念，遵循“集中培训—在线学习—互动交流”的流程，以提升教师教学能力；专题研讨模式：采用“问题提出—热点研讨—方案优化—问题解决”的方式，分享教学经验；成果培育模式：采用“专家指导—理论提升—成果凝练—交流推广”的模式，实现“教学—科研”互惠性转化；教改指导模式：采用“在线培训—案例观摩—交流讨论—教改应用”的方式，为教师开展教学改革研究提供专业指导；咨询服务模式：采用“教学咨询—教学诊断—一对一帮扶—名师工作室”的模式，为广大教师提供高质量的、个性化的咨询服务

(续表)

序号	学者	主　要　观　点
9	沈贵鹏	在教学研究层面,以“院校研究”为抓手,开展“以实践为导向”的研究;在教学培训层面,以青年教师、“潜能教师”(指教学评价欠佳的教师)的成长为抓手,通过理论学习辅导、教学技能培训,提升教师整体教学业务水平;在教学评价层面,以促进教师教学能力、教学技能提升为抓手,采取制定教师教学规范、教学技能规格和对教师教学测评、教学诊断、病理分析等途径
10	章小梅	实施青年教师培养工程:针对许多新教师都是毕业后直接任教、没有社会实践经验的现实,选派到校外从事协作研究,使他们在实践中得到启发;提高教学工作水平采取岗前与在岗、定期与不定期、短期培训与长期进修、校内与校外、集中培训与分散培养相结合的多种培训模式,对全校青年教师进行师德教育、专业工程技能、科研创新能力、教学技能四个方面的培训与提升
资料来源:根据表中所列作者发表论文的内容整理。		

三、大学教师教学实践能力与应用型人才培养的四个维度

(一)社会需求的维度

高校应对高等教育大众化的对策是分类发展和课程改革。在美国,除了州立综合大学有所增加,传统文理学院萎缩,职业性社区学院大发展之外,还有许多开放性的工人大学、联合大学以及营利性的私立学院,主要是提供职业培训。至于课程改革,明显地从纯学术追求转向人力资本开发。在我国,山东省走在前列,按照应用基础人才、应用人才、技能人才三个培养方向,在省属高校中重点建设特色名校。实际上,常州工学院十年前即提出“应用型本科人次培养”理念并付诸实践。大学教师教学实践能力与应用型人才培养的深度融合,是学理和时代的选择。

(二)新任教师的维度

新任教师、年轻教师、青年教师作为当今大学教育当中的重要力量和未来希望,已成为大家共识。限于篇幅,这里不再征引相关研究文献,而将新任教师(入

职两年内)作为讨论对象,见表 3。

表 3　新教师教学发展项目及督导评估例

序号	类型	典型做法
1	新教师适应项目	美国东南密苏里州立大学对所有全职的新教师举办为期一周的、强制性的有关教学效率方面的项目。参与者在一系列参考选题中(如设计大纲、改进讲演、组织讨论、测验和等级评价)选择喜欢的项目,并参与活动
2		伊利诺伊大学每学期为新教师提供 2～6 次 90 分钟的系主任研讨会,论题包括优秀教学的总体特征以及学科的具体特征
3		俄克拉荷马大学为所有新教师组织一个自愿参与、持续一个学期的专业发展的研讨会。每周一次午餐会,随后是 75 分钟的研讨(申请基金、改进教学、寻找资源等)
4	新教师辅导项目	美国加州州立大学长滩分校项目包括结成 25 对师徒,辅导教师和年轻教师每月一次交流,项目主任周期性地与二者讨论,以推动其交流并深入研究这种辅导关系
5		北美五大湖学院联盟是 12 所人文学院的联盟,属于院校间的辅导项目。校外资深教师与校内年轻教师结对,参与者都能得到经费补贴。可自己安排时间和地点,并决定是否继续会面。同时,他们的这种关系会得到保密
6		美国费城坦普尔大学资深教师辅导服务,这些退休不久的资深教授熟悉学科文化并愿意帮助年轻教师。在 1 学年中,每 2 周进行一次 90 分钟的会面。除给辅导教师津贴外,项目还对所有符合条件的年轻教师提供竞争性的提升教学效果资助金
7	新教师教学研究发展项目	美国印第安纳大学杰出年轻教师奖项目,每年支持 5 名教师进行深入研究和创造活动。奖励包括暑期教师奖学金、教师资助金、学年休假资助,还实施暑期教学培训奖学金、院系教师发展资助金等,鼓励年轻教师申请多学科研讨会项目

（续表）

序号	类型	典 型 做 法
8	新教师专业发展方案与教学支持	香港大学教学促进中心教师入职计划，分三阶段推行：第一阶段是开展为期三天的定向培训；第二阶段初级教学培训，共 18 个课时，内容涉及如何开展互动式教学、如何做报告，锻炼自信、目光接触等；第三阶段是高级教学培训，是在完成第二阶段培训后开展的，共 18 个课时，内容涉及如何进行大班教学、教学设计、评价学生的学习等。在新教师入职的第一年，学校对其进行教学培训，结业时颁发校内认可的认证书
9		台湾东吴大学教学资源中心为新教师提供教学辅导与支持：以个别访谈的方式，了解新教师的教学需求，并作为举办相关活动的参考。为协助新教师了解学校办学理念，增强其认同感，每学年伊始，开展一系列的新教师辅导活动，包含相关行政事务与教学资源介绍，制作新教师手册，使新教师能早日融入学校教学环境开展教学工作
10	新任大学教师项目之督导与评估	英国剑桥大学“督导方案”提供入职相关信息、大学教师发展和评价完善原来的入职程序。通过这种方式保证大学新任教师在他们上任伊始就将获得所需要的建议与支持。咨询、评估和试用期结束时确认满意或者再申请咨询相关的业绩评估是三个独立进行的过程。在整个评估交流的过程或者交流之后，评估者应该以意见提供者的身份出现。在参与大学教师发展项目的头三年，新教师发展项目的评估由部门主任、评估者和督导三方同时并且独立进行。部门主任监控整个新教师入职指导的整个过程，评估者在新教师入职的第二年进行第一次评估，督导在整个入职指导的过程中，所起的作用呈倒三角形
11		英国布里斯托大学教师教育支持部面向学校教学的评估由三个层次的评估组成：教学项目学生测评实践手册、院系自评和外部评审。该大学在自己处理和考虑评估分数时，重视来自在其他学术机构、专业机构、产业和企业部门的同行评议

资料来源：作者根据徐延宇（2009）、李荣（2013）、陈素娜（2009）的研究论文整理。

在高校新教师发展的五个维度(教学发展、职业发展、组织文化适应、学术成长、个人发展)中,教学发展是第一要务。理解和掌握课程设计、支持活动学习、教授多样化的学习者、使用技术方便教学、评价学生学习,管理他们的专业成长等多种技能和策略,构成新教师教学发展活动和项目的重要内容。而针对性和可评估性,则是新教师教学发展的黄金法则。

(三)当今大学生的维度

有研究通过对学生调查数据的实证检验显示,课堂教学能力是影响教师教学能力的核心要素。但前面研究文献所列加强课程设计能力、改进教学方法和教学模式、健全教学评价体系等个案和对策,主要还是以教师为本(无疑是正确的),对全媒体时代以学习者(大学生)为中心的理念还未有较好体现。桑新民教授指出,近两年来席卷全球,被称之为 MOOCs(Massive Open Online Courses)的大规模开放在线课程,是21世纪教育冲破"机械灌输+标准化考试"的"工业流水线"人才培养模式,引发学习方式变革的攻坚战。从大学生的维度来看,高校教师教学发展项目亟需与时俱进,教师教学实践能力的范畴更要引领学习方式的变革,微课程需大智慧。

(四)教学管理者的维度

有学者认为,应用型人才是利用科学原理为社会谋取直接利益的人才、主要从事与社会生产生活密切相关且能产生经济利益的工作。换言之,培养应用型人才的高校管理者,理应以应用型人才培养为指归,制定教师教学发展措施。但是,就绝大多数高校而言,教师教学发展相关政策,还局限于学校教育范畴,对产学研结合方式尤其是文科类产学研合作关注不够,将直接影响到大学教师教学发展项目的有效性。大学教师教学发展管理者本身的发展,是大学教师教学发展题中应有之义。

四、应用型人才指向:新建本科院校教师发展的职业蓝图

2002年7月,教育部高教司"应用型本科人才培养模式研讨会"在南京召开。2007年8月,全国高等学校教学研究会"应用型本科院校专门委员会"在成都成立。2009年9月,"中德论坛:高层次应用型人才培养(CDAH)"第二届大

会在德国汉诺威召开。2012 年 7 月，教育部师范教育司更名为教育部教师工作司（人事司、职业教育与成人教育司有关教师工作职责调入）。2013 年 6 月，应用技术大学（学院）联盟、地方高校转型发展研究中心在天津成立。2014 年 3 月，江苏省应用型本科院校开始迈入高层次技能人才培养的职业教育时代。然而，无论是北京大学、南京大学、厦门大学等 30 所国家级教师教学发展示范中心，还是教育部教师工作司 2014 年工作要点，到目前为止，针对应用型本科院校教学特点的大学教师发展项目的蓝图还未得到集中展现。

新教师教学能力发展应侧重实践性——习技。这里，以入职高校 5 年左右作为大学新教师界定。众所周知，新建本科院校新教师比例更高。同样，新建本科院校人才培养的应用型指向更为突出。因此，前文所述美国费城坦普尔大学资深教师辅导服务、香港大学教学促进中心教师入职计划，会使新教师有效适应、胜任教学。

中年教师教学能力发展侧重理论性——研学。这里，我们以入职 15 年左右界定大学中年教师。此群体应着重教育理论的控求，基于多年积累，开展行动研究与实证研究。同时，采用“专家指导—理论提升—成果凝练—交流推广”的成果培育模式。澳大利亚悉尼大学教学与学习研究中心的“本科文凭课程”和“硕士学位课程”可资借鉴。

资深教师教学能力发展侧重学术性——悟道。这里，我们以入职 25 年左右界定大学资深教师。此群体教学经验极其丰富，重在专业与教学学术发展。学而后悟，融会贯通，方能将他人之法转为自己之法，体悟窍门。新建本科院校的未来大都指向应用技术大学，“道”是对“技”的超越境界。

梳理和明晰应用型本科院校教学文化的历史渊源、发展脉络、基本走向，并归纳和建构新建本科院校教学文化的独特创造、价值理念、鲜明特色，将成为大学教师教学发展项目迫在眉睫的任务。

以人为本，建立应用型人才素质发展的引导机制

肖　华

大学生素质综合测评是高校对在校大学生德智体等诸方面素质的全面考察和评价的办法，是学校对大学生在校期间成长目标量化考核管理的基本方式，是我们教育管理理念的集中体现，是学校对人才优劣的基本界定方法。在多年来的大学生培养过程中，素质综合测评发挥了重要的作用。然而，随着应用型人才培养理念的确立，在大学生培养过程中，我们应以人为本，以市场为导向，因材施教，在培养大学生良好综合素质(尤其是良好思想道德素质)的前提下，注重挖掘和培养学生个性特长及创新精神。我们要反思过去那种对不同能力水平学生作千人一面、主观量化式的评价，努力探索符合时代特征和社会发展要求的应用型人才素质发展的引导机制和保障机制。

一、现行大学生素质评价及综合测评中存在的弊端和问题

(一)以定量代替定性的不科学、不合理

高校对大学生的评价最早采用的办法是按学习成绩来排列，后来，随着社会对加强大学生综合素质的重视和呼吁，测评内容中加入了思想品德、文体活动、社会活动能力等反映学生综合能力的部分，这些能力仍然用完全量化的方式来进行考核。量化的素质综合测评，虽然增加了可操作性，但失去了人性化和个性化，其科学性和合理性一直受到质疑和批评。测评比例中占20%的德育并不能全面正确评价大学生的品德，这项评分到最后往往大多数学生分数相当，这就抹杀了不同主体道德水平的差异。测评比例中占70%的智育引导学生过于追求各门功课的均衡发展，不少学生为取得各门功课的高分忽视了全面综合素质和

能力的培养,这与大学人才培养的目标存在偏差,这是对全面发展的误解。这种评价尽管肯定了学生知识积累上的差异,但智育指的应是学生的学习能力而不仅仅只是学习成绩。测评比例中占10%的体育更是无法真正体现一个大学生身心发展是否健康。

素质综合测评还包含了许多加分内容。学生为了这些加分,可能会积极地去争取担任学生干部,而且希望“学生干部级别”越高越好,因为“级别”越高加分就越高;为了加分,有些力所不能及的事情也勉强去做,如身体不好,但因为无偿献血的加分比较高,就“积极”参加献血。这样培养出来的不是一个真正全面发展的大学生,而是一个“功利”“虚伪”的大学生。这种素质综合测评并不能完全真实地反映学生的素质,对于学生素质的提高并不具有全部的正面意义。

(二) 过于烦琐,人为主观性较大,平时表现缺少诚信记载

高校对学生实施素质综合测评,一般都是先制定出全校统一的素质综合测评办法及实施细则,而且越周全越详尽越好,德智体等方面被赋予不同的权重,然后,由学生自评、同学互评、班级测评小组测评打分,最后再得出综合得分,并据此按照奖学金条例给予相应的评优奖励。这一过程过于繁琐,而且往往在实际操作中被简单化,甚至被人为歪曲。各高校的测评标准一般都由各校自已制定,在学校的大标准下,各院系都还有自己的一些具体操作标准和办法,这种方法在操作上缺乏规范性,人为主观性较大。如果说学习成绩是考出来的还值得大家信服,那么其他项目的测评,很多都是凭感觉打出来的,因为学生的平时表现缺少诚信的记载,这又给负责测评的老师或学生干部以很大的发言权,也会催生一些老师或学生干部包庇学生的不良行为,这不仅不利于提高大学生的综合素质,反而容易使学生在勾心斗角的功利追求中迷失了自己的人生价值观。如《中国青年报》2005年11月10日刊发了一篇《部分大学生争夺奖学金不择手段》的文章。这一现象并不罕见,也已引起了高校的普遍关注和重视。

(三) 忽视过程评价,偏重结果评价;过于追求综合,不利于个性发展

现行素质综合测评的结果是通过德、智、体之间一定的权重形成测评成绩及排序,主要是作为评奖评优的依据。它更多的注重共性的引导,引导学生均衡发展,缺少对大学生素质特征的评价与描述,难以反映学生的能力与素质的个性特征,未能充分发挥引导大学生个性发展的作用,这就导致学生重视奖学金的评定而忽视自身的主体意识和创新能力、创新精神的培养。这种评价更多倾向于对学生发展的结果性评价，它从结果切入、以结果为导向来引导学生的成材，而忽视了过程评价，不能记录下学生成长过程中的每一个足迹、每一个进步。

（四）现行素质评价指标与社会对大学毕业生的素质要求偏差较大

现行素质评价指标无法为大学毕业生就业及用人单位考察毕业生提供比较客观的依据，容易造成社会需要与大学生自我定位的错位。这种评价很难在评价中凸显学生的创新能力和创新精神，不能科学地反映每个学生的个性发展以及每个学生达到培养目标的程度，不利于学生全面发展，也不利于学生的就业。

在做人方面，以前用人单位希望分来的大学生是党员或学生干部，强调更多的是学生“政治素质”；而现在用人单位虽然提出了“党员优先”，但强调更多的则是“团结协作”“自我约束”的能力。在做事方面，以前用人单位一般追求的是“忠于职守”“老实厚道”，而现在用人单位更加看重的是“独立创新”“灵活应变”。中央电视台“东方时空”和国内专业招聘网站——智联招聘联合推出的2006毕业生就业状况大型调查表明：雇主最看重大学毕业生实践能力和诚信素养。对于应聘者的简历，57.8%的雇主最先看的是“社会实践和实习兼职情况”，其次是“专业”(44%)、“毕业院校”(28%)、“英语、计算机等级水平”(21.6%)，只有3.5%的雇主会首先看毕业生的“在校成绩”。用人单位对毕业生的素质要求越来越高，具备复合型、创造型、协作型素质的人才已成为“抢手货”。现在，用人单位普遍采用“招考”的方式而不再依赖学校的评价和鉴定为主要依据录用人才，这就是重要的原因。因此，高校应面向社会，以市场为导向，培养符合社会需要的人才，这必然要求大学生素质评价应与社会需求接轨，为社会所认可。

二、建立大学生素质发展报告书制度引导和评价应用型人才素质发展

人的素质本身很难科学、严密地量化，不宜作过细的量化评价；但不能量化不等于不能描述和评价，至少可以客观地描述和记录，而应把判断权更多地交给社会和用人单位。人的素质是难以量化的，但评价体系是不可或缺的，大学生素质评价应更加人性化，更适合大学生自身发展的特点，也更符合社会发展和市场的要求。广州市穗港澳青少年研究所副所长陈冀京在接受记者采访时说，“对大

学生综合素质的测评应该从大学生自身的特点出发,大学是一个自由的平台,既可以培养全面发展的大学生,也可以培养有所专有所长的大学生”。所以,尽量减少对大学生素质的“量化”因素,这应是新的应用型人才素质发展引导和评价机制建立的方向。

根据大学生素质教育和评价的要求,以提高大学生的综合素质和在社会上的竞争能力为目标,鼓励学生勤奋学习,促进大学生素质全面发展,调动学生奋发向上的积极性,促使大学生在思想道德素质、科学文化素质、身心素质、能力素质等方面取得发展。学校应在强调提高大学生综合素质的基础上,培养社会需要的、具有专门知识的、身心健康的人才,并凸显大学生个性,鼓励专才的成长。素质评价体系应反映准备走向社会、走向生活的学生应具有的、所有的、共同的综合素质。总之,它应反映社会对人才全面发展的要求。大学生素质教育和素质评价应注意处理好全面发展与个性发展、继承传统与创新教育、通才教育与专才教育、科学素质与人文素质的关系。

为科学全面地反映大学生在校学习期间的综合素质,我们可以通过建立“大学生素质发展报告书”制度来记载和评价大学生素质。大学生素质发展报告书记载的主要内容分为:思想道德素质、科学文化素质、身心素质、能力素质等四大部分,另外,还有学生个人信息、考勤记载、奖惩情况以及班级、院系认证等内容。其中,思想道德素质、身心素质、能力素质以文字描述记载为主,科学文化素质以分数或学分及积点记载为主。思想道德素质主要从政治表现、道德修养、遵纪守法、集体观念等几方面进行评价,按优秀、良好、合格、不合格四等综合评价出每一位学生的思想道德素质等第。能力素质可以分为担任或参加社会工作与社团活动、社会实践与志愿服务、学术科技与创新创业、文体艺术与技能培训等情况以及取得的成果。大学生的能力是多方面的,各种能力彼此之间都是相互关联、相互影响、相互制约的,而且各种能力表现在个体间其发展也是不平衡的。

大学生素质发展报告书适用于所有在校不同专业的本专科大学生,每人每学年使用一张,根据学制一般三年或四年形成一位学生大学期间完整的个人素质记载和评价档案。素质发展报告书的基本内容由教务处、学工处、团委以及其他相关部门提供,记载工作一般由班级素质评价小组在班主任或辅导员的指导和监督下完成,每学期进行一次班级和院系认证,以确保其及时性、客观性和可信度。当然,大学生素质发展报告书的基本内容应随着时代发展要求、社会评价标准的变化而随之变化。

三、建立和完善大学生素质发展引导和评价的有力保障机制

作为大学生素质评价的有力保障，最为重要的是学校应成立“人才培养委员会”和“大学生素质评价中心”，加强人才培养与素质评价的理论研究和工作协调，解决人才培养与素质评价“两张皮”的问题。只有把社会对人才需要的标准作为学校对学生素质评价的标准，并把对学生素质评价的标准作为学校对人才培养的目标，才能培养出社会真正需要的人才。

学校要以人才培养为中心，各项工作围绕人才培养展开。“人才培养委员会”和“大学生素质评价中心”全面、系统地实施人才培养，统筹各类教育资源和谐、协调、有效地进行。“人才培养委员会”和“大学生素质评价中心”的主要成员应是一致的，而且要吸收教育专家、教育行政部门领导、用人单位领导参加，统一协调教学工作、专业建设、学生工作、素质教育、学风建设、校园文化建设、思想政治教育等。在人才培养上，要以市场为导向，探索产学研结合的培养模式，培养社会欢迎的人才，注重核心知识、核心能力、核心素质的培养。“大学生素质评价中心”应以学生工作、就业指导和团委等部门为主牵头，具体负责对大学生平时的素质评价和评先评优工作。“大学生素质评价中心”要定期召开会议，及时修订大学生素质评价标准，结合时代特征和当代大学生的特点，在人才培养中进一步加强和推进大学生思想政治工作进公寓、进网络、进社团，进一步加强和推进新世纪学校共青团工作创新研究，进一步加强和推进校风学风建设，从而形成人才培养和素质评价协调有力的保障机制。

随着高等学校素质教育的深入推进，素质评价已不能再按成绩与表现给大学生打分排队，作为评先评优的依据，更要增强评价大学生素质的结构及构成素质的各种要求的功能。我们要鉴别大学生的内在素质的个体差异性，引导大学生正确了解自己，明确其发展方向，引导和激励大学生勤奋学习，积极实践，有目的地优化和提高自身素质。我们必须坚持党的教育方针，遵循高等学校办学规律，建立与社会和用人单位接轨的动态的、多维的素质教育和评价标准，根据时代和社会对人才的素质要求建立新的人才素质发展引导和评价机制。

（2006 年 6 月发表于《常州工学院学报（社科版）》，选入本书时有删节）

浅谈地方本科高校创新创业教育体系的构建

彭勤革　朱锡芳　房汝建

高校培养满足社会需求的人才是当前高等教育改革的重中之重，也是实施"科教兴国"战略的出发点。胡锦涛总书记在十七大报告中明确提出了"建设创新型国家"的战略目标，并指出要"实施扩大就业的发展战略，促进以创业带动就业"。创新型国家这一目标的实现需要大量的创新型人才，这就为高校深入开展创新创业教育、培养大学生创新创业能力等问题指明了方向。我国高校创新创业教育起步普遍较晚，尤其地方本科高校办学历史短，接收了高校"扩招"带来的绝大部分大学生，学生的创新创业知识与能力相对欠缺，而培养的毕业生知识能力结构与社会需求存在较大脱节现象，当今正经受着就业压力的严峻考验，地方本科高校认清自身特点，采用有别于研究型大学以学术带动创新创业人才培养的模式和高职高专以技能带动的创新创业人才培养的模式，培养适应地方经济社会发展需要的应用型人才，提高就业竞争能力，开展切实有效创新创业教育就迫在眉睫，也是其必然的选择。

一、创新创业教育的理论内涵

创新创业教育的概念，是联合国教科文组织 1989 年在北京"面向 21 世纪教育国际研讨会"上提出的。此后，对其内涵的阐释类型繁多，但概括起来，无非包含两方面内容：即创新创业教育是以精神和能力为核心的教育。从本质上讲，创新创业教育就是指培养学生创新意识、创新精神和创业能力的教育活动，即培养学生提高适应社会生存能力，以及进行自我创业的方法和途径。

创新创业教育不是简单地鼓励学生人人都去自主创业，其实质是素质教育的深化和具体化。使学生具备从事创新创业实践所必须的知识、能力及心理品质，成为高素质创新创业型人才。创新与创业是不可分割的有机整体，创业在本质上是一种创新活动，创新决定创业的出路，在创业环境良好、创业资源具备的条件下，创新者向创业者转化，创新最终落实为创业，这一过程就是创新到创业的过程。

二、创新创业教育的体系构建

随着国家对高校创新创业教育活动开展的倡导，目前创新创业教育不仅是一种教育的理念与精神追求，已经渗透并贯彻到人才培养的过程中，将创新创业教育面向全体大学生，纳入教学主渠道，结合专业教育，贯穿于人才培养全过程。高校普遍将创新创业教育作为教育教学改革重点内容，深化课程体系、教学内容和教学方法改革。作为地方本科高校，我们经过多年的探索与实践，创新创业教育已经初步形成一个完整体系，主要构建了目标体系、管理体系、师资队伍体系、课程体系、实践平台体系、政策与资金保障体系等内容。

(一) 创新创业教育的目标体系

地方本科高校创新创业教育的目标是培养具有创新意识、创新精神和创业实践能力，满足地方经济社会发展需求的应用型人才。学生进入高校后，其目标的实现一般可分成三个阶段：在一二年级阶段，应着重进行创新创业意识及基本知识普及的教育；在二三年级阶段，应加强创新创业技能、精神、品质的培养，对具有潜质的学生，应有针对性地培育，以促使其创新创业素质提升，并为未来的创业提前进行规划；在三四年级阶段，应提升创新创业能力，积累和检验创业知识、完善创业心理品质、做好创业前的充分准备。

(二) 创新创业教育的管理体系

为保证创新创业活动的顺利开展，学校需要建立一个跨部门的综合管理协调机制。学校应成立创新创业教育指导委员会，学校领导、各有关职能部门、院系负责人为指导委员会成员，通过创新创业教育指导委员会，统筹、协调和指导学校的创新创业教育工作。为推动开展创新创业教学研究与教学建设，学校可成立创新创业教育教研室，并配备专、兼职教师。创新创业教育教研室负责全校创新创业教育系列课程的开发、讲授与实践指导。通过加强组织领导，统筹规划，精心组织，指导实施，把开展创新创业活动的各项工作落到实处，并形成各部门共同配合，全体教职员工和学生积极参与的领导体制和工作机制。

(三) 创新创业教育的师资队伍体系

高校不乏具有较高理论水平的教师，但真正懂创业、能创业的教师仍非常缺乏，因此建设高水平的师资队伍成为制约当前高校创新创业教育的瓶颈。在发挥现有教师队伍作用的基础上，通过培养、引进、使用等环节的不断优化，建设与创新创业教育要求相适应的、专兼相结合的高素质创新创业教育师资队伍。聘请企业家、自主创业成功者和专家学者担任讲师和辅导者，加强对高校创业指导人员的培训和资质认证。创新创业教育是开放式的，应该倡导合作，通过走出去、请进来不断强化校企合作、校际合作和教师交流。同时，创新创业教育是一个系统工程，它需要多学科的相互配合，每位创新创业教育教师可以通过跨学科、校企联合、学校与科研机构互动等多种方式，发挥学科综合优势、取长补短，进而不断提高教师的创新创业教学能力。

(四) 创新创业教育的课程体系

课程体系是创新创业教育的核心内容。对于地方本科高校而言，更应注重创新创业意识的培养。与专科生不同，本科生的理论素养相对较高，可以更加强调其创新创业意识的培养，建立理论和实践相结合的培养体系。创新创业课程目前在地方本科高校中已普遍开设，但仍存在着课程数量少、课程间关联度低、课程的系统性和普遍性有待进一步加强的问题。积极完善创新创业课程建设，充分发挥创新创业课程在创业教育中的作用，学校应大力建设好一批跨学科、跨专业的创新创业教育公共课，将创新创业教育课程列入教学计划，融入相关专业的课程教学中，形成课程体系，包括课程的标准、大纲、教材、考核方法等。此外，要积极组织编写有地方特色、质量高、与时俱进的教材与辅导用书，在教学内容和教学过程中抓住随机教育的机会，渗透科学态度、敬业精神、人际合作、守职尽责、动手能力、组织管理、创造精神等综合素质的培养。

(五) 创新创业教育的实践平台体系

创新创业教育的实践平台应该具有多种形式与手段。在实验教学中，学校可将各类实验中心和创新基地全天候向各专业学生开放，以培养学生的动手能力。在第二课堂活动中,以社会活动为依托,以竞赛活动为载体,推动创新创业教育的开展。以"挑战杯"大学生课外学术科技作品竞赛和"挑战杯"大学生创业计划大赛为龙头,开展以电子商务大赛、职业生涯规划大赛和大学生数学建模竞赛以及各类专业竞赛为重点的大学生科技创新系列活动,有计划地实施助教助研计划,鼓励大学生积极参与教师科研工作。学校应积极搭建创业实践服务平台,通过创业园、校企合作企业、开业跟踪扶持等方式,让创业者可获得诸如培训、投融资服务、财税代理、技术服务、项目孵化等方面的支持,帮助学生创办企业或介入新创企业的成长管理,降低大学生创业的成本及风险。地方高校其主要服务职责在于为地方经济社会发展服务,学生也多来自于本地区,利用本地高新经济区,突出"科教研发"的主题,立足于产业开发区,结合产业开发区的科研水平,为学生创新创业教育提供高水平的技术平台。此外经常性举办大学生创业成功典型宣传教育活动,充分发挥典型示范带动作用,挖掘树立大学生成功创业典型,广泛宣传,提高大学生的创业意识和能力,坚定大学生创业的信心。

(六)创新创业教育的政策与资金保障体系

学校应积极建立与创新创业教育相适应的激励政策与制度。在学籍管理体制上,应由管理型、封闭型向服务型、开放型转变。在专业培养方案中保证每一个学生都能接受创新创业教育的基础上,可对参与学科竞赛和创业实践取得优异成绩的学生给予适当学分奖励;为解决学生参与创新创业实践在时间上的制约,学校须不断完善选课制度,并为学生创业休学创造更加便利的条件。鼓励教师投身创新创业教育,对指导学生取得优异成绩的教师进行奖励。

地方本科高校应加大对创新创业教育的投入,设立大学生创新创业活动专项基金,将创新创业教育所需经费纳入年度预算,同时拓宽筹措经费渠道,最大限度地争取当地政府和有关部门对学校创新创业教育的政策、资金支持,按照市场的规律和现代企业制度规范行为,争取社会、企业、金融投资机构共同参与大学生创新创业活动,努力对大学生创新创业活动实行科学管理,建立大学生创新创业的项目化管理机制,为大学生创新创业提供必要的启动基金支持。通过积极自筹、社会捐助、个人支持等渠道,支持和鼓励有创新创业意愿和素质的大学生进行创新创业实践。

三、结语

开展创新创业教育有利于促进学生就业竞争力的形成，有利于培养学生成为创新型人才，有助于提高学生的核心竞争力，并使学生在职业发展过程中具有可持续发展的能力。转变传统就业观念，更多地实现以创业带动就业。要强化观念教育，要引导学生转变就业观念，拓宽就业思路，树立大创业观。通过对大学生开展创新创业教育，进一步拓展就业教育的范围，这对缓解大学生就业压力也是一条重要的途径。当前社会政治、经济环境开放，无论是大学生实现自我价值的内在需求还是外在环境，创新创业教育都是学生通往成功道路的基本方法和实现目标的根本途径。

（2011年7月发表于《淮海工学院学报(社会科学版)》）

刍议地方高校在市县区域创新体系建设中的独特作用

毛文杰

区域创新体系是在区域层次上集聚和整合各类创新要素所构成的社会化网络。这里的"区域"是指地理上彼此相邻、经济上紧密相关、文化上兼容相通的地域。"创新要素"既包括政府、企业、高校、科研机构、投融资机构、专业中介服务机构等创新主体要素,也包括创新活动所需的物质的和非物质的创新资源要素,如信息、知识、技术、人才、资金、装备等,还包括创新环境要素,如法律、政策、管理、文化、道德、基础设施、人居环境等。构建区域创新体系的目的,是促使以上这些要素在区域内形成有机互动的网络化联系和制度安排。区域创新体系包括跨省市域、省市域、跨市县域、市县域四级体系。市县域是区域创新体系存在的最小范围,因为市县在我国是最基层的一级完整政权机构设置,在这个范围仍然拥有相对完备的创新要素。市县区域创新体系建设是一个较为复杂的系统工程,如何充分发挥地方高校尤其是市县属高校在市县区域创新体系建设中的独特作用,对于构建和完善市县区域创新体系具有十分重要的现实意义。

一、市县区域创新体系建设面临的突出矛盾和问题

时下,区域创新体系建设在各地方兴未艾,已成为我国各级政府落实全面、协调、可持续的科学发展观的新抓手。但在市县这一级区域创新体系构建过程中,普遍存在如下突出的矛盾和问题。

(一) 区域创新资源本地化利用程度低

这一方面是因为在市场化、全球化的大背景下,信息、知识、技术、人才、资金、装备等创新资源要素实现了在全省、全国乃至全球的大范围自由流动,在某

一市县区域内的企业、高校、科研院所均可以畅行无阻地在更大范围内寻求合作伙伴，大多数企业更倾向于与本区域外的名校老校、大院大所建立技术合作关系，或从国外引进先进设备、生产管理模式和技术，使得本区域内的创新资源优势未能很好地通过市场手段大量而有效地转化为本地经济优势，市场要素之间空间的邻近性未能达成真正理想的产学研一体化状态。另一方面则是因为市县区域内地方高校的学科专业设置及师资研究力量普遍与本区域支柱产业、高新技术主导产业发展的要求有较大差距，大部分科研机构也游离于支柱产业、高新技术主导产业之外。从更深层次的原因看，则是因为科研成果从研制到商品化的过程中存在着脱节的现象。基于以上原因，区域创新资源集中与本地化利用程度低的矛盾十分突出，区域创新资源优势无法完全转化为区域经济竞争优势。

（二）区域内中小型企业创新能力相对较弱

对一个市县区域来说，最具有创新动力的主体是企业，尤其是中小型企业。但由于中小企业空间拓展和资金来源有限，产业形态较单一，结构不尽合理，品牌意识薄弱，信息化程度较低，自主创新能力不强，具有自主研发能力的不多，因此绝大多数中小型企业无核心竞争力，难以做大做强。

（三）市县政府整合创新资源能力亟待提高

根据我国现有行政管理体制，市县区域内绝大多数高校、科研院所、科技人才这些创新主体隶属于国家或省部级管辖，管理权限大多不在市县级地方政府，因此直接服从并服务于地方经济发展的创新资源相对较少。创新主体隶属关系的复杂性客观上加大了市县党委、政府对创新资源的调控、整合、利用难度，区域创新管理体系与新时期客观需求的矛盾日益凸显。如何加强地方党委、政府对区域创新工作的全面领导，探索形成符合区域创新要求的新型管理服务体系，在更高水平上整合区域创新资源，形成区域竞争优势，成为急需解决的一大课题。

（四）科技中介组织稀缺且作用有限

科技中介服务组织是区域创新系统中不可或缺的重要组成部分，特别是在工业经济向知识经济转变的过程中，它常常起到重要的作用。科技中介服务的缺乏致使市县区域内企业、高校、科研院所、政府等创新主体之间沟通不畅，区域内资源流动、资源配置受阻。企业、高校、科研机构的相关情报和信息，包括运行情况、人才状况、资金需求、市场需求、技术状况等，市县政府部门不能及时知晓；市县政府对区域创新系统的管理和服务，特别是面向中小企业的科技创新计划、先进技术推广、扶持政策落实等，企业、高校、科研院所不能及时获取，资源的流动受到极大的阻碍。

二、市县属高校在市县域创新体系建设中所具有的独特作用

以办学水平及国家要求和支持力度为标准，我国现有的 2 000 多所全日制普通高校大体可以分为 5 个层次，即国家重点建设的创办世界一流大学的高校、国家重点建设的在国际上有影响的国内一流大学、省(市、自治区)和国家有关部门重点支持的高等院校、地方一般本科院校和高职高专学校。市县属高校是指主要由一个地级市(州、县)出资兴办的高校，属于我国地方高校的一种特殊类型，处在全国高校体系中第四、第五层次。此类高校多数由地级市财政拨款，少数由省级或县级财政拨款。市县属高校的主要任务是为区域经济社会培养应用型人才，为本区域经济建设、社会发展和文化传承服务。市县属高校因其与所在市县区域空间的邻近性、功能的叠加性、服务的自觉性，可以有效克服前述区域创新体系建设过程中出现的弊端，发挥出自己独特的作用。

(一) 市县属高校因其地理邻近性而成为市县区域创新体系中的重要知识源

传统空间经济学认为，经济主体在追求经济利益的时候，空间的位置始终是重要的考虑因素，经济主体会从与同行、顾客、竞争对手的邻近所产生的正的外部性中受益。创新经济学也认为由于知识的根植性和默会性、区域发展要素的本地依赖以及区域创新本身具有强烈的路径依赖和地方化特征，地理邻近性在区域创新中特别是产业集群、工业区的建设中具有积极作用。区域经济发展不是一个简单的由资本、劳动和技术推动的过程，而是一个复杂的“社会—经济—技术”的过程，而且必然受到时代背景和区域条件的制约和塑造。区域创新是创新在区域层次上的体现，其最本质的含义在于一个区域是否形成了一种有利于知识流动和创造的制度体系，是否形成了一种与技术进步之间的良性互动关系。大量实证研究表明，距离知识源更近的企业、机构和组织，比那些距离远的有更好的创新绩效，这是因为距离知识源近，相似的语言、规范和习惯、态度、价值、预

期产生了相互的信任，从而使重要的、隐性的、所有人共有的知识得以流动，给学习和创新带来便利。在现阶段，随着我国科教兴国战略的逐步实施，各地区都有大批高新技术产业崛起，传统产业的生产技术和产品质量也会不断升级，社会对适应新产业、新技术人才的需求量会大幅度增加。地方高校尤其是市县属高校可充分利用自己与市县地方政府及社会各界的天然的近距离的"亲情"关系，加强与地方政府的密切联系，主动走进地方经济社会发展的主战场，紧紧围绕区域创新体系建设、新农村建设、和谐社会建设，积极参与地方重点工程建设、生态环境保护、扶贫开发等重大活动，在市县区域创新体系建设中担当起重要知识源的角色。

（二）市县属高校因其功能叠加性而在市县区域内发挥出强大的技术创新示范作用

从区域创新视角来看，不同的理论对创新主导力量的认识有所差异。创新系统理论认为，创新系统是由企业、高校、科研机构、教育部门与政府部门等诸多参与者共同构成的，企业是其中的核心单元。三角模型理论认为，高校、企业和政府之间的互动是生产和应用的关键，其中的主导力量是政府。三重螺旋模型理论认为，高校、企业和政府是推动知识生产和传播的基本要素，而三者的叠加才是区域创新的核心。高校在知识经济中的新角色是三重螺旋模型的理论核心之一，该理论对学术的发展阶段进行了划分，认为学术的第一次革命要求高校不仅承担传统的"教育"角色，还要参与"研究"工作；第二次革命要求高校进一步承担推动经济和社会发展的责任，即同时承担教育、研究和创业的重任。相关研究表明，如今高校的角色正发生着重大转变，开始突破传统界限，更多地融合于邻近区域的开发之中，高校的功能定位也不仅仅局限于传统的"教育"和"研究"功能，而更多地考虑其第三种功能——与区域的紧密联系，即围绕着社区服务、区域开发、区域创新而展开高校与区域之间的良性互动。在知识经济的大背景下，地方高校尤其是市县属高校可以发挥其自身在人才培养、科学研究、社会服务、文化引领、国际交流等各方面的叠加功能，全方位地参与地方经济社会发展，逐渐由地方社会的边缘走向地方社会的中心，促使更多的科技成果（也包括人文科学与管理领域的成果）得到转化并且成功实现商业化，在区域内发挥强大的技术创新模范作用。

（三）市县属高校因其服务自觉性而成为市县区域科技创新和人才培养的重要基地

市县属高校行政关系一般从属于市县政府，办学经费主要靠市县政府拨付，这在客观上为市县政府整合利用区域内各类创新资源、推动创新体系建设提供了便利。而从主观上讲，市县属高校主动服务地方具有最强的内在动力。从扩充资源、改善条件方面看，位于大城市的部省重点高校，特别是国家重点高校，可以从省和国家得到较多的教学经费和研究经费，但市县属高校由于地方财政能力所限，所获经费无法与省和国家重点高校匹敌，对他们而言，要生存和发展，必须自己“找米下锅”，通过主动面向地方、服务基层、奉献社会，尤其是通过主动服务地方支柱产业、高新技术主导产业和地方中小企业，付出自己的智慧和劳动，才能赢得地方政府和社会各界的支持。对位于大城市的重点高校来说，融入区域创新体系建设、开展社会服务主要是解决进一步发展的问题，对市县属高校来说，则主要是解决能否生存的问题。市县属高校只有不断根据区域经济社会需求对自身发展战略进行调整，不断增强服务地方经济建设的能力，努力提高自身特色与区域经济社会发展需要的关联度，真正实现与区域经济社会的协调发展，成为区域经济社会发展的原动力，成为地方科技创新和人才培养的重要基地，才能得到地方政府的重视和大力支持，获得地方企业的高度信任，在合作中谋求更广阔的发展空间。

三、发挥市县属高校在市县区域创新体系建设中的独特作用的途径

如何发挥市县属高校在市县区域创新体系建设中的独特作用，笔者认为应从以下几方面着手：

（一）实施企业科技特派员行动计划

企业科技特派员行动计划是指市县政府在构建市县域创新体系过程中，有意识地牵头组织，让市县属高校和科研机构与企业以自愿的原则自由协商，双向选择，打通市县属高校教师及相关科研人员进驻企业特别是中小企业的渠道。市县属高校集聚了所在市县一大批高端人才，是地方高层次人力资源的“蓄水

池”。通过企业科技特派员的桥梁作用,可以强化市县属高校和科研机构与企业间的合作,以高校和科研机构的人才资源、技术成果、研发平台等为技术支撑,为企业发展提供全面的技术服务,提高企业的核心竞争力。2008 年广东省政府率先启动了企业科技特派员行动计划,对加强区域内产学研合作,提高广东企业的自主创新能力发挥了明显效益。虽然广东省的做法并不仅限于市县属高校,但鉴于前述市县属高校的独特属性,市县属高校无疑是下一步各地普遍开展符合地区企业需要、适应地区经济发展特点的企业科技特派员行动计划最理想也是最主要的对象。

(二) 组建市县属高校企业孵化器

企业孵化器于 20 世纪 50 年代发源于美国,是专门帮助企业家特别是技术领域的企业家组建新公司而设计的创新系统。市县属高校校内科技资源相对富集,但与社会和市场接轨困难。为提高效率、适应市场竞争,市县属高校可以通过组建企业孵化器方式,实现技术成果的有效转移。由市县属高校自建企业孵化器,可以为大量的校内应用型、课题型科研项目提供全面孵化,提供全方位、全过程的专业服务,如市场开拓、企业管理、财务、法律、申报各级各类项目计划、争取资金支持等。市县属高校入孵项目在孵化过程中,孵化器将其逐步培养成准公司,准公司仍在孵化器中运行,当其具备独立经营企业的条件时,则进入了孵化企业期,孵化器由专人负责或协助企业办理租赁房屋、工商注册、税务登记、高新技术企业认定等一系列开办手续,成立独立企业。与此同时,孵化器根据企业的未来成长情况,经过慎重筛选,对发展前景好的企业给予配套创业投资。这样,孵化器可以深层介入公司的投融资、运营管理诊断、申请项目和辅助开拓市场等工作。

(三) 设立市县属高校科技园区

1951 年美国斯坦福大学创办了世界上第一个大学科技园区“硅谷”。由于“硅谷”在发展高科技产业、促进经济社会发展方面取得的巨大成就和影响,上世纪 70 年代以来,世界各国包括我国在内,都竞相创立大学科技园区。这些科技园区尽管形式各有不同,但有一点是共同的,即科技园区是高等学校、科研院所和企业相结合的产物,是集科、工、贸为一体,产学研结合的一种模式。实践证明,大学科技园区不但促进了大学和科研院所的科学技术成果向现实生产力转化，加速了知识信息的创造、加工、传播与应用，缩短了科技成果商品化、产业化的进程，形成了新的经济增长点，而且也促进了新技术和新思想的不断涌现，提高了大学的教学质量，有利于科技人才的培养。因此，有条件的市县属高校都要积极创办科技园区，以高科技为中介，联合社会各界，在促使市县属高校科研成果向生产力转化的同时，合作培养一批具有坚实基础、能从事高技术开发的应用型人才，形成教育与经济紧密结合、协调运行的产学研结合模式。

（四）构建市县区域产业技术创新战略联盟

产业技术创新战略联盟是我国产学研结合实践和探索中产生的一种新型的技术创新组织形态，是政府各部门在做了大量调查研究的基础上，总结国内产学研结合实践，借鉴国外经验而形成的结果。在市县区域范围内，组建这样一个实质性的产业技术创新战略联盟，不仅是必要的，也是可行的。通过联盟这种有效形式，可以把活跃的中小企业技术创新需求和市县属高校、科研机构的科技资源、人才资源有机结合起来，并引导产学研的技术创新方向与区域战略利益相结合。市县域产业技术创新联盟的创建，不仅有利于集成区域内产学研各方优势，针对地方重点产业发展的紧迫需求和技术瓶颈，实现共性关键技术与核心技术的突破，加快技术创新成果的商业化运用，直接推动产业结构优化升级，提升产业核心竞争力，支撑区域整体的自主创新能力，而且还有利于促进市县政府对中小企业技术创新支持方式的转变，改革和完善科技计划实施机制。在新的形势下，市县政府对中小企业技术创新的支持方式必须符合 WTO 规则和市场经济的要求，符合公共财政的要求。市县域产业技术创新战略联盟是产学研利益共同体，引导得当，更能体现地方重点产业长远发展的利益，符合地方经济社会战略目标，可以成为市县政府支持中小企业技术创新活动的重要载体。

综上所述，我们应充分认识市县属高校在市县区域经济社会发展中的无法替代的独特作用，积极利用多种行之有效的途径，使市县属高校尽快融入市县区域创新体系之中，努力实现市县区域内经科教、产学研持续、协调、科学的发展。

（2010 年 2 月发表于《常州工学院学报（社科版）》）

成功智力理论对高校应用型人才培养的启示

黄秋香

智力的研究一直是心理学研究的重要课题之一，随着信息化社会和知识经济的到来，人才和教育的竞争日益加剧，世界各国都更重视智力研究以及相关的理论，科学地开发学生的智能，更有效地培养社会需要的人才。最近20年里，智力研究领域发生了令人瞩目的变化，涌现出许多新的智力理论。斯腾伯格的成功智力理论就是其中较有影响的智力理论。

一、斯腾伯格的成功智力理论及实践支持

美国著名心理学家、耶鲁大学教授斯腾伯格于1985年提出了包括情境亚理论、经验亚理论和成分亚理论在内的三元智力理论。之后，在三元智力理论基础上结合大量实验研究又于1996年提出了更具现实意义的成功智力理论，成功智力理论是对传统智力理论的又一次突破。传统智力观把智力局限在一个比较狭窄的范围之内，仅仅指向与学业有关的一般智力，即个体的言语和数理逻辑能力。斯滕伯格在批判传统智力观的基础上提出的成功智力理论，他认为智力应当与真实世界的成功相联系，应当能够解释生活中的各种成功。斯腾伯格的成功智力理论主要具有四个方面的内涵：第一，应当在一个人的社会文化背景内，按照个人的生活标准，根据在生活中取得成功能力来定义智力；第二，个体取得成功的能力依赖于利用自己的长处或改正或弥补自己的不足；第三，智力主要由分析性、创造性、实践性三方面相对独立的智力成分组成，成功是通过智力三个方面的平衡获得的；第四，智力平衡是为了实现适应、塑造和选择环境的目标，而不仅仅是传统智力所强调的对环境的适应。与传统智力观视野下智力的片面性、静止性和狭隘性相比，斯腾伯格眼中的智力是全面的、动态的和广泛联系的，

成功智力理论大大拓展智力的内涵，拓展智力研究的新视野。

成功智力理论中较具影响力的是智力三个主要成分的部分，成功智力理论认为，智力是导致个体以目标为导向并采取相应的行动，用以达成人生中主要目标的智力，他包括分析性智力、创造性智力、实践性智力三方面。分析性智力是一种分析和评价各种思想，解决问题和制定决策的能力。它涉及分析、判断、评价、比较、对比和检验等能力，它用来解决问题和判定思维成果的质量，是传统智力测验测量的能力。创造性智力是一种能超越已知给定的内容，产生新异有趣思想的能力，它包括创造、发现、生成、想象和假设等能力。实践性智力是一种将理论转化为实践，将抽象思想转化为实际成果的能力，它可在日常生活中将思想及其分析的结果以一种行之有效的方法来加以使用。斯腾伯格强调，成功智力是一个有机的整体，只有在分析、创造和实践能力三方面协调、平衡时最为有效。

斯腾伯格专门设计了成功智力测验（即斯腾伯格三元能力测验，简称STAT）测验分别评价了分析性、创造性和实践性三个方面，每个方面由三个多选测验及一个问答测验组成，并通过大量实验验证了 STAT 的信度和效度。

斯腾伯格和他的同事进行了大量的实验研究，为他的智力理论提供实践支持。对分属于不同民族的 4 000 名美国、芬兰、西班牙和俄罗斯的学生和成人进行各种测验，通过不同的分析方法得出实验结果，证明确实存在分析性、创造性和实践性三种相对的智力成分；对 199 个通过 STAT 测验被选中天才中学生按智力模式或思维类型分组进行相应模式的教育，该项研究发现，所受教育与智力模式或思维类型相匹配的学生其表现显著优于那些不匹配的学生；斯腾伯格追踪了 367 名学生在三种条件下对社会研究和科学学习，第三种条件以强调分析性、创造性和实践性思维的方式（三元教育）教育他们，结果三元教育条件下的学生明显胜过其他学生，说明分析性、创造性和实践性的三元全面教育优于强调分析性的传统教育；斯腾伯格还通过一系列实验分别证明成功智力中的分析性、创造性和实践性智力都可以通过教育提高。

斯腾伯格的成功智力理论建立在大量科学的心理学实验和教育实践基础上，理论来源于实践又指导实践，而非脱离实际的主观臆想，因此对现实更具指导作用。

二、成功智力理论对应用型本科人才培养的启示

随着社会的发展,我国的高等教育已从精英阶段进入大众化阶段,高等教育的大众化使接受高等教育的人数成倍增加,规模庞大的高等教育不能再按传统的一种模式培养单一类型的人才,必须采用多种模式多样化地培养各种人才。除按传统方法选拔出适合接受精英教育的人外,其他一些实践能力和动手能力较强的人,适合培养成为应用型人才。

应用型人才是高等教育大众化的产物,应用型人才有较强的职业技能和专业工作能力,毕业后面向生产、服务、管理、建设第一线的工作岗位。当今社会对应用型人才需求量很大,应用型人才的培养也成为高等教育界探讨的热点话题。

斯腾伯格的成功智力理论为高教界应用型人才培养提供了新的视野,斯腾伯格成功智力培养的实践为应用型人才培养模式改革实践提供了科学的指导。

(一) 探索应用型人才的成功之路

现在,不少人的观念还停留在高等教育的精英阶段,认为大学教育是一种"精英"教育,只有少数"精英"才会成功。在这种观念的支配下,人们发现许多大学生就业时,找不到"精英"应该做的工作,而面对大量的生产、服务、管理、建设第一线工作岗位需求却不以为然——不是精英当然很难成功。成功智力理论告诉我们,仅局限于传统意义上的"精英"来衡量一个人的成功是不够全面和公平的,成功意味着个体在现实生活中达成自己的目标。每个人都会有人生目标,人生理想。因此,成功并不是伟人、精英的专利,它也属于对理想不懈追求、在现实生活中找对自己位置的平凡人,人人都能成功。

在社会经济、科学技术快速发展的今天,社会需要数以千万计的专门人才,社会为应用型人才搭建广阔的成功平台,应用型人才大有用武之地。我们要帮助学生,尤其是传统智力观认为不够聪明的学生,发现自己在实践性和创造性等方面的优势,树立成功的信心,确定自己的目标,在平凡的工作岗位上充分发挥积极性和主动性,最终取得成功。

应用型高等院校要准确定位应用型人才的质量要求,精心打造出倍受社会

欢迎的应用型人才。

（二）研究应用型人才的智力特点

应用型人才和传统高等教育培养出的人才之间存在明显的差异。传统高等教育培养的是基础知识宽厚，理论水平高，具有良好自学能力的通识型的人才，但其岗位针对性不强；应用型高校培养的主要是面向生产、服务、管理、建设第一线的技术应用人才，具有较强实践能力和适应性，有较强解决实际问题能力，走上工作岗位后能够“拿得出，打得响”，斯腾伯格的理论，特别是成功智力的三个智力成分为应用型人才智力特点做了极好的理论诠释。他非常重视将个人所学的知识和所发明的东西应用到他们日常生活中的能力，即实践性智力。他多次提到，具有成功智力的人不会是思想上的巨人、行动上的侏儒，他们能够依据好的思想，作出好的决定，采取好的行动并从中获益。传统人才在分析性智力方面有较强优势，善于抽象理论学习；而应用型人才更善于接触有形的、直观的事物，更善于实际操作，更能解决实际问题，在实践性智力方面有较强的优势。

我们应该注重研究应用型人才的智力特点，可以借鉴斯腾伯格的STAT，分别测试应用型人才分析性、创造性和实践性三个方面的表现，深入了解应用型高等院校的学生实际的智力特点；可以深入毕业生工作的用人单位，了解用人单位所需要的应用型人才的质量规格、智力特点，站在用人单位的角度来看人才的质量观，通过理论研究和实践探索，明确应用型人才培养的目标，才能进行有针对性的培养。

（三）重点培养应用型人才的实践性智力

传统高等教育的主要弊病之一就是“重理论，轻实践，鄙视技术”，片面地认为学生在大学阶段的主要任务是系统掌握各学科理论知识，忽视大学生动手操作能力、解决实际问题能力的训练。应用型人才的培养必须着重学生实践能力的培养，突出“应用”，这是普遍认同的观点，也是应用型人才最大的特点。

斯腾伯格的成功智力理论建立在大量科学的心理学实验和教育实践基础上，他的一系列实验不仅证明了成功智力是可以通过适当的教育提高，为我们提供了信心，而且他在实践中促进和发展学生智力的具体措施也为我们开发和培养应用型人才的智力指明了道路。

我们培养应用型人才的实践性智力，要重视学以致用，强调与生活、生产实际密切联系的知识学习，并有意识增加对知识的运用，鼓励学生跨出校园，让学生运用所学习的知识解决生产、生活的实际问题，在实践中让他们体会与实践性智力密切相关的缄默知识。所谓缄默知识是个体在某一环境中为了有效工作而必须知道但又没有被明确教过甚至通常没有用语言表达过的知识，它只有在那些产生它的特定日常情境中才能潜移默化地学到。缄默知识是实践性智力的核心，它相对独立于学业知识，甚至在一些情况中与学业能力相反。有些人在学校里表现平平，在社会业绩突出；相反，有些人在学校里成绩出众，在社会上表现平平。这其中的关键就在于缄默知识的水平高低。我们应该重视学生缄默知识的学习，注重发挥隐性教育的功能，为学生缄默知识的积累创设良好的环境。

培养应用型人才的实践性智力是一个系统工程，应用型高等院校应该加强实践教学环节、实践教学基地、实践教学师资队伍的建设，要以实践教学条件的建设为特色。

(四) 重视培养应用型人才的创造性智力

社会对应用型人才的创造性智力也有较高的要求，应用型人才从事生产、服务、管理、建设第一线技术工作，最了解实际问题和现实需求，他们肩负着技术开发、技术创新的重任，需要有敏锐的市场意识，可以为企业研发新产品、设计新的工艺流程。

斯腾伯格认为，创造性智力不仅是一种能力，而且是一种对于生活的态度。他在创造性智力培养的途径中首先提出的就是要有好的创造力的榜样，他认为，“如果你想让你的学生或孩子发展创造性智力，唯一最有效办法就是将自己树立成一个具有创造力的角色榜样”。另外，他还提出了学会质疑别人、合理地冒险、学会对模糊不清的容忍、学会坚持己见等其他途径。

我们要培养大学生的创造性智力，关键在于大学的教师要有创造性的思维和做法，能为大学生创造性智力发展提供必要的物质条件和精神土壤。不能以整齐划一的标准要求学生，设计一些常规思维和惯常方法无法解决的问题，要教给学生创造性的技能、方法，除此之外，还应注重对学生创造性态度的培养，如：挑战自己，不怕权威，敢于冒险等。

(2007 年 10 月发表于《江苏技术师范学院学报》，选入本书时略有删节)

创意产业与复合型艺术人才培养

秦　佳

一、创意产业呼唤复合型艺术人才

创意产业是推崇创新、创造，强调文化艺术对经济的支持与推动的新兴经济形态，是以创新要素和文化元素为核心为所有产业提供的高端服务，也是当前世界很多国家大力扶持的新兴绿色产业。国际著名的文化经济学家霍金斯把文化创意产业界定为“其产品都在知识产权法保护范围内的经济部门”。1998 年，英国创意产业专责小组首次对创意产业进行了如下定义：“源于个人创造力与技能及才华、通过知识产权的生成和取用、具有创造财富并增加就业潜力的产业。”发达国家把创意产业定义为具有自主知识产权的创意性内容密集型产业。

英国将创意产业分为广告、建筑、艺术和文物交易、工艺品、设计、时装设计、电影、音乐、表演艺术、出版、软件、电视和广播等 13 个核心门类；美国采用版权产业提法，分成核心版权产业、部分版权产业、发行业、版权关联产业 4 类；日本立体划分传统意义上的文化产业、大众文化娱乐产业、艺术服务产业、文化信息传播产业、大文化范畴内的文化产业 5 个类别；欧盟更倾向于向文化产业靠拢的界定。从以上分类举项可以看出，创意产业的核心学科肯定离不开艺术，创意行业所涉及的领域对人才的需求也均与艺术人才紧密相关。

创意产业来自创造力和智力财产，因此又称作智力财产产业。凯夫斯从经济学角度归纳了创意产品具有需求的不确定性、创意产品的完成需要多种技能、创意产品特别关注自身的独特性和差异性等特点。一般认为创意产业具有渗透性强、附加值高的特点，企业主创人员多为能激发出创意灵感的设计高手和特殊专才，创意产品多为智能化、特色化、个性化、艺术化色彩明显的文化与技术相互交融、集成创新的产物。创意产业比起传统产业对人才的需求显得更为迫切，对人力资源结构的要求规格则更高。从某种程度上讲，没有创意就没有源于个人创造力与技能及才华、通过知识产权的生成和取用的创意产品。创意产业需要专门技能的艺术人才这一点是毋庸置疑的，而具备跨学科背景下多项知识技能，能在科学与艺术有机结合方面，尤其在数字艺术主创及应用层面发挥非常作用的复合型艺术人才，更是创意产业发展或引领创意产业走向的中坚力量。

当今世界，不少国家和地区已把创意产业作为主导未来的战略产业，并通过各种政策措施和手段积极扶持和推动。近年来，中国创意文化产业正在以前所未有的速度迅速崛起。从《2007 年度中国创意产业调查报告(企业篇)》《2008 中国创意产业高成长企业发展报告》《2009 中国创意产业高成长企业发展报告》分析看，创意产业高成长企业 100 强主要分布在文化艺术、动画、广播及影视制作、设计服务、广告会展、新闻出版、软件、艺术品交易、网络游戏、休闲娱乐等以艺术为主要学科的行业。国内创意市场容量巨大，创意产品购销两旺；创意企业人力资源结构持续优化，2005—2008 年 4 年间，中国创意产业高成长企业研发人员均高速增长。其本科学历以上人员所占比率更是从 2005 年的平均 44.91%上升到 2006 年的 54.69%，2007 年的 61%及 2008 年的 68.15%。企业员工的平均人才素质也在增强。以上数据一方面反映了在国际产业竞争日益激烈的背景下，我国创意产业也在从根本上培养和提升企业竞争力，另一方面也说明创意对人才整体素质的要求较高，创意产品与开放性智力资源结合更趋紧密。

在创意产业的链条上，人才是最基础、最关键、最重要的因素。据悉 2009 年纽约文化创意产业人才占所有工作人口总数的 12%，伦敦为 14%，东京为 15%，而北京、上海等地的文化创意产业从业人员占总就业人口的比例还不到 1‰。伴随着创意产业的迅猛发展，创意产业人才的匮乏，已经成为阻碍我国创意产业发展的主要瓶颈，许多创意企业不得已要承担培养学生的“分外事”，适用性创意人才匮乏直接并严重制约着我国创意产业的发展。因此，加快推动创意产业亟需的复合型艺术人才培养已经势在必行。

二、复合型艺术人才培养必须依托创意产业实践

如何快速响应发展迅速、渐成规模的创意产业对创意人才的迫切需求，尽快向创意领域培养输送适应产业发展要求的创意人才已经很现实地摆在了我们面前。而复合型艺术人才培养必须紧密依托创意产业实践，理由如下：

首先，因为作为新兴产业的创意产业本身尚处于发生、发展阶段，定律未成，

适应产业发展需求的复合型艺术人才培养规格理所当然应当结合产业实践来研制，比较传统产业的人才培养，创意产业人才培养的与产业的结合显得更为迫切。

其次，因为创意产业依托的学科背景复合交叉，而作为培养创意产业人才的教育者大都从事某一专业领域的教科研工作，学科视界专门、单一，更何况创意人才培养往往大都以离产业、行业、市场较远的大文学学科为出发点或切入点，教育者自身必须在创意产业的实践中拓展视界、重塑自我。

再次，创意产业大都依靠数字化手段实现产品价值。因为数字化，创意产业自开始就呈现全球化、国际化态势，其人才素质当然也不例外。国际化的创意人才又怎么脱离得了国际化的市场导向呢？另外也只有紧紧跟随国际前沿的创意产业发展步伐，培养的创意人才才有可能介入引领产业发展的头阵，创意人才的规格形成才有可能在产业发展中大浪淘沙、积淀精髓。

文化底蕴、越界思维、创新能力可以说是创意人才的立身之本，也是复合型艺术人才的必备素养。在创意成为产业，情感艺术与数字技术交融渗合的立体消费时代，不管是文化产业或是创意工业，本质上就是在说故事，使产品产生更高的附加值。人们在消费时，所需要的精神享受远超过物质本身，希望从产品中寻找感情或生活方式上的认同。人们精神文化需求的不断增长导致了对创意产品与服务的消费需求的逐步旺盛，这是创意产业发展的前提。因此，文化成为创意产业生存必不可少的土壤。再看“越界”。“越界”是指突破原有事物质的范围，发展生成新的事物，创意产业的根本观念是通过“越界”促成不同行业、不同领域的重组与合作，通过越界，寻找新的增长点，推动文化发展与经济发展，并且通过在全社会推动创造性发展，来促进社会机制的改革创新。最后看“创新”。创意是经济主体通过创造性思维而获得的，对某种潜在获利机会的原创性识别和认知。这种原创性的知识，既可以是某种点子、想法，也可以是某种策划或思路，既可以是某种新发明或新技术的内心感知，也可以是某种新的要素组合方式、新的商业模式或某种新的市场需求的前瞻性判断与敏锐洞察，创意的产生必须充分调动蕴藏在其成员内心深处的个人知识，使其能动地创造新知识来应对变化的世界。创意产品的创新有其特点与规律，创意的风险性和不确定性决定了只有经过多次的实验和遴选，才能最终产生适合市场化经营的行之有效、切合实际的创意产品。

文化底蕴、越界思维、创新能力这三条看似简单，却显然无法在单一的学科背景知识框架内习得，也难以通过传统的学科理论知识和技能的教育来获得。创意产业对复合型人才的需求召唤规定或指引着创意人才培养的的跨学科性研究方向，反过来复合型艺术人才的培养又离不开创意产业的实践指导。

三、复合型艺术人才培养的策略

复合型艺术人才的培养应致力于以艺术为核心，以工程背景为实践依据，以创新能力培养为目标的多学科交叉的人才培养模式研究。

我们主张要坚定不移地开展创意产业背景下的艺术学科建设。把以艺术学为核心的包括传播学、文艺学、戏剧学、电影学、计算机科学与技术、机械工程、建筑学、语言学、通信与信息系统等学科的交叉研究作为学科建设的主要内容，形成文、理、工乃至其他学科内容有机渗透结合的艺术学科建设特色体系。重点研究思考传统艺术学学科内容置于创意产业背景下的艺术学科的基础支撑性，研究思考传统艺术学学科内容与创意产业背景下的艺术学科内容的关联节点。复合型艺术人才培养无论在知识架构方面还是在实践技能方面，必须注重学科层面上的交融渗透。如动画复合型人才的培养，在学科建设上可把重点放在如何将文学、影视、美术、运动学、数字艺术设计、计算机应用、营销等学科内容有机渗入动画学科的核心区，使学生在动画学科的核心区域积极主动接受到以上学科内容的科学辐射。

我们主张要不断深化艺术类专业的内涵建设。把跨学科艺术人才培养模式的研究作为专业建设的切入点及主要内容，专业负责人对复合型艺术人才的培养应当做到认识清晰、目标明确、措施科学。

我们主张要建立以艺术学为核心，多学科交叉的创意产业研发中心，依托创意项目锻造学科队伍，使每个教师练就扎实的服务社会的专业技能，用产学研成果反哺学科建设。也可以建立产学研结合的复合型艺术人才培养实践平台，在产学研结合的实践中，根据市场需求塑造人才。政府对目前文化创意产业市场不成熟、产业链不完备的风险性可以说认识是比较清楚的，一般地级市都会在相应的经济开发园区建立创意产业“孵化器”，辅佐新技术、新发现和原创思想实现生产力转化，高校应充分利用政府创意产业的孵化机制，为复合型艺术人才培养所用，用“政企校联动，产学研一体”的创新型运营模式进行人才培养实践，以项目带动培训，以培训推进项目，以复合型特色人才承揽优质项目，从而为我们总结复合型艺术人才经验、研制复合型艺术人才培养规格打下良好基础。我们的人才培养应当充分借助政府已经建立的平台资源，积极主动介入如火如荼的创意产业实践，活跃于日益成长壮大的创意产业舞台，惟其如此，复合型艺术人才培养才能进入良性循环。

我们还主张要搭建国际产学研交流的平台，要特别注重在国际视野中寻找选择有利于及时总结、研制人才培养策略及层次的产学研实践项目，英国、美国、澳大利亚、韩国、丹麦、荷兰、新加坡、中国香港、中国台湾等都是国际上创意产业的典范国家和地区，他们都有自己的发展特色，并产生了巨大的经济效益。我们要在如何尽可能快、尽可能多地将发达国家的创意产业项目有机融入复合型艺术人才培养方面多做研究。只有紧跟发达国家创意产业建设的步伐，我们的创意人才才能快速适应我国创意经济发展需求，并且在创意产业领域发挥重要作用，才有可能进入引领创意产业发展的头阵。

总之，我们要充分认识到我国创意产业的快速发展急切呼唤着能尽快适应产业需求的创意人才。就创意产业而言，人才培养，是中国特色创意产业内涵建设的关键。我们在传统工业上亦步亦趋跟着西方工业一路蹒跚走来，在现代化建设上效法欧美等现代文明飞速奔驰，几乎无暇顾及运作缔造具有自己民族特质的现代工业文明。当我们在世界上产生了数以亿记的中低端“中国制造”后，在数字时代距发达国家及地区创意产业仅一步之遥的“创意”产业化进程中，我们没有作何理由不以民族特色的“中国创意”的名义，傲然屹立于世界之林。而这一宏伟目标的实现，全在于我们能培养出什么样的人才。

（2012 年 8 月发表于《中国高校科技》）

试论应用型本科教学质量监控主体与客体的构建

江昌勇 何一鸣

教学质量监控作为应用型本科教学管理的重要环节之一，它直接影响着教学管理水平和质量，全面体现着学校的教育思想、教育观念，体现着学校教育、教学的导向作用。要提高应用型本科教学质量和人才培养质量，必须建立科学的教学质量监控体系。而构建科学的教学质量监控体系，首先要解决的是既对立又统一的两个方面的问题：一是谁来监控——即教学质量监控的主体应该有哪些，二是监控什么——即教学质量监控的客体应该是什么；并且应充分体现"监控主体到位、监控客体覆盖全面"这一原则和要求。这就要求教学质量监控工作首先必须全方位地界定教学质量监控的主体与客体。

一、目前高校教学质量监控工作存在的不足及构建全方位监控主体与客体的必要性

目前在应用型本科高校中，普遍实行的仍是传统的教学质量监控体系，即主要是由教务处、教学督导和教学系部的领导承担，监控的内容主要是教师的课堂理论教学和有关基础教学资料，采用的方式主要是平时的教学工作检查、听课、了解学生对任课老师的反映以及考试等。从而难以体现全面真实、科学客观与民主性的原则，也难以体现 21 世纪的应用型本科教育教学的新思维新理念和新导向。主要表现在：

(一) 教学质量监控依据模糊、主体缺位且监控功能发挥不足

教学质量监控似乎只是教学管理职能部门的事，教学质量高低也只有教学管理部门才说了算，监控主体基本是各级教学管理部门的领导者，由于对教学质

量监控的最终依据模糊不清，这就难以避免个人评价的偏差。它很容易受到复杂的人际关系的制约和影响，很容易造成监控者和监控对象的隔阂和对立，不利于工作开展。如若监控者方法不适当还会阻碍教师和学生创造性的发挥，也就无法保证人才培养质量。如果领导对教学质量监控工作的薄弱环节重视不够，对监控系统反馈的信息缺乏决断，比如对教师教学质量的考核结果并未与晋级考核、奖惩有效挂钩，这无疑削弱了教学质量监控的效能，也削减了监控工作的价值与意义。

(二) 教学质量监控内容单纯、客体狭隘且视角片面

监控内容单纯、范围狭窄，课堂教学几乎成了教学质量监控的全部。体现应用型本科教育重要特色的实践教学，体现应用型人才本质特征的工程实践能力、技术应用能力、学生的综合素质、教师课堂教学水平之外的其他素质和能力，所培养人才的“规格”与质量是否符合社会需求等重要内容，均一定程度地被忽视。

客体覆盖片面、过程监控不平衡。对教学秩序监控较重视，对教学内容、教学效果监控不足；对教师“言教”监控较重视，对教师“身教”监控不足；对学生的学习成绩、平时表现监控较重视，对学生的自学、研讨、参与其他学习活动监控不足；对学生知识的考核监控较重视，对学生的综合素质与能力监控不足。

(三) 质量评价不尽完善、不能全面反映教育教学质量

人为成分较重，定性多于定量，数据缺乏科学性与全面性，影响了教师的积极性和教学质量的提高；只注重对教师教学质量的评价，而忽视对教学质量最终依据——学生成才质量的评价；没有注重吸收行业、企业人员参与，忽视用人单位对人才培养质量的需求和满意度。

综合以上分析，构建面向 21 世纪的全新的应用型本科教学质量监控体系的首要前提，就是全方位地界定教学质量监控的主体与客体。力求教学质量的监控能覆盖教学的各个环节，从而产生合力效应，充分发挥教学质量监控的导向作用，推动人才培养质量的全面提高。

二、基于目标的教学质量监控主客体界定及其逻辑结构

(一) 教学质量监控目标及主客体的确定

监控主体与客体也就是监控者与监控对象，是监控必不可少的基本要素之一。在一个教学质量监控体系中，监控主体与客体的确定主要依据于监控目标，监控目标确立了，监控主体与客体也就随之而定。表 1 列举了教学质量监控目标及监控主客体。

表 1　教学质量监控目标及监控主客体

监控目标	监控客体	监控主体
教师课堂教学质量	课堂理论教学　教师教学水平 学生学习状况　教师综合素质	常规主体 日常巡查、监控主体 学生主体
学生学习质量	学生学习状况 考核形式与结果	常规主体 日常巡查、监控主体
课程、专业质量	教师教学水平　课外教学环节 实践教学环节　教师综合素质	常规主体 日常巡查、监控主体 教学专家主体
学校教学质量	教师教学水平 教师综合素质 学生的成才质量	常规主体 日常巡查、监控主体 教学专家主体 社会主体

(二) 教学质量监控主客体的逻辑结构

依据教学质量监控目标而形成的监控主体与客体的逻辑关系比较清晰和明确，即监控主体多元化，监控多角度、多层次；监控客体多层面，监控全方位、多视角。具体结构如图 1 所示。

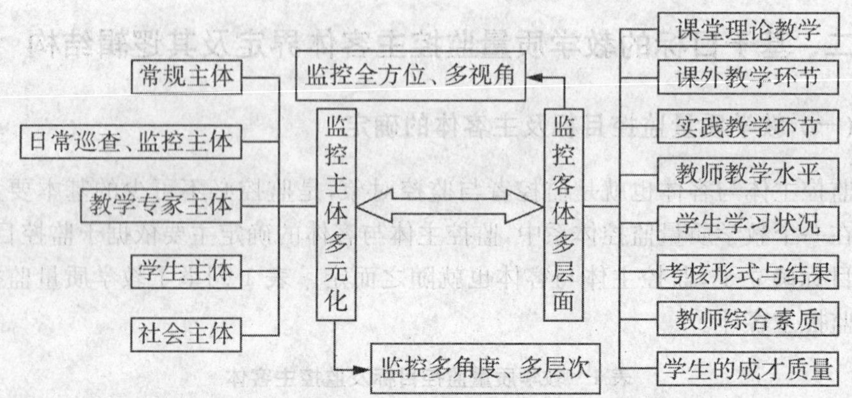

图1　教学质量监控主客体的逻辑结构

在这一逻辑结构中，教学质量的监控主体与客体既是对立的，又是统一的、可转化的。在科学的教学质量的监控体系中，二者应该是积极互动的关系。尤其对于学生而言，本来是教学评价的重要客体，同时又可以成为重要的监控主体。另外需要引起重视的是，在以往的监控实践中一定程度上忽略了社会监控主体如家长、企业及社会的参与，一方面有"闭门自赏"的嫌疑，更主要的是不利于及时了解市场对人才需求的变化，不利于及时了解社会对学校教学质量标准的认同程度。目前大力提倡树立"适宜性"质量观（指高等教育所提供的教育服务满足受教育者个人的程度，以及所培养的人才满足国家、社会和用人单位需要的程度）的根本意图也正在于克服这样的弊端。

三、教学质量监控主体多元化，监控多角度、多层次

经过多年的实践和探索，我们认为应用型本科教育中教学质量监控主体体系的构成主要应该包括以下几个方面：

（一）常规主体

教学管理职能部门构成教学质量监控的常规主体。教务处、二级学院、教学系（部）与教研室处于教学第一线，是教学活动的直接组织者、实施者和管理者。教学质量、教学管理工作首先要从这里抓起，这是毫无疑义的。构建多元化的教学质量监控主体，决不是要削弱或者替代教学第一线对教学质量的监控、管理功

能。要明确教务处、二级学院、教学系（部）与教研室是教学管理、监控的常规主体，是教学质量保证体系的直接责任者。

教学质量监控常规主体的任务是根据社会对应用型人才的需求信息，以及对应用型人才规格的变化要求，开发并不断修订专业培养计划，负责对教学全过程的组织协调，进行日常的教学管理、监控；期初、期中、期末等阶段性教学检查；负责学生对任课教师意见的收集、反馈；负责学生对任课教师教学工作的测评活动的组织；组织考试和成绩分析；系、部还要负责对每个教师从工作态度、工作量到工作业绩的全面考核、评价等。教务处还要履行对各系、部教学工作的全面监控。各学校在这方面一般都积累了多年的教学经验，所以目前工作的重点主要是如何完善其监控内容、监控指标和监控的具体实施办法的问题。

（二）日常巡查、监控主体

成立教学督导组，形成对教学过程的日常巡视检查、监控主体。教务处、二级学院、教学系（部）与教研室作为教学管理职能部门，往往忙于冗杂的教学事务性工作，教学监控往往是阶段性、有重点地进行，并非天天进行。教学督导组的主要任务是检查日常教学纪律，及时发现问题，加以纠正，对当天发生的教学责任事故进行认定，及时提出处理意见并通报各系、部，向教务处提出改进教学管理、监督方面的意见。

实行教学督导组制度，其优点在于：一是督导组成员的组成上体现了教学管理的权威性，形成系、部主任对各系、部教学质量的交叉监控主体；二是弥补了教务处、系、部与教研室作为教学管理职能部门在日常教学监控、检查方面的薄弱环节，提高了教师的教学纪律观念，有效地维护了教学纪律的严肃性。

（三）教学专家主体

成立教学质量专家评估委员会，由校内外专家组成，形成对教学质量监控的教学专家主体。在组建教学质量专家评估委员会时，立足于体现以下意图和特点：①权威性；②非官方化；③可信性；④相对独立性；⑤民主性。

教学督导组的主要职能是对教学过程的日常巡视检查，其效果立竿见影，但它侧重于监控，而不是评价。为了提高教学质量监控的精确性，做到定性与定量监控相结合，教学质量专家评估委员会针对教学的各个环节，制定统一的量化考核标准。通过专家民主量化评估方式，可以有效地克服个人看法、个人感情及人际关系方面的顾虑等因素的干扰，结论更准确、客观，所提出的改进建议也更具有针对性和权威性。

（四）学生主体

学生作为教学质量的监控主体，其评价结果是否客观可信，是一个长期以来引起争议的问题。持抵制和反对态度的主要来自教师，而且不乏优秀教师。其主要原因有两个：一是认为敬业精神强、严格公正的好教师得不到"好报"；二是担心它误导教师降低对学生的要求，迎合、迁就学生，从而对教学质量产生负面影响。教学质量的监控实践证明，这两方面倾向确实存在，在一定程度上也使教学质量的监控结果有所失真，但是学生主体的评价基本是客观的。

学生主体对教学质量的监控可以通过四个途径来进行。一是"班级教学周报表"。通过各班级学生信息员如实填写"班级教学周报表"，对教师的课堂及实习教学的教学纪律、教学内容、教学进度、作业、课后辅导等常规性教学环节进行纪录，使相关职能部门及时而全面地掌握教师的课堂教学状况和教师对教学大纲、授课计划等各种教学文件的执行情况。二是"教学异常状况反映"。便于及时把握教师教学及学生学习过程中出现的问题，并有助于尽快得到反馈和解决。三是设立"教学意见信箱"，畅通学生反映情况的渠道。四是通过学生座谈会或问卷调查、问卷评分来对任课教师的教学态度、教学能力及教学效果等进行综合对比测评。

为使学生对教学质量的监控作用得到充分的发挥，一方面要加强学生信息员队伍的建设，另一方面要激发学生参与监控的热情。

（五）社会主体

引进用人单位与社会参与评估，构成对教学质量监控的社会主体。实践是检验真理的唯一标准，也是检验教育教学质量的最终标准。教育的目的是为社会培养各类人才，检验学校教学质量的高低的最终标准，是看学校的产品——所培养人才的质量高低，而人才质量如何，最具有发言权的是用人单位而不是学校自己。随着现代社会的发展，用人单位开始以一种战略的目光来看待人力资源，他们对人才的质量、规格、素质、能力等更加关注。为了自身的利益，社会用人单位参与教育、参与人才规格设计及人才质量监控与评价的积极性、主动性逐渐提高。

因此，基于应用型本科教育的教学质量监控必须打破学校"围墙"的界限，变封闭性监控为开放性监控。积极引进教学质量的社会监控主体，将更有利于推动学校教育主动为社会服务，提高学校办学的社会效益。

四、教学质量监控客体多层面，监控全方位、多视角

多层面、全方位的教学质量监控客体的确立，在于课堂教学监控与其他教学环节的教学过程监控并重；对学生的课堂表现监控与对学生的自学、研讨、参与其他学习活动监控并重；对教学计划监控与对执行教学大纲、教学研究、教学与社会的密切联系监控并重；对教学秩序监控与对教学内容、教学效果监控并重；对教师教学活动监控与对学生学习习惯、学习方法等监控并重；对学生知识的考核监控与对学生素质和能力考核监控并重；对教师“言传”监控与对教师“身教”监控并重。主要体现在以下几个方面：

（一）课堂理论教学与课外各教学环节

课堂教学作为教学质量保证体系中最重要的环节，是学校教育、教学最重要的手段，自然也是教学质量监控的主要客体。对于全面的教学质量监控体系而言，仅有对课堂教学的监控是远远不够的，应该全方位地将教师课堂教学以外的诸多教学环节纳入监控视野，对教师的备课、作业批改、课后辅导、教书育人、师德规范等环节的工作质量和表现制定相应的考核目标，提出评价标准，作为对教师综合考核、评价的组成部分。

（二）实践教学环节

应用型本科教育作为高等教育的一种类型，是以培养应用型人才为目标的能力本位教育。这就决定了其实践教学在整个人才培养过程中的重要地位。实践教学环节的主要任务是增强学生的感性认识，培养学生学以致用的能力，为了突出能力本位的特点，实践教学学时比重大，实践教学的目的不再是理论的附属，不是用来验证理论，而是构成相对独立的实践教学体系，培养学生掌握一定专业领域较系统的基本技术和专业技能，形成较强的工程实践能力、生产现场解决技术问题的能力。这就要求在教学监控过程中不仅要重视理论教学的监控，更要加强对实践教学的监控，建立起对理论教学与实践教学的全方位教学质量监控体系，才能够推动应用型本科教育特色的形成。

(三) 教师教学水平

教师组织教学,必须深入领会教学大纲,熟练掌握教材内容,灵活采取多样的教学方法和教学手段,引导学生进入最佳学习状态,才能完成教学任务,保证整个教学目标的实现。对教师教学水平的监控,不仅要看他讲得是否概念准确、层次分明、重点突出等,还要看他是否给学生讲到"为什么"和"怎么办",而不应只是告诉学生"是什么"和"这样办",更要看他在发扬学生自主学习精神、培养学生创新能力方面有没有建树,是"授人以鱼"还是"授人以渔"。具体体现在:有没有给学生留一些问题,这些问题能不能激发学生积极思维?学生能不能提出问题,这些问题有没有创新意义?

实践证明,教师在个人修养、文化水平、业务能力和事业心等方面存在着一定的差异,这些差异表现在教学上,就是教学水平的不平衡性。教学目标是否达成,教学内容处理是否恰当,教法选择是否适宜,教学手段运用是否合理,通过合理的教学水平监控与评价,能较客观地衡量出教师的教学水平,寻求到出现差异的原因,从而可以增强教师潜心教学工作的责任感和紧迫感,促使教师认真学习教学理论,切实转变教育思想,自觉改进教学方法,努力探索教学改革,不断优化教学过程,积极学习和借鉴成功教学经验,努力提高业务水平和教学能力。

(四) 学生学习状况

学生的学习目的、学习动机、学习兴趣及学习能力等既决定了他的学习状态,同时也对学习效果产生影响。

学生的学习目的,大致有三种:一是以此构建并完善自身的素质结构;二是以此获取今后立足社会的资本;三是受制于校纪校规的约束,不敢不遵守课堂纪律,不敢不服从老师的有关学习要求。

学生学习动机的改善,是调整学习状况、提高教学质量的前提,学生学习兴趣的培养,是调整学习状况、提高教学质量的关键,学生学习能力的训练,是调整学习状况、提高教学质量的中心。

(五) 考核形式与结果

不能笼统地讲"高分低能",但确实存在不少考试分数高而实际能力低的学生。这就涉及到对学生的考核形式、考核标准和依据的合理性及考核结果的可信程度，涉及到考核是否注重过程性及动态性。

对考核形式与结果的监控，应具有明确的导向作用，既考核学生对知识的掌握程度，又考核学生的综合素质与能力。使学生在离开学校时带走的不仅仅是好的分数，更能带走运用知识的本领，带给社会上手快、适应能力强的优势。

（六）教师综合素质

全面的教学质量的监控观念要求我们不仅要测评教师的教学水平、教学质量如何，还应该关注教师教学工作以外的综合素质和能力，如学术水平、教育教学研究能力、科研能力、外语应用能力、计算机应用能力、知识的自我更新能力等。这种监控内容扩展的导向意义就在于：把以往对教师狭隘的静态的监控，提升到可持续发展监控的高度，着眼于提高教师综合基础实力与发展潜力，对教学质量的提高具有战略意义。

（七）学生的成才质量

教学质量的高低最终体现在培养的学生质量上，因此必须把教育对象作为重要的教学质量监控客体。可以建立用人单位人才质量信息反馈系统，聘请用人单位组成就业与创业指导咨询委员会，主动请社会各用人单位评价学生质量，通过不断跟踪毕业生社会反映，获取人才质量反馈信息，进而反思与调整学校教学工作，实现人才培养过程的不断优化。

五、结束语

教学质量的监控主体与客体既是对立的，又是统一的，是可转化的，在科学的教学质量的监控体系中，二者应该是积极互动的关系。面向 21 世纪的应用型本科教育，要主动适应社会对人才素质提出的更高更新以及变化更快的要求，就必须发挥教学质量监控的导向作用，构建多元化的教学质量监控主体体系和多层面的教学质量监控客体体系，从而形成对教学质量多角度、多方位、多层次的监控，力求教学质量的监控能覆盖教学的各个环节，从而产生合力效应，推动人才培养质量的全面提高。

（2008 年 2 月发表于《常州工学院学报》）

加强高等教育大众化过程中的质量控制

陶岩平

一、高等教育大众化的作用及其发展中的问题

(一) 高等教育大众化,对社会、经济、科技和教育发展的作用

1. 有利于满足社会对人才需求的多样性以及社会人才结构的合理性

社会需要大量的各种呈“金字塔型”的四种类型的人才,对高等教育的层次和类型的合理结构提出了要求。高等教育大众化正是为了适应这一要求而发展,培养各种层次和类型的人才,对社会人才需求的多样性以及社会人才结构的合理性起到促进作用。

2. 促进了科技和产业的发展

随着经济的发展和科学技术的进步,许多工作岗位中的技术含量不断提高,接受中等教育的人才已不能胜任,需要通过高等教育来培养,这就要求高等教育向大众化阶段发展。而高等教育适应社会的需要,培养出大量的新型的高等人才,又促进科学技术的发展和经济结构的调整,使大量的企业从劳动密集型逐步转变为技术密集型,并且推动了第三、四产业的蓬勃发展。

3. 有利于高等教育的改革适应形势的发展

高等教育不仅要培养学术型、工程型人才,还要大量培养技术型人才。发展高职高专教育和应用型本科教育有利于高等教育的改革适应形势的要求,一方面,它是高等教育结构调整的重大举措之一,它对构建高等教育的“立交桥”,开辟了一条高中毕业生、中等职业教育毕业生接受高等教育的新渠道;同时,可以大大满足广大市民接受到高层次教育的要求,缓解高等教育的压力。另一方面,它针对了社会对技术型人才和工程技术型人才的需要,提高了高等教育质量。因此,它对合理调整高等教育结构和教育质量发挥了重要作用。

4. 促进了终身教育的发展

高等教育大众化的发展正是全面提高全民族科学文化素质的重要途径，满足广大人民群众接受高等教育的需要，对促进终身教育的发展起到积极的作用。现代社会的发展，导致职业种类日新月异，职业岗位的技术要求逐渐增高。再加上人才流动日益频繁，一个人在一生中可能要更换多次职业岗位。在这种情况下，终身教育将成为现代教育的主要特征。高等教育大众化的发展，使高等教育体系上下左右沟通，学历与非学历、全日制与非全日制并行，教学模式多样化，使不同年龄、不同岗位、不同需求的公民都有机会比较容易地进入高等教育的大门。

5. 有利于满足社会成员接受高等教育以寻求职业的要求，是世界各国稳定社会的共同需要

高等教育大众化，出现了大量的各种层次和类型的高等教育，为学生根据自己的需要、兴趣和愿望进行选择教育类型，为个性发展，尽快就业，提供了很好的条件。同时，各国均会受到人口增长和经济周期的影响，导致关系到国家的社会稳定的就业问题产生。而高等教育大众化的发展可以大大满足广大市民接受到高层次教育的要求，缓解高等教育的压力；并且，还可以扩大高中阶段毕业生的招生规模，缓解就业，减轻社会的就业压力，起到稳定社会的作用。

6. 有利于增加社会成员的收入，减少贫富差距

在许多国家，职工的学历和资格等级是确定其收入的主要依据之一，而高等教育大众化使具有高等教育学历的人在人力资源中占有较大比例，有利于增加社会成员的收入，减少贫富差距。

7. 有利于扩大内需，拉动经济增长

国家采取积极措施加快发展高等教育，实现高等教育大众化，可以扩大内需，拉动经济增长。据有关经济专家测算，高校年招生量达到 200 万至 300 万人，可拉动投资和最终消费上千亿元。

高等教育大众化的积极作用，引导我们要加快发展高等教育。在我国目前情况下，其主要靠两种方式实现：一是积极扩张精英系统教育，进行大学资源的有效配置；二是大力发展高职高专教育，使高等教育变成更大、更多成分构成、更适应社会需求的高等教育体系。

（二）在实施高等教育大众化的过程中，有一些问题和矛盾必然出现

这些矛盾主要体现在：我国经济总体上比较落后，各地区发展很不平衡，部

分低收入家庭难以承受子女的学习费用;随着高等教育规模的不断扩大,高校毕业生就业难的问题将会加剧;高等教育体系内部存在着不少与大众化要求不相适应的因素。

在高等教育体系内部,招生数量的快速增长,使每所高校都面临着教育教学两方面软硬件的严峻考验。校舍、实验室等一些必要硬件设施的缺乏,可以在较短时间里依靠地方政府的大力支持和社会力量办学等多方面筹措资金得以解决。而教学、科研和科技产业这三支队伍从数量到质量的严重不足带来的矛盾与压力,继续下去势必导致教学质量下滑。学校现有两大难题在较短时间内解决不了:一是政府及社会对重点高校的衡量标准,已不仅是人才的培养,还有对地方经济发展中科技含量的贡献,以及高校科技产业的发展等。这必然迫使高校把一部分优秀师资调配到适应当地经济发展的科研及学校科技产业,致使教学一线所剩无几的优秀教师要长时间承受满负荷教学的压力。二是扩招后生源质量高低差距很大,为保证高素质人才培养,如果仍沿用精英教育的模式,肯定有相当一部分学生毕不了业,再加上教学管理跟不上,必然还会有相当一部分学生滥竽充数地走上社会。对于这些高等教育质量问题,有的新闻媒体甚至发表了《高等教育质量严重滑坡》的文章,引起了社会的强烈关注。在此,不管这结论是否正确,有一点共识的是,高等教育扩大规模、提高速度必须与提高质量同步进行。

二、高等教育大众化与质量

教育质量观是人们在特定的社会条件下的教育价值选择。教育作为一种以促进社会发展与人的发展为目的的活动,它的价值要求必须建立在这两个目的之上,因此,教育质量是教育满足上述两种发展的充分程度。根据这样的教育质量观,可以得出:高等教育质量是高等教育机构在遵循教育自身规律与科学发展逻辑基础上,在既定的社会条件下,培养的学生、创造的知识以及提供的服务满足现在和未来的社会需要和学生个性发展需要的充分程度。不同的时期,有着不同的质量观,评价人才的标准也有所不同。在精英教育时代,习惯用单纯知识观来评价质量,认为掌握的知识越多,就表明质量越高。到了 20 世纪 90 年代,教育界开始倡导加强能力的培养,这时的质量观,要求学生既要有知识,又要有能力。现在,流行全面素质观,要求学生不仅要学会学习、学会做事,还要学会做人;既要具备人文素质,又要具备科学素质。

高等教育大众化的内涵,包括着量的增加和质的提高。一方面,原本的精英教育培养的学术型和工程型人才具有着量的增加和质的提高,以适应社会科学技术的发展和知识经济的到来。另一方面,大力发展高职高专教育,培养的技术型人才具有着量的增加和质的提高,以适应高新技术产业化的发展和第三、四产业的发展。高等教育大众化下的培养目标和规格,是多样化、多层次、多类型的,具有着各种的特点和社会适应面,从而具有着多种的教育质量标准。1998年在巴黎教科文组织总部召开的首届世界高等教育会议通过的《21世纪的高等教育:展望和行动世界宣言》指出,"高等教育的质量是一个多层面的概念,应该包括高等教育的所有功能和活动:各种教学与学术计划、研究与学术成就、教学人员、学生、楼房、设施、设备、社会服务和学术环境等……应该建立独立的国家机构和确定国际公认的可比较的质量标准。但对学校、国家和地区的具体情况应该予以应有的重视,以考虑多样性和避免用一种统一的尺度来衡量高等教育质量"。因此,不应该用精英型高等教育的培养目标与规格、学术取向与标准来规范大众化高等教育,就像不能用大众化高等教育的培养目标与规格、职业技术取向与操作能力标准来规范精英型高等教育一样。

在我国加速扩招实现高等教育大众化过程中,要以构筑起与21世纪知识经济发展相适应的多类型、多层次培养人才的高等教育大众化发展新模式。每所高校都应该为自已在适应社会经济科学技术发展中定准位。不同规格、不同层次、不同类型的学校,要在按照各自的质量要求,努力形成特色,适应大众化教育的趋势和要求,切实采取措施,不断提高人才培养质量。

三、加强高等教育大众化过程中的质量控制

加强高等教育大众化过程中的质量控制,主要是从宏观和微观两方面进行。

(一)在宏观质量控制方面

主要采取高等教育评估手段,对高等教育机构的条件、活动过程和结果等三个方面的诸要素作出评价或判断,得出质量结果。评估的对象具体又可分为整个学校,也可是学校中的某个专业或某个学科,甚至是某个学位计划或某个研究项目。评估的内容包括教学、科研、管理、社区服务等。评估的方法主要是运用

高等教育机构的效绩指标，由专家们事先研制出来，在高等教育质量保障活动中广泛采用。

（二）在微观质量控制方面

高校要注意做好以下几方面的工作：

1. 制订好教学计划，明确教学质量的最终标准

教学计划，有专业的培养目标、毕业生的基本要求、教学项目的设置及教学进程安排等内容。其制订出，即明确了教学质量的最终标准。学生拿到了毕业证书，学校就培养了一个合格毕业生。教学计划的制订，应该依据社会的客观需要和学校的客观条件来确定，通过采用科学的调查方法和确实的数据来论证，避免在制订教学计划时带有太多的主观判断和随意性，如以点盖面、照本科设专科、以教师设课程、课程搭配不协调等。

2. 制订好教学大纲，明确教学项目的质量标准

教学大纲是教学计划的细化，它是每一项教学项目的质量标准，也是衡量讲授这项教学项目的教师的工作质量标准和学习这项教学项目的学生所应该获得的知识和能力的质量标准。因此，教学大纲是教学过程中进行质量控制的关键性质量标准，它是进行教考分离实施检验教学质量的主要依据。各专业一定要健全和完善教学大纲，明确各个教学项目的质量标准，否则，失去部分教学质量的可控因素，就会导致整个教学质量的模糊，教学质量评估难以得出有效结论。

3. 健全和完善规章制度，明确工作质量标准并严格执行

在健全和完善高校规章制度时，应该注意以下方面：第一，要系统地健全规章制度。高校要系统地健全基本制度、工作制度、责任制度等三种类型的规章制度，把高校工作的各个要素和环节有机地结合起来。否则，会大大降低已建立的规章制度的有效性。第二，要用控制论健全规章制度。规章制度要形成一个封闭的循环，防止漏洞和上有政策下有对策的现象产生。要有信息反馈工作制度以及审核修正制度。在工作中，常见的弊端是专责工作人员少汇报和审核人员不细致。第三，责任制度要责权利相适应。责任制度的修订要防止有责无权、有权无责、有责权无利益等责权利不相对等的现象产生，做到责权利相适应。否则，规章制度的有效性则差，不能调动工作人员的积极性。同时，要配套奖惩条例，对工作人员形成利益驱动和压力。第四，用发展的观点健全并完善规章制

度。随着发展，高校会出现有的制度没建立、有的制度不完善、有的制度需取消等现象。这就要求根据高校的发展目标，制订相应的新制度，根据敏感性、热点重点问题及时建立和健全规章制度。第五，健全规章制度需要投入。健全规章制度是项软件工程，需要投入一定的人、财、物。

4. 提高教师素质、控制好讲授水平

教师，是学校教学过程中直接影响教学质量的可控因素。目前，各校抓教学质量，一般都是在这方面化精力、想办法，采取具体措施进行查教学进程、查教案、查备课笔记等教学过程管理。毋庸讳言，这对提高教学质量是有利的。但其也有一个主要弊端，就是对教师的教学管得太死，不利于发挥教师的主观能动性。而解决这一弊端的方法是采用教学质量目标管理，即不再具体过问教师是如何进行教学的，而是采取教考分离，根据教学大纲出考题来测试学生的知识和能力水平，进而来评价教师的教学效果是否符合教学质量标准。其方法也有一个主要弊端，就是如果教师达不到教学质量标准，其后果无法修正。因此，切实可行的方法是目标管理和过程管理相结合，控制好讲授水平。

5. 严格学籍管理，控制好毕业生质量

学籍管理，是在招生和成绩管理的基础上，依据学籍管理办法对学生的学习质量进行综合检验评价的工作，是学校进行每学期的教学质量验收和毕业生的质量验收的最后一道工作。这项工作，对于学校动态控制好教学质量提供了实际质量与标准质量的信息，是学校把符合标准的毕业生送上社会最终反映学校教学质量的成绩单。因此，高校必须严格学籍管理，控制好毕业生质量。

总之，高等教育质量，对于高等学校来说，是一个永恒的主题。在高等教育大众化进程中，高校要以《中共中央国务院关于深化教育改革全面推进素质教育的决定》为指导，树立符合 21 世纪社会发展的人才观、质量观和教学观，形成与培养高素质人才要求相适应，满足经济建设和社会发展的人才的办学模式和教学体系，坚持把提高人才培养质量放在高等教育工作的首位，努力使在规模扩大的同时，确保和提高质量，改善结构，提高效益。

（2001 年 11 月发表于《黑龙江高教研究》）

中篇　实践探索

新建本科院校产学研合作培养应用型人才

——以常州工学院为例

李文虎　朱锡芳　苗贵松

一、新建本科院校与产学研合作教育

当今世界，科技创新能力决定竞争力，产学研结合是提高科技创新能力的重要途径。发挥产学研各方优势联合培养创新型人才，是适应技术创新需求的有效途径和必有之路。我国拥有世界上最大规模的高等工程教育，但工程人才质量的国际排名却比较靠后。一个重要的原因是我国工科学生在读期间以理论课为主，缺少工程实践，影响了应用型高层次人才培养质量。2005 年 9 月，教育部、科技部、广东省联合成立产学研结合领导小组，选择广东作为先行示范区，标志着我国探索产学研合作进入新的发展阶段。高等教育承担着培养高级专门人才、发展科学技术文化、促进国家现代化建设的重大任务，推进产学研结合是高校教学改革发展的战略主题。

产学研合作中所说的"产"泛指人类的一切实践活动，"研"包括自然和人文社会科学研究、技术开发、产品开发等。产学研合作的内涵十分丰富，就高等教育而言，则指的是把产学研结合起来由高校、企业、科研院所共同为国家培养高层次人才，即产学研合作教育是用人单位与高等学校合作，共同培养学生的一种教育模式，同时也是一种办学模式，其基本模式有"3＋1＋1"、工学交替、有机渗透、综合大学模式和高层次人才培养模式等。

新建本科院校，是指 1999 年以来成立的本科院校（教高司函［2007］149 号），截至 2011 年 4 月，共有新建本科院校 290 所，占全国普通本科院校的 36.5％，真正已是三分天下有其一。它们当中有的是由老专科学校发展升格而成，有的是由几所专科学校合并而成，也有一批完全是新建的本科院校，还有一批是从老高校中独立出来的二级学院，有人把这些统称之为新建本科院校。本文的新建本科院校是指前三种情况。这些高校多数建在地级城市，管理体制上多是省、市共建；办学形式是本科教育与专科教育并存，并逐步向以本科教育为主转变；办学方向上定位于为地方经济建设和社会发展服务；办学类型上定位于培养本科应用型人才；学科、专业特色建设尚处于探索之中的教学型高校。

为了适应新建本科院校改革发展的需要，推动新建本科院校办出特色、办出水平，全面提高高等教育质量，新建本科院校更应该发挥其坐落地方的独特优势，建立与行业、企业校企联合培养高层次应用型人才的培养机制。

二、国外产学研合作类型与中国模式

(一) 国外产学研合作的类型

产学研合作教育源于19世纪初的美国，经过近两个世纪的发展，其主要形式有：

1. 建立科技园

早在20世纪60年代，世界就出现了兴建“教学、科研、生产联合体”的热潮，科学公园、科学工业区、科学园、技术岛应运而生。1951年的斯坦福科学园是形成美国硅谷的基础。

2. 建立合作研究中心

发达国家实力雄厚的大企业十分重视与大学在技术创新方面的交流与合作，这种方式一方面使高校直接接触到生产领域的各类科技问题，科研更有针对性；另一方面，大学可借机获得科研经费，加快科研进程。如英国“知识转移合作伙伴计划”(KTP)。

3. 技术协作研究

技术协作研究是高等院校和科研院所同企业由技术的流通领域进入生产领域的协作，即高等院校、科研院所把科技成果有偿转让给企业后，帮助企业使技术形成生产力，直接生产出首批合格产品。如德国联邦研究部主导的技术协作中心等。

4. 契约合作研究

契约合作研究是高等院校或科研院所和企业共同承担风险的技术经济合作方式，合作内容从技术、生产方面扩大到资金、设备、人才、管理、销售等多方面。

大约三分之一的发达国家采用这种合作方式。如美国的"底特律契约"模式。

5. 一体化合作研究

这是产学研合作中最紧密、最有成效的形式,适合企业集团和较大的高校和科研院所。其特点是改变原单位的体制性质和隶属关系,而整合为规模更大、结构合理、功能全面的一体化组织。如日本的官产学研一体化体制。

6. 技术入股合作研究

高校或科研院所以专利技术、非专利技术等作为出资,企业以现金、实物等作为出资,共同组建有限责任或股份有限公司,由该公司实现技术的商品化和产业化,如硅谷的大学不是游离于企业之外独立地进行技术研发和人才培养,而是紧密结合产业发展和企业需求进行的。

有研究表明,相比发达国家,我国产学研合作的政策环境还不够完善,产学研合作方式和机制还不健全。

(二) 我国产学研教育的模式

自 1985 年原上海工程技术大学纺织学院与加拿大滑铁卢大学首次以"合作教育"进行产学研教育试点以来,全国各类高校与企业进行了各种层次、多种形式的产学研合作的教育试验,取得了丰富的成果和经验。

从"985"高水平大学来看,复旦大学和北京航空航天大学分别在文科和工程类研究生培养中采取产学研合作教育模式,在研究生层次进行开拓性的探索和创新。

从一般本科院校(非"211"院校,多数于上世纪五六十年代建校,大都办有研究生教育)来看,上海工程技术大学的合作教育模式和北京石油化工学院的融合模式,分别获得 2005 年、2009 年国家教学成果奖,成为地方应用型大学人才培养的佼佼者。

从新建本科院校来看,广东省 5 所地方院校和"中德论坛"的 15 所中国高校的应用型培养与产学研合作特色较为突出,具有一定的代表性。

从高等职业教育来看,宁波职业技术学院采取"三位合一、三方联动"教育模式,获得 2009 年国家教学成果一等奖。

综观中国高校产学研合作教育模式,主要有政府推动、主建、联建、共建四种类型。另外,还有科研院校主导的产学研合作模式和企业主导的产学研合作模式。

三、我校产学研合作发展历程与主要成效

常州工学院坐落于经济发达、文教昌盛、交通便捷、美丽富饶的江南历史名城常州，学校创建于1978年，是一所拥有工、文、理、经济、管理、教育、艺术等学科门类、办学特点鲜明的应用型本科高校。现有16个二级学院和直属学部，设有34个本科专业，并与国外院校联合开办15个专业的教育合作项目。

（一）我校产学研合作教育的发展历程

我校的产学研实践起步较早，从20世纪80年代初期（1986年），就与常州机床厂等企业合作开展“3＋1”工读交替的“三明治”式教学模式（其中，“3＋1”的教学模式就是把学生3年学校教育与1年工厂实习统筹安排，将部分教学内容与企业的工作一致起来），被当时的《文汇报》《中国教育报》等媒体誉为“常工模式”。

进入新世纪，学校创建了一批科技型企业（如常州工学院建筑设计研究所、常州工学院建设工程检测所、常州蓝联科技有限公司、常州常工富藤科技有限公司等），建立了科技产业园，这些企业已成为多个专业依托的产学研基地。

2007年，为强化各专业的产学研合作，先后成立涵盖多学科领域的十大产学研研发中心（包括动漫研发中心、光机电一体化研发中心、建设工程技术研发中心、电机研究所、现代服务业研究中心、常州市特种加工重点实验室、粉体与干燥装备研发中心、数控技术应用及装备研发中心、材料化工与分析研究中心、软件研发中心），为推进产学研合作培养应用型人才提供了新的平台。

为了加强海峡两岸高等院校的相互交流，共同促进高校为地方经济建设和社会发展服务，常州工学院和台湾勤益科技大学合作在2007年至2011年期间，分别在常州、台湾召开了5届海峡两岸科技与人文教育暨产学合作研讨会。

近几年尤其是2010年以来，学校加强与地方政府和企事业单位的紧密合作，分别与中国空间技术研究院、金坛市、常州市高新区、溧阳市人民政府等签署了产学研全面合作协议，为学校进一步推进和深化产学研合作奠定了坚实的基础。

通过33年的办学实践，我校在教育部、江苏省及常州市社会各界大力支持下，办学规模、实力不断发展壮大，现已基本形成以应用技术研究和产品开发为

主、科学研究与地方科技产业发展紧密结合的高层次应用型人才培养特色,并取得了明显成效,得到了上级领导、教育界和社会的认可。原国务院副总理李岚清同志在考察了我校产学研结合培养人才和发展校办科技产业所取得成果后说:"按照新的时代需求来培养学生,是一个重要的方向。产学研结合,不要追求综合理论研究,我们国家的教育应当是多种东西,各种模式都有自己的发展空间,像你们这种就是紧密结合当地经济,为当地服务,培养应用型人才,就朝这个方向走。"这是党和国家领导人对我校办学定位和产学研结合培养应用型人才探索与实践成果的充分肯定。

(二) 我校产学研结合培养高层次应用型人才的主要成效

1. 促进了教育思想观念的转变,加强了专业建设与教学改革

在专业设置与调整方向上:紧密结合区域经济和社会发展需要,特别是长三角地区、苏南区域以及常州地方产业结构等,合理设置了一批面向地方支柱产业、高新技术产业的学科专业。

在人才培养方向的把握上:各专业依托行业,加强与行业、企业及科研单位合作,开放教学过程,吸引行业、企业及科研单位更多地参与到人才培养过程中,聘请企事业单位和教育专家组建了各专业教学指导委员会,把握人才培养的总方向。

实施应用型人才专业培养体系改革工程,围绕应用型本科人才培养目标规格及社会和工程实际要求,明确各专业的"知识点""能力点"和素质要求,进一步改革课程体系,整体优化人才培养方案,2011 年 5 月,常州工学院成为江苏省地方高校计算机学院培养服务外包人才 20 所试点高校之一。

高校社会服务工作既以人才培养和科学研究为平台、载体和实现的手段,同时人才培养和科学研究又需要社会服务工作为其提供教学、科研的资源、途径和平台。我们重点扶持建设与服务外包、文化创意产业相关的学科专业,积极申报战略性新兴产业相关的专业,使之成为学校学科专业发展的新的增长点。

2. 实现创新与产学研教育相结合,强化师生实践能力培养

为进一步提高科技创新能力,走产学研紧密结合之路,学校构建十个产学研一体化平台,教师在这些产学研合作人才培养基地中,为企业提供技术服务,承担企业科研课题,参与技术攻关、技术推广方面的合作;同时,围绕产品开发和生产组织教学内容,带领学生参与产品生产、技术开发,积极引导教师将科研成果

转化为教学内容，反哺教学，使教师在提高自身科研和工程实践能力的同时，有效提高教学的效果，使产学研结合最终定格于应用型人才培养上。

在深化教育教学改革中，我校确定了以产学研结合为支撑的创新创业特色教育，将创新创业教育确立为加快学校发展的一个重要战略。2003 年 11 月学校创立了大学生科技实践创新中心，从行政体制和职能上确保了这一人才培养模式改革创新的成功，学生在各类创新活动中，有效提高了学生的实践能力。此举得到了教育部全国高等学校教学研究中心杨祥主任的充分肯定，他在“21 世纪中国高等学校应用型人才培养体系的创新与实践”中期交流会上说：常州工学院以行政职能机构的形式成立“大学生科技实践创新中心”，是全国 400 多所应用型本科院校中率先进行的有益的实践，从行政体制和职能上确保了这一人才培养模式改革创新的成功。

3. 探索产学合作教育交流机制，促进师资队伍素质的提高

学校积极探索产学合作教育交流机制，通过扩大对外交流，开阔了教师的眼界；另外，教师通过加强与行业、企业和科研单位的协作与交流，为企业提供技术服务，承担企业科研课题，参与技术攻关与推广，并将科研成果及时转化为教学内容，反哺教学，使教师在提高自身科研和工程实践能力的同时，有效提高教学的效果。

4. 探索产学研合作新模式，促进人才培养质量的提升

我国专利申请量超过 100 万件，但企业申请专利的比例非常低，所获效益更低，关键的问题是专利没有得到很好的转化与运用，许多高新技术成果“宅”在高校。产学研合作是培养满足现代企业要求的应用型人才的有效途径。通过多年的探索与实践，学校充分利用地方院校的独特优势，建立与政府和企事业单位在“优势互补、平等合作、互利双赢、共同发展”原则下建立全面的产学研合作关系，探索出了“多方位、立体化、直通式”的政府、学校、企业合作新机制，并取得初步成效，为地方区域经济建设提供了人才支撑和智力支持。

我校充分利用艺术与设计学院地处常州创意产业核心园区的优势，学校以“常州意工厂创意产业研发中心”为纽带，与“常州创意产业基地管委会”“常州意工厂创意产业发展有限公司”共建了“意工厂”产学研教学实践平台。平台运用“政企校联动，产学研一体”的人才培养模式，以项目带动培训，以培训推进项目，以特色人才承揽国际项目的方式培养复合型艺术创意人才，“意工厂”已经成为中国创意产业著名品牌。

"意工厂"产学研教学平台引起国家和江苏省有关领导的高度重视。全国人大常委会副委员长严隽琪、全国政协副主席厉无畏、教育部副部长杜占元、商务部副部长蒋耀平、文化部部长助理高树勋、中国民族贸易促进会执行会长刘延宁、江苏省委书记罗志军、江苏省省长助理徐南平、江苏省经信委副主任龚怀进等领导先后到"意工厂"考察。他们对"意工厂"特色品牌建设、战略定位及其政企校联动产学研一体的人才培养模式予以充分肯定。

总结我校产学研结合培养应用型本科人才教学探索与实践,我们的主要体会是:

有机结合,全面渗透——产学研结合的思想要融入到人才培养的全过程,落实到培养方案的制订、课程体系、教学内容、实践教学等关键环节。

总体设计,整体推进——既要发挥学校主导作用,更要充分调动二级学院、专业系在人才培养中的积极性,鼓励他们各显神通,探索出多种培养途径和培养模式。

积极建设,加强合作——产学研有机结合培养应用型本科人才,必须积极开展校内外实习基地和产学研结合人才培养基地建设,充分发挥产学研结合体的重要作用。同时,必须加强同企业的深度合作,探索产学研结合培养应用型人才的新路,实现学校、企业、学生的多赢局面。

四、新建本科院校产学研合作培养高层次应用型人才的思考

常州市虽尚存在本科高校与科研院所少、民营企业创新意识不强和联合体要素不完备等瓶颈,但当前正在全力实施、深入推进的五大产业振兴计划、九项产业发展规划,对我校进一步调整学科专业结构、改革人才培养模式、服务地方经济社会发展提出了新的要求。

(一) 做强文科类产学研合作教育

一般来说,高校产学研教育主要集中在各级重点学科或应用性学科。文科类产学研合作教育多集中在国家重点大学复旦大学或省市属综合性重点大学,新建本科院校的产学研主要集中在应用性学科。但是,目前许多新建本科院校的文科类专业数和学生数都已不逊于工程类,文科类专业的产学研合作教育的水平将直接影响学生的就业和学校的发展。

我校在注重理工类专业产学研合作的基础上，利用学校文理兼容的多学科优势，扩大文科类专业产学研的合作，为地方经济、社会事业、文化发展需要服务，成为地方政府的智囊团。2007 年 12 月，常州工学院动漫研发中心正式进驻常州国家动画产业基地，经过几年的努力，研发中心已经成为常州市引领创意产业发展的生力军。2010 年 12 月，常州工学院动漫研发中心“常州意工厂创意产业发展有限公司”，被文化部、财政部、国家税务总局认定为“国家动漫企业”，为新建本科院校文科类其他专业提供了产学研合作教育典型案例。

(二) 发挥地方本科院校独特优势

近年来，高校教育经费日趋紧张，成为制约高校发展的瓶颈，尤其是由专科升格为本科的市属地方院校问题更为突出。与大部分省部属院校相比，“省管领导，市管财政”的双重管理体制，客观上造成了市属新建本科院与省属高校生均经费差距较大的局面，严重影响学校的持续发展和内涵提升；但是，市属本科院校独特优势还是十分明显，要化被动为主动，方能立于不败之地。

办学以来，学校为地方提供了 8 万多名的毕业生，且多数毕业生留在本地工作，其中很多人已经成为地方政府和企事业单位的中坚力量，还有许多都工作在重要的领导岗位上，这为学校建立了与地方政府和企事业单位联系的纽带，也为学校开展产学研合作提供了良好的合作基础，学校要充分发挥地方学校的这一独特优势，为学校的人才培养服务。至今，学校通过校友的渠道，建立了一大批产学研合作和教学实践基地实现校企优势互补，服务地方经济发展。

(三) 深化产学研合作，推进人才培养模式改革

应用型本科教育的特点是以培养应用型人才、以培养本科生、以教学和面向地方为主。产学研合作有没有真正进入本科培养方案，这是最为关键的问题。广东省作为全国先行示范区，其产学研合作教育的培养模式很有代表性：通过“工学交替”培养模式接受合作教育的学生比例最高，占 48.1%；以科研基地为依托联合培养的学生比例最低，占 3.1%；以校企双向参与、分段培养的占 7.3%；“订单式”培养的占 10.3%；以项目为依托联合培养的占 13.2%；直接服务于企业的生产和管理实践的占 18%。由于各校办学定位、培养目标以及地处区域的差异，产学研合作教育模式也不尽相同。

目前，企业参与人才培养的积极性还有待提高，社会鼓励企业参与人才培养

的有关优惠的政策措施还需要出台。新建本科院校要主动服务地方经济建设和社会发展需要，积极推进以提高大学生实践创新能力为重点的本科专业人才培养模式改革，依托学校建立的产学研合作教育平台，服务行业企业需求，充分利用地方院校与地方工业界的紧密合作与联系，建立行业指导、与地方优势企业联合并深度参与人才培养的新机制，校企联合共同制订人才培养方案，重构课程体系和教学内容，共同推进人才培养模式的改革创新。

（四）创新产学研合作教育模式

以校企产学研合作为契机，积极探索校外实习实训基地的规范化运作模式。同时，学校构建具有产学研功能的校内实体，实现经济效益和人才培养双重目标，教学、科研、生产相互促进、共同发展。譬如通过"教学→科研→生产→教学"循环模式，将生产实习与承担生产任务相结合，课程设计、毕业设计选题和教师科研项目及生产实际问题相结合，实现培养过程和经济社会发展对接；通过与企业建立工程化的教学实践基地或实验室和技术合作开发，加强与企业的紧密协助，实现学校、企业、学生多赢。产学研合作可以有各种不同的模式，随着创新型国家战略的提出及国家中长期教育发展规划的颁布，探索产学研合作教育新模式将永无止境。

产学研合作教育在地方高校的探索和实践中，大都遇到了企业参与积极性不高、高校基础建设薄弱、政府推动力度不够等现实问题。新建本科院校也不例外，甚至情况更为严重。而建立有利于促进和保障产学研合作的优惠政策和法律保障体系、加大对产学研合作的投入、培育和发展科技中介机构、加强产学研合作基地和集聚区建设和完善人才培养和人员流动的政策，则是政府层面考虑的问题。我校将认真借鉴兄弟院校先进经验，积极主动与政府沟通，进一步扩展产学合作的范围和层面，健全合作协调制度，发展与学科专业建设直接相关的创新型校办企业，朝着成为省内知名、国内有影响、国际化合作的应用型多科性大学的目标前进。

（2011 年 10 月发表于《常州工学院学报》）

“应用型人才”培养模式中的课程教学思考与实践

云介平　唐国兴　张建梅

进入21世纪以来，许多高等学校，尤其地方高等院校，为了更好地适应地方经济和社会发展的需要，正致力于培养下得去、留得住、用得上的应用型人才。为了实现这一目标，有关院校根据自身所处环境和社会的实际需求的不同，正在进行着办学模式和教育教学体系的改革和探索。

构建应用型人才的教学体系正在不断的探索和实践中。在这一过程中，将涉及到对教学培养计划制定的指导思想的变更，将涉及到计划中的课程体系的变化，将对计划中所安排的每一门课程的教学提出了不同与以往的要求。

应用型人才培养模式的构建与课程体系、教学内容紧密相关。课程体系是人才培养方案的主要内容，课程是实施人才培养目标的主要载体，合理的课程内容是实现人才准确培养的关键。

如在现有的机械工程专业培养计划中，涉及的课程众多。在相关的各专业方向中均安排有“机械制造技术基础”课程，该课程对各专业方向所涉及的内容不尽相同，但基本的内容是相同的。那么，它是什么样的课程，为什么要开设这样的课程，它将发挥怎样的作用呢？任课教师在实际的教学过程中都应该认真、积极地思考上述问题。

笔者针对“机械制造技术基础”课程，从课程的地位、课程内容的构建特点及其实用价值进行了相关的思考。明确了本课程在教学培养计划中所要求的知识点及与后续课程的衔接点，对课程的内容进行了剖析，揭示了该课程对本专业学生在今后学习和实际的工作中将发挥的作用。从而使学生明白为什么要学习这门课程，要学习到什么东西，将来能做什么用。并在实际教学过程对相关内容作了调整，对完成好教学任务、激发学生的学习兴趣和提高学生学习的主动性起到了一定的效果。

一、明确课程在专业教学培养计划中的地位

明确教学计划中的每一门课程在培养应用型人才的教学过程中将起何作用,体现在教学计划中又为具体的教学目标发挥怎样的作用。或换句话讲,该课程在教学计划中的地位又是怎样形成的。回答这些问题对在教学过程中把握课程内容的准确性,激发接受对象的主动性都将起到重要的作用。

机械类专业教学培养计划的培养目标就是要培养适应 21 世纪经济建设需要的、德智体全面发展的、具有机械设计制造基础知识与应用能力及创新精神的、能在机械制造领域内生产第一线从事设计制造、技术开发、应用研究、运行管理和经营销售等方面工作的应用型工程技术人才。完成整个培养计划的过程,最终要使学生掌握机械产品的设计方法和拥有设计的能力,了解机械产品的制造方法和拥有安排、控制制造过程的能力。

构建学生本专业技能就是使学生拥有设计和制造机器或机构或零件的能力。在学生构建这部分能力的过程中,就要解决拥有怎样的知识和能力将"想法"变成"设计图纸",尔后能选用现有的设备和方法或经过改进设备和采用新的方法经过怎样的过程来完成对图纸的转"现"化。

从机械类专业相关教学培养计划可以看出,"机械制造技术基础"是一门专业基础课程,不论是将课程"机械制造技术""机械制造工艺学"中的相关知识揉和在一起,还是分开来,将构建成较完整的机械制造技术知识。

分开来讲,学生拥有了"机械制造技术基础"课程知识,可按照设计图纸和实际生产的要求将设计图纸变成初具内部品质及形状的毛坯所能利用的方法及设备,再利用怎样的方法将毛坯的外形及品质最终加工成符合设计要求的机器零件;学生拥有了"机械制造技术"课程知识,能够了解和掌握毛坯要进一步加工时的设备及刀具,针对具体的加工对象拥有正确选择或改进设备和刀具的能力;学生拥有了"机械制造工艺学"课程知识,能够安排和控制加工过程,最终将设计图纸变成真实的机器零件或机械或构件。由此可以看出"机械制造技术基础"课程在机械类相关专业教学培养计划中的重要性。

在机械类专业人才培养的过程中,"机械制造技术基础"课程所涉及的机械制造工艺理论和基础知识,是培养从事机械设计和机械制造工程技术人才的重要基础,也是培养复合型人才和构建多学科知识结构的重要基础。没有"机械制

造技术基础"课程,设计图也只能是停在空中的楼阁。

所以,"机械制造技术基础"课程是构建机械制造这座"金字塔"的重要基础,更是机械类专业教学培养计划中的重要专业基础课程之一。

针对所教授的课程,准确地把握课程在具体专业的教学目标的培养过程中的地位及其将发挥的作用,是实现培养应用型人才的关键。

二、剖析课程结构,合理调整课程内容

结合具体的专业教学培养计划,制定准确的课程教学大纲。在实际的教学过程中,精选教材,使学生所使用的教材与教学大纲尽量相符;加强课程建设,为满足自我教学提供合理的教学资源;在还没有完成课程建设前,教师应重组课程内容,或主动调整课程内容及结构,必须做到实际教学使用课程的结构合理,内容与教学培养目标相符。

在现有的机械类相关专业教学培养计划中,大多数"机械制造技术基础"课程的教学大纲仅包含冷、热加工内容。所以,该课程内容可以简单的归结为"一点两线"。这里的"一点"为"毛坯",是指按设计图纸选择的材料制成的具有设计图纸要求的形,大多数仍然需进一步加工的半成品。"两线"中,一条指制造毛坯的现有的各种方法及设备;另一条指对毛坯进一步加工的方法。可以用下列简式表示:

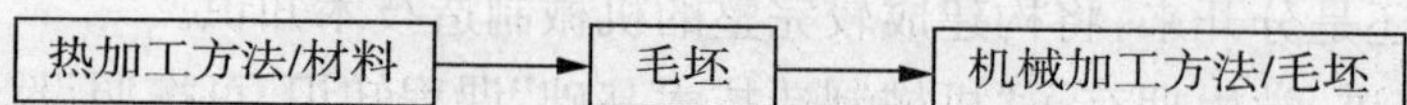

所以不论是教学大纲还是现有的参考书,均按照上述过程来编排课程内容。这样的安排合情合理,并不会显得头重脚轻。

按照教学大纲的安排,本课程内容要先介绍热加工技术及其设备,再介绍零件毛坯的选择,最后介绍机械加工工艺方法。按照教学大纲的进度讲授,将有利于学生理解在先修的实践环节"金工实习"课程中遇到的一些的具体问题,但不能把该课程真正要解决的问题说清楚。以至学生在学习的过程中造成混乱,失去了学习的兴趣,造成学习效果不佳的后果。因为该课程真正要解决的问题是要学生通过学习和掌握"机械制造技术基础"课程知识来研究面对不同的设计图纸要求,将设计图纸变成初具内部品质及形状的毛坯所能利用的方法及设备,再利用怎样的机械加工方法将毛坯的外形及品质最终加工成符合设计要求的机器

零件。所以,学生在学习时会感觉在重复金工实习时认识过的东西。为了打消学生对此问题的忧虑,就必须考虑一个问题:要是能够先提出一个可以贯穿全课程的问题,既不偏离教学大纲,又能使学生始终带着这个问题去主动寻找答案,是不是应该好一些呢?

那么,提出什么的问题呢?提出的问题既不超出教学大纲要求,又能实现上述目标,成了这一问题的关键。经过对课程内容的审视和利用对实际工作过程的了解,感觉到应该提出“零件毛坯的选择”这一问题。为什么要先把这样的问题提出来呢,解释这一点并不难。

关于机械零件的制造,描述如下:①机械零件的制造一般包括毛坯制造和切削加工两个阶段;除了少数零件直接用圆钢、钢管、钢板或其他型材经切削加工制成外,绝大多数零件都是先制造毛坯,再经过切削加工制成的。②所制造的零件能否达到设计性能的要求决定于其外部质量和内部质量;内部质量指零件材料的化学成分、金属组织和由此决定的材料的物理、化学和力学性能以及零件的内部缺馅等;外部质量指零件的形状和尺寸,包括零件的加工精度、表面粗糙度和表面参的加工硬化现象及残余应力性质、大小。③零件的内部质量完全由毛坯的材料及成型方法决定,并影响部分外部质量;而其外部质量几乎由机械加工来保证。

上述的描述可以使学生完全明白:零件的制造过程和满足零件设计要求的制造途径。

那么接下来是不是会有这样的问题:零件的毛坯是不是都用同样的方法加工?能不能用同样的方法加工出符合所有设计要求的零件?若不能,该采用什么样的方法?学生可能会带着这样的问题去主动寻找答案。“零件毛坯的选择”这一问题将会贯穿在学生学习其他几部分知识的过程中。就会大大提高学生学习的主动性。所以将“零件毛坯的选择”提到第一部分来介绍,教学内容调整为:零件毛坯的选择—热加工工艺技术基础—机械加工工艺基础。这样的调整既符合教学大纲的要求,又符合实际工作过程,更为重要的是能够从学生的角度出发,符合学生学习过程的需要。

三、认识课程的实用价值

学生学习的过程和学校确立培养目标、制订教学培养计划的过程正好相反。

学生在学习每一门课程时，几乎是被动的学习。讲授每一门课程前确定课程的实用价值，为提高知识的使用效率，提高学生的学习主动性，实现应用型人才的培养将起到不可低估的作用。针对机械类相关专业教学培养计划中设置的“机械制造技术基础”课程，将其在未来的学习和工作中的实用价值总结如下：

1. 提供理论依据据

本课程为将来从事机械设计工作的人员提供所设计的零件结构合理性的理论依这是由于每一种加工方法都有其成型的局限性，了解这些加工方法及成型原理，有利于在今后从事具体的工程设计或机器零件设计中能够从理论角度意识到零件结构设计的合理性、经济性。因为所设计的零件的经济性和可行性是每一位设计者同样关心的问题。

2. 提供方法与指导

本课程为将来从事机械制造工艺技术的工程人员提供比较完整和系统的各种加工方法及其具体的工艺编制指导过程，并提供了选择方法的理论依据和部分实践经验。通过学习这门课程，并结合实践性教学环节能够使学生很快掌握零件的各种加工方法，积累一定的实际经验，为将来走上工作岗位打下一定的知识基础。

3. 提供指导实践平台

本课程为将来从事企业管理的人员尤其是机械制造方面的技术管理人员提供指导实践的平台。这一理论到实践的转化也为有志向的学生提供了更多的发展机会和空间，使其在今后的工作中感觉到理论指导实践的优越性。

四、教学实践

教学实践是任何教学培养目标最终实现的关键环节。对于“应用型人才”培养模式及目标的教育教学改革正在进行之中。对于教学实践的可行性方案及方法能否实现这一目标，几乎寄托在这一过程中。为了使本专业学生明白“机械制造技术基础”课程的重要性，激发他们学习本课程的兴趣和动力，真正提高学生学习的效果，在实际的教学过程中采取了以下相应的措施。

（一）针对性地介绍本课程的必要性和重要性

针对以前的学生对学习这门课程的重视程度，在开始授课之前将该课程的重要地位借用控制理论表达式来做形象的介绍。突出了本课程是将设计图纸转化为真实产品的桥梁，是构建本专业制造技术人才的知识结构的"领头羊"，是构建机械制造技能这座"金字塔"的重要基础。并结合培养计划中的后续课程及本课程的未来实用价值加以解释，使学生对学习这门课程的目标很明确。从而激发了学生的兴趣，明白了学习这门课程对未来学习和工作的用途和价值，也解决了部分学生想在未来从事设计而对学习这门课程的必要性存在的疑虑问题。

（二）以"问题式"方法调整课程内容，以利于学生的理解

"问题式"方法就是将问题和教学内容紧密结合起来。因为课程内容，尤其专业课程在构建学生专业知识结构和解决专业性问题等方面将发挥重要的作用。以"问题式"方法调整课程内容主要的一点就是要能够激发学生的学习兴趣、提高学生学习过程中的主动性。为了使学生能够及时理顺课文中讲述的知识，在讲授"机械制造技术基础"课程过程中，对课程内容对作了大的调整。另外，对课程中的其它内容也作了局部的调整。如在介绍刀具几何角度时先把概念作清晰的介绍，将刀具角度的大小如何影响切削过程中的一系列物理现象放到切削过程中来介绍，介绍完切削过程，再提醒学生回头阅读前面的内容。学生们感到：带着清晰的概念，了解过程中的物理现象，再分析刀具几何角度对切削过程的影响就比较轻松。另外，还将热加工和机加工中的零件结构分析集中介绍，这样既有利于学生理解，又有利于学生积累相关零件的设计经验。

（三）紧扣生产实际工作顺序，引导学生学习

在实际的讲授过程始终将制造确立在未来的实际工作中将面对的对象"毛坯"上，这一点非常关键。学生的参考课本中有零件、毛坯、设计零件，常常把学生搞的糊里糊涂。所以在讲授课程中，形象地将零件、毛坯、设计零件、工件等几个容易混淆的概念与零件所处生产阶段联系在一起来理解，将热加工的对象确立在制造毛坯上，再将机械加工的对象换成待加工的毛坯（即工件）上，利用切削加工（或加上必要的热处理）的方法就可以将毛坯（或工件）加工成符合设计图纸技术要求的零件。

（四）理论教学与实践教学并行，重视实践机会的应用

要培养应用型人才，实践教学显得尤为重要。实践教学一般包括：有计划

地组织学生通过参观、实验、实习、实训使学生获得感性知识。同时将理论教学中学到的内容,及时的融入实践教学的内容中去,让学生及时了解所学的知识有何用途,并通过理论知识与实践相结合,较好地激发学生的学习兴趣。学生通过学习和应用,产生成就感。从而提高其学习的积极性和自觉性。为实现这种教学模式,一方面提醒学生将已进行过的教学实践环节的疑问带入课堂,利用现有的成熟的理论知识在课堂学习的过程中解决问题;另一方面,充分利用社会实践机会去主动寻找答案;再者,在整个教学过程中,常常从"在生产实践中,技术人员面对同样的问题怎样分析、怎样处理"来引导学生理解相关的内容,使教学与实践紧密相联,使学生基本上明白了这部分知识在未来工作中的应用场合和用途,促使他们自觉学习和掌握,提高了学习的兴趣和动力,取得了良好的教学效果。

五、结束语

"应用型人才"培养模式,对课程教学提出了更高的要求。教育教学的大幅度改革势在必行。每一门课程的教学思考与实践是整个教育教学改革过程中的必经之路。为了实现应用型人才的培养目标,仍然需要花费大量的时间和精力,不断的探索和追求。对于"机械制造技术基础"课程的教学效果也仍然需要不断的探索和实践。

(2006 年 10 月发表于《常州工学院学报》,选入本书时略有删节)

机械类专业“卓越工程师教育培养计划”企业学习之探讨

周叙荣　干为民　金祥曙　何亚峰

自 2010 年 6 月教育部联合有关部门和行业协(学)会启动“卓越工程师教育培养计划”(简称“卓越计划”)这一项重大教育教学改革项目以来，已超过 200 所高等学校获准实施了“卓越计划”，常州工学院作为一所应用型地方高校于 2011 年 11 月成为第二批试点的高校，我院共有 5 个“卓越计划”试点专业，机械设计制造及其自动化专业成为其中之一。

按照目前实施的“卓越计划”，卓越工程师本科阶段培养模式可以这样概述：学制 4 年，采取学校和企业联合培养方式，学生的学习由校内学习和企业学习两个部分组成，其中企业学习的要点是要求企业(行业)能够介入并深度参与“卓越计划”的培养过程，它与企业实习有着显著的不同。“卓越计划”实施的先决条件是企业(行业)的参与，并遵从“行业指导、校企合作、形式多样、分类实施、追求卓越”的原则，而“卓越计划”成功的关键是企业参与和校企合作，因此，企业学习作为“卓越计划”学生成就卓越工程师的关键。

本文以常州工学院机械类专业为例，探讨应用型地方本科高校机械类专业“卓越计划”的企业学习，包括企业学习目标、校企合作、企业学习之得失等，希望对同类型高等学校机械类专业执行“卓越计划”提供参考。

一、企业学习目标

能够胜任从事产品的研发、设计、生产、销售和服务的能力是本科层次机械类专业卓越工程师的培养目标。根据这个培养目标，以行业(企业)标准为基础，在通用标准的引导下，高校与企业共同参与探索并制定“卓越计划”企业学习目标，建设企业学习教学大纲、教学计划和教学内容，共同参与并执行企业学习实践过程，共同评定企业学习培养质量。“卓越计划”规定在企业学习的时间累计近有1年，企业学习目标归结为专业知识、工程能力和职业素质这样三个方面。

1. 专业知识

（1）了解机械类专业的现状和机械类专业的发展趋势。扎实掌握机械工程领域基本理论知识和机械工程领域基础知识。

（2）熟悉机械制造装备和工艺。掌握制订机械工艺过程的基本技能和知识。熟悉机械制造自动化相关知识。熟悉机械零部件、机械产品的检测技术，熟悉机械精度的检测方法。

（3）了解质量管理、项目管理、生产管理、工程经济、产品营销和售后服务。熟悉ISO 9000质量管理和质量保证体系。

（4）了解机械专业领域技术标准、设计规范、相关国家标准及规则制度。具有设计机械零部件、设计机械过程和设计机械系统的能力。

2. 工程能力

（1）能够运用各种现代信息和通讯技术与手段、资料查询和文献检索获取相关工程讯息的方法。具有自适应能力、自我学习能力和终身学习的能力。

（2）根据市场变化、用户需求等，提出改进与完善工程方案。

（3）具有综合利用所掌握的全部知识分析问题，提出解决方案，切实处理现实问题的能力。

（4）具有一定的组织管理能力、一定的交流沟通能力、良好的环境适应和团队协作的能力。具有处理突发事件与危机的能力。

3. 职业素质

（1）具有良好的工程职业道德和保密意识，熟悉机械行业职业健康安全知识和有关标准，在法律法规和企业规章制度下工作。

（2）具有良好的效益意识、质量意识、安全意识、健康意识、服务与服从意识。

根据上述企业培养目标，通过在学校和企业两个阶段的学习和实践，获得机械工程领域专业知识、工程技术和职业素质的能力，从而具备卓越工程师的基本品质，在机械相关领域能够从事工程项目或机电产品的研究、开发的研发工程师，从事工程项目、机电产品或生产流程开发的设计工程师，从事机械类产品的生产制造、项目建造或过程运行的生产工程师，从事生产过程设备维护的设备工程师，从事产品经营和销售的营销工程师，从事产品的服务与维修的服务工程师等。

二、校企合作

培养卓越工程师的实践环节在企业不在高校，因为企业所具有的真实的最新的工程环境是高校无法比拟的。企业为了生存与发展，为了与同行竞争，就必须拥有最新的制造技术和最先进的生产设备，这些是高校不能满足和无法实现的；企业工程师们经历了许许多多各种各样的工程问题，他们所拥有丰厚工程经历和工程实践能力是高校教师始终不及的和无法超越的；企业在工程领域要完成的研发、生产、技术、管理、市场、营销等方面的项目及其问题，恰是操练和成就卓越工程师的最好案例；企业所具有的研发与设计、生产与制造、经营与管理、销售与服务的场所和部门，正是卓越工程师将来实施梦想和成就未来的地方。因此，要在上述真实的工程环境下，高校与企业开展的校企合作，才能在知识、能力和素质方面培养出满足“卓越计划”培养标准要求的卓越工程师。

常州工学院机电工程学院与企业进行校企合作，共同培养机械类专业卓越工程师，探索“卓越计划”之企业学习机制。学生在学校教师和企业导师的双重指导下，按照实习大纲和有关要求开展企业学习。多家企业先后成为常州工学院产学研合作单位或卓越工程师基地：新誉集团、江苏南方轴承有限公司、常州市隆龙升经编机械有限公司三家企业与常州工学院共同建设省级机械工程实践教育中心；常州东仕豪机械制造有限公司与常州工学院共同建设产、学、研联合基地；中天汽车有限公司与常州工学院签订了校企合作协议；另外，新誉集团、常发集团、江苏南方轴承有限公司、钴领（常州）刀具有限公司、星宇股份有限公司、常州市隆龙升经编机械有限公司、常柴股份有限公司、江苏晨光盛得液压设备有限公司、奥斯迈医疗器械有限公司、常州第二电子仪器有限公司等企业成为常州工学院机电工程学院机械类专业卓越工程师基地。我院通过不同形式的校企合作，积累培养机械类专业卓越工程师的经验。

三、企业学习之得失探讨

（一）企业学习主要内容

机械类专业卓越工程师在4年“卓越计划”培养中，采用“学习—实践—再学习—再实践—再学习—再实践”的“螺旋式上升”培养模式，而企业学习阶段是“卓越计划”成功与否的关键，主要通过深入开展工程实践活动，并结合必要的课程学习、专题讲座，学习机械工程师的专业知识、工程能力和职业素质。其中企业学习Ⅰ安排在第3学期进行，主要认识制造型企业中参与生产的数控机床、加工中心、生产流水线、刀具以及热处理、检测等设备，旨在增强对生产、制造、企业管理的感性认识，逐步了解机械行业，激发其对专业的学习兴趣以及技术创新的动力。企业学习Ⅱ安排在第5学期进行，要求学生深入了解常用机械类生产设备，并对常用生产设备进行功能分析、运动分析、原理分析、受力分析、以及典型零件的三维造型，旨在加深同学了解机械行业，培养其对常用生产设备的分析与初步设计能力，激发卓越工程师的设计意识以及技术创新的思维。企业学习Ⅲ安排在第7或8学期进行，要求学生深入细致地认识、理解和消化产品(或零件)的加工过程，并对产品(或零件)设计进行深入了解、认真分析、逐步消化。旨在加深同学了解机械行业的制造与设计，培养其对机械产品的分析与设计能力，激发卓越工程师有制造工艺过程意识、设计意识以及技术创新的思维。

(二) 企业学习过程安排——班级集中学习与班级分散学习

自2011年实施“卓越计划”以来，常州工学院共有09级(18人)、10级(21人)、11级(45人)、12级(40人)和13级(38人)共五个年级162名机械类专业卓越工程师完成了(或正在进行)企业学习，其中09级和10级二个年级已完成企业学习，并顺利毕业，11级、12级和13级3个年级分别即将进行企业学习Ⅲ、企业学习Ⅱ、企业学习Ⅰ阶段的学习。09级、10级和11级三个年级采用集中学习方式，即整个班级按三个阶段集中到某一企业进行学习；而12级和13级二个年级均采用分散学习方式，即班级分成若干个小组，每组3—4名学生按三个阶段由不同老师带到不同企业去学习。

以上两种学习方式都要经历“螺旋式上升”三个阶段，总体来说均获得了良好效果，实现了“让学生认识企业，让社会了解学生”的目的，提高了企业对学生的认可度，让学生知道企业需要什么样的人才，让学校清楚培养什么样的学生，实现了企业、学校、学生三方“共赢”。

(三) 两种学习方式利弊

如上所述的大多数高校采用的“卓越计划”集中学习方式，这种方式便于学校统一安排与管理，便于学校统一与企业协调和合作，这就要求企业相对较大，有能力接纳一批学生。长期以来特别是近几年，高校人才培养，尤其是工科，与工程教育实际相背离，与社会需求出现脱节；而对于大多数企业，特别是中小企业，由于竞争激励，为了生存，它们过于追求短期经济利益，并且由于缺少相关配套政策，这些企业不想也不愿意承担为社会培养人才的责任与贡献。就常州地区及其附近，能够并愿意接纳一个班级机械类学生来学习的单位并不多，可以利用的企业资源比较匮乏。整个班级的学生到企业学习后，学习过程监控很难到位。在企业学习期间，学生的学习过程以企业监督为主、学校监督为辅，但由于学校、政府也没有具体的相关吸引政策，企业相关配套措施和培养机制没能到位，且时间短、学生多，实际监督难以到位，特别是具体监控到每一位学生更难。

对于分散学习方式，便于中小企业认可与接纳，便于中小企业安排与管理，他们有意把这 3－4 名学生作为企业未来员工来培养。常州地区能够并愿意接纳几名机械类学生的企业还是很多的。学生到企业以后，相对企业来说，学生人数少，企业根据学校“卓越计划”企业学习目标，结合企业自身特点，会认真考虑把这几名学生具体安排在某一部门某一具体岗位，由企业导师具体负责学生在企业的学习。由于学生人数少，企业导师监督学生在企业学习的过程也相对可控。由于学生人数少，既有学校具体老师监管，又有具体企业导师监控，也就相对安全，风险又相对大大降低。再有，在学习过程中，企业把学生作为后备力量来培养，也有意识地让学生参与企业项目中去，这样学生毕业后若能留在企业，就能直接到项目组中去，省去了企业再培养的时间，这种分散学习方式实现了企业、学校、学生三方“共赢”的局面。这种学习方式需要学校派出更多的老师辅助监控学生，这也有利于学校老师到企业中多见识工程实践。

这两种去企业学习的方式有利有弊，在具体的操作与实践中，可相互结合相互借鉴取长补短。

四、结语

本文以常州工学院机械类专业执行“卓越计划”为例，紧紧围绕机械类专业卓越工程师的企业学习，探讨了应用型地方高校“卓越计划”的企业学习环节相关问题，分析了企业培养目标、校企合作、企业学习之得失，总体来说，企业学习是一项复杂的、长期的系统工程，它是“卓越工程师教育培养计划”的重点环节，企业在此过程中起着举足轻重的作用。各高校可根据自身条件、区域环境特点，由政府主导、高校落实、企业帮助，日积月累，不断探索与总结，形成自我特色的适应我国高等教育发展的工程教育模式。

机械类本科生毕业设计教学质量监控体制与保障机制的研究

唐国兴　尹飞鸿　娄小从

机械工程专业是理论与实践结合较强的专业，实践性教学是整个机械工程教育中非常重要的部分，而毕业设计是实践教学环节中最关键的一环，它是学生综合应用所学知识解决工程问题，从事生产、科研的基本训练。这一教学环节的质量表现在两方面，一是教育的最终结果即学生的素质和能力；二是毕业设计教学的各个方面和环节。前者是毕业设计教学质量的具体体现，后者是毕业设计教学过程的质量保障。只有教学活动的各种因素具有较高的质量并相互配置合理、有效，才能保证毕业设计教学的总体质量。因此，毕业设计教学质量监控体制及质量保障机制，是确保毕业设计教学质量和特色的重要方面。

一、几个基本概念

(一) 质量监控

质量监控是指控制者作用于被监控者，使其保持某种运行状态，以达到控制者质量要求的运行过程。这里的控制者是指参与毕业设计教学活动的各环节、各要素。被监控者泛指影响毕业设计质量的诸多因素，包括办学理念、培养方案、教学大纲、教学与管理体系以及教师、学生、制造业的整体环境、信息、设备等。在这一运行过程中，控制者与被监控者相互联系、相互促进，并且在一定的环境和条件下可以相互转换，控制者处于主导、支配地位，决定着被监控者的质量要求；与此同时，被监控者对控制者也具有反作用，发展变化了的被监控者又要求控制者适时地调整其质量要求。

（二）质量保障

质量保障是指为达到质量要求所采取的作业技术和活动，目的是促进质量的不断提高，并保证质量达到所规定的最低标准。

（三）质量监控体制

“体制”是指一个单位的组织制度。毕业设计教学质量监控体制是指通过对毕业设计过程的持续监督和控制，把影响毕业设计质量的诸多因素有机协调、统一、组织起来，按照一定的程序有机地运行，从而形成的一个多要素、多层面、多形式、范围广泛的综合组织制度。

（四）质量保障机制

“机制”泛指一个复杂的工作系统。机械类本科毕业设计教学质量保障机制是指参与毕业设计教育质量保障活动的基本要素诸如教师、学生、环境、信息、设备等相互联系、相互制约，从而发挥教育质量保障功能，它是一个多层次、多结构的运动系统。

二、对机械类本科生毕业设计教学质量监控体制的基本认识

（一）毕业设计在机械工程教育中的地位

机械类本科专业培养的是高级工程技术人才，世界各国的经验表明，要培养一名合格的工程师，必须经历工程科学知识的学习、工程实践的训练和工作实践的锻炼三个阶段。因此，保证学生在校期间一定量的工程实践活动，是实施工程教育必不可少的内容。就机械工程类专业而言，无论时间还是内容，毕业设计都占有较大的比重，应该首先受到高度的重视。更为重要的是毕业设计是学生毕业前的最后阶段学习深化、升华的重要过程；是学生学习、研究成果的全面总结；是学生综合素质和工程实践能力培养的最有效方法；也是提高和加强指导教师理论与实践结合能力的有效途径；教学行政部门把它作为衡量高等学校教育质量和水平的重要评价内容。因此毕业设计在机械工程教育中具有举足轻重的地位，对机械类本科毕业设计中的选题、指导过程和管理进行质量监控是非常必要的。

（二）机械类本科毕业设计教学质量监控的目的

机械类本科毕业设计教学质量监控的终极目的就是加强对毕业设计教学质量的管理，把对毕业设计产生重要影响的教学活动有机地联系起来，通过科学评价，找出影响因素，提出改进措施，不断提高教学质量，形成一个能够保证和提高毕业设计质量的稳定、有效的良性循环。毕业设计教学质量的高低取决于毕业设计教学过程的运行情况，受毕业设计教学过程各环节的影响。因此应重视毕业设计教育的全过程，即更多地采用过程控制的方式对毕业设计教学质量进行监控，把每一个培养环节规范化，对每一个环节提出符合质量标准的要求，力求使其质量得到保证。

（三）对机械类本科毕业设计教学质量监控的作用

毕业设计教学质量监控可以及时、全面、准确、系统地了解用其他方法难以获得的毕业设计质量的综合情况，其主要作用在于：①有助于毕业设计教学管理过程的规范化、科学化，促进毕业设计教学质量的提高；②可以发现教学资源的利用状况，促使学校资源配置合理并充分利用；③有利于学校领导和教学管理部门了解毕业设计教学过程中存在的问题，以便及时调整和改进工作，纠正偏差，优化教学管理，确保毕业设计教育质量达到预期目标；④有利于发现毕业设计教育内容中的缺陷，确定教育内容的进度、深度与广度，适时适度定位人才培养目标，修订毕业设计教学大纲等；⑤通过监控反映出的毕业设计指导教师教学质量与水平，可以及时发现教学过程中教师的能力和知识结构的不足，从而采取相应措施，提高教师的综合素质和完善知识结构。

（四）机械类本科生毕业设计教学质量监控的依据、目标和标准

1. 依据

机械类本科生毕业设计监控的依据是学生和社会的满意度。但实际监控时往往会偏离这两个主体，而侧重于形式上的评价，如指导教师所填写表格规范性，忽视了学生能力的提高和培养人才的社会适合度，因此，把学生和社会作为毕业设计教学质量监控的依据是合乎教育规律的必然要求，必须引起高度重视。

2. 目标

机械类毕业生设计教学质量监控的目标就是通过对毕业设计教学各环节的监控，使学生的知识水平、能力、素质得到综合提高，即能正确用所学知识解决一般机械工程技术问题，具有从事科学研究或担负专门技术的初步能力。应贯彻

以下精神：面向工程，重视工程实践，重视综合，重视创新，加强理论联系实际，提高学生的实践能力、综合能力和创新能力，加强指导教师的工程实践能力的培养确保毕业设计质量稳步提高。

3. 标准

机械类本科生毕业设计教学质量监控的标准是指衡量毕业设计教学质量监控的准则或指标，是实现目标过程中的可操作的尺度。根据毕业设计教育质量目标所确定的毕业设计教学设施保障体系、选题质量评估体系、开题质量评估体系、教师指导过程质量体系等等是教学质量监控的核心指标。

三、机械类本科生毕业设计教学质量监控体制的运行与管理

毕业设计教学质量监控是工程教育中的一个复杂的系统工程，涉及学校的办学条件、管理水平、教师素质、学生专业知识和能力转化情况及内外部环境等多方面，因此如何合理地实现系统稳定、优化运行是监控体制的主要研究内容。图1给出了机械类本科毕业设计教学质量监控系统运行的一般流程，可以看出毕业设计教学质量监控是基于学科整体发展状况，其内部一般由选题监控、开题监控、设计过程监控、结题监控和总体质量监控五个环节组成，它们之间有着复杂的物流、能量流和信息流关系。

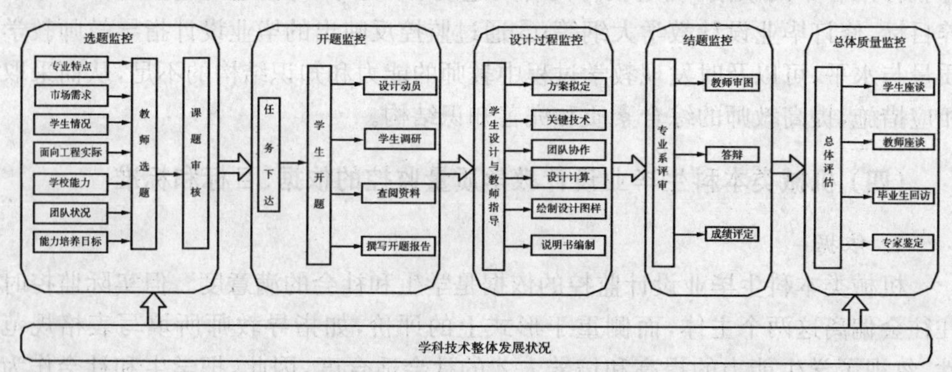

图1　机械类本科生毕业设计教育质量监控系统流程

(1) 选题监控：它从根本上决定着毕业设计的方向和质量，专业特点、市场需求指明了教师选题的方向，而工程实际、学生学习情况、能力需求又对教师选题提出了明确的要求；同时，教师的选题也反作用于学校办学条件（学校能力），它要求学校在教学资源上给予极大的支持，只有在办学条件满足的前提下，才能确保毕业

设计的总体教育质量。因此,选题监控对课题的综合性、新颖性和实践性等方面提出要求,又要从选题的工作量、难易程度和涉及的基础知识等方面进行把关。课题来源既可以是工程实际,又可以是教师科研课题转化,亦可以是学生自己提出的科研课题。课题类型大体分为理论研究型、产品设计开发型和技术应用研究型。

(2) 开题监控:此过程包括二部分内容即任务下达和学生开题,这一环节是培养学生自主学习和独立学习的过程,更强调培养学生如何了解社会和利用社会资源的过程进行独立思考问题的过程。在这一过程中要充分发挥学生选题与指导教师的互动性,克服学生选题的被动性。

(3) 设计过程监控:在整个设计过程中,教师的指导与学生的学习应是互动的,既不是教师单纯的讲解,也不是学生单纯的请教,重要的是对学生自身内在潜力的激发。这一过程中应采取如下措施:①建立开放式的管理机制。即教师只定期检查和指导学生的工作进度,给学生更多的自主权,充分发挥学生在成长过程中固有的主体性,使其积极主动地开展毕业设计。②启发式的指导原则。在整个设计过程中,教师采取启发式和探索式的方法指导学生,使学生在设计过程中萌发出来的具有创新精神的火花融合到毕业设计的内容中去。③不同专长的教师合作指导学生设计。

(4) 结题监控:这一过程是对整个设计、教师指导和学生设计工作的一次大检阅,包括指导教师评阅,非指导教师审阅、学生答辩和答辩委员会最终成绩评定,它在整个毕业设计教育质量监控系统中起到了至关重要的作用,在整个毕业设计监控过程中往往重视选题、过程监控,而忽视了结题监控(学生学习结果的评价即结题评价报告)。所以结题监控不能不考虑,如要严格答辩资格审查,严把答辩关,避免答辩走过场、放一马的现象。

(5) 总体评估监控:对选题、开题、设计过程、结题监控固然很重要,它能保证我们本次的毕业设计的教育质量,但更重要的是我们需要通过本次毕业设计监控得出宝贵经验,找出存在的问题,并提出改进措施,只有这样才能将我们毕业设计过程中发展的新成果、新观念、新思维、新方法不断地引进和充实至我们的毕业设计教育中来,使我们的毕业设计教育与时俱进,才能构建出合理的毕业设计教育质量体系,才能使我们的学生成为符合时代需求的高素质的应用型人才。

四、对机械类本科生毕业设计教育质量监控体制模型的构建

下面以 GRAI 决策系统分析和建模方法提出机械类本科毕业设计教育质量监控体制的模型,如图 2 所示。该模型主要涉及如下几个技术问题:

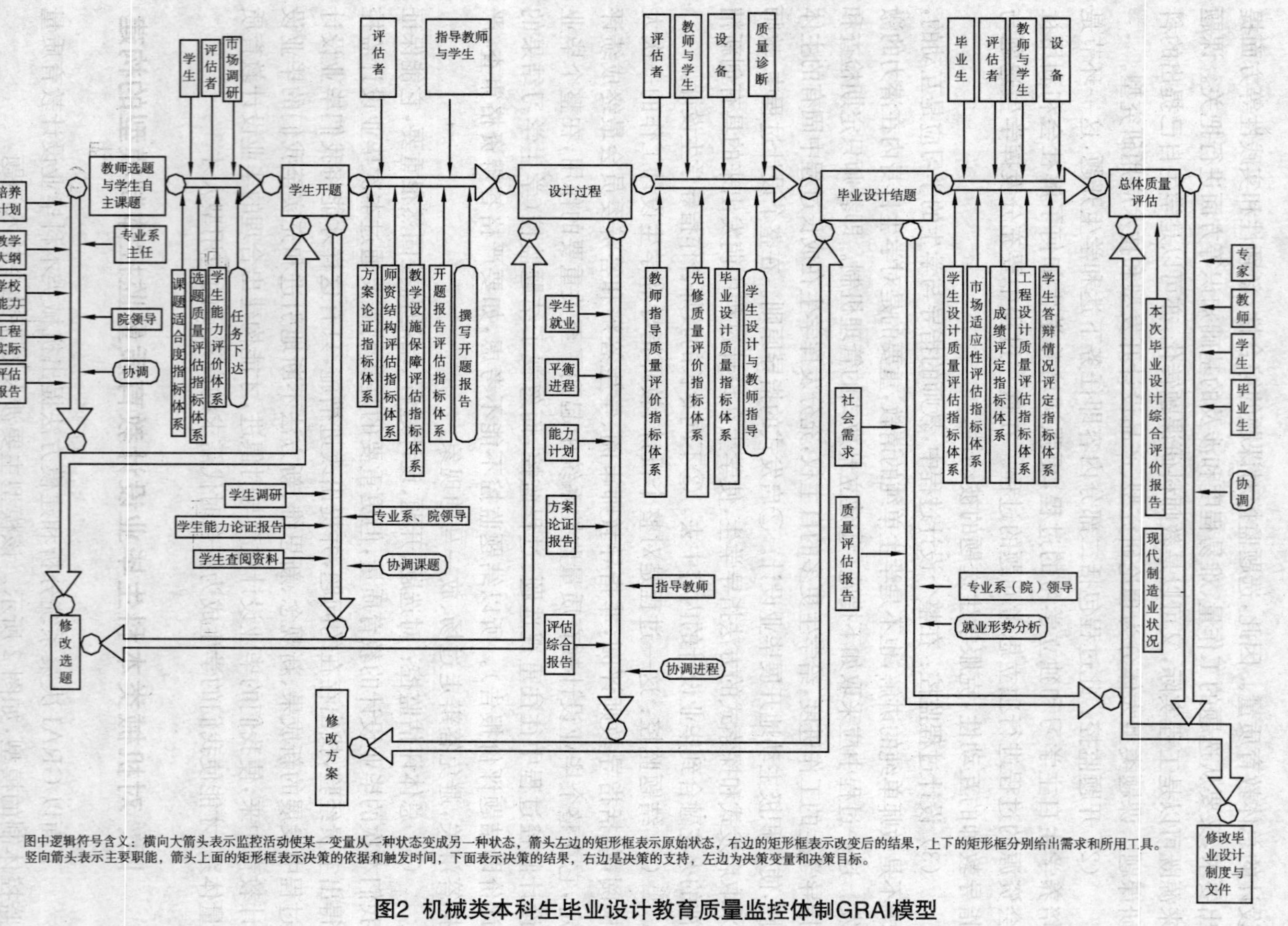

图中逻辑符号含义：横向大箭头表示监控活动使某一变量从一种状态变成另一种状态，箭头左边的矩形框表示原始状态，右边的矩形框表示改变后的结果，上下的矩形框分别给出需求和所用工具。竖向箭头表示主要职能，箭头上面的矩形框表示决策的依据和触发时间，下面表示决策的结果，右边是决策的支持，左边为决策变量和决策目标。

图2 机械类本科生毕业设计教育质量监控体制GRAI模型

（一）质量体系

质量体系包括：毕业设计选题质量、教师指导质量、学生学习质量、物质保障质量、工程设计质量、说明书撰写质量、毕业设计答辩质量和组织管理质量。

整个模型由学校（二级学院）质量监控组织机构具体操作，构建五种相对独立的监控机制进行监控：①专家监控即由具有较高的教育教学理论和教学水平、教学经验丰富，并长期从事毕业设计教学工作的一线专家、教师组成；②督导监控即由毕业设计教学经验丰富、教学效果好、教学管理实践方面有专长的退休专家和教授组成；③学生监控即由学生会、学生班级、学生代表对毕业设计教学纪律、教学效果进行监控与评价；④教师监控即由所有指导教师对学生的学习风气、学习效果等方面进行监控与评价；⑤社会监控即由用人单位、大众传播媒体、就业指导中心、毕业生代表等组成。

（二）监控方式

监控方式坚持科学性、可操作性和可比性原则。即科学性与可行性相结合、定性与定量相结合、定期与不定期相结合、基本指标与提高指标相结合，应具有充分调动教师、学生和管理人员的积极性的导向。

（三）数据的处理

为了使质量评估与分析尽可能全面、公平、公正、科学、合理，必须采用多种多样的数据处理方法，诸如层次分析法、模糊评价法、主因素法、调查统计法、判断矩阵法等都是可以采用的数据处理方法，但在使用时必须注意其使用场合。如对教师工作的最终评价，一般采用“优、良、中、差”或满意程度等模糊评价法。首先，模糊评价法较为适合教师工作特点，可以避免绝对量化标准中易出现的片面性，又不致于陷入吹毛求疵的尴尬境地；其次，模糊评价法的可操作性强，其结果也易被接受。

总之，毕业设计是一个系统工程，毕业设计教学过程的每一个环节都对毕业设计教育的质量构成影响，因此对毕业设计教学过程的每个环节都应该有一个基本的要求，都必须实施监控。

（2006 年 4 月发表于《常州工学院学报》）

电气工程及其自动化专业卓越工程师培养的研究与实践

黄文生　张建生　邹一琴　张　兵　史建平　范力旻
庄志红　许泽刚　李　蓓　陈伦琼　韩　霞

一、项目的总体目标

以电子信息与电气工程学院电气工程系为依托，以专业系目前在校的 2009 级至 2011 级的部分学生为研究和改革对象，以目前和本专业相关的、已建立了很好合作关系的校外实习基地为平台，在二级学院和学校的支持下，通过充分的市场调研和分析，在相关企业的深度参与及有关专家详细的研讨和论证下，对现有的培养方案、教学大纲及实施过程进行较大调整，使之适应“卓越工程师培养计划”的要求和培养目标。在保证现有理论教学总学时数不变的情况下，压缩在校学习时间，使学生在读 4 年中有 1 年的时间在企业生产一线学习，参与企业的生产和设计，从而培养应用型的电气工程师，使学生在毕业后能够基本胜任企业的设计、运行、维护、管理、施工、营销等岗位中的一个或多个岗位。

二、完成的主要工作

(一) 充分的市场调研

卓越工程师计划从 2010 年 6 月 23 日正式启动，全国 61 所高校，我省只有 6 所高校列入该计划的第一批试点专业，我校是 2010 年底开始实施该计划，于 2011 年 10 月 19 日入选教育部第二批试点专业(全国共 133 所高校)，由于启动时间短，实施中可能出现的问题没有完全暴露出来，可借鉴的经验很少，这就要求对更多的学校和企业进行调研，然后进行综合和分析。

因此，专业系在学校的支持下，分别由教务处组织到福州工程学院、宁波工程学院等试点院校进行交流和研讨；由二级学院组织到东南大学、南京工程学院、江苏大学、南通大学等院校进行交流和学习；专业系多次通过在南京、深圳、西安等地召开的“卓越计划”的各种专题研讨会和培训班，及时掌握全国的“卓越计划”的实施情况、政策变化以及各高校的实施经验，分别参观了福州工程学院、南京工程学院、西安电子科技大学、西北工业大学、西安交通大学，并和南通大学、江苏大学、南京工程学院、江苏科技学院等高校进行了深入的交流。通过这些活动了解各高校在“卓越计划”实施过程中出现的各种问题及解决方法，为本专业的“卓越计划”的实施提供了重要的参考。

与此同时，专业系在二级学院的支持和领导下，与江苏英特曼电器有限公司、常州市同惠电子有限公司、常州特尔玛机电实业有限公司、常州埃依琦科技有限公司、常州亚美柯宝马电机有限公司、太平洋电气有限公司、无锡信捷科技有限公司等多家长期和专业系保持产学研合作的企业进行了深入的沟通和研讨，了解了企业对专业人才方面的需求，以及联合进行人才培养的可行性，深入了解了企业对人才的专业知识的结构要求，初步讨论了学生下企业期间的各种可能出现的问题及相应的解决方法。通过讨论极大地增强了专业系对“卓越计划”实施的信心，同时也带来了更大的压力和动力。

（二）培养计划修订及实施过程调整

现行培养计划首先在内容上不能适应卓越工程师培养计划的要求，必须和相关企业经过仔细研究后才能确定，以保证实习期相关知识结构的合理；其次在时间安排上，目前的培养计划是按照 7 学期的理论加 1 学期的实践和毕业设计来安排的，但是按照“卓越计划”的基本要求是要将理论教学和实践教学进行适当的交叉，并累计一年的企业学习，因此必须对课程的时间安排做出调整。

通过研讨，决定参与试点的学生有 2009 级、2010 级、2011 级三个年级，其中 2010、2011 级当时分别是二年级和新生，其培养计划完全是按照“卓越计划”的要求来制定的，从第 5 学期到第 8 学期，累计有 40 周的时间在企业学习；而 2009 级由于已经是三年级的学生，培养计划的调整不能完全按照累计 1 年在企业的要求来调整，所以采用了折中的方式，其中企业学习阶段只有 28 周。具体的培养方案略。

企业阶段的学习时间和内容是和合作企业经过多次研讨后确定的，既考虑到了学生的知识结构，又考虑到了企业的专业特点。共安排了6个教学环节共40周在企业完成。如下表所示：

序号	课程名称	课程时间/周	开课学期
1	计算机辅助设计及应用	2周	5
2	认识与实践	6周	5
3	电气控制系统开发及实践	2周	6
4	供配电技术设计与实践	2周	6
5	工程实践	8周	7
6	项目开发与毕业设计	20周	8

1. 认识与实践(6周)

建立电气工程项目的整体概念，了解电气系统的构成子系统、各子系统之间的联系与相互作用，并在企业相关技术人员的指导下实际操作各种电气设备。重点了解电气化系统总体架构、建设技术、系统组织、工作流程、实施过程等。使学生对所学过的专业基础课产生更直观和深刻的认识和理解，对后面即将开始的专业课的学习更加具有针对性，以增加学习兴趣。

在此阶段主要以现场参观、实际操作、集中讲解等形式完成实习。时间安排在第5学期1～6周。

2. 计算机辅助设计及应用(2周)

要求学生掌握一种以上计算机辅助设计软件(电气、电子、机械)，在企业技术人员的指导下，以企业具体项目为对象，进行学习和训练。时间安排在第五学期7～8周在企业进行。

3. 电气控制系统开发及实践(2周)

结合企业工程生产实际提出设计任务，培养学生运用所学知识进行电气控制系统设计开发和应用能力。时间安排在第七学期9～10周在企业进行。

4. 供配电技术设计与实践(2周)

使学生掌握工厂供配电系统的设计方法和步骤，提高学生查阅技术资料的能力，培养学生解决实际问题的能力。时间安排在第七学期11～12周在企业进行。

5. 工程实践(8周)

企业学习的主要教学环节。通过工程实习使学生熟悉电气系统的规划设计、组织管理、控制工程等设计生产和施工过程，熟悉电气设备的安装、调试和维护、控制系统的原理和实现方法，参与实际工程应用系统开发，包括需求分析、系统设计、测试与调试、项目实施的各个环节，使学生初步具有运用理论进行实际工程的分析、设计、实施、管理和维护的能力。

在企业的不同部门分别安排一定的实习时间并定期轮换岗位完成实习。时间安排在第 7 学期 13～20 周在企业进行。

6. 项目开发与毕业设计(20 周)

结合企业的实际工程问题进行有针对性的研究与实践。密切结合本专业的四个专业核心能力，在单片机应用系统设计、PLC 应用系统设计、计算机应用、供电系统设计、仪器仪表设计和应用、嵌入式系统应用等诸多电气相关知识领域，综合运用所学理论知识和工程技术，独立完成具有行业背景和应用价值的毕业论文。使学生运用知识的能力和解决工程实践问题的能力获得显著提升。

毕业设计在企业完成，采取校内导师与企业导师双导师制。时间安排在第 8 学期，共 20 周。

(三) 课程整合

课程整合也是本研究课题的重点和难点，为此根据相关课程的教学内容以课程组为单位进行了多次研讨，分别对计算机系列课程、单片机系列课程、PLC 相关课程、供配电技术相关课程、数控技术相关课程的内容进行了整合和梳理，在教学时数上做了相应调整。

例如：将计算机软件基础课程中的软件工程和操作系统原理的内容降低了要求，重点对数据结构部分的编程方法进行讲解，从而提高学生今后的编程能力，课时由原来的 64 课时调整为 48 课时；将微机原理及应用课程和单片机系列课程和相关实践课程的教学内容进行了重新的梳理，将重复讲授的内容进行了合并，增加了相应的企业学习环节——工程实践，微机原理及应用课程的教学学时由 64 课时调整为 48 课时，单片机原理及应用的学时没有变，但教学内容的重点由原来的汇编语言编程调整为 C 语言编程，使之更加适应未来的岗位需求；PLC 相关课程的教学也更加贴近实际，组态软件与触摸屏课程完全由合作企业的工程师带着他们的产品到学校进行授课，使学生更加贴近工程实际；考虑到本专业学生就业去向中有相当一部分学生是去电力系统工作，因此供配电技术相关课程也做了相应调整，在原来工厂供电课程和供电技术课程设计的基础上，增加了电力工程课程，将课程设计环节放到企业去完成，由企业工程师直接指导。

（四）“卓越计划”学生选拔工作

考虑到全国还没有成功实施“卓越计划”的院校，专业系决定对本专业2009级、2010级、2011级部分学生参加试点，试点学生名单的确定原则是以学生自愿为原则，然后进行择优选择，重点考察学生的实践动手能力、外语能力、交流能力、团队合作能力。为此专业系2011年9月制定了“卓越工程师教育培养计划”学生选拔工作方案（略），考虑到合作企业所能接受的学生人数和专业专业特点，最后确定了2009级、2010级、2011级分别有30人、28人、46人参加试点，并进行了重新编班。

（五）和企业建立长期的卓越工程师培训基地

卓越工程师计划的实施，必须要有相关企业的支持，可以利用现有的校外实习基地，在现有的合作方式下，进一步拓展新的方式，争取做到企业和学校共赢。

专业系在二级学院的支持下，和多家合作企业进行沟通和研讨，最终确定了7家规模和专业需求符合本专业人才培养要求的企业作为“卓越计划”的合作企业，分别是与江苏英特曼电器有限公司、常州市同惠电子有限公司、常州特尔玛机电实业有限公司、常州埃依琦科技有限公司、常州亚美柯宝马电机有限公司、太平洋电气有限公司、无锡信捷科技有限公司。这些企业中有行业中的龙头企业，有科技含量非常高的高科技企业，覆盖了本专业在计算机技术、PLC应用、供配电技术、数控技术等方面的专业知识，与此同时，这些企业的岗位需求和科技开发能力符合本专业学生的能力要求，能长期提供相关的技术岗位5～15个左右，并能指派工程师给学生学习提供技术指导。

三、本项目完成的主要成果

（1）2011年10月本专业列入教育部第二批“卓越工程师人才培养计划”的试点专业。

（2）制定2009、2010、2011、2012四个年级的“卓越计划”电气工程及其自动化专业的培养计划。

(3) 编写完成的了相关专业基础和专业课的教学大纲。

(4) 和多家企业建立了“卓越计划”的校外实习基地。

(5) 制定了和“卓越计划”相关的管理文件。

四、专业系取得的其他成绩

本项目立项建设期间，专业系也取得了很好的成绩，首先是 2011 年 10 月专业成功列入教育部第二批“卓越工程师人才培养计划”的试点专业。其次，以此为契机，2012 年成功申报教育部“专业综合改革”的试点专业，并被推荐为第一批立项建设单位。

五、项目的特色及创新

(1) 变专业教育为素质教育；

(2) 变学校教育为产学合作教育；

(3) 变以教为主为以学为主。

六、成果实践过程和实际推广应用价值

实践意义：

(1) 提高教学质量和管理水平；

(2) 增强学生的实践创新能力和工程素质；

(3) 加强了和企业的联系，为更深层次的合作打下基础；

(4) 为专业建设提供了一个很好的平台。

推广价值：

可以在电子信息及电气工程学院乃至全校范围内推广。

电气专业“强电”类核心课程的 CDIO 一体化教学研究

邹一琴　陈伦琼　张　兵　柴济民　陈宗涛

一、项目的总体建设目标

CDIO 工程教育模式是近年来国际工程教育改革的最新成果。为了应对经济全球化形势下的产业发展对创新工程人才的大量需求，2000 年，麻省理工学院、瑞典皇家工学院等四所大学组织了跨国研究，并于 2004 年创立了 CDIO 工程教育理念，成立了以 CDIO 命名的国际合作组织。CDIO 代表构思(Conceive)、设计(Design)、实现(Implement)和运作(Operate)，它以产品研发到产品运行的生命周期为载体，让学生以主动的、实践的、课程之间有机联系的方式学习工程。它是“做中学”和“基于项目教育和学习”(Project based education and learning)的集中概括和抽象表达。

电气工程及其自动化专业作为江苏省特色专业建设点，应当率先借鉴和推广这种先进的教育理念，以形成具有真正有特色的高等教育体系。“强电”类课程是该专业的四大核心类课程之一，具有明确的工程应用背景，有较多理论知识和技术要点必须和工程相结合才能领会和掌握，因此有必要进行 CDIO 的培养模式的改革。

本课题组旨在通过对该专业“强电”类核心课程的改革与研究，围绕 CDIO 的理念、意义、内容和框架进行深入探讨，探索一种适合应用型本科的电气工程及其自动化专业强电类课程的以设计为导向的知识＋能力＋素质的 CDIO 一体化教学模式，以期改变传统的输入型教学体系为能力型教学体系，提高学生学习兴趣，强化学生的工程实践能力，培育出符合时代要求、与人力资源相匹配、符合市场需求的电气专业创新型工程人才。

二、CDIO 一体化教学设计

电气工程及其自动化专业“强电”类核心课程通常包括：电路、电机原理与拖动、供电技术、电力系统、发电厂变电所电气设备、继电保护与自动化装置等课程，是该专业四大核心类课程之一，“强电”类课程的教学经过多年的教学实践，已形成其特有的教学模式，从最初的传统教学到之后的混合式教学，再到后面的立足工程的实践教学，都为 CDIO 一体化教学打下了良好的基础。本课题组通过对 CDIO 标准的研究，根据其课程特点和 CDIO 培养目标，提出一体化教学设计思想，突破了以往的教学模式和框架，大力度地将能力培养和素质培养放到各个教学环节，并将其作为学生学习效果的考核内容之一。设计思路见图 1。

（一）CDIO 培养目标

通过教学改革，将 CDIO 模式应用到该类课程的教学之中，设计出一种以设计为导向的知识＋能力＋素质的 CDIO 一体化教学模式，从而改变传统的输入型教学体系为能力型教学体系，提高学生学习兴趣，强化学生的工程实践能力，使学生掌握系统运行与设计的基本理论和基本技能，学会典型系统的分析和综合方法，培养进行系统设计的初步能力，培育出符合要求的电气专业创新型工程人才。

（二）教学大纲

教学大纲是工程教育所必须具备的重要文件，也是对教学效果的全面描述，针对 CDIO 培养目标，制订符合思维科学的、与实际应用相配套的教学大纲，是 CDIO 一体化教学的首要问题。

制订大纲前必须要考虑的问题：从事强电类工作的毕业生应掌握怎样的知识、能力和态度？为使学生更好地进入当代电气工程电力系统领域，必须培养学生具备一个电气工程师的基本技能，即应能够在现代的团队环境中去构思—设计—实现—运作复杂的且具有附加值的电气工程产品、过程和系统。另外，还期望他们成为具有独立思考能力的成熟的个体。

因此，教学大纲必须包括四个方面的要求：

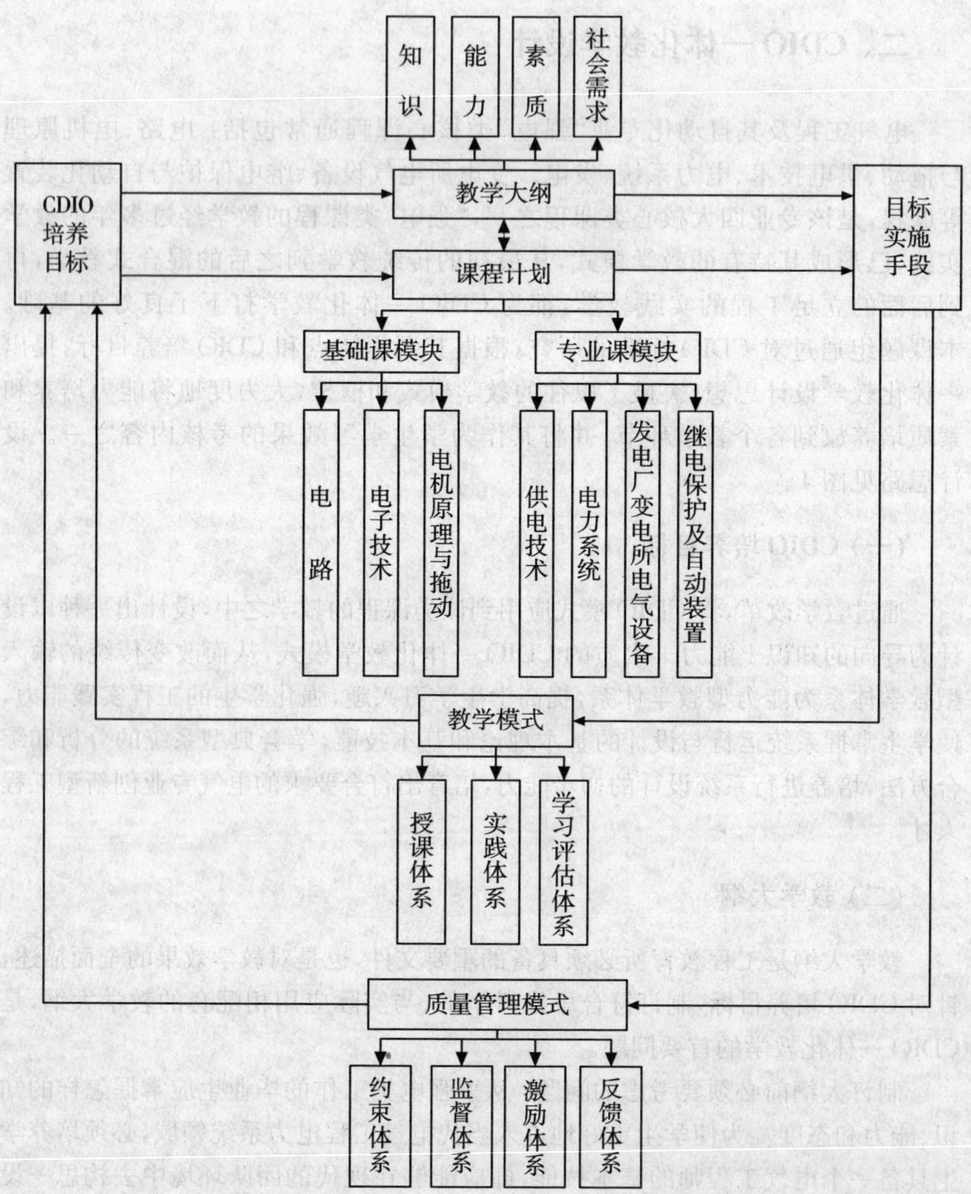

图 1 "强电"类核心课程 CDIO 一体化教学设计

一是知识要求，即为了开发复杂的、附加值高的电气产品或工程系统，学生应该掌握电气工程师所必须具备的技术知识和推理能力。包括课程基础知识、实验论证、实习等内容。

二是能力要求，即毕业生要掌握一整套个人与职业方面的能力和品质，其核心内容就是实践能力。包括实验探索、查询文献、问题分析、设计等能力。

三是素质要求，即为了能够在现代团队的环境中开展工作，必须培养学生的团队工作和人际沟通能力。包括工作态度、技术协作、项目分工等内容。

四是符合社会需求，即为了能够创建并运行电气工程产品、过程和系统，学生需要了解在社会和企业环境中进行系统的构思、设计、实现及运作。在任何类型和规模的企业中，工程师需要具备能够理解企业文化和发展战略的能力，包括市场预测、风险分析、效益评估等能力。

（三）课程计划

“强电”类核心课程的一体化课程计划是由相互支持的专业基础课程和专业课组成，其目的是给学生提供系统的相互关联的学科知识，能在学习过程中同时获得知识、人际交往与沟通能力、过程及系统建造能力。其中专业基础课设置电路、电子技术、电机原理与拖动等课程，专业课设置供电技术、电力系统、发电厂变电所电气设备、继电保护与自动装置等课程。在这些课程的实施过程中增加丰富的实践项目并辅以工业实习，利用课堂、现代学习场所/实验室、网络平台等使计划具有活泼的、实践的、团队的特色。及时与外界沟通，通过广泛评估与评价不断改进课程计划。

（四）CDIO目标实施手段

对培养目标进行分解后可通过富有CDIO特色的教学模式和完备的课程质量管理模式来达到CDIO培养目标。

（五）CDIO教学模式

由授课体系、实践体系和学习评估体系三个模块组成。

1. 授课体系

采用一体化教学方法：即增加主动学习和动手实践；强调分析问题和解决问题的能力；增强概念方面的学习；加强学习反馈机制。授课运用矩阵教学法，其纵向和横向各分三层(如图 2 所示)。

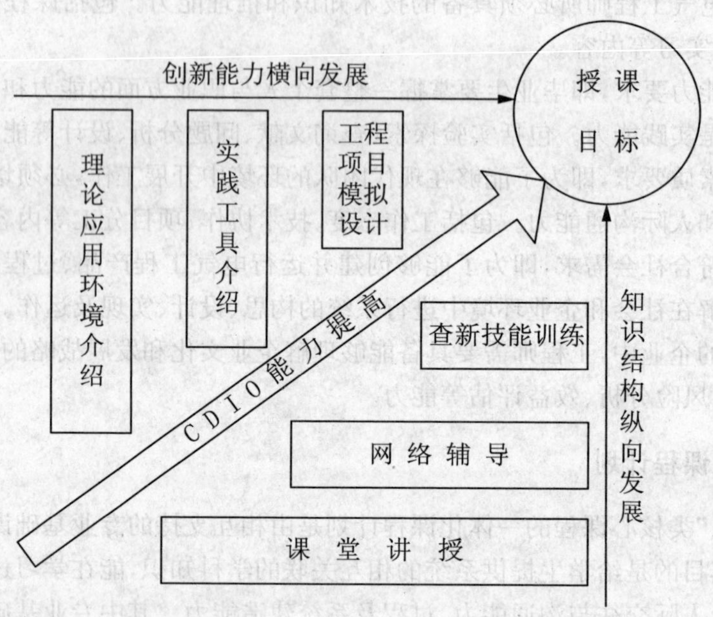

图 2 CDIO 模式下授课体系

知识结构纵向发展：在课堂授课环节，教师严格按照 CDIO 教学大纲和教学计划来安排课堂授课，上课之前做好充分准备，高效率上好每堂课，尽可能给学生提供最大信息量的课程内容；网络辅导环节是课堂授课的延伸和补充，学生可以根据自己的学习需求，在网络上通过视频教学、在线答疑、专题讨论等方式对所学的内容作进一步消化；在查新能力训练环节，结合课程相关的专业技术和研究方向给学生布置作业，要求学生必须通过大量的知识查新和材料阅读，递交相应的研究报告，为了降低难度，可以分组进行，组员进行任务分工，但要求每个组员都有一次撰写报告的经历。

创新能力横向发展：在课程的理论应用与实践背景介绍的环节中，教师要讲解相关理论的生存环境和发展环境，指导学生选取自己感兴趣的理论加以深入学习。在实践工具介绍这一环节中，教师要讲解与课程相关的理论应用的实践工具，如：MATLAB，ETAP，电气 CAD 等。通过熟悉实践工具，进一步增加学生理论学习并应用于实践的兴趣。最后，由教师拟定难度适中的工程项目课题，组织学生分组进行模拟设计。这些课题应该基于课程的重点理论知识，同时又有所拓展性，完全模拟实际的工程项目进行。

2. 实践体系

设计课程实践体系的核心思想是鼓励学生进行主动学习和综合学习，开展学术研讨活动，推动学生学习系统构建、模型分析、算法比较、仿真开发、科学结论分析等技能，提高工程实践能力。实践体系由基础课模块课程实践、专业课模块课程实践和毕业设计组成（见图3），基础课模块课程实践体系中设置实习、实验、课程设计、实践工具学习等环节，专业课模块课程实践体系中除了基础课模块课程实践体系包涵的内容，另增设了工程项目模拟设计环节，从而强化学生的工程项目能力。通过CDIO模式下的实践体系训练，使学生对所学的知识形成一体化的概念，了解什么知识点在什么环境中可以充分得到拓展和应用。

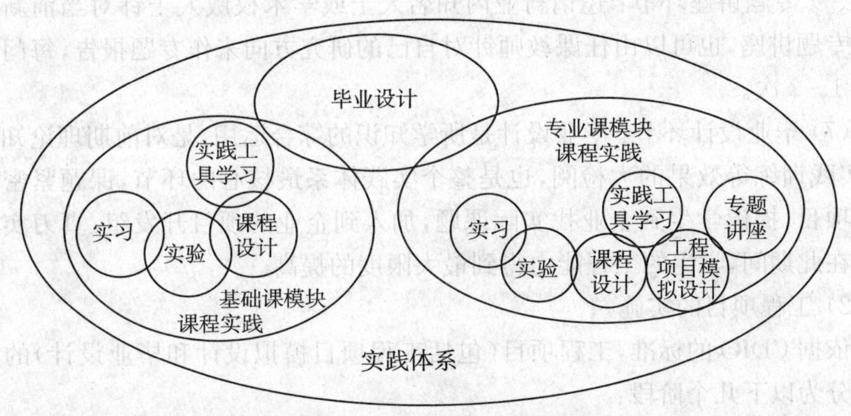

图3　CDIO模式下的实践体系

1）对实践体系中各个环节的实际操作

（1）实习环节：通过安排学生到企业和相关部门参观学习，对课程的应用领域形成初步的概念，通过短期的企业岗位实习，了解应该从哪些课程体系上来提高自己的就业能力。

（2）实验环节：实验是学生在课程学习的过程中最直接的理论联系实际的锻炼过程，可以安排学生在学校的专业实验室、教师研发室、工程中心、企业等地方进行，特别是对课程要求熟练掌握的重要知识点，及时给学生机会进行实验验证、数据分析、实验推导等，从而把所学的理论转化成实践。

(3) 课程设计环节：学完课程内容后，根据课程在实践中的应用情况，设计题目和课题，要求学生按项目组完成设计内容，设计完成后提供规范的设计图纸资料、调试报告和系统使用说明并写出结题报告。

(4) 实践工具学习环节：强电类课程学习后必须掌握项目工程的设计，设计过程中会用到各种各样的工具和软件，如MATLAB,ETAP,电气CAD等，安排一定的时间学习这些实践工具，给后面的工程项目模拟设计和毕业设计打下基础。

(5) 工程项目模拟设计环节：该环节跳出学生个体能力的差异，不同水平的学生可以选择不同复杂度的适合自己的工程项目，按照要求完成模拟设计，同样起到能力锻炼和巩固知识的作用。另外，优秀的选题和成果可以用于替代今后教案中陈旧老套的案例，为更新教学素材作充分的积累。

(6) 专题讲座环节：邀请行业内知名人士或学术权威人士针对当前新技术进行专题讲座，也可以由任课教师针对自己的研究方向来作专题报告，每门课程至少1～2次。

(7) 毕业设计环节：毕业设计是所学知识的综合运用，是对前期理论知识学习、实践训练等效果的大检阅，也是整个实践体系最核心的环节，课题紧密结合工程项目，提倡学生到企业找实际课题，加入到企业的项目开发组，真刀实枪地干。在此期间，学生的工程能力得到最大限度的提高。

2) 工程项目的实施

依据CDIO的标准，工程项目(包括工程项目模拟设计和毕业设计)的实施主要分为以下几个阶段：

(1) 明确项目任务。构思设计方案项目组根据任务书的要求，结合现有设计平台构思实施方案，由于没有项目设计经验，教师要对学生提出的方案进行审核，并提出参考意见，让学生修改完善。方案完成后要进行任务细分，构思相应的技术路线和制订研究工作进度。

(2) 学科体系知识的综合准备。这个阶段要求学生对相关知识点进行融合、强化和提高，教师要做好学生自学的引导工作，要求他们学会有选择、有目的地主动学习，同时要求他们学会利用互联网这个平台，寻找支撑的理论体系和技术资料。

(3) 项目开发。项目开发阶段主要完成数学模型搭建和仿真程序设计，是项目训练的关键。由于小组成员各自分工不同，要求他们要经常沟通，不要各自为战。碰到疑难问题，教师要引导他们学会工作过程中的再学习，寻找解决问题的途径。教师也可适时举办技术讲座，或组织成员开展技术研讨会、经验交流会等，以拓宽学生的创新思路，使其专业技能和人际交往技能均能从各种经验教训中得到提高。

(4) 项目评估。项目完成后，由学生对自己的工作结果进行自我评估、总结，再由教师进行综合评分。实践项目的评估主要从选择对象的复杂程度、系统模型设计的科学性、理论及算法的严谨性、算法的改进以及项目的撰写水平（格式、图片和文字）四个方面对项目进行评价。

在整个实践体系中，教师主要起引导作用，通过专题讲座、技术研讨、案例研究等形式启发学生的创新思维。CDIO 模式下的实践体系，突破了传统的实践模式，增加了自学的内容、动手的机会、实战的过程，培养了自主研究的能力。

3. 学习评估体系

不同的能力用不同的方式进行考核，专业知识可用试卷或口头测验，而 CDIO 相关的能力则可采用记录、报告、自评、互评等形式进行，考核方式的多样化促使学习方式广泛化，并能建立更完整可靠的评价系统。

(六) CDIO 课程质量管理模式

CDIO 目标的实施，除了需要有突破传统观念的教学模式来执行，同时需要有合理到位的质量管理模式来保证。该管理模式同样需要转变传统课程质量管理的指导思想，由过去的知识本位的课程质量观转变为能力本位的课程质量观。即由过去以知识的灌输为目标的授课管理模式转变到基于 CDIO 思想的以能力实践为目标的授课管理模式中去。

课程质量管理体系应该立足于激发教师授课的积极性和创造力，立足于对学生学习兴趣的诱导力，立足于科学、严谨的授课流程上。课程质量管理体系包括约束体系、监督体系、激励体系、反馈体系四个方面，相辅相成，切实保障 CDIO 教学目标的实现。

1. 约束体系

完善的约束体系应包括以下几个方面：有明确的和可操作的行为规范，实行目标责任制，建立问责制度，并制定精细的责罚条例，执行过错追究制度。因此，可以通过各种规章制度在管理者、教师、学生中形成工作规范和约束机制。

2. 监督体系

通过督导专家、院系领导、同行教师及教学辅导员的听课制度、院教学质量评估小组评估、教学质量学生联系小组工作制度等形成监督体系，对教师上课情况、课外辅导情况、项目执行情况、CDIO 目标实施情况、教学规范化程度等进行全方位监督。

3. 激励体系

良好的激励机制可以最大限度激发人的工作潜能，提高人的工作效率。激励包括物质激励、工作及成长激励、情感激励和认可激励。物质激励包括公平合理的工资制度、奖金制度、完整的福利等措施；工作及成长激励指从工作本身对老师进行激励，如提供良好的工作条件，并尽可能地丰富工作内容，增加工作的挑战性；情感激励就是加强感情沟通，使老师始终保持良好的情绪以激发工作热情；认可激励是通过外界对教师的成绩或能力表示认可而达到激励目的一种激励方法，包括能力认可、成就认可和道德认可。

4. 反馈体系

通过督导专家评价、学生课堂教学评估、听课反馈、教学质量检查等机制，使教学方法的改进和教学效果的提高落到实处。为了提高反馈速度，将整个教学活动分解为很多小环节来缩短反馈周期，可以及时监控教学质量和效果。

三、CDIO 一体化教学实践效果

1. 目标与大纲

改革前完全以知识传承为宗旨，大纲单一化；改革后以知识传承和对 CDIO 能力贡献为宗旨，大纲内容里增加了能力和素质要求，培养出来的学生更能适应社会的需求。

2. 内容与方法

是实现目标与大纲的手段。改革前授课比例占大部分，25％左右的内容为例题设计和实验，少量内容由个体通过课余时间自学；最后形成关联式知识构架的理论与实践融合与互补的教学内容，改革后授课内容减少，自学内容基本不变，团队项目增加，有些内容在团队项目中边学边做，强调做中学。

3. 过程监控

是目标与大纲实现的保障。改革前监控措施只包涵教学情况和各设计环节检查,即相当于CDIO里的D环节检查;改革后过程监控贯穿在C→D→I→O各环节,对各环节进行监督与评估,其目的是促进学生做事能力和自学能力的提高。

4. 考核标准

对学习效果的考核,改革前主要考核知识的掌握与应用,考核依据为设计结果、实验报告等;改革后主要考核知识的掌握与应用以及团队协作能力,考核依据增加了CDIO相关能力。

四、项目的特色及创新

(一) 注重现代工程能力的培养

现代工程项目运作中,从招投标开始一直到工程竣工验收,交流和团队工作需要技术知识的应用和表达,技术交流能力、团队工作能力、解决问题的能力、职业道德等都属于现代工程能力,对这些能力的培养在CDIO目标的实施过程中贯穿始终。

(二) 重视创造能力的激发

学生的创造能力,往往在某些活动或学习过程中会有所体现,CDIO充分给学生展现其创造能力的机会,开展丰富的与课程、工程项目相关连的学习活动,发现学生的创造能力有所体现,老师及时褒奖和启发,从而增强学生的自信,无论从思维科学的角度推论还是通过实践验证,CDIO模式更大程度地激发其创造能力。

(三) 一体化学习、牢固地巩固知识

在实践中锻炼个人、产品、过程和系统构建能力是应用和表达技术知识的方法。工程能力是在这样的技术环境中培养的,在工程中交流意味着能够自如地应用技术概念、在不同层次上讨论问题、撰写技术报告、确定什么是与当前的环境相关的、对概念和解决方案表达反对或赞同、从前一轮和合作策划中得到理念、对不同的听众解释技术问题、对自己领域表现自信。在

CDIO教学中，实践体系不是孤立的，其紧密联系课程内容，根据需要和课堂教学交叉进行，甚至有时可能在课堂教学结束后仍在进行；学生在学习过程中也不是孤立的，而是经常处于一个团队中，在学习中交流，在交流中学习，全方位提高其工程能力。因此是多层面一体化的学习过程，而不是简单地在专业课程基础上附加能力课程。在不同层面、不同角度上的一体化学习带动了学生获取和巩固学科知识与个人和人际交往能力，产品、过程和系统建造能力。

五、研究成果

立项以来，课题组在教学改革和研究方面有较大收获，其中“基于CDIO提高电气工程及其自动化专业学生核心能力的教学体系改革”2009年获常州工学院教学成果一等奖，“强化创新能力和工程素质培养的电气类专业实践教学环节的研究与实践”2008年底获常州工学院教学成果一等奖，“21世纪电气信息类专业学风建设系统工程的研究与实践”获常州工学院教学成果二等奖，“供配电技术”多媒体课件2010年获教育部第十届全国多媒体大赛高教工科组优秀奖，教学研究项目新立项5项，结题2项，发表教改论文5篇。

六、存在的问题及今后的工作方向

(一) 吻合性有待检验

CDIO培养目标与社会需要、科技发展和个体需要之间的吻合性有待进一步检验。由于社会需要、科技发展是一个动态的因素，且变化速度日新月异，因此学校教育要能与之相匹配，必须加大力度进行市场调研和知识更新，建议每年都要对大纲进行修改，三年重新制订一体化教学设计内容。

(二) 协调管理有待完善

学校与企业、学生三方面的协调管理需要进一步完善。CDIO一体化教学思想是培养学生的工程能力，因此学生学习的过程中有较多的时间深入企业、融入项目。学生从拿到项目到完成项目之间，教学是否再介入，以及介入的时机和介入的关联性以及关联的方式问题，需要进一步研究确定。

面向就业层次提高的自动化专业实践实验课程教学改革的研究

毛国勇　张燕红

一、项目的总体建设目标

使自动化专业的毕业生能够更加熟练地掌握本专业的相关知识，能够真正的把理论与实践结合起来，通过紧密结合企业对自动化专业学生专业知识和技能的需求，对自动化专业培养计划中涉及到的实践实验课程进行改革，切实以市场为导向，以培养学生的动手能力和科技创新能力为目标，以培养应用型人才为宗旨，通过一系列实践实验课程的学习，学生的动手能力和科技创新能力得到提高，使得学生从"好找工作"向"找好工作"过渡，从而提高自动化专业学生的就业层次。

本课题组在分析原有实践实验课程存在问题的基础上，探索自动化专业的实践实验课程改革，切实提高学生的动手能力和创新创造能力，为提高就业的核心竞争力打好基础。

二、主要的改革措施及具体实施

主要针对就业市场的需求，为学生提供实践实习环境。同时，通过外出接受培训等方式切实提高教师的业务水平，并让学生参与到教师的科研项目中，使教师的水平和学生的水平同步提高。并积极组织学生参加各类竞赛。具体措施如下：

(一) 市场调研

自动化专业属于新办专业，2008 年才有第一届毕业生，到目前为止只有 3

届毕业生。自动化专业的毕业生能不能找到专业对口的工作、被就业市场认可，成为考验自动化系培养方案的一个重要指标。为此，我们针对已有的三届毕业生开展了就业市场调研。对于第一届毕业生，我们与招生就业处的调研相结合，通过 E-mail 和 QQ 群向每位同学发放了《就业调查表》；对于 2009 年和 2010 年毕业的学生，我们通过参加学生的班级聚会，以及通过加入班级的 QQ 群，了解每位同学的就业情况。调查结果表明，自动化系的三届毕业生大部分都在从事与本专业相关的工作，比例达到了 80%以上(含考取本专业研究生的同学)。通过调研我们也发现了一些问题，主要体现在我们开设的有些课程实验比较陈旧，以单片机为例，我们目前讲授的仍是 51 型单片机，而在要求较高的研发岗位，ARM 系列已成为主流，这就对我们的教师提出了更高的要求。

(二) 组建行走机器人创新实验室

基于微机的行走机器人可以整合多个方面的知识，包括：单片机技术、图形图像处理技术、上位机软件编程技术、触摸屏设计技术、电机与拖动技术、微机接口技术等。因此，基于微机的行走机器人实验室建设可以加深学生对这些知识的掌握，另外，由于采用了微机控制，学生可以把自己的创新思想方便地通过高级语言体现出来，实现不同的目的，如：点菜机器人，迎宾机器人，图书管理机器人等。同时，这些功能的实现完全通过高级语言，也有助于降低机器人的成本，无需更换任何硬件模块。因此，基于微机的行走机器人创新实验室建设，对于学生的基本专业技能掌握，对于学生的实践创新能力提高，都有着非常积极的意义。

目前，在行走机器人创新实验室的基础上，除了 2009 年申报的“基于微型计算机的机器人控制系统(软件与接口部分)”大学生课题外，自动化系的教师又申报了基于 GSM 的远程机器人行走控制，以及避障机器人行走控制等两项校级大学生创新课题，并获得资助。已经初步形成了积累。下一步仍将制作一些更具应用性的行走机器人，不仅仅让学生将所学到的知识运用起来，而且要拓展一些教师没有讲授的知识。

(三) 教师派出培训

与自动化专业相关的技术一直在不断更新。自动化这个学科起来越与通信、电子、计算机等学科相互交叉、融合。这也对自动化系的师资提出了更高的要求。只有不断地学习以提高自己，才能真正做到“与时俱进”。学习的形式一般有三种，一种是通过“传、帮、带”从经验丰富的教师处学习；一种是自学；第三种则是派出学习。在过去的一年里。自动化系分别派出了 2 名年轻教师参加了应用性很强的实践实验课程，如嵌入式单片机，新型 PLC 等。有效地提升了年轻教师的业务水平。

(四) 学生参与教师科研

与机器人创新实验室不同，教师的科研项目很多来自于企业，对教师提出了更高的要求，如果学生能参与到教师的科研项目中，对学生的意义重大，因为他们可以接触到很多书本中无法学到的知识。虽然学生参与教师的科研也基本集中在帮教师画电路图、焊电路板等较基础的工作，但却极大地拓宽了学生的知识面，也提高了学生的自信心。

(五) 学生参加各类竞赛

除了就业以外，学生能否在各类竞赛中取得好成绩，也是考验实践实验课程开设好坏的一个重要指标。为此，自动化系于 2010 年夏天组织了两支队伍参加了江苏省大学生电子竞赛，两支队伍分别来自大二和大三。另外，还组队参加了 2010 年工业与信息化部的“天华杯”电子设计大赛，并最终获得江苏赛区一等奖 1 项，二等奖 1 项。经选拔参加全国组比赛，又获得了全国组二等奖 1 项，三等奖 1 项。通过指导这类竞赛，教师也积累了经验，不再缺乏信心，为可持续地指导学生打下了基础。

三、实践效果

(一) 拓宽了学生的知识面

由于培养计划中不可能面面俱到地开设太多的课程，因此，许多对学生有用的知识也没有办法在培养计划中体现。但是通过创新型实践实验的开设，就可以让学生掌握这些知识。例如，无线通信技术被广泛运用于自动控制中，但培养计划中没有这一门课程。在基于射频技术和 GSM 技术的行走机器人设计中，可以让学生自学这类知识，并运用在设计中，达到了拓宽知识面的效果。

（二）提升了教师的业务水平

实践表明，如果教师不能不断地学习以提高自己，自己所掌握的知识不久就会被淘汰，教出来的学生的知识也会过于陈旧、老化。而开设创新型实践实验、参与产学研合作正是提升教师水平的有效手段。

（三）初步形成了师资的“传帮带”梯队

一个专业、一个部门的发展需要有可持续性，只有不断地让更多的年轻教师参加到实践实验创新中来，参与到产学研合作中来，才能使这个团队保持持久的活力。很多教师原先对“产学研”有恐惧心理，以为自己不行。经过多次参与到产学研团队中，自己也慢慢成为了骨干成品。

（四）使学生在就业市场更受欢迎

数据显示，凡参加了实践实验创新的同学在就业市场上很受欢迎，因为他们的知识更丰富，实践能力更强。这也从另一方面激励更多的同学加入到创新型实践实验中去，并且形成了个老生带新生的团队，形成良性循环。

四、项目的特色及创新

（一）除了传统的实践实验课程以外，还开设了创新型实践实验课程

传统的实践实验课程强调学生对基本知识的掌握，如单片机、PLC 等。而创新型实践实验课程则能将学生在几年内学到的东西综合起来，系统地开发如行走机器人之类的实物。学生对此有浓厚的兴趣。同时，此类创新型实践实验也拓宽了学生的知识面，通过此类实验，可以让学生掌握诸如上位机软件编程、触摸屏技术、电机调速、无线通信等多种实用性技术。

（二）将产学研课题引入到学生的实践中

产学研课题对教师有着较高的要求，学生积极参与进来，对学生的能力提高帮助很大。因为产学研课题来自企业，来自真实的需求。无论从实用性，还是从技术的先进性方面来说，都要强于培养计划中的实践实验课程。有利于提高学

生毕业后的就业层次。

(三) 开设了创新实验室

学生需要进行创新型实验,合适的场地不可缺少。为此,自动化系利用运动控制实验室作为机器人创新实验室,多名同学长期在实验室内进行实践活动,有利于创新实践的持续。

五、研究成果

经过近两年的努力,本课题组的研究成果有较大收获,共在省级以上刊物发表了针对性的研究论文 3 篇;毕业设计获校级三等奖 1 项,获得“天华杯”电子设计大赛获江苏赛区一等奖 1 项,二等奖 1 项,获全国二等奖 1 项,三等奖 1 项;并有 2 个项目批准为常州工学院大学生实践创新训练计划项目,毕业班的每个学生制作了实物 1 件,机器人创新实验室制作了一台可以通过射频及 GSM 远程控制的行走机器人 1 台,多名学生参与了自动化系与常州三通变频器公司的横向课题。自动化系的教师获实用新型专利 2 项,去北京参加嵌入式单片机设计培训 1 次。

(一) 在 ISSN 刊号的刊物上发表的论文

1. 毛国勇,王雁平,廉春原. 基于微机控制的行走机器人创新实验室建设研究. 新课程(ISSN 16732162),2011. 1

2. 邹一琴,张建生,蒋渭忠. 21 世纪电气信息类应用型本科学风建设的系统工程研究与实践. 新课程(ISSN 16732162),2010. 1

3. 张燕红,郑仲桥. 计算机控制技术教学方法的研究. 新课程(ISSN 16732162),2011. 3

(二) 获奖情况

1. 毕业设计“基于单片机的智能排风控制系统设计”获校三等奖,2010. 7,王雁平(指导老师)。

2. 08 自动化班杨振宏同学参加“天华杯”电子设计大赛获江苏赛区一等奖。

3. 08 自动化班倪皓琦同学参加“天华杯”电子设计大赛获江苏赛区二等奖。

4. 08 自动化班杨振宏同学参加“天华杯”电子设计大赛获全国组三等奖。
5. 08 自动化班倪皓琦同学参加“天华杯”电子设计大赛获全国组二等奖。

(三) 其他

基于微型计算机的机器人控制系统(软件与接口部分),常州工学院大学生实践创新训练计划项目,2009. 11,指导老师：毛国勇、张燕红、张永春等,负责人：李桉楠(07 自动化班),已结题。

六、存在的问题及今后的工作方向

(一) 进一步拓展就业市场调研的地域范围

由于本课题经费支持不足,故去常州以外的地区调研自动化专业学生的就业情况的目标未能实现。

(二) 需要进一步扩展机器人创新实验室的内涵

机器人技术是与自动化专业结合最紧密的实用技术,其研究领域几乎涉及自动化学科的所有知识,另外,还可有效地拓展学生在上位机、触摸屏、电机控制、计算机通信等领域的知识。因此,有必要再设计制作更多种类的机器人,吸引越来越多的学生积极参与进来。

(三) 要带动更多的教师参与到产学研中来

目前系里能够承担产学研项目的教师不多,需要鼓励更多的年轻教师加入进来,形成良好的梯队。因为产学研的课题更具实用性和挑战性,对教师和学生的能力提高会有很大的帮助。

仿真在高校电气类专业教学中的应用

张永春

随着工业化和信息化的快速发展，电气类专业人才需求量不断增加。高校电气类专业学生规模的扩大使得传统理论教学、实验教学体系无法满足培养大量高素质电气人才的要求。计算机应用技术和仿真技术在高校教学领域的应用，为高效率的培养高素质电气人才开辟了新的途径。与计算机应用技术相比，仿真技术在高校教学中的应用相对滞后，如何科学的将仿真技术应用于教学，已经引起高校教育工作者的重视。

一、仿真教学的特点

仿真可分为物理仿真和计算机仿真，由于计算机仿真越来越多的取代纯物理仿真，因此现在所谓的仿真，通常是指以计算机为工具对研究对象进行逼真模拟的实验研究方法。仿真教学具备以下特点。

(一) 形象性、直观性强

仿真所遵循的基本原则是相似原理，利用仿真技术可以创造出一个与实际相似甚至近乎相同的特性环境。教学中应用仿真手段，一些抽象因素对研究对象的作用及影响能够以图形、曲线或动画等形式清晰的呈现在学生面前，为学生提供生动逼真的学习环境，这对调动学生的积极性，突破教学重点、难点，培养学生技能都将起到积极的作用。

(二) 全面性、安全性完善

一方面，随着仿真技术研究的深入，仿真软件已充分考虑了各种实际因素对研究对象的作用形式及影响。例如用 Pspice 软件进行电子电路仿真时，可以充分考虑到元器件的实际运行特性、环境影响、负载变化等各种因素，从而避免了由于条件单一而导致研究结果的片面性。另一方面，仿真教学既不会对设备、仪表、元件等操作对象造成实质性损害，又可以避免真实实验或操作过程中因出现失误所带来的人身安全隐患，安全性得到保障。

(三) 交互性良好

在仿真教学中，学生扮演了主要角色，真正成为了学习的主体。通过交互性良好的仿真操作，学生可以在感性和理性上全面认识问题，容易全身心的投入到学习环境中去，主动的交互和亲自设计比空洞、抽象的说教更具说服力，更容易实现学生内部需要和动机的满足，进而激发学生求知欲，引导学生进一步的学习和探索。

(四) 效率性、节约性卓越

高校招生规模的扩大使教育资金短缺的现状变得尤为突出，现有的硬件教学资源已很难满足教学要求。作为一种辅助手段，仿真教学在提高教学效率、效果，节约教学资源方面有着巨大优势。首先，仿真教学资源的投入方式属于“软投入”，其重点在于软件的建设。软件自身的特点决定了它能较好的适应教学需求的波动，及时满足学生对更多课程门类的需求，保证教学的顺利开展，进而促进教学效率、效果的提高。其次，仿真教学的引入可以极大的节约原材料、仪器、仪表等硬件设备，避免社会资源的浪费，从而有力的支持教学走向规模化、最优化和人性化。

二、仿真教学的可行性

在国外，仿真很早就应用于教学领域，国内高校的仿真教学体系则是近期才步入快速发展阶段的。实践证明高校引入仿真教学是对常规教学的有力补充，是完全可行的，这得益于以下几个方面。

(一) 计算机技术在高校的普及为仿真教学奠定了基础

我国高校的大多数专业都开设了相应的计算机应用技术课程，师生的计算机应用能力普遍得到提高，从而为仿真教学的引入提供了主观条件。

(二) 教育投入的增加客观上保证了实验、实践环节的仿真教学得以实施

虽然高校教育经费的投入还不充足,但仍呈现逐年递增的趋势,其中相当一部分用于教育信息化建设,包括计算机软、硬件建设和网络化建设,目前国内大部分高校的实验室都拥有了先进的计算机软、硬件系统,为实验、实践环节的仿真教学提供了物质条件。

(三) 多媒体教学的推广使仿真技术引入理论课教学成为可能

传统的理论课教学中教师要边讲边写,大量的板书占用了大量的课堂时间,教学效率低下。这种情况下教师忙于完成教学内容,根本无法实施仿真教学。多媒体教学方式下,由于避免了教师大量的板书而节约了大量课时,因此在课堂上实施仿真教学来加深学生对教学内容的认识成为可能。

三、仿真教学在电气类专业中的作用

辨证的将仿真技术应用于电气类专业教学,不仅能够节约资源、降低能耗,更重要的意义在于它能够显著的提高教学效率、效果,从而培养出高素质的电气人才。

(一) 化枯燥为生动,降低理论课教学难度

电气类专业的一些课程如电机及拖动、过程控制技术、自动控制系统等等,要么抽象难懂,要么枯燥乏味,很难引起学生的学习兴趣。上述课程进行理论教学时,如果能恰当的应用仿真教学,会起到化枯燥为有趣、化抽象为具体的功效,进而降低教学难度。以过程控制技术理论教学为例,课程既涉及经典控制理论方法又涉及现代控制理论方法,内容枯燥、抽象,传统方式下教学难度较大。如果在讲授系统原理后,利用 MATLAB 软件对被控过程在各种不同控制方案、不同整定参数下的可控性能、抗干扰性能进行仿真,仿真结果以图像或动态曲线等形式生动的呈现在学生面前,则容易起到丰富认识、加深理解的作用,既能保证教学效果又能降低教学难度。

(二) 突破环境限制,提高实验课的教学效率

实验课在电气类专业教学中不可或缺。通过实验可以培养学生独立思考、独立工作的能力,提高学生应用理论解决实际问题的能力。然而由于电气技术、产品的发展、更新十分迅速,在现实教学中,经常会遇到实验设备落后、实验场地紧张、教学经费欠缺等限制,致使一些必要的实验教学环节或实践活动无法开展。计算机仿真能够为各种实验提供方便、廉价、灵活而可靠的数学模型,凡是要用模型进行实验的,几乎都可以用计算机仿真来研究被仿真对象的工作特点、最佳参数并设计最合理方案。因此,在一些电气类课程中应用仿真技术就可以突破上述限制,更多的依靠软件,有针对性地设计、开展各种仿真实验教学。学生通过设计方案、输入参数、控制实验进程等操作,使实验结果呈现在仿真环境中,让学生获得与真实实验教学一样的体验,从而较深刻地理解所学知识,使实验教学得到事半功倍的效果。

此外,仿真不仅可以使真实实验中一些很慢的变化过程在短时间内呈现给学生观察,还可以模拟显现一些客观存在,但一般实验环境下很难甚至无法显现的事物、现象,例如异步电动机运行时的磁通变化情况,这对实验教学效率的提高具有重要意义。

四、实施仿真教学的要求

仿真教学作为一种新兴教学手段,要在电气类专业教学中占有一席之地并保持活力,在实施过程中应满足以下要求。

(一) 师生必须具备相应的计算机应用能力

要使仿真教学发挥实效性,教师和学生不仅要掌握本专业知识,还必须具备相应的计算机应用能力。以自动控制系统课程教学为例,要想顺利开展仿真教学,除了必须掌握电机原理及拖动、自动控制原理、电力电子技术等专业知识外,还要求教师和学生必须熟练的掌握 MATLAB 编程方法、相关工具箱的使用等技能。

(二) 仿真教学离不开必要的软、硬件资源

硬件资源主要指计算机。引入仿真教学后,高校应适当增加对计算机设备

的投入，对于有特殊要求的仿真教学，所配备计算机的性能应与之匹配。软件资源的配备则要针对电气类专业课程的特点适当选择，如在电子技术、电力电子技术课程仿真体系中配备 Pspice 或 Multisim 软件，在自动控制系统课程仿真体系中配备 MATLAB 软件等，既要考虑经济性，又要考虑可操作性。

（三）客观认识仿真与真实的实验、实践的关系

仿真虽然能够模拟、逼近现实，但毕竟不是真正的对实际对象的操作。在仿真与真实实验、实践的辨证关系中，真实的实验与实践仍应占据主导地位，而仿真起辅助作用。电气类专业的许多课程实践性很强，有些内容必须通过真实实验、实践才能起到良好的教学效果，如果仅仅依靠仿真，则很难使学生建立起工程实践的全局观、生产观和经济观，不利于学生的实际操作技能和创新能力的培养。

（四）仿真教学要与时俱进

作为一门综合性的新学科，仿真技术既取决于计算机工具本身硬件与软件的发展，又依赖于仿真计算方法在精度和效率方面的研究与提高，还要服从于仿真对象学科领域的发展需要。由此可见，仿真教学必须与时俱进，才能保持活力。

五、结束语

随着理论方法与应用技术的发展，仿真教学将更加富有科学性和实效性。这一教学手段不仅能够优化教学内容，提高教学效率、效果，而且能够灵活的将创造性思维和实践能力整合到课程教学之中。高校电气类专业引入仿真教学，在降低成本和风险的同时，可以有效的促使教学、实验、实践走向一体化。可以预见，仿真教学必将在高校电气类专业教学中得以广泛应用。

（2012 年 2 月发表于《常州工学院学报》）

基于翻转课堂的应用型本科实验教学方法的研究

吴　峰　朱锡芳　黄文生　邹　全

应用型本科教育以培养具有较扎实的理论基础、较强的分析问题和解决实际问题能力的应用型本科人才为目标。实践教学环节有助于培养学生的动手能力和应用能力，在应用型本科高校中占有突出的地位。实验教学是实践教学环节的必要组成部分，提高其教学质量对实现人才培养目标具有重要意义。

在应用型本科高校中，长期以来，实验教学普遍采用“教师演示，学生重现”的模式，教师常常忙于指导学生的实验操作，较少引导学生探究。学生则过多关注实验结果的正误，较少反思实验方法和结果。由此，学生分析问题和解决问题的能力还有待提高，实验教学对理论教学的促进作用也较为有限。因此，迫切需要研究新的实验教学方法，全面改善教学效果。

从2011年开始，翻转课堂教学方式逐渐在美国流行，并传播到世界各地。它倡导学生在课外通过观看教学微视频，自学课程内容，师生在课间参加教学活动和交流互动，学生消化吸收知识。翻转课堂将教师从传统教学方式的讲授任务中解放出来，使他们能集中精力开展教学研究，提高教学效果。同时，学生成为教学过程的主体，教学获得良性发展。翻转课堂为应用型本科实验教学改革提供了新思路。

华中师范大学杨九民等将以微视频资源学习为核心的翻转课堂运用到“现代教育技术”实验课程中，取得了良好效果，但还需具体设计课内实验阶段的交流互动活动，以进一步提高了实验教学质量。本文通过讨论翻转课堂的内涵和特点，在分析传统实验教学方法缺陷的基础上，提出采用微视频提高学生实验预习效果，以问题导向激发学生开展课内探究的实验教学方法。以数字图象处理课程实验教学为例，说明该方法的具体应用。实践表明，该方法有利于巩固理论教学效果，提高学生分析问题和解决问题的能力。

一、翻转课堂及实验教学方法

(一) 翻转课堂的发展和内涵

早在2000年,美国迈安密大学的三位教授Lage,Platt和Treglia在经济学导论的课程教学中,提出了翻转课堂教学方式,即将传统教学模式中课内传授知识的工作转移到课外完成,而将原来课外练习的工作转移到课内完成。教学实践表明这种方式有利于使学生成为学习的主体,使他们获得个性化的教育。教学微视频的出现则使翻转课堂应用于教学实践成为可能。2004年,Salman Khan为其侄女录制了视频帮助其补习功课,侄女反映视频便于她略过已经掌握的内容,也利于她反复观看疑难部分。受此启发,Salman Khan研究视频在教学中的应用,并于2006年创建了Khan Academy网站,目前该网站提供数以万计的免费教学视频。2007年,科罗拉多州Woodland Park高中的两位教师Aaron Sams和Jonathan Bergmann采用电脑软件录制包含课件及其讲解语音的视频,为缺课学生补课。他们从补习效果中受到启发,着手将视频用于教学,并逐渐形成了成熟的翻转课堂教学模式,不久他们创办了Flipped Learning Network网站,为广大学生和老师提供教学视频,分享和交流教学经验。Salman Khan,Aaron Sams和Jonathan Bergmann的开创性工作推动了"翻转课堂"的快速发展,他们的研究成果在教育界引起了轰动。这些教学视频短小精悍,每段时长约15分钟左右,因此被称为微视频。微视频现已成为翻转课堂的必要组成部分。

翻转课堂的基本思想是采用"课外传授知识,课间内化知识"的策略开展教学。在课外,学生通过微视频自学基本知识,有效实现新知识的原始积累。在课间,教师安排学生开展协作探究式活动,并当面解决学生疑问,促使他们深化理解知识。翻转课堂教学方式具有以下优点。

(1) 采用微视频引导学生课外自学,效果优于传统教学中教师讲授的方法。首先,教学微视频其实是教师讲课场景的复制品,一旦录制长期保存,可被多人反复使用。用微视频替代讲课,避免教师重复讲解,节约工作量。其次,学生易于根据各自的学习状况和特点,自由控制微视频播放的时间、进度和次数,满足学生个性化需要,从而提升学习效果。

(2) 发挥教师辅导学生的最佳作用。在传统教学中,当教师在课内为学生讲解知识点时，由于学生刚接触新知识，还来不及深入思考，此时很少需要教师解答疑问。而且，讲授知识完全可以通过学生自学来完成。课后，学生在做练习时，却不能及时得到老师的帮助，解决疑惑。翻转课堂调整了教师出现在学习过程中的次序，当学生完成课外自学，取得新知识基础后，教师与学生开展课内教学活动，交流互动，教师协助学生完成知识内化。

(3) 翻转课堂的核心在于课堂上的教学活动。建构主义认为，知识是学习者以自身为主体通过意义建构而获得的。意义建构是指深刻认识新知识所反映的事物性质、规律和相互关系，理解知识点的内涵和外延，也即是知识内化。学生只有实现知识内化，才能理解新知识，掌握新知识，并灵活运用它们。翻转课堂采用微视频引导学生自学的根本目的在于，为学生实现知识内化奠定必要的知识基础。同时，微视频免除了教师讲授的任务，使教师能集中精力设计和组织课堂教学活动，促进学生吸收和内化知识，提升学习效果。

(二) 传统实验教学方法的分析

在应用型本科高校中，专业课和专业基础课一般都在理论课之外安排实验课。在传统实验教学模式下，学生通常被要求课前预习实验内容。实验课时，教师先用 15 分钟左右的时间集中讲解实验原理和内容，并演示操作过程。随后，学生独立完成实验，并在课后完成实验报告。这种传统的实验教学方法有以下缺陷。

(1) 实验进展缓慢，效率低。学生基于实验指导书完成预习，较难把握实验过程的每个环节，有些学生甚至不熟悉实验仪器。他们操作不够熟练，实验进展缓慢。

(2) 开展相同实验的次数多，教师重复讲解工作量大。不同班级可能开设相同实验，每个班级往往需分批进行同一实验，因此实验重复次数多，有些基础课程实验重复量相当大，重复多次讲解相同实验内容的巨大工作量使教师无暇改进教学方法。

(3) 教师的集中讲解效果差。学生的接受能力有差别，每次的实验人数又很多，实验老师的集中讲解通常不能保证每个学生都能清楚把握实验方法和要求。

(4) 实验过程忽视学生内化知识。实验成绩通常以结果的正误来评定，学生大都只追求完成实验项目，取得正确的数据结果，很少深入思考相关问题。教师经常忙于解答学生的操作问题，较少有技术性指导。因此，师生之间缺少专业知识层面的交流和互动，不利于教学相长。

（三）基于翻转课堂的应用型本科实验教学方法

本文根据翻转课堂的优点，设计新的实验教学方法，实施结构如图1所示。在课前，主要通过教学微视频引导学生自学实验原理和操作方法，减轻教师讲解负担。在课内，学生完成基本实验后，教师以思考题为导向，组织学生开展探究活动，强化其理论基础，提高他们解决问题的能力。在课后，学生整理实验报告。以下详细介绍课前和课内的主要活动。

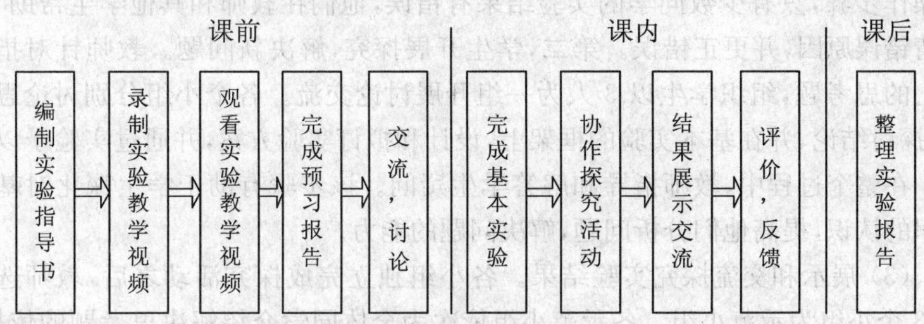

图1 基于翻转课堂的实验教学结构

1. 课前活动

（1）教师根据实验计划编写指导书。对于各实验项目，除了原理、步骤以外，指导书还应详细提示要求取得哪些结果和结论，并给出与本实验相关的1～2个思考题，以便课内开展探究活动。

（2）教师录制讲解实验原理的视频，该视频可采用幻灯片方式加讲解语音的形式，或者板书加讲解语音的形式。同时录制现场操作过程的视频，以使学生能熟悉实验环境。每个视频控制在10分钟左右，充分利用学生注意力最集中的时段，提高学习效果。

（3）学生观看实验教学视频。学生自由选择观看视频的时间、地点和方式，在最佳状态下高效率学习。教学视频便于学生通过暂停、快进和倒退等方式，反复学习，逐渐掌握基本原理，熟悉实验仪器和操作步骤。学生还可记录某个环节上的疑问。

（4）在完成上述步骤的基础上，学生参考指导书，开展理论分析和计算理论结果,规划实验报告,完成预习。针对预习中遇到的问题以及实验思考题,学生通过网络平台相互交流,查找资料解决。

2. 课内活动

(1) 学生完成基本实验。学生观看教学视频完成预习,使他们能熟练掌握操作步骤,加快实验速度,也节约了教师讲解原理和演示操作的时间。学生能在半小时左右的时间内完成教学视频所给出的基本实验内容,教师也能在此期间解答学生预习中的疑问。

(2) 开展协助探究活动。该步骤包含两部分内容。第一,学生得到基本实验的结果后,通过相互交流,纠正错误。由于学生已经较牢固地掌握了实验原理和操作步骤,只有少数同学的实验结果有错误,他们在教师和其他学生帮助下,弄清错误原因,并更正错误。第二,学生开展探究,解决新问题。教师针对指导书上的思考题,组织学生以 3 人为一组开展讨论交流。各个小组分别讨论思考题,探讨结论,并在基本实验的框架上,设计和拟订实验方案,并通过实验予以实现。在整个过程中,教师指导和解答学生疑问。该步骤有助于学生深化对基本知识的认识,提高他们分析问题,解决问题的能力。

(3) 展示和交流探究实验结果。各小组独立完成探究活动之后,教师选择 2～3 个小组为示范小组。各示范小组依次为全体同学介绍解决思考题的依据、实验方法,展示实验结果。针对展示的情况,其他同学对比本组实验方案与结果,讨论和补充改进方法。

(4) 实验效果评价与反馈。经过探究活动、展示和交流后,每个学生首先自我评价自身掌握实验原理的情况,评价基本实验和探究实验采用的步骤、所得结果的情况,并列举本次实验中的优点和不足。然后,针对示范小组,每个学生对其实验方法和结果打分,指出其优点,提出改进意见。教师整理和总结评价材料,进一步改进教学方法。同时,将对示范小组的评价情况反馈给对应小组,促进他们提高实验技巧。学生自评有助于端正学习态度,提高其学习主动性。学生互评能帮助学生正确认识长处和不足,改进学习方法,最终提高其运用能力。

二、翻转课堂实验教学举例

以下以数字图象处理课程“图像的傅立叶变换与频域滤波”实验教学为例,

具体说明本文提出的翻转课堂教学方法。数字图像处理课程是应用型本科高校电子信息工程专业的重要课程，要求学生掌握通过程序设计开展图像处理的基本方法。本实验的基本实验内容为验证二维傅里叶变换的平移性和旋转不变性，实现图像低通频域滤波，学生应掌握傅立叶变换原理和特性，熟悉图像正、反二维傅立叶变换的程序设计方法。

根据本文提出的翻转课堂实验教学方法，教师在编写实验指导书的基础上，针对本实验，采用录屏软件录制了原理讲解视频，以及基本实验操作步骤和讲解的视频。此外，指导书中增加的思考题为：在图像的傅立叶变换域中，零频、低频和高频数据分别代表图像的什么信息，通过实验予以验证。

课前，学生观看教学视频，掌握了图像正、反二维傅立叶变换的基本过程及其程序设计方法，熟悉了常用的读图、傅立叶变换、显示等函数。针对思考题，学生通过查找资料和交流，对实验验证方法也有了初步的方案。

课内，学生独立编写图象处理的程序代码，完成基本实验内容，相互交流，纠正实验错误。之后，学生以 3 人为一小组，针对思考题，讨论设计方案，分析其可行性，并拟订技术路线。再通过程序设计实现方案，最终给出图像处理结果。

示范小组给出的设计方案主要有两种。如图 2 所示为其中一种方案的流程图，其中 FFT 和 IFFT 分别表示正、反傅立叶变换。首先，将原图作傅立叶变换，得到频域数据。然后，分别设计 2 个低通滤波器、1 个高通滤波器，其中 1 个低通滤波器的截止频率接近零频。接着，分别将 3 个滤波器与图象频域数据相乘，再将乘积作反傅里叶变换，得到滤波结果，实验结果如图 3 所示。根据处理结果图，很容易得出，傅立叶变换域中的零频、低频和高频数据分别代表图象的平均亮度、概貌和景物边缘信息。

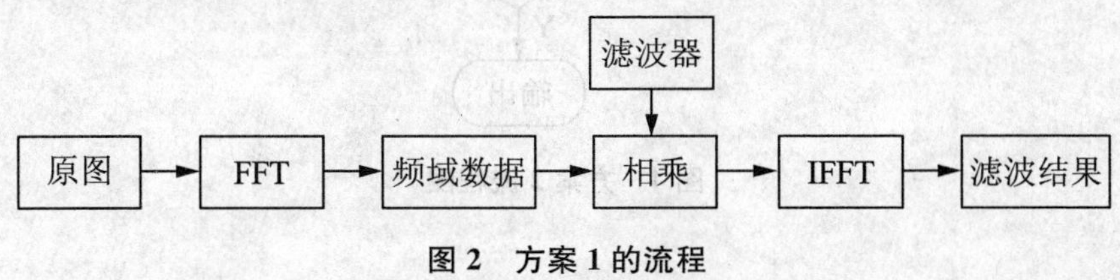

图 2　方案 1 的流程

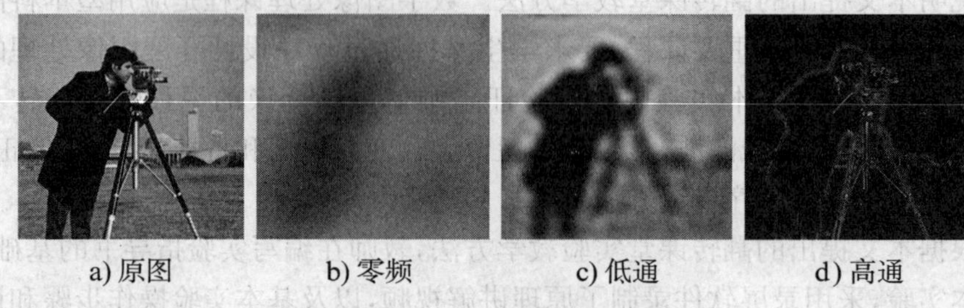

a) 原图　　b) 零频　　c) 低通　　d) 高通

图 3　方案 1 的实验结果

如图 4 所示为第二种方案的流程图。它的基本流程与方案 1 一致，只是不断增加低通滤波器的截止频率，获得多个低通滤波结果。当截止频率 fc 很小时，处理结果与图 3b)一致。当截止频率 fc 分别取为 10、20、30、40 个像元时的处理结果如图 5 所示。可见，随着截止频率增加，滤波结果的图片越来越清晰。由此可以说明，零频代表图象平均亮度，低频代表图象的轮廓，高频代表图象的细节。

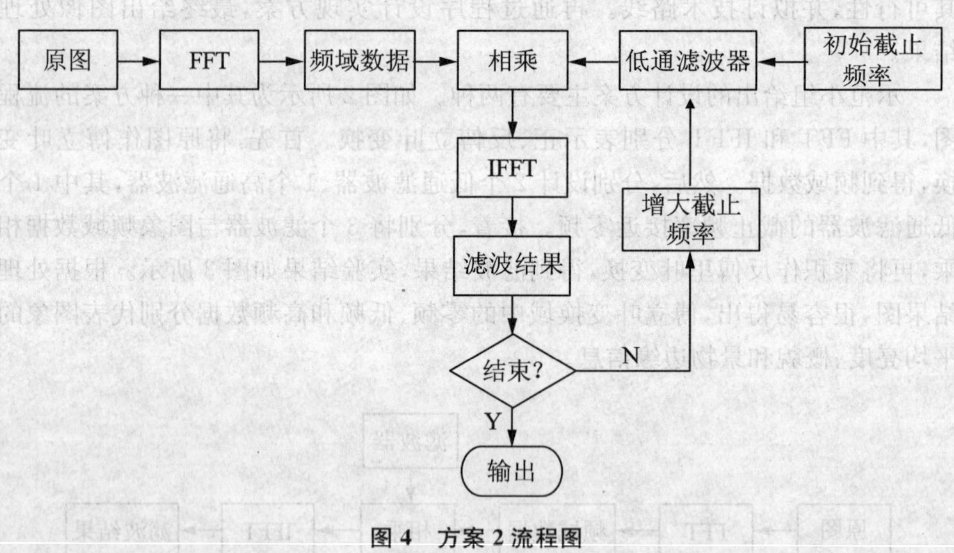

图 4　方案 2 流程图

a) fc=10　　b) fc=20　　c) fc=30　　d) fc=40

图 5　方案 2 实验结果

学生比较以上两种方案，讨论它们的相同点和不同点，就其优缺点发表意见。大部分学生认为方案 1 的结果更能说明问题，优于方案 2。最后，学生开展自评和互评，教师整理打分材料，并将意见反馈给示范小组学生。

通过本实验，学生加深了对傅立叶变换本质的认识，牢固地掌握了傅立叶变换和频域滤波的程序实现方法，提高了应用能力。

三、结论

翻转课堂采用课外完成基本知识的传授，课内实现学生内化知识的策略，开展个性化教育。本文提出的基于翻转课堂的应用型本科实验教学方法充分利用了教学视频使用便利、重复播放的优点，免除了传统实验教学中教师繁重的重复讲授任务，便于学生根据个性特点自由选择课外自主学习的时间、地点和方式，有利于学生牢固掌握实验原理和操作方法，加快课内基本实验的进程，为完成知识内化奠定基础。以问题为导向的探究性课内活动，能启发学生运用基本原理，深入思考解决方案，引导他们设计实验方法来检验结论，促进了师生之间和学生之间的交流互动，有助于教学相长，对巩固学生理论知识的学习效果、提高他们分析问题和解决问题的能力起到了积极作用。

软件工程专业卓越工程师培养模式研究与实践

胡智喜

一、课题开展总体情况

常州工学院于2010年开始进行卓越计划试点项目。软件工程专业于2011年批准成为学校卓越计划首批试点专业，2012年，软件工程专业被列为江苏省卓越工程师（软件类）培养计划试点专业，软件工程专业从2010级开始正式启动卓越计划，参与试点班级为10软件卓越、11软件卓越、12软件卓越，共97人。

本课题于2011年9月立项，课题工作的基本思路为：在学习教育部卓越计划相关文件精神的基础上，通过广泛调研，明确了本专业人才培养标准和实现矩阵，并积极进行人才培养模式改革和课程体系改革，制订卓越计划人才培养方案，形成以校内企业和实训基地为核心的"校企一体化"卓越软件人才培养模式，建设了符合卓越人才培养需要的校内外实习实训平台，培养形成了具有工程实践经验的专职与兼职相结合的师资队伍，并积极开展人才培养实践，取得了较好的效果。以此为基础，"校企一体化"应用型软件外包人才培养模式的研究与实践获常州工学院2012年教学成果特等奖。

近两年来，参与试点的卓越班级中10软件卓越、11软件卓越课堂教学效果、学生学习效率明显提升，学生自主学习能力明显提高；学生参与科研创新活动的人数明显增多，越来越多的学生积极参加机器人竞赛、服务外包大赛等创新团队中，学生工程实践能力、团队合作能力、实践创新能力等也显著提高。

二、相关政策措施

（一）学校层面

为切实推进我校卓越计划实施工作，2011 年学校相继出台了《关于实施卓越工程师教育培养计划的若干意见》《“卓越工程师教育培养计划”学生选拔与管理办法（试行）》等一系列针对卓越计划的文件、制度，提出了我校实施“卓越计划”的指导思想、总体目标和工作思路，对学生遴选与退出、学生的学籍管理、建立校企联合培养机制、专兼职教师评聘与考核以及落实经费保障等方面都做出了明确的规定。

（二）院系层面

为了保证卓越计划（软件类）试点专业（简称试点专业）工作的顺利实施，计算机信息工程学院成立了由庄燕滨院长为组长的“卓越工程师教育培养计划”工作组，主要负责试点专业培养标准和培养方案的制订，卓越计划的组织实施，以及试点专业的日常管理。软件工程试点专业还成立了以系主任为组长的专业建设小组，具体负责软件工程专业核心课程建设和侧重教学方法、教学模式、教学内容改革的各项工作。

为了保障试点专业工作的顺利实施，计算机信息工程学院和试点专业在广泛调研的基础上，制订了以下相关文件（具体内容略）。

《计算机信息工程学院“卓越工程师教育培养计划”组织管理办法》

《计算机信息工程学院实习教学工作细则》

《计算机信息工程学院兼职教师聘任与管理暂行办法》

《计算机学院毕业设计过程中的有关规定》

《软件工程专业卓越计划实施方案》

《软件工程专业卓越班学生选拔方案》

《软件工程专业导师制试行办法》

三、培养模式

（一）培养标准及方案

“卓越工程师教育培养计划”正式启动以来，计算机信息工程学院多次召开专题研讨会，认真学习和领会教育部“卓越工程师培养计划及工作方案”的精神，围绕如何落实卓越计划培养要求和提高学生的工程意识、工程素质和工程实践能力的目标进行了充分研讨。此外，学院还组织有关学院骨干教师参加了华南理工大学、常熟理工学院、淮阴工学院、江南大学等高校组织的的工程教育改革研讨会、卓越工程师培养国际研讨会等重要会议，学习国内外先进的教育理念和培养模式，吸收和借鉴兄弟学校的先进经验。二级学院还组织人员深入合作企业进行调研，广泛听取企业负责人和专家的意见，共同讨论、制订人才培养标准，制订和形成了“3＋0.5＋0.5”卓越计划人才培养方案（培养标准及培养方案略），逐步探索、形成了“校企一体化”卓越软件人才培养模式（如图1所示）。

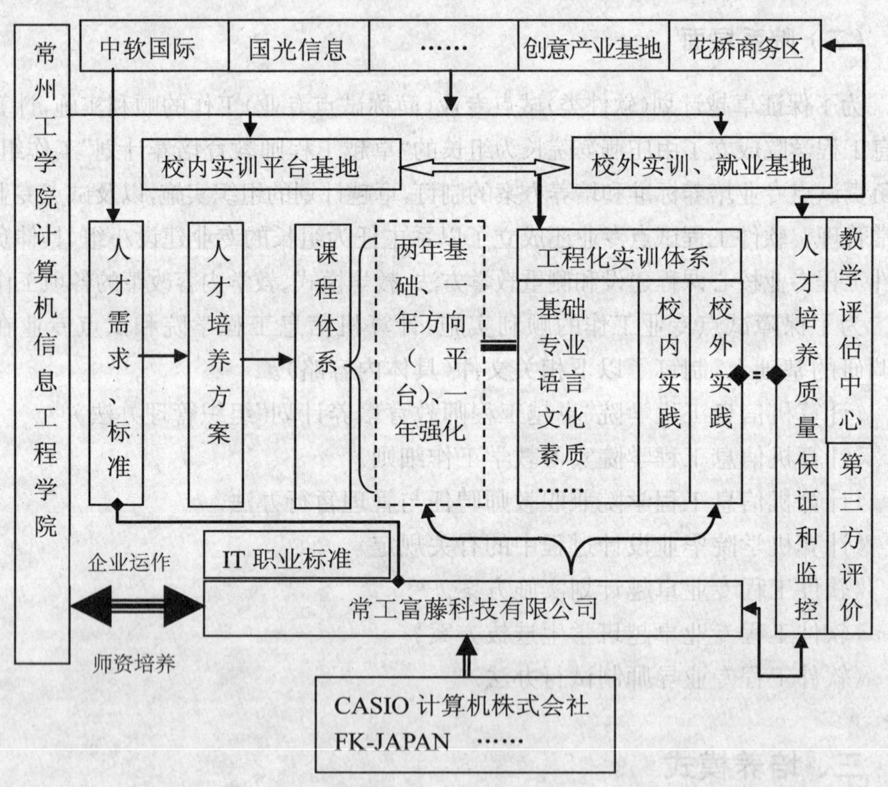

图1　基于职业培养为导向、能力强化为手段的“校企一体化”人才培养模式

“校企一体化”卓越软件人才培养模式指的是在软件工程卓越工程师人才的培养中，充分整合学校、行业企业双方在软件人才培养方面各自的优势，以校内软件外包企业及实训基地为核心，密切联系校外合作单位，构建“以我为主、合作共赢的校企合作机制”，真正培养行业企业和社会需要的软件人才。该模式最显著的特征是行业企业深度参与人才培养的全部过程，学校和行业企业实施联合人才培养。即学校和行业企业共同成立校企合作委员会，共同确定人才培养目标、规格，制订人才培养方案，设计课程体系和教学环节，共同负责人才培养过程，共同开展教学资源建设、师资队伍建设、实验室建设、实习基地建设、教学质量评价、学生就业等工作。

在充分认识自身人才培养优势和特色的基础上，本专业进一步明确了卓越工程师培养目标，要求突出知识体系的完整性、人才培养的渐进性、知识能力素质的融合性、校内和校外教学的统一性、教学内容和方式的开放性、学生学习的主体性、校内和企业学习实践的贯通性，提出要以诚信力、自信力培养为主线索，把培养敢创新、能创业、会创造的卓越人才作为根本使命；要打破传统的知识学习、被动学习观念，树立知识学习、能力培养和素质养成三位一体、教师主导和学生主体辩证统一；实现学习、研究和工作一体化，开展探究式学习；倡导学生之间互相交流学习，提倡“走出去”和“走回来”相结合的学习的培养思路。

（二）课程体系和教学内容改革

要落实卓越工程师培养理念，实现卓越工程师培养目标，实现知识—素质—能力完美结合，就必须把知识—素质—能力要求按照矩阵对应的方式落实到各个课程中，这就必然要求本专业结合自身特点对课程体系进行科学整合，对教学内容、教学方法进行系统设计和深入改革。

软件工程专业依据卓越计划培养标准，遵循工程的集成与创新特征，以强化工程实践能力、工程创新能力为核心，重构课程体系和教学内容。在通识教育课程方面，有针对性地加强职业道德、人文关怀和社会责任的教育，加强写作、表达等基本技能的训练，加强团队合作精神和人际沟通交流能力的培养；学科基础课程则强调在工程中的应用，拓宽学生在管理、工程经济学等方面的知识面；在专业课程方面，适当加强多学科交叉综合性课程，强化面向工程实际的课程体系构建和教学内容改革。注重结合工程实际，与企业联合开发课程和实践环节，根据企业文化、技术特点、产品方向和管理体系，开发出具有特色的企业课程。

软件工程专业课程体系改革以知识保障、能力渐进、素质为本，重视技术应用能力培养为主线，搭建了基于“3＋0.5＋0.5”架构的课程体系（如图2所示）。

该课程体系十分重视学生实践动手能力和创新意识的培养，实习、大作业、校内实训、校外实训等集中实践性环节总周数达到46周，培养方案中实践环节总学时占总学时比例达49%以上。

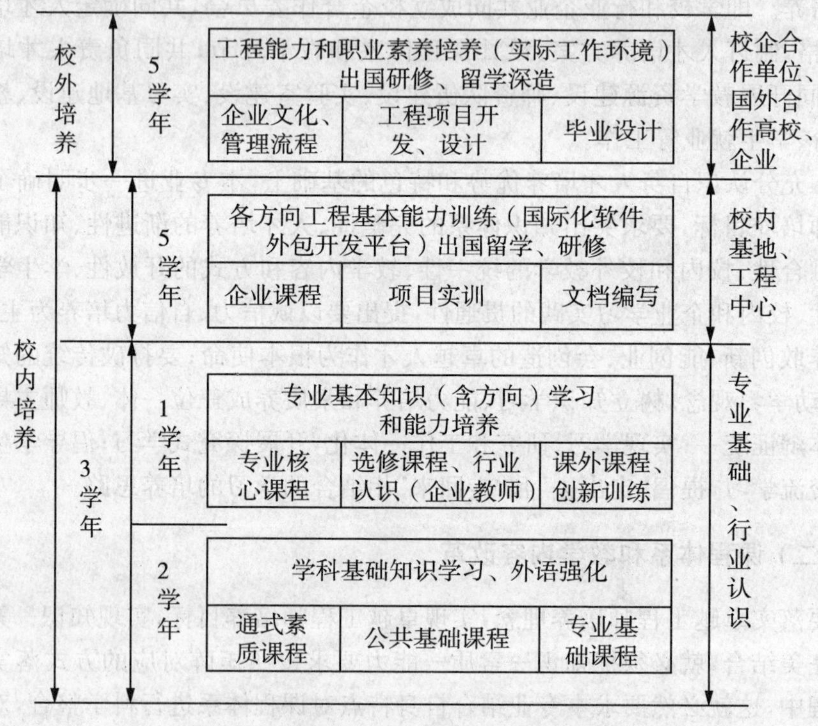

图2 “3＋0.5＋0.5”架构的课程体系

在“3＋0.5＋0.5”架构的课程体系中，学生前3.5学年为校内学习阶段，最后0.5学年是校外培养阶段。前两学年主要安排学科基础、专业基础及通识素质课程，并由企业兼职教师穿插安排专业认识实践、企业认知实训、软件前言讲座等课程。第三学年按方向安排专业核心、行业认识及行业特色课程，并进行创新训练，主要行业特色课程如软件项目管理、对日软件开发概论等由企业兼职教师设计并讲授。第四学年主要是专业技能强化课程，前半学年以校内企业和工程训练中心为基础，引入中软国际、甲骨文等公司培训体系，进行企业课程和项目实训类课程教学，实施全面的工程化训练，后半学年以校外密切合作企业为基地，学习企业文化，参与企业工程项目开发并完成毕业设计，培养学生的工程实践能力和职业素养。

在校企合作委员会的指导下，软件工程专业教师和企业专家多次召开课程建设研讨会，调整优化课程体系，设计课程内容，加入企业实训案例，明确企业兼职教师参与的教学内容和实践环节，制订教学大纲、实验教学大纲和实验实训指导书。

为了加强学生的程序设计基础能力，软件工程专业重点对“C 程序设计Ⅰ”“C 程序设计Ⅱ”“C 语言大作业”“数据结构”“数据结构课程设计”等课程教学内容进行了整合，调整和优化了实验内容，重新制订了各门课程教学大纲及实验教学大纲。

软件工程专业还对“软件工程”“软件测试技术”“软件项目管理”“系统分析与建模”等课程教学内容进行了整合，理顺了各门课程间的前后衔接关系，调整了实验内容，加入了企业应用案例实训，重新制订了各门课程教学大纲及实验教学大纲。

软件工程专业还对“面向对象程序设计”“JAVA 程序设计”“软件项目开发”“程序设计实训”“WEB 开发技术”等课程教学内容进行了整合，强调了程序设计两条主线“. NET 和 JAVA”的完整性，进一步理顺了各门课程间的前后衔接关系，引入了企业实训内容，完善了各门课程教学大纲及实验教学大纲。

（三）教学方法改革

软件工程专业对卓越计划试验班的教学方式进行了一系列综合改革，鼓励采用启发式、案例教学等方式，从而实现由知识传授为主向能力培养为主转变，由教师为主导向以学生为中心转变，由以授为主向以导为主转变，学生由被动依赖向研究型学习转变的“四个转变”。

在“WEB 开发技术”“面向对象程序设计”“软件工程”“软件项目开发”“程序设计实训”等课程教学中，软件工程系充分利用校企合作企业的兼职师资及各项教学资源，实现了实习实训课程的“4R”教学：即实训环境模拟真实企业实训环境、实训案例采用企业真实开发案例、实训组织按照企业真实项目开发的分组分角色方式、实训师资由学校和企业兼职师资共同构成。实践证明，通过启发式、案例式和“4R”等教学方式改革，明显激发和提升了学生对课程和实践环节的兴趣。学生的实践动手能力、团队合作能力、实践创新能力等均得到了较大的提升。

教学内容和教学方法的改革已初见成效。卓越班课堂教学效果、学生学习效率明显提升，学生自主学习能力明显提高；学生的创新能力明显提高，主动申报校级、省级和国家级大学生创新创业训练项目的人数明显增加，参与教师科研项目的学生解决问题的能力明显提升；学生参与科研创新活动的人数明显增多，越来越多的学生积极参加机器人竞赛、服务外包大赛等创新团队中，学生工程实践能力、团队合作能力、实践创新能力等也显著提高。

四、师资队伍

依托校企合作核心企业，借助国外合作资源（高校和企业），围绕培养和锻炼拥有国际化项目开发、管理实际经验，满足软件外包人才培养的高水平师资队伍，建立了教学与科研联动、国内和国外研修、参与实际项目开发和管理的师资队伍培养渠道，确保了卓越计划试点专业各项工作的顺利实施。

(1) 依托"校企一体化"平台，先后派遣5名教师赴日本CASIO、富士通等大公司进行为期一年的项目开发研修；先后派遣20多人次教师赴加拿大、美国、英国等合作高校进行访问及从事为期3个月左右的短期进修，为软件外包人才培养高水平的师资队伍。

(2) 依托"校企一体化"平台，有计划地安排专业教师到公司进行挂职锻炼，培养了一大批适应软件外包人才培养需要的双师型师资队伍。如全院有20多位教师在常工富藤科技有限公司进行为期半年以上锻炼（参加软件项目开发），目前尚有10位教师在基地担任项目经理。

(3) 从校内外产学研基地、政府职能部门和共建单位聘请了一批高层次的专家、学者作为兼职教师，参与学校人才培养各环节（制订完善人才培养方案、参与课程教学实践、实习实训、指导毕业设计等），对学生进行多元化的指导，实施校企一体化人才培养。据统计，近几年，共有160人次的企业导师指导学生毕业实习和毕业设计。

五、校企合作

校企合作是"卓越工程师教育培养计划"的关键和核心。为了落实和推进学生企业学习经历，创建高校和行业、企业联合培养人才的新机制，2011年至今，计算机学院在前期建设大学生实习基地，与相关企业良好合作的基础上，进一步提升与行业、企业、研究机构的合作的层次和水平，先后与中软国际（无锡）有限公司、常州常工富藤科技有限公司、甲骨文股份有限公司、昆山花桥国际商务城、上海博为峰软件技术有限公司（51Testing）、常州信息产业园等大中型企业签订了专门面向卓越工程师培养的校企合作协议，建立了十余个校级工程实践教育中心，进一步明确了双方在创新型高级工程技术和管理人才培养中的权利和义务，为卓越计划的顺利实施提供了良好的工程实践条件（已签约建立的校内外实习基地如表1所示）。

表1　校内实践平台主要功能

序号	名称	校企一体化实践平台主要功能
1	软件工程师培训基地	软件工程师培训基地是在中央财政专项资金的资助下，由计算机学院和中软国际资源信息技术（无锡）有限公司、常州常工富藤科技有限公司等共同建设的，以实施“校企一体化”的软件人才培养和人才培训服务为目的的综合实训平台。主要满足软件工程专业、计算机科学与技术专业以及相关专业学生的软件项目实习、实训、订单式培训以及毕业设计工作
2	计算机实训与创新实验中心	本中心依托计算机信息工程学院和常州市软件技术研究与应用重点实验室，以“程序员之家”“机器人创新团队”等学生社团为组织形式，积极开展各类创新创业竞赛活动。积极参与省级、国家级和世界级 RoboCup 机器人仿真足球赛以及程序设计大赛、网页设计大赛、电子竞赛和软件外包创新应用大赛，指导学生参与各级大学生创新实践项目，培养学生的创新应用能力
3	软件工程实验室	和用友公司常州分公司共建，此外和常州伍杰科技软件有限公司深入合作，依托软件工程实验室，共同建设了软件项目管理实训平台，该实训平台可以较好地满足软件工程、软件项目管理、软件测试等课程的实践教学需要
4	软件测试和项目管理实训室	该实验室是由计算机学院和甲骨文公司、51Testing 公司等共同建设的软件测试与项目管理实验室。主要用于开设软件测试、软件项目管理方面的实验教学课程和为软件企业提供软件测试服务与管理服务

表 2　已建立的校内外实习基地

序号	单位名称	是否有协议	承担的教学任务
1	中软国际资源信息技术(无锡)有限公司	是	专业认识实习、毕业实习、毕业设计、校企课程、项目开发实训
2	常州常工富藤科技有限公司	是	专业认识实习、毕业设计、校企课程、项目开发实训、企业认知实训
3	常州信息产业园	是	专业认识实习、企业认知实训、毕业设计
4	江苏国光信息产业股份有限公司	是	专业认识实习、企业认知实训、毕业设计、校企课程
5	冲电气软件技术(江苏)有限公司	是	专业认识实习、企业认知实训、毕业设计、校企课程
6	江苏昆山花桥经济开发区	是	专业认识实习、毕业设计
7	无锡 NTT 数据有限公司(原无锡华夏)	是	专业认识实习、毕业设计
8	常州龙城软件有限公司	是	专业认识实习、毕业设计
9	江苏新科软件有限公司	是	专业认识实习、毕业设计
10	常州金立软件新技术有限公司	是	专业认识实习、毕业设计
11	常州天地股份有限公司	是	专业认识实习、毕业设计

为加快“校企一体化”卓越软件人才培养模式的探索和实践，常州工学院计算机信息工程学院集“学校、外资、民企”三者资源成立了独立管理和运作的高科技软件公司——中日合作常工富藤科技有限公司，该公司是江苏省认定的高新技术企业、软件企业、江苏省服务外包首批五十强之一、常州市创意产业基地重点骨干企业，取得了卡内基梅隆大学认定的 CMMI 3 级证书以及 ISO 2000 和 ISO 27001 信息安全认证，是微软认证的金牌合作伙伴(常州地区唯一)。公司的项目经理由教师业余担任，已全方位介入强化“岗位目标、职业培养”的“校企一体化”应用型人才培养模式，是改革实施“校企一体化”、以校内企业为主培养

卓越软件人才的保障。

（1）合作企业共同参与各级各类教学研究项目。参与申报完成省级教学改革项目——中外合作办学专业人才培养模式及质量保障体系实践与研究、“校企一体化”应用型软件外包人才培养模式的研究与实践，参与申报完成常工院人才培养模式创新实验基地项目——软件外包人才培养模式创新实验基地；参与完成10余项校级教学研究项目。参与完成常州市高新区基地建设项目——“校企合作打造国际化服务外包产学研基地”。

（2）以常工富藤公司为核心的校内外企业专家先后参与“面向对象程序设计”“JAVA程序设计”“数据结构”“对日软件系统开发概论”“软件测试技术”“软件体系结构”等多门核心课程的教学与实践，参与完成了“专业认识实践”“项目开发实训”“企业认知实训”“程序设计实训”等多门课程的实习实训任务。

近几年来，“项目开发实训”课程一直由在公司从事实际项目开发和管理的老师担任，并聘请公司项目经理和技术骨干进行业务介绍、设计方案、开发规范和开发流程的说明，进行项目开发所需技术的讲授及项目开发的技术辅导等工作，在课程实施中，按公司项目开发流程进行管理、评审和考核工作，并参照指导书完成包括软件开发各阶段所需的设计文档和系统开发。

基于“校企一体化”模式的“项目开发实训”把学习置于一个真实的、贯穿始终的软件项目环境中，采用现代软件公司通用的软件项目开发流程和团队分工合作法，分阶段地产出学习成果，激发了学生学习兴趣，培养了学生学习的成就感，调动了学生学习的积极性，培养了学生动手实践的能力、团队合作的精神和主动探究的学习习惯，完成了预定的教学目标，收到很好的教学效果。

（3）校内外企业专家先后参与了“专业认识实践”“JAVA程序设计”“面向对象程序设计”“软件测试技术”“对日软件系统开发概论”“项目开发实训”“软件开发实训”等多门课程教材和实验指导书的编写工作，增强了教材的针对性，提高了教学效果。

公司的日本专家田口先生亲自开发了“对日软件开发概论”课程、编写方案和指导书，并参与课程的教学过程。根据常工富藤公司对日外包的实际项目开发流程，针对软件工程专业的教学要求，企业项目经理和学院教师共同编写了“项目开发实训”设计指导书，明确了项目实训中各种设计文档、式样书，并经田口先生审核修改完成。

（4）每年根据社会需要，由公司出面组织毕业生进行企业文化及业务技能强化培训，已成为实施“基于中外合作企业、依托校内产学研基地的校企一体化模式的主要载体，目前已有近200名学生在公司接受了免费专项实训培养，提高了学生适应软件外包行业需求的能力。

(5) 引导学生到以常工富藤公司为核心的校内外基地，在企业真实开发环境中，以企业真实开发项目为题目，在企业导师的指导下完成毕业实习和毕业设计。近几年来，共有160余名学生在基地完成了毕业设计，激发了学生项目参与的热情和兴趣，提高了毕业设计的质量和水平。其中，1篇毕业设计论文获省优秀毕业设计一等奖，2篇毕业设计论文获省优秀毕业设计二等奖，20多篇毕业设计论文获校级优秀毕业设计奖。

六、资源库建设成果

卓越工程师培养要立足国际化竞争，要有国际的发展视野，这已是目前软件和信息化人才培养的基本要求，我们巩固和拓展国外合作高校、合作企业之间的联系和交流，进行相关课程对接，推进双语教学；着眼于课程的整体优化，重点加强主干课程的建设，注重强化课程群体建设；按校企一体化原则，重视校企合作共同进行企业课程的开发和资源库建设。

2011年以来已建成(或在建)省级精品课程1门、校级重点课程2门、双语课程1门，在建企业课程2门。

七、教学改革和教改论文成果

课题组成员积极参加卓越计划在内的各类教学改革，项目组已正式发表教改论文5篇。

八、国际化

计算机信息工程学院在卓越计划试点专业建设中，选取2010、2011级软件工程(对日软件外包方向)作为卓越计划试点专业，其人才培养目标和定位是：培养“德、智、体”全面发展，具有良好的综合素质(自然科学和人文社科基础知识等)、良好的职业道德、扎实的软件理论和软件工程专业基础知识，并且具有良好的软件设计与开发能力、良好的工程组织与协调能力，具备英语和应用日语的沟通能力和技巧，具备日本IT企业项目开发、实施和管理的能力，面向日资企业及其他企事业单位，具有实战能力的国际型、应用型高级软件人才。

在对日软件外包人才培养上要以“岗位目标、职业培养”为抓手、以“国际化背景、工程化训练、程序员标准”为标志，体现国际化软件开发的特性。在课程体系设计上，逐步构建了“公共基础、学科基础、专业及专业拓展”三大模块。前两个模块强调了“学科背景、本科平台”，搭建了计算机类专业基础平台。在专业及专业拓展模块设计中，逐步形成了“日语基础及日语应用、程序设计基础及应用”两条主线，学生可根据自己的爱好，选择不同服务外包领域课程。第一条主线从一年级到四年级不断线培养学生的日语基础及应用能力，包含标准日本语Ⅰ、标准日本语Ⅱ、标准日本语Ⅲ、日语听力、日语会话、日本概况、对日软件项目开发概论等课程。第二条主线以.NET和JAVA两个方向，全面培养学生的程序设计能力，.NET方向涵盖程序设计基础、数据结构与算法、面向对象程序设计、程序设计实训、WEB开发技术等课程，JAVA方向涵盖程序设计基础、数据结构与算法、JAVA程序设计、JAVA课程设计、WEB开发技术、JAVA企业级开发、软件项目开发等课程。

在师资队伍建设过程中，依托校内外合作企业，借助国外合作资源(高校和企业)，培养和锻炼拥有国际化项目开发、管理实际经验，教学与科研联动、国内和国外研修相结合，满足软件外包人才培养的高水平师资队伍。先后派遣5名教师赴日本CASIO、富士通等大公司进行为期一年的项目开发研修；先后派遣20多人次教师赴加拿大、美国、英国等国家的合作高校进行访问及从事为期3个月左右的短期进修；有计划地安排专业教师到公司进行挂职锻炼，培养了一大批适应软件外包人才培养需要的双师型师资队伍。如全院有20多位教师在常工富藤科技有限公司进行为期半年以上锻炼(参加对日软件项目开发)，目前尚有10位教师在基地担任项目经理。

以项目为导向的嵌入式系统实践教学研究

李春光　谢光前

随着社会经济的快速发展，与嵌入式系统相关的应用产品不断推陈出新。社会对嵌入式系统设计人才的需求量非常大。但是嵌入式技术有非常强的综合性、实践性和应用性，如何改善高嵌入式系统课程的教学效果，改革人才培养过程中以灌输式和知识传授为主的做法，已经引起众多本课程教师的关注。

常州工学院计算机科学与技术专业已获批教育部第二批卓越工程师教育培养计划高校试点专业。按照“卓越工程师教育培养计划”的要求，计算机科学与技术专业要紧密结合学校应用型人才的办学定位，注重学生工程实践经验的积累。“项目教学法”是通过实施一个完整的项目而进行的教学活动，其目的是在课堂教学中把理论与实践教学有机地结合起来，充分发掘学生的创造潜能，提高学生解决实际问题的综合能力。

为此，我们在嵌入式系统课程教学过程中，结合卓越工程师培养计划，将“项目教学法”引入实践课程教学中，选择适合学生的嵌入式软硬件平台和项目案例，着力推动基于问题、基于项目的研究性学习方法，引导学生以嵌入式应用开发项目为导向在实践中学习。

一、嵌入式系统软硬件平台选择

通过对嵌入式系统课程的学习，学生应能具备一定的嵌入式系统编程能力，能将课堂讲授的理论知识编程实现，能有意识的将课堂所学理论知识应用于具体实践。良好的实验平台可促进学生边实践边学习，使学生克服重理论轻实践，理论脱离实践的不良影响，大大提高学生的实践能力。

现有高校嵌入式系统教学实验平台众多。教学中采用的嵌入式操作系统有

VxWorks，μC/OS-Ⅱ，eCos，Linux 和 Wince 等，实验箱采用的 CPU 有 Cortex-A 系列、Cortex-M 系列、ARM9、ARM11 等。为使软硬件平台适应一般本科院校学生对嵌入式系统的学习，我们对以上系统进行了分析比较。μC/OS-Ⅱ操作系统源代码短小精悍、易读易懂，也包含实时内核、任务管理、任务间通信同步等功能。而 Linux，eCos 等操作系统源代码过于复杂，初学者看此类操作系统源代码会异常困难。以使大多数学生掌握嵌入式操作系统原理、多任务程序设计方法、任务间同步与通信方法为目的，我们选择 μC/OS-Ⅱ作为教学中主要使用的嵌入式操作系统。与 Cortex-A，ARM9，ARM11 等 CPU 内核相比，属于 Cortex-M 系列的 STM32F10X 芯片易于学习易于使用，广泛应用于成本和功耗敏感的嵌入式终端产品。我们选择 STM32F10X 实验板作为主要硬件实验平台。为了便于学生进一步学习嵌入式系统知识，我们选择 Linux 操作系统和 Cortex-A8 系列的 OMAP3530 平台作为拓展教学平台。

通过选择 μC/OS-Ⅱ＋STM32F10X 为主要教学平台，Linux＋OMAP3530 为拓展教学平台，在实践教学设备上形成了从简单到复杂的实验学习环境。我们在教学实践过程中，很容易提高大部分学生的学习积极性，让学生逐步在具体实践中养成独立思考的习惯，逐渐培养了学生发现问题、分析问题和解决问题的能力，从而提高学生的创新意识和创造能力。

二、项目案例设计

在嵌入式系统课程教学和实践教学内容的制订和讲授上，需要改变主要偏向于理论教学而忽视了对学生实践能力的培养，进而导致学生理论学习与实践脱节的现象。在实践教学内容中，一方面，强调理论教学和实践教学二者都不可偏废，那种将实践性教学所占时间压缩到很少，或提高到与理论教学时间相等甚至超过的做法都是不恰当的。另一方面，对理论教学和实践教学在教学计划中如何安排，我们采取了两种做法：一是将其各自独立安排，自成体系，齐头并进，相互促进；摆脱实践教学附属于理论教学的局面，确保学生应用能力不断提高；二是将理论教学和实践教学有机地结合起来，由简到繁，由基础实验逐步过渡到项目实践，循序渐进，互相促进，朝着总的培养目标共同发展。根据课程内容，我们将实验内容分为 uC/OS-Ⅱ实验、STM32F103 实验和综合项目实践三大部分，如表 1—表 3 所示，其中的项目案例来源于具体嵌入式产品开发项目。在教学过程中，从易到难引导学生在实验实践中掌握嵌入式系统知识，将课堂教学、实验室等教学方法有机地结合，既丰富了实习教学内容，又活跃了课堂气氛，激发了学生的求知欲望，有效地提高学生的实践教学质量。

表1　μC/OS-Ⅱ实验项目内容及要求

序号	题目	目　的　要　求
1	基于 uC/OS-Ⅱ的多任务实验	学习 uC/OS-Ⅱ系统任务创建相关函数和使用 uC/OS-Ⅱ多任务程序设计方法
2	基于 uC/OS-Ⅱ的优先级反转实验	学习系统时间和信号量相关函数及使用信号量解决任务间的互斥问题
3	基于 uC/OS-Ⅱ的多任务消息通信实验	学习系统消息相关函数和使用消息解决任务间的通信问题

表2　STM32F10X 主要实验项目内容及要求

序号	题目	目　的　要　求
1	LED 驱动实验	学习掌握 STM32F103 的 IO 驱动方法
2	定时器实验	学习掌握 STM32F103 的定时器和中断模块
3	RTC 驱动实验	学习掌握 STM32F103 的 RTC 模块
4	LCD 驱动实验	了解 LCD 原理，学习掌握 STM32F103 的 LCD 驱动程序设计方法
5	uC/OS-Ⅱ LED 驱动实验	学习掌握 STM32F103 平台下 uC/OS-Ⅱ多任务程序设计方法
6	uCGUI uC/OS-Ⅱ LED 闪烁实验	学习掌握结合 STM32F103 平台下 uCGUI 的 uC/OS-Ⅱ多任务程序设计方法
7	uCGUI uC/OS-Ⅱ RTC 实验	学习掌握结合 STM32F103 RTC 模块和 uCGUI 的 uC/OS-Ⅱ多任务程序设计方法

表 3　综合项目实践课题内容及要求

序号	题目	目的要求
1	基于 STM32F103 的 ModBus 串行通信程序设计	学习掌握 ModBus 协议、STM32F103 的串口和定时器中断服务程序设计方法
2	自动还书机单片机控制系统通信程序设计	学习实际项目中自定义串口通信协议的方法；实践掌握 STM32F103 的串口和定时器中断服务程序设计方法；实践基于 uC/OS-Ⅱ的中断服务程序与任务间通信方法
3	基于 STM32F103 与 uCGUI 的串口通信界面软硬件设计	学习 STM32F103 与触摸屏模块的硬件接口电路；实践基于 uCGUI 嵌入式系统界面程序设计方法；实践基于 uC/OS-Ⅱ的中断服务程序与多任务程序间通信方法
4	基于 STM32F103 与 CAN 总线的数据采集系统设计	学习 STM32F103 的 CAN 总线接口电路；实践基于 uCGUI 嵌入式系统界面程序设计方法；实践基于 uC/OS-Ⅱ的中断服务程序与多任务程序间通信方法
5	基于 STM32F103 的充消磁器触摸屏界面模块设计	学习 STM32F103 与触摸屏模块的硬件接口电路；实践基于 uCGUI 嵌入式系统界面程序设计方法；实践基于 uC/OS-Ⅱ的中断服务程序与多任务程序间通信方法

三、卓越工程师教育培养计划下嵌入式系统项目教学法的具体实践

在卓越工程师教育培养计划下，应注重学生实践能力的培养。在嵌入式系统课程的教学工程中，我们以“从简单到复杂，从模块到系统”的思想引导学生逐步开展实践活动。我校在计算机科学与技术专业嵌入式系统方向开设了“嵌入式操作系统”和“嵌入式系统开发及应用”两门课程。“嵌入式操作系统”课程详细讲解 uC/OS-Ⅱ操作系统的原理，同时对 Linux 操作系统进行了简介。此课程通过例程和实验让学生掌握嵌入式操作系统基本原理与任务间同步与通信的方法。“嵌入式系统开发及应用”课程主要讲解 STM32F10X 芯片结构、uC/OS-Ⅱ

和 uCGUI 在 STM32F10X 芯片上的应用，同时简介了基于 Linux 的 OMAP3530 平台开发流程与方法。

为了将“项目教学法”引入嵌入式系统课程的实践教学中，我们在“嵌入式系统开发及应用”课程教学的前期就将已设计好的有实际应用背景项目课题对学生进行讲解，让学生明确课题需求和完成此课题需要的知识点。然后对学生进行分组和选择课题，通过开放实验室的方式，以学生为主进行设计开发，教师在学生设计实践过程中给予建议、讨论、评价，引导学生解决实际问题。

学生通过项目教学的实践，对嵌入式系统的学习兴趣有极大提高，对大学生实践活动和学科竞赛活动也积极参与。我们对计算机科学与技术专业嵌入式系统方向学生已做到每人都参加大学生实践活动。近 3 年本专业学生在 RoboCup 机器人竞赛和服务外方软件设计大赛中已获得世界亚军 1 项、全国亚军 1 项、全国季军 2 项、全国三等奖 3 项。

四、结语

本文以“卓越工程师培养计划”精神为指导，针对嵌入式系统课程，将实践项目课题引入实践教学中，引导学生从 uC/OS-Ⅱ，STM32F10X 32 位 ARM 微控制器的嵌入式系统软硬件学习到基于项目课题的综合实践能力的锻炼。通过本文的教学实践活动，加深了学生对专业基础知识的深入掌握，提升了学生嵌入式系统方向的工程素质，培养了学生嵌入式系统软硬件件开发的工程实践能力、工程设计能力和工程创新能力。

基于应用型人才培养的离散数学考试方法改革

何中胜　庄燕滨

考试机制是衡量、测定师生教学质量和水平的主要手段，在高校教学中具有教育、管理、导向、激励功能，起着指挥、推动教学活动的作用。目前还没发现更科学、更合理的方式能取代它。因此，考试机制需要在改革中加强，在创新中优化、探索、研究，构建一个科学、合理、公平、愉悦的新型考试机制，避免分数成为考核学生能力的唯一准则，通过加进能力测试内容培养学生的创新能力。

离散数学课程是计算机科学与技术专业的核心、骨干基础课程。如离散数学课程所涉及的概念、方法和理论，大量地应用在编译原理、数据结构、操作系统、数据库系统、算法的设计与分析、软件工程、人工智能等相关课程中；它所提供的训练十分有益于学生概括抽象能力、逻辑思维能力、归纳构造能力的提高，十分有益于学生严谨、完整、规范的科学态度的培养。这些能力与态度是一切软、硬件计算机科学工作者所不可缺少的。

基于该课程的重要性，如何对学生的学习效果进行考核也是一个值得重视的问题，笔者结合多年的教学经历以及对课程的考试方法改革实践，提出一种基于应用型人才培养目标的模块化考核方式。

一、采取模块化考核方式的原因

所谓模块化考核是指以教学大纲与考试大纲为指导，按教学内容的相对独立性及相互的衔接性，将考核内容划分为若干模块，在完成一个模块的学习后进行考核，最终将所有模块的考核成绩平均或按一定的比例进行综合就得到学生该课程的综合成绩。对离散数学课程采取模块化考试的原因主要有以下三条：

(1) 离散数学的内容“散”。根据应用型人才培养的目标并结合学生实际，课程组离散数学的教学内容分为四部分：数理逻辑、集合论、代数结构及图论。这四部分内容相对来讲能够各自独立成篇，耦合性弱，正好符合模块的划分原则，可以对每个进行考核，相当于进行“模块测试”。正是由于其内容的“散”为采取模块化考核提供了可行性。

(2) 考试内容量大，可以“化整为零”，体现“以生为本”。虽然离散数学内容划分为四个模块，但是其知识点非常多，若采取一次性考核方式不仅达不到较高的知识点覆盖率，而且会由于学生对前面学习内容的忘记或模糊记忆造成考核效果不理想。若采取各个模块独立考核，因学生刚学习完本模块内容，对其知识点记忆得较好，这时考核必将取得较好效果，这也是对学生的一种公正客观的考核，体现出教学以生为本的理念。

(3) 便于采取不同的考核方式。课程考核的目的是检查学生学习完本课程是否达到应具有的技能，所以不同课程应根据实际采取不同的考核方式。对于同一课程的不同教学模块来讲，同样需要达到的教学目的也不尽相同，因此也可采取不同的考核方式。对同一门课程采取不同的考核方式，这即符合应用型人才培养目标，又可以对学生的成绩评定提供一个客观的评价。

二、模块化考核方式的分析提出、设计与实施

从模块化考核方式的提出到最后实施经过了分析、设计及实施三个阶段。考核方法的效果好坏与它的良好实施过程是分不开的，为了保证模块化考核方式的效果，课程组经过探索采取了一系列措施。

(一) 分析与提出阶段

离散数学课程在计算机专业课程体系中具有重要基础地位，这一点已为众人共识。我校自成立计算机专业本科教育以来，非常重视该课程的教学，并成立了课程组，课程组老师全部具有硕士及以上学位，并拥有由教授、副教授及讲师构成的良好职称结构。课程组教师间经过多次探讨并相互沟通，以及对以前的考核方式的不足进行分析，提出对课程进行模块化考核方式。

以往考核采取期中考核与期末考核相结合，并全部采取笔试闭卷形式，其不足之处体现在以下三点：①考试形式比较单一。因为针对应用型人才培养目标，要求学生在掌握必备的理论知识外，还需要培养学生较强的动手操作能力。

现行的考试方式一般有开卷、闭卷、综合考试等等。而在各个学校中，使用最多的还是闭卷考试，而对其他形式的考试运用较少，但是单纯的闭卷考试只适于考查学生在理论方面的掌握程度，而实践动手能力方面则很难考出学生的真实水平，这样就不能做到客观、全面考核。②侧重分数轻能力培养。对于学生而言，现在有些因素与学生考试的分数关系密切，这样闭卷考试使学生养成以追求高分为唯一目标。为此，很多学生在临考试前不分课程内容及性质，也不管理解不理解，均采用死记硬背的方法，一个学期下来似乎只为这一次考试，而对课程内容的掌握可谓少之又少。这种现象反映出闭卷考试最严重的问题是极大抑制了学生学习的主动性，学生被迫以应试的态度学习，而无法反映学生的实际能力。③考核内容受限。由于闭卷考试受时间的限制，考试只能是一些比较基础的知识，考试内容依附于教材，通常都有标准答案，没有真正体现学生综合考虑问题、分析问题的能力，不利于学生发散性思维、创造性思维的培养。考试内容依附教材，以课堂、教师、教材为中心命题，助长了学生学习的惰性，也引起部分学生的心理不平衡，伤害学习积极性。

实施模块化考核方式不仅在考核形式上做到多样性，而且能提高考核内容的全面性、增强学生的动手实践能力以及调动学生的学习积极性，使学生从被动学习变为主动学习。

（二）设计阶段

在提出模块化考核方式并得到学校同意之后，课程组对模块化考核方式的内容进行了详细设计。具体包括教学大纲与考试大纲的制定、教学内容的选取与模块的划分、各教学模块的教学进度安排及教学方法、各模块的考核方式及所占比重。

教学大纲是课程教学的依据，教学大纲制定的合理与否关系到课程教学的成败。我们在制定课程教学大纲时依据二个因素，首先是依据整个专业的培养计划，这是最主要的影响因素。研究课程在整个培养方案中对后续课程的影响，比如计算机科学与技术专业及软件工程专业系列课程中的许多需要离散数学的数理逻辑、关系、代数系统及图论的支持，因此对课程内容上要求广、精、深，教学课时上要适当增加。而对通信工程专业来说主要需要数理逻辑及图论作支撑，所以在这两部分内容上要广、深，其他部分可简略些。其次是人才培养目标与学生实际情况，结合学校应用型人才培养目标，重在培养学生的动手能力而不仅仅会考试，这让课程组达成一种认识：离散数学课程不能仅作为一门数学课程来讲授，还要将其与专业实践结合起来以激发学生的学习兴趣，所以在教学大纲中强调学生的动手技能培养，并结合学生的实际情况设置相关实践内容。

考试大纲是进行课程考核的依据之一，考试大纲是在教学大纲基础上制定的，其详细描述了每个教学模块的知识点及所达到的程度（掌握、熟悉、了解）、重难点，以及拟采取的考核方式及评价标准。

教学内容的选取与模块的划分实际上是同教学大纲的制定同步进行的，这是因为我们是在以往的教学大纲基础上结合课程教学改革而实施的。在具体讨论这门课程各项内容时，我们采取多次讨论最后定局的方法。首先明确该门课程的基础课程组是什么，哪些是需要夯实的；其次哪些是属于重复的内容，需要精减更新的；最后按现代化的原则，又有哪些内容需要增加。例如，鉴于传统的集合论基础内容几乎在高中阶段以及高等数学课程中都有详略不同的介绍，所以这部分内容采用画龙点睛的方式提纲挈领介绍一下，着眼点放在用集合论的方法解决实际应用问题上，重点则是幂集、划分与覆盖。最后形成一份较稳定、内容合理的教学大纲。

教学进度安排与教学方法组织是为课程教学提供参考，统一教学进度有利于各任课教师步调一致，及时沟通，遇到问题及时解决并调整，保证课程教学的顺利进行。教学方法是落实课程教学的关键因素，采取合适的教学方法对提高教学质量、激发学生学习兴趣有着极大的影响，对顺利实施模块化考核也有极大作用。我们提出了投影教学与板书相结合的方式，将课程中的定义、定理及性质进行投影，而对定理的证明及例题的演示采取板书进行。同时建立该课程的网络课程，在网络课程中针对每个模块提供了三到五套模拟试题，以让学生进行训练，让学生将在训练中出现的问题进行反馈到班级学习兴趣小组，并提交给任课教师，再由任课教师进行汇总，整理出普遍性的问题，然后在网络上统一回答。

而各模块的考核方式的确定最终体现在考试大纲中，如数理逻辑模块，我们采取理论考试与实践相结合；而对集合论部分和代数结构部分采用理论考核方式，而图论部分侧重于实践考核，如完成图的连通性判断、欧拉图的判定、最小生成树的生成等。

（三）实施阶段

为了保证模块化考核方式的改革实践顺利实施，课程组老师在教学过程中做到以下三个方面。

首先，课程组老师要有积极性。教学改革的实施离不开教师的参与执行，因此要求课程组老师思想上达成一致，不要计较个人得失，要不折不扣地按照设计过程进行实施，遇到问题及时沟通，找到解决方法，保证教学过程的顺利完成。充分发挥教师的积极性，不断发现设计过程中的问题并进行完善。

其次，学生们的积极参与。教学是教师教与学生学的一个互动过程，此项改革实践的进行当然也离不开学生参与，在开课之初就告诉学生课程的学习方法与考核方式，并引导学生参与、激发学生的兴趣。在教学过程中及时了解学生学习过程中的问题对此项改革实践的成功有很大影响，因此强调学生的积极参与很重要，为此我们在每个班级组成了课程学习兴趣小组，由四到五人组成，由该小组负责本班同学的学习状况调查，每两周同任课教师沟通，然后由任课教师将问题反馈到课程组进行讨论分析，并提出解决方案。

最后，聘请督导组检查。为保证教学改革的顺利实施及改革成果，课程组在每个教学模块结束后邀请督导组来进行阶段性过程检查，对前一教学模块的教学和考核效果进行评价，并提出意见与建议。采取这种方式很好地保证了此项改革的进行及效果。

三、模块化考核方式的效果

采取模块化考核方式在我校的2005、2006级的计算机专业、软件工程专业及通信工程专业的离散数学教学中进行了实施。通过学生的总评成绩发现这两级学生的离散数学课程成绩相比以往有很大的提高，合格率由87%上升到95%。同时学生的逻辑思维能力与实践能力得到了加强，有很多学生参加了机器人比赛兴趣小组，并在国际国内比赛中都取得了较好成绩。通过学生对调查问卷的答题情况分析，学生对这种考核方式都能接受，认为这种考核方式改变了以往一纸考卷定分数的状况，实行多层次、多种形式的考核不仅能较好地反映学生的学习效果，而且学生的参与，实现了师生互动，最大限度地发挥出考试的教育功能。

（2009年11月发表于《计算机教育》，选入本书时略有删节）

应用型本科院校大学数学研究性教学模式的研究与“常微分方程”课改实践

冯艳青　刘　坤

传统的教学模式沿用了“教师讲，学生听”的授受式教学方法，这种以教师灌输为主的填鸭式教学，虽然有进度快，覆盖内容多，教师便于教学组织管理等优点，但模式化的课程安排和单向的教学方式，忽略了教学过程中师生的交流和学习效果的验收，使学生陷入思维的惰性中，限制了学生的批判性、创造性思维能力。这种教学模式已不能完全适应我校应用型人才培养的定位目标，也不能适应社会发展对创新型人才的需要。因此改革传统的教学模式，探索研究培养创新人才的教学模式迫在眉睫。

教育部《关于进一步加强高等学校本科教学工作的若干意见》(教高[2005]1号)中明确提出高校“要积极推动研究性教学，提高大学生的创新能力”，“培养创新型人才需要推进创新性教育”。清华大学的研究和实践表明“实施研究型教学，推进创新性教育，实质上是同一问题”。基于此，我们在数学系课程教学中尝试探索研究性教学模式。

从实际出发，综合考虑各种因素，课题组决定在“常微分方程”课程教学中尝试探索研究性教学模式，然后以点带面，全面铺开。

团队经过2年准备3年实践(在2007级数学班部分实践、2008级数学班、2010级数学班全面开展教学实践)，已经构建一套较完善的研究性教学模式，并取得了良好成效。

一、研究性教学模式

(一) 研究性教学的理论依据

研究性教学是一种试图克服传统教学模式弊端、培养创新型人才的新型教学模式。研究性教学模式的理论基础是美国布鲁纳的“发现学习模式”和瑞士皮亚杰的“认知发展学说”。

(二) 研究性教学的主体思路

(1) 研究性教学模式应以学生为主体，教师为主导，教师和学生应在平等、民主、和谐的氛围中共同学习、探究。

(2) 研究性教学应强调教学方法的灵活多样性，教学内容的丰富性和开放性，且能与时俱进，不断更新。

(3) 研究性教学的评价形式应体现多元化，注重形成性评价和终结性评价相结合、课内教学和课外自主学习相结合的全程评价模式。

(4) 与研究性教学相配合，构建课程的研究性学习模式。

(三) 研究性教学模式的教学实践

1. 修改教学大纲，重组和改进教学内容

研究性教学的核心是不断更新教学内容。在符合教学大纲要求的情况下，将课程内容进行结构重组，分为基础模块，应用模块，研究拓展模块三部分，突出基础理论和实践应用两个方面，实现与计算机和实际应用相结合，提高学生学以致用的能力。以“常微分方程”课程为例。

“常微分方程”课程教学内容
- 基础模块 —教学内容注重→ 科学性、严谨性
- 应用模块 —教学内容注重→ 应用性、实践性
- 研究拓展模块 —教学内容注重→ 研究性、拓展性

这种模块式的教学内容不仅符合本课程教学大纲的要求，而且改革了传统教学中只注重基础知识教学的弊端，同时教学内容的与时俱进能使学生的学习内容更具有应用性、实践性和探索研究性，更适合研究性教学的开展。

2. 采用灵活多样的教学方式

研究性教学的关键是灵活多样的教学方式。根据三大教学模块内容我们改进充实了原有的教学形式和方法，将启发式、对话式教学引入教学，探索将多媒体教学，网络教学，实验教学和以学生为主体的课堂报告，案例教学有机结合的新型教学形式。这种教学形式更注重师生的合作交流，构建平等的师生关系，营

造共同学习、研究的良好氛围。以“常微分方程”课程为例。

“常微分方程”课程教学形式：
- 改进授受式教学，促进教学互动；
- 采用课堂报告的形式，体现学生的主体作用；
- 进行案例教学，展示科学研究的过程。

3. 完善和充实评价、考试制度

恰当、正确的教学评价制度是研究性教学的保障。我校现有的课程的评价体系由平时成绩和期末考试成绩两部分组成，按 3∶7 的比例形成学生该门课程的总成绩。这种评价方式忽略了对大学生实际素质水平和实践能力的考核，缺乏对学生学习能力和创新能力的有效评估，基于此，我们构建了适合研究性教学的由平时学习状态的考核、小组合作学习能力的考核、实践创新能力的考核、期末综合能力的考核组成的四位一体的多元评价体系。平时学习状态的考核主要反映每个学生出勤、上课表现、作业完成等方面情况；小组合作学习能力主要考核每个学生在团队共同学习、研究中的表现，以及在课堂报告中的表现；实践创新能力考核在案例教学中学生对问题的分析、解决能力、平时在课堂讨论中的精彩观念及在平时作业中独特的解题方法等；期末综合能力的考核主要检查课程的基本概念、基本理论、常用方法的掌握情况以及所学知识的综合应用能力。上述评价因素的权重分别是：平时学习状态的考核占 20%，小组合作学习能力占 10%，实践创新能力占 20%，期末综合能力占 50%。以“常微分方程”课程为例。具体各项要素所占百分比如下：

“常微分方程” 课程总成绩
- 平时学习状态20%：出勤率、书面作业、网络作业、课堂表现
- 小组合作学习能力20%：出勤率、合作学习表现、课堂汇报
- 实践创新能力10%：建模表现、精彩观念、微机操作
- 期末综合能力50%：基本概念、基本理论、方程解法、基本应用

4. 构建课程的研究性学习模式

研究性学习是研究性教学的重要组成部分，是研究性教学顺利开展和圆满完成的基础。在课程学习中，鼓励和建议学生自主学习和合作学习相结合，通过质疑、讨论、探究、发现，形成观念、书面成果，并通过在课堂呈现的方式，达到课

程学习的目标。

即学生以7人为一组组成学习小组，在教师指导下，通过选择一定课题，以小组为单位共同学习、讨论和研究，然后以课堂汇报形式展现学习成果。具体操作见实施方案，具体学习活动和学法心得展示在常州工学院天空教室“常微分方程”课程中教改栏目的“雁过留声”一栏中。

（四）研究性教学模式框架的构建

研究性教学模式应以学生为主体，教师为主导，教师和学生应在平等、民主、和谐的氛围中共同学习、探究，以此为宗旨我们给出了三段式研究性教学模式。如图1所示。

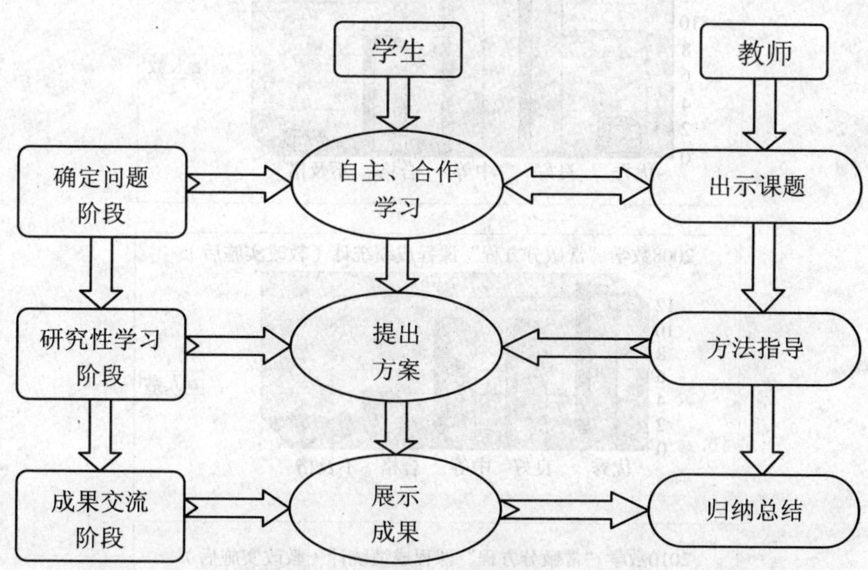

图1 研究性教学的模式框架

在教学中我们将学生以7人为一组组成学习小组，在教师指导下，通过选择一定课题，以小组为单位合作学习、讨论和研究，然后以课堂汇报形式展现学习成果。

二、成果的成效与影响

(一) 构建了一套比较完善的研究性教学模式,教学实践效果显著

团队经过5年的研究和实践,形成了以学生为主体,“研究与发现”始终贯穿课程教学全过程的三段式研究性教学模式(见图1)。在“常微分方程”课程中的教学实践效果显著(见下图)。

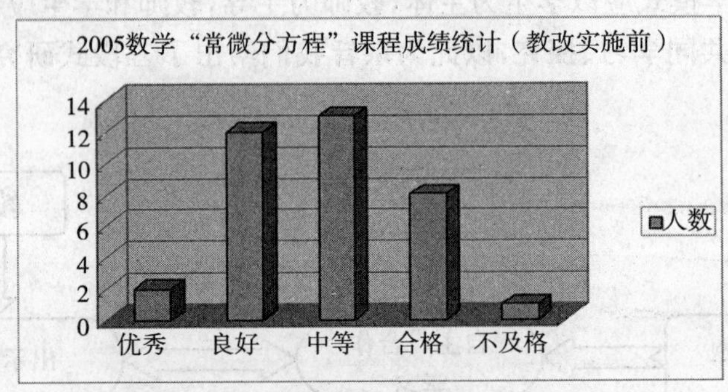

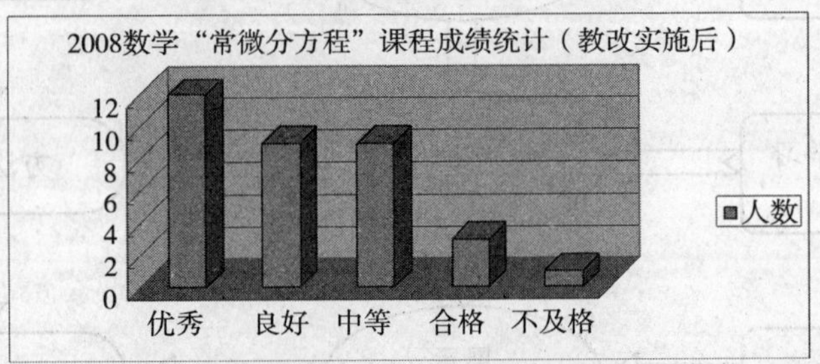

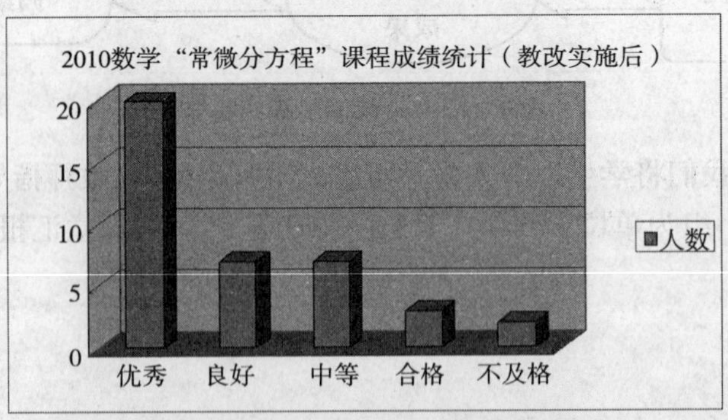

图2 2005级、2008级、2010级数学专业“常微分方程”课程成绩统计

上面是未经教学实验的2005数学班和教改全面实施的2008数学、2010数学班的常微分课程成绩进行统计对比,发现"卓越"学生人数显著增加。

(二)研究性教学模式得到推行,研究性教学方法得到广泛运用

三段式研究性教学模式已经在"常微分方程""数学分析""解析几何""计算方法""运筹学""线性代数"等课程开始实施。适应于研究性的教学方法,如案例教学法、讨论教学法、问题式教学法等被广泛采用。许多学科对三段式教学模式根据自身的特色进行着改造,使之更能适应本学科的教学。

(三)课程建设成效显著

围绕应用型本科创新人才培养的目标,以教改为契机,加大课程建设的力度,收到显著成效。近几年来,建设完成了以"数学分析""高等代数""解析几何""概率统计""常微分方程""运筹学"为基础的学校重点课程群。"概率统计"课程被遴选为江苏省精品课程;"运筹学"课程被遴选为学校的精品课程。

配合课程建设,完成完善了课程群的"天空教室"网络平台,通过这个平台给学生答疑、检查学习情况、进行学习交流等,从而延伸和拓宽了教学的空间。

(四)教师教学、科研水平普遍提高

在全校的学生评教中,数学系教师教学的学生满意度逐年上升,青年教师热情投入教学改革实践,积极参加教学、科学研究,成果斐然。自2009年以来,共发表教学、专业论文30余篇,编写教材3部,主持和参与省、市课题7项。1项成果获江苏省教学成果二等奖,1项成果获校教学成果一等奖,1人获青年教师讲课比赛一等奖。

(五)促进学风建设,提高了学生各方面的素质

1. 学生竞赛获佳绩

数学系学生在教育部确认的全国大学生数学建模竞赛和江苏省大学生数学建模竞赛中取得了优良成绩,从2009年以来共获得上述大赛的二等奖、三等奖共9项。

2. 学生研究能力明显提升

研究性教学有力提高了学生学术研究的意识,学生积极参加大学生实践创

新活动和暑期社会实践活动。2010 年 2008 数学班吴进同学撰写的论文《基于主成分回归分析的商品房定价模型》发表在《管理学家》杂志上。

3. 创设了良好的学习氛围，考研蔚然成风

我们的教改实践从 2007 数学班部分实施，2008 数学班全面铺开，研究性教学促进了学生学习的积极性，学生主动学习热情提高，班级学习氛围浓厚。2009 年 2008 数学班被评为常工院优秀班级，2010 年被评为江苏省优秀班级。2007 数学班和 2008 数学班报考研究生人数剧增，2007 数学班开创数学系历史，有 2 人分别考入西南财经大学和南京财经大学，2008 数学班有 3 人分别考入浙江工业大学、南京财经大学和江苏科技大学。

4. 毕业生签约率提高，就业质量明显改善

研究性教学的实施提高了学生实践能力，增强了创新意识，培养了团队协作精神，这些进一步提升了学生就业的竞争力。2007 数学班毕业签约率达到 93%，2008 数学班签约率达 100%，并且就业质量明显提高。2008 数学班有共有 34 人，其中 3 人读研，5 人分别考入中国银行、中国建设银行和中国农业银行，1 人在中国人寿苏州分公司，1 人在苏宁电器，1 人在中天钢铁集团，3 人在海澜之家工作。

以产学研结合为基础加强高校毕业设计(论文)环节的思考与实践

姚国胜　陈建欣

运用"产学研结合"模式进行大学生毕业设计(论文)的实践，是培养应用型人才的有效途径之一。"产学研结合"进行毕业设计(论文)可全面提高学生的专业素质和人文素质。学生到现代化工企业进行调研、生产见实习或做毕业设计(论文)，可以提前深入社会，了解行业特点、现状和发展前景，明确社会对各类人才的需求，更加明确自己的努力方向和社会定位，进一步激发学生刻苦学习、立志成材的积极性。近几年来，理学院应用化学专业充分利用学校、常州及周边地区集化工生产、科研、教育于一体的优势条件，积极开展"产学研结合"毕业设计(论文)模式的实践，逐步探索运用产学研相结合的模式，培养高质量的应用型、复合型人才之路。

一、"产学研结合"进行毕业设计(论文)的可行性

(一)"产学研结合"进行毕业设计(论文)是教师的自觉需求

教育要面向现代化、面向世界、面向未来，这是我国教育的大政方针。很多教师不满足于仅仅在学校这个狭小的空间里完成传授知识的单一性工作，他们渴望发挥自己的学识，为企事业单位解决一些实际问题，为地方经济建设和社会发展做出更大贡献。在为社会服务的过程中，不断找出差距，学习新知识、新技术，充实、完善、提高自己，反过来又促进教育教学质量的提高。这就需要在学校和企事业单位之间寻找一个结合点。产学研合作办学无疑是连接学校和企事业单位的一座最有效的桥梁，可以为教师提供施展才华的更加广阔的空间。

(二)“产学研结合”进行毕业设计(论文)也是学生的深切渴望

学以致用,应用才是学习的终极目标。但是,许多学生对所学的知识究竟有多大用处总是存在一些疑问,对如何应用知识也不是十分清楚,这在一定程度上削弱了学习的自觉性和主动性,降低了学习质量,也增加了教师的授课难度。一般而言,学生进入毕业设计(论文)阶段时已经完成了基础理论和专业课的学习,具备了一定的独立分析和解决实际问题的能力。从历届学生选择毕业设计(论文)题目的情况来看,来源于生产一线的实际课题或具有实际背景的题目是最受欢迎的。这类题目可以使学生切实体验到所学的知识在实际中的用处,做出结果后能真正体验到发自内心的快乐,有一种成就感。

(三)产学研结合对高等学校和企业及科研院所是一个双赢的举措

每一所高等学校结合自身特点都能找到合适的合作伙伴。就我院而言,产学研结合进行毕业设计有着良好的基础和优越的外部条件。我院地处化学工业基础较好、化工产业较为发达且具有相当规模的长江三角洲地区,本地区的大量化工企业和我院化工专业有着良好的协作关系,化工专业每年都派出学生到这些化工企业进行实习、做毕业设计或进行课题研究。就企业来说,它可以利用高校的人才、设备等资源来解决化工生产工艺中的技术难题。同时聘请相关企业的技术人员作为兼职指导教师,这一切为我院实行产学研合作办学奠定了良好的基础。

二、“产学研结合”进行毕业设计(论文)的实践

(一)加强宣传、提高认识、形成共识

学校、学院等各级领导都特别重视大学生毕业设计(论文)工作,经常强调产学研结合进行毕业设计(论文)的重要性,并提供条件加强学校与企业的联系。教学主管部门也对大学生毕业设计的组织领导工作给予了特别的重视,并强化过程的监督指导,定期通报情况,及时反馈信息。

(二)严格筛选毕业设计(论文)题目

毕业设计(论文)题目不仅要有一定的深度,保证其先进性和创新性,还要有

一定的广度，保证足够的任务量，以培养学生综合应用知识的能力；要结合学生的专业特点，尽量联系生产实际，有工程应用的背景和工程实际内容，保证其实用性；要有助于学生更多地接触和应用国内外相关行业的新技术、新工艺，多了解科学技术的发展趋势和发展前沿，跟上科技发展潮流，适应社会发展的需要。为此，我们采取了两项措施：一是教师带领学生到企业第一线选择毕业设计（论文）题目；二是请兼职导师或企业家来开设课程或作学术报告和讲座，以使在校大学生了解科研生产一线的信息，在选择毕业设计（论文）题目时更有针对性。

（三）加强实践教学基地建设

为了保证学生能长期稳定地到公司、企事业单位开展实践教学活动，学校适时调整了政策，充分利用学校周围环境的便利条件，发挥学校的智力资源优势，通过为公司、企事业单位提供人才培养或培训、开展调查、提供决策咨询和技术支持服务等活动，或者通过开展各种形式的项目合作研究，与企事业单位建立长期稳定的合作关系。在此基础上，理学院选择了一些专业较为对口、覆盖面广、业务量大、条件好、学生锻炼机会多的公司和企事业单位，建立了诸如常州亚什兰现代化学有限公司、常州亚邦化学有限公司、常州胜杰化工有限公司等多个高品质的实践教学基地。

（四）加强兼职教师队伍建设

为了确保大学生实践教学环节的质量，我院在各教学基地聘请专业技术人员作为兼职教师，参与毕业设计（论文）的指导，这些人员都具有较高的专业技术水平，对各类装置和生产工艺流程十分熟悉，能根据理学院的教学要求，有重点地对大学生的实践教学进行指导。这支兼职教师队伍在指导实践教学中积累了许多宝贵的经验，对实践教学的内容和要求十分熟悉，能充分保证实践教学的质量，已成为我院指导学生校外实践教学的重要力量。

（五）结合题目实地考察和调研

毕业设计（论文）题目确定之后，指导教师组织学生按题目要求到相应的生产单位或科研院所实习和调查研究，搜集与题目有关的各种技术资料；了解企业的生产现状、技术水平和工艺过程；学习生产中采用的新技术、新工艺、新材料、新设备，开阔视野，扩大知识面，掌握科技动态；联系实际进一步理解、消化、巩固和提高基础理论知识和专业知识；参与借鉴现有成果，为提出新颖创新的毕业设计(论文)思想打下基础，同时提高调研能力和文献检索查阅能力。

(六) 学生直接介入科研课题

有些毕业设计(论文)题目就是导师的在研的课题。学生在专兼职指导教师的带领下，积极参与指导教师的科研项目和理学院与企事业单位合作的有关科研项目，从中熟悉科研活动的过程和规律，培养求真务实的科学精神和一定的科研能力。同时，也为导师的研究课题奠定一定的基础。

(七) 结合仿真训练，提高毕业设计(论文)质量

仿真教学是运用实物、半实物或全数字化动态模型，深层次地揭示教学内容的新方法。仿真实习中选择的操作紧密结合石油化工生产实际，其工艺流程、设备结构和控制方案都来源于生产第一线。精选的单元操作内容都是过程工业最常见的，如离心泵、换热器、压缩、吸收、精馏、间歇反应、连续反应、加热炉、常减压蒸馏、催化裂化等。学生置身于仿真环境中，可以自学并反复试验自行设计的开车、停车和事故处理方案，了解石油化工过程的工艺和控制系统的动态特性，掌握系统的运行、调整和控制，激发探索热情，培养创新精神，提高学习效率。

(八) 支持学生到就业单位做毕业设计(论文)

许多学生在进入毕业设计(论文)之前就已经和用人单位签订了就业协议。其中一些是技术开发性的单位，具有满足毕业设计(论文)题目要求的真实课题，愿意接收大学生到单位搞技术开发，做真实课题，同时能为学生安排经验丰富的技术人员作兼职指导教师。对于这种情况，我院在规范毕业设计(论文)教学各个环节的前提下，积极鼓励支持学生选择单位的真实题目作为毕业设计(论文)题目，并到企业去实地开发。这样在保证毕业设计(论文)质量的同时，还可使学生受到正规的科研开发训练，熟悉未来工作单位的环境和要求。提前完成由学生向工作人员的角色转换。

三、"产学研结合"进行毕业设计(论文)取得成效

产学研结合进行毕业设计(论文)是一条院校同企业单位合作培养应用型人才

的有效途径，实践证明，这种合作不仅对学校人才的培养有利，而且对企业吸收引进人才也具有十分重要的意义。近几年来，我院共取得了以下几方面的成效：

(一) 建立了产学研联合体

理学院建成了常州亚什兰现代化学有限公司、常州亚邦化学有限公司、常州胜杰化工有限公司、常州市青龙精细化工有限公司等十几个较为稳定的实践教学基地，与他们签订了长期的合作协议，促进了学院与企事业单位的联系，进一步优化了毕业设计(论文)环节的外部环境。

(二) 开阔了知识视野

学生可以切实地了解社会，接触生产和科研实际，即增加了感性认识，又升华了理性认识，提高了实践能力和创新能力，独立分析和解决实际问题的能力进一步加强了，他们在企业的管理和科研项目的开发中表现出勇于开拓的精神。增强了社会适应性。

(三) 拓宽了合作领域

除了在人才培养方面的合作外，理学院利用联合指导学生毕业设计(论文)的机会积极帮助企业解决生产技术问题，与企业联合搞技术攻关，推动科技成果在企业转化为生产力，例如：常州常青化工有限公司就利用我们学生在毕业设计过程中解决了2-辛醇转化为2-辛酮的问题，为他们创造了更多的附加值，带来了一定的经济效益，并且提高了企业的社会地位。类似的情况在常州市东方化工有限公司等化工企业中也出现过。同时，教师在企业进行实践教学和科研过程中，认真学习新工艺、新设备、新成果，不断丰富教学内容，也使教学工作进入良性循环。同时毕业生到企事业单位后，很快就能适应本职工作，受到了用人单位的欢迎和好评，提高了学校的社会知名度，长三角地区的化工企业对我们的学生需求呈上升的趋势，多年来我们化工专业毕业生的就业率不仅达到了98.5%以上，而且还出现了供不应求局面。

化学类专业实验教学改革的探索研究

苏　扬　姚国胜

化学是一门实验性学科。化学实验不仅是对已有的化学理论有验证和完善的作用，同时也促进新的化学理论的发现。在化学的发展史上，通过化学实验发现和诞生新理论的例子可以说是举不胜举。化学实验是如此重要，从而决定了实验教学在化学专业学习中占有着举足轻重的地位。

自 20 世纪 90 年代以来，我国许多高校就不断尝试对现有化学类专业的实验教学体系进行改革，取得了一定的效果，但与国外一些化学专业具有悠久历史的高校相比仍存在一些需要完善之处。德国高校的化学专业教育已有两百多年的历史和良好声誉，其教学模式，尤其实验教学模式对各国化学专业教育有着深刻的影响。通过对德国高校化学类专业实验教学体系的借鉴以及中德两国实验教学体系对比，可以发现我国高校化学类专业实验教学尚需改善之处，探讨我国化学类专业的实验教学改革思路，以便进一步提高我们的实验教学质量。

一、德国大学化学类专业实验教学体系

德国的化学工业是位居世界领先水平。这正是得益于其高水平的化学专业教育水平。化学类专业是德国大学的传统学科，自 19 世纪二三十年代起就有德国大学设立专门的化学系，其教育模式奠定了世界化学教育的基础。

就专业课程设置而言，中德高校基本是相似的。就理论课时和实验课时的分配而言，双方就有很大的差异。按照近代化学教育奠基人德国化学家李比希(Justus von Liebig，1803—1873)的观点，化学知识只有从实验中获得，因而实验教学在德国化学类专业学习中占有举足轻重的作用，而这也正与实验在化学这门学科中的重要地位相吻合的。实验课程是独立的课程，并不依附于相对应的理论课程，而是自成体系。许多实验课程不仅有实验操作，而且还有相应的实验

理论课和讨论或练习课。实验理论课是主要讲授如何将理论知识运用在实验中和实验方法等。讨论或练习课则主要是对实验问题、实验现象等的讨论。总体上，实验课时数大于理论课时数，占每周总课时数的一半以上，有时要达到70%以上。基本上每周有3天下午是做实验，而对于本科阶段的有机化学实验来说，每周5个下午都有实验安排。表1是德国波恩大学化学系本科大一学生第一学期的“无机与分析”课程的实验安排。

表1　德国波恩大学2008/2009学年第一学期“无机与分析”课程化学实验Ⅰ时间表

天数	理论课	练习课	实验室开放时间	实验内容
1	9：00—11：00； 13：00—15：00			
2	9：00—11：00； 13：00—15：00			
3	9：00—11：00； 13：00—15：00			
4	8：00—11：00			
5		8：00—10：00	10：00—12：00； 13：00—18：30	A1—A9
6		8：00—10：00	10：00—12：00； 13：00—18：30	A10—A16
7		8：00—10：00	10：00—12：00； 13：00—18：30	A17—A23
8		8：00—10：00	10：00—12：00； 13：00—18：30	A24—A29
9		8：00—10：00	10：00—12：00； 13：00—18：30	A30—A38
10			10：00—12：00； 13：00—18：30	B1—B13
11			10：00—12：00； 13：00—18：30	B14，B15
12			10：00—12：00； 13：00—18：30	B16

(续表)

天数	理论课	练习课	实验室开放时间	实验内容
13			10：00—12：00； 13：00—18：30	B17
14			10：00—12：00； 13：00—18：30	B17
15			10：00—12：00； 13：00—18：30	B18
16			10：00—12：00； 13：00—18：30	B18
17			10：00—12：00； 13：00—18：30	B18
18			10：00—12：00； 13：00—18：30	需重做的实验
19			10：00—12：00； 13：00—18：30	清洁实验位置
注：实验内容中所列的是实验项目编号。				

实验Ⅰ”在2008/2009学年第一学期的时间表，实验课时量从中就可见一斑。大一学生第二学期的“无机与分析实验Ⅱ(定性分析与无机合成)”则安排了21个下午做8份未知试样的定性分析和11个下午的8个无机药品的合成。有机化学实验是安排在40个下午完成15个有机药品的合成。如此大量的实验课时和训练强度，保证了学生的实验技能得到充分的锻炼，保证了学生掌握扎实的实验技能。

德国实验教学的模式与中国也有所不同，一般由预习考核、实验、阶段考核、期末考核组成。实验前的预习考核，主要考查与实验相关的理论知识和实验内容。学生只有通过预习考核，才允许做实验。阶段考核是对已经做实验的小结性考核，学生只有通过阶段考核，才能进行下阶段的实验。如果学生在规定次数的补考内仍未通过阶段考核，则只能在下学期或下学年重修。实验内容安排具有实战性，实验所做的，也就是学生将来工作中所要做的。例如定性、定量分析都是对未知试样进行分析，根据分析结果的准确性评分，期末总的实验分数未达要求者，无资格参加期末考试，只能重修。实战性的训练有效地锻炼了学生的实验技能。另外，在实验中，每个学生的试样是不同的，这样的实验模式有效地杜绝了实验数据造假的情况，培养了学生认真求实的工作态度。

实验课程安排在相对应的理论课程结束后的下一学期，只有通过理论课程的学生才有资格参加下学期相对应的实验课程。这样也保证了上述教学模式的运用。同时，学生在一定的理论基础上做实验，对理论的理解会更深刻、更透彻，不仅能做到知其然，更能做到知其所以然。另一方面，对实验的安全也起到了一定的保障作用。

在德国大学，实验教学的目的不单单是传授学生化学知识，更重要的是培养学生的独立研究能力。无机合成实验和有机化学实验要求学生自己查找文献，根据文献设计合成路线、实验方案，实验方案经主管助教批准后实施。这样的模式不仅有效地锻炼了学生自我学习、独立思考的能力，同时从中学生也学习了工作方式和方法，这些都可以在将来的工作中加以运用。

在德国，非常重视实验教学中的安全问题。在硬件方面，实验室配有完善的安全设施。学生必须穿戴实验服和防护眼镜，才允许进入实验室。在软件方面，对所有学生进行安全知识培训和考核，只有通过安全考核，才允许做实验。实验中产生的废弃物，要按照相应的规章进行处理，不得随意处置。如果学生严重违反安全条例，将终止实验资格。这些措施不仅保护了学生，同时也培养了学生的安全意识，养成安全工作的良好习惯。

在德国，化学专业的学生需自购实验服、防护眼镜和一些常用的玻璃仪器。实验中，实验室只提供常用的化学试剂，其他的化学试剂，也需自己购买。因此，实验学习成本相对较高。但是，这样也锻炼了学生的成本意识，合理使用化学试剂，避免浪费。有了这样的良好习惯，对学生今后的工作也是有益的。

二、中国化学类本科专业实验教学体系

中国高校的化学类专业课程设置长期以来是沿用 20 世纪 50 年代的体系，各高校的课程设置较为类似。化学类专业的理论课程包括无机化学、有机化学、分析化学和物理化学四大专业基础课程以及一些与专业方向相关的专业理论课程。实验课程是与上述理论课程相对应的无机化学实验、有机化学实验、分析化学实验、物理化学实验、仪器分析实验以及一些专业课程的实验等。

理论课程属于考核课目，而实验课程属于考查课目，依附于相对应的理论课程。从某种意义上来说，如此划分，决定了实验教学在专业教学中的从属和次要的地位。这与化学实验在化学专业中的重要性是不相符的。这也是中国与德国化学类专业实验教学体系根本性的区别所在。

实验教学在专业学习中所处的这种地位也可以通过实验课程与理论课程两者学时数的比较而得知。表2列出的是常州工学院化学专业主干理论课程与实验课程的学时数。

表2 常州工学院化学本科专业教学计划主干课程情况

理论课程			实验课程		
课程名称	开课学期	学时数	课程名称	开课学期	学时数
无机化学Ⅰ和Ⅱ	1,2	96	无机化学实验Ⅰ和Ⅱ	1,2	64
有机化学Ⅰ和Ⅱ	3,4	96	有机化学实验	3,4	48
分析化学Ⅰ和Ⅱ	4,5	96	分析化学实验Ⅰ和Ⅱ	4,5	64
物理化学	5	96	物理化学实验	5	32
化工原理	7	96	化工原理实验	7	32
电化学分析、色谱与分离、光谱及波谱分析	6	112	现代仪器分析实验	6	64
化工工业分析	7	32	化工工业分析（课内实验）	7	16
环境监测	7	32	环境监测（课内实验）	7	16
高分子化学	5	48	技能培训Ⅰ和Ⅱ、分析化学综合实验	4,5	270
合计		704	合计		606

由表2可以统计出，理论课程与实验课程学时数之比为1.16∶1，实验课时数少于理论课程学时数。再观察无机化学、有机化学、分析化学和物理化学这四门课程，因为这些课程是所有化学化工类专业必修的课程，同时学生的绝大部分实验技能也是在与其相对应的实验课程中学习掌握的。通过比较，就会发现这些课程的理论课时数与实验课时数之比为1.85∶1，也就是说基本上学生每周

理论课时数为4—6课时，实验课时数为2课时，即每周安排一次实验。由此可见，理论课时数远大于实验课时数。如此的课时安排，进一步表明了实验教学在专业学习中的从属地位。

对于实践性的工作技能，我们常说，“熟能生巧”。这意味着，实验技能作为一项实践工作技能只有在充分的训练时间和训练强度下才能有所掌握和提高。而现有化学专业教学中相对较少的实验课时数和每周一次的实验训练强度，就势必会影响学生实验技能的培训效果。同时，由于实验课时、次数少，也限制了实验内容的安排，导致所安排的实验教学内容大多属于基础性的、验证性的和学科单一性的。这样也削弱了实验对于加深专业理论知识理解和掌握的推动作用。

实验教学中还存在的一个突出问题就是实验课程和相应的理论课程安排在同一学期同步进行。实验教学的目的之一就是使学生对所学的理论知识能进一步加深理解，以便进一步掌握所学的理论知识，从而做到知其然，更知其所以然。而实验课程与理论课程的同步安排，使得学生在对理论不甚了解，甚至未知的情况下做实验，造成学生的实验准备不充分，教师无法有效地考核学生的预习工作。同时，学生只能僵化地按照书本做实验，无法理解实验的意义和实验步骤的安排。这样就导致实验教学的质量有所折扣，而且在实验中也存在了一定的安全隐患。这样的情况在有机化学和物理化学实验中尤为突出。

从上可知，实验教学在专业学习中的地位较低，实验课时数、次数少。这样就导致了学生的实验技能得不到充分训练，实验技能水平不高，动手能力较低。其实，这样的问题在我国其他高校也是普遍存在的。正因为这些问题的普遍存在，才会形成国际上所认为的“中国学生动手能力差”这一观点。因此，我们有必要对我们现行的实验教学体制进行改革，提高我国学生的实验技能水平，实现实验教学应有的教学目的。

三、实验教学改革的初步设想

对比中德两国高校化学实验教学体系，可以发现其中最大的差异就是德国实验教学具有与理论教学同等重要的地位，课时数远大于中国的实验课时数，德国高校化学专业一学年的实验课时数就接近了我国高校化学专业四学年的实验课时数。据观察，两国高校刚入学新生的实验技能水平其实相差无几。但德国高校的学生经过本科学习阶段的大课时量、高强度的实验训练后，其实验技能水平普遍高于中国高校的学生，这也验证了我们常说的“熟能生巧”。这说明，与德国高校相比，我国高校实验教学体系存在着一些问题和不足，德国的实验教学体系有值得我们学习和借鉴之处。通过结合我国的实际情况和吸收德国实验教学的先进经验，提出以下分阶段实施的实验教学改革设想：

第一阶段：教学模式改革

目前，我国高校的化学实验教学流程主要是学生做好预习报告→教师讲解实验→学生实验操作→完成实验报告。这种模式存在的主要问题是：学生未有认真做好预习，只是简单地抄书，写出预习报告应付了事。这样，由于实验的预习不够扎实，导致对实验内容及相关的理论知识理解不深、不透，实验操作不顺利，从而影响实验教学的效果。针对这种情况，借鉴德国的模式，即每次实验前对预习进行考核。考核内容包括实验内容、步骤以及相关的理论知识。只有通过预习考核的同学，才有资格参加实验。通过这样的模式，可有效地促使学生认真做好预习工作，研究实验内容和相关的理论知识，而不能再简单地应付了事。在认真预习实验的基础上，学生的实验操作就会顺利，对实验的思考也会更多，从而促进实验技能的提高和对所学理论知识的理解。同时，认真的预习工作又是对实验安全的有力保障，有效避免实验事故的发生。

现有实验的具体内容安排的实战性不强。例如，定性、定量实验的检测试样的组成和含量都是已知的，而且所有学生检测的试样是一样的。这样，由于试样是已知的，学生不管实验有没有认真做，都可以把书本上的实验现象、反应方程式等简单地写入实验报告，而指导教师却无法得知学生是否真正地做好实验。同时，由于所有学生检测同一试样，从而存在了抄袭数据、弄虚作假的可能性。因此，可借鉴德国的经验，提供学生未知试样进行检测，而且每个学生的试样不同，这样就可避免上述问题的出现，使学生们真正做好实验。

第二阶段：实验编排的改革

结合我国教学体制，修订教学大纲时，对实验内容进行修订。目前，编排的实验中，验证性实验占有比例还较高，设计性、综合性实验相对较少。因此，在修订时，增加设计性、综合性实验，减少验证性实验。设计性、综合性实验不是简单选择实验教材上的实验做，而是由指导教师提出实验课题，学生根据课题查阅文献、根据所查文献独立设计实验、进行实验操作和实验数据处理。这种设计性实验的工作方式是与学生的毕业设计以及将来工作紧密关联的，具有很强的实践性，能有效地锻炼学生的综合能力。

第三阶段：培养计划中有关实验教学内容的修订

为了真正提高实验教学的质量，真正有效地训练学生的实验技能，就需要对现有的培养计划进行修订，否则就无法真正实施实验教学的改革。具体的修订内容如下：

（1）实验课程由考查科目修改为考试科目，将实验课程的地位提升至与理论课程同等地位，从而避免对实验课程的轻视。

（2）增加实验课时数，使实验课时数应大于或至少等于理论课时数。

（3）一些实验课程，例如物理化学、有机化学等，应与其相关理论课程错开安排，不能同期安排，即实验课程安排在理论课程后的下一个学期。因为这些实验课程对学生相关的理论知识水平是有要求的，学生只有在掌握理论知识的基础上，才能更好地做实验，通过实验对理论知识也会有更深刻地理解。同时，理论知识的掌握也是对实验安全的一个有效保障。

另外，为适应企业对化学专业学生的要求和我国大学毕业生的就业形势，可以有针对性地开设一些实验技能、技术资质等方面的训练课程，使学生所学所练更符合企业要求，使学生在就业市场上更具竞争力。

实验教学在化学类专业学习的重要地位，促使我们需要认真反思目前的实验教学体系。通过中外教学体系的对比，可以发现我们目前的教学体系有许多需要改革的地方。实施改革，会增加相关教师的工作量，但培养合格的、符合社会需要的人才是我们教师的职责。目前，毕业大学生的就业形势是严峻的，竞争是激烈的，因此我们只有更有效训练学生的实验技能，培养他们独立的工作能力，才能使他们有机会在就业竞争中立于不败之地。同时，我们培养的学生比其他院校的学生有竞争优势，能得到更好的工作位置，反过来就会更有效地吸引高中毕业生报考我校的化学类专业，从而有利于我们专业进一步的发展。

（2009 年 11 月发表于《巢湖学院学报》，选入本书时略有删节）

应用型财务管理专业卓越人才培养模式研究

——以常州工学院为例

刘贤仕

2010年6月，教育部在天津召开会议，启动了全国范围内的"卓越工程师教育培养计划"试点工作，该计划目前已向教师教育、法学、医学等领域扩展，这是高等教育为适应建设创新型国家需要的重要举措，也是目前我国高等教育贯彻落实《国家中长期教育改革和发展规划纲要(2010—2020年)》和《国家中长期人才发展规划纲要(2010—2020年)》的重大改革项目。此举在全国高校引起强烈反响，无论是入围还是未能入围改革试点的高校，都在着手卓越人才培养方案的制定和实施工作，由此也拉开了全国高校人才培养模式改革的序幕。

常州工学院是第二批进入教育部"卓越工程师教育培养计划"的高校之一。学校财务管理专业一直坚持应用型人才培养模式，近几年在教学改革、特色专业建设和人才培养方面做了大量工作和改革尝试，并取得了初步成效。教育部针对工程技术人才的培养启动了卓越计划，其基本要求对目前所实施的应用型财务管理专业人才培养依然具有一定的借鉴和指导意义。

一、卓越计划对应用型财务管理专业的要求

尽管"卓越计划"的本意是培养卓越工程师，财务管理专业目前也没有纳入卓越计划的范畴，但此计划中"行业企业深度参与培养过程，学校按通用标准和行业标准培养工程人才，强化培养学生的工程能力和创新能力"的三个特点，使得我们完全可以运用卓越计划的理念，根据卓越计划的基本要求，进一步建设有自身特色的人才培养模式，从而培养卓越的会计师、管理者和创业者。

目前我国大部分财务管理专业培养的是应用型人才，该类人才是相对于高、精、尖理论型、学术型人才而言，更多地需要掌握直接应用型知识和具有更具体

实践的能力，要求学生能适应社会建设需要，能在企事业单位及政府部门从事经济、管理以及教学、科研等方面的工作，要求学生具有创新能力、创业能力，综合素质高，适应能力强。

根据卓越计划的基本定义，目前我国财务管理应用型人才在培养宗旨上与卓越工程师并无太大区别。但要成为卓越的管理人才，目前的财务管理人才培养应更多地关注社会和学生的需求，要求教师和学生有参与社会、服务社会的能力，建立合理的机制，形成企业与学校的无缝衔接与深度合作。培养学生具备多学科与社会化的视野、自主学习和实践能力、思维能力、团队协作能力、创新与创业能力。

二、应用型财务管理人才培养面临的问题

常州工学院作为一所地方本科院校，依靠理工科的背景条件，结合跨学科优势，探索并建立行之有效的应用型人才培养模式。目前，学校财务管理专业应用型人才培养成绩显著，但也存在不少问题，主要表现在以下几个方面：

（一）实践教学重视不够

学校人才培养方案的制订主要采用以学科为中心的公共基础课、学科基础课和专业课“三段式”的课程模式，课程内容是以理论知识或陈述知识为主体，虽然普遍设置了实践课程，但大都是理论课的附属品，实践课程中较多的是验证性的实验和定向性的基础研究，综合性、设计性模拟实验少，独立开设的实验课程少、周期较短；课程间的实践教学环节衔接不够、彼此相互孤立、缺乏联系，没有形成系统、科学的实践教学体系，没有体现复合型、应用型人才的培养目标。在学生的学习考核环节也大多是以书本知识为主，实践教学重视不够，忽视了实践能力、创新能力和职业素质的考评。

（二）人才培养缺乏企业的深度参与

目前校企合作层次较浅，不能满足应用型人才培养的要求。学校人才培养方案在制定过程中较少邀请企业参与其中，企业在高校人才培养方面缺乏主动性和责任意识。企业希望的是学生能够为其生产经营带来直接的经济效益，以谋取企业的最大利润，而不是根据学校人才培养的需求将学生安排在与其专业

相关的工作岗位上进行培训和锻炼。学生在企业实习的时间偏少，时间安排不够合理，实习一般只能参观内容，而不能真正的进行实训操作，也很少提供劳务报酬。学生接触企业人员较少，没有机会了解企业的实际问题，对企业采购、生产、经营等环节缺乏必要的感性认识，影响了学生专业学习的积极性。

（三）课程设置较少考虑学科交叉融合

用人单位一般要求学生一专多能，对专业人才的沟通能力、理论知识、行业知识、领导能力、应变能力、人文素养、工程技术等各方面要求很高。比如，搞财务管理特别需要了解企业工程技术，具有一定的工科知识。但是，学校专业人才培养方案的单一性和较少与相关学科专业课程的交叉融合，使得培养的学生能力单一，不能满足用人单位的要求。

三、创建应用型财务管理卓越人才培养模式

（一）创建原则

1．多元化原则

主要体现在学生选拔方式与评判标准多元化、人才培养目标着重点多元化、人才素质构成多元化、教学内容与课程体系多元化、教学方式与教学手段多元化、学生评价多元化等方面。

2．融合化原则

人文与科技、知识与应用、传承与创新、借鉴国外经验与独立探索相融合是人们对本科财务管理专业教育发展趋势的普遍共识。现代财务管理专业教育离不开知识的集成、学科间的相互交叉、课内与课外、国内与国外的融合。

3．实践性原则

财务管理专业教育要求学生更多地参与到企业生产经营的实践中去，培养学生从实践中发现问题、分析问题、积累经验、解决问题的意识与能力。对财务管理人才实践性的培养是卓越管理人才培养模式最主要特征之一。

4．创新性原则

要注意培养学生的创新意识、创新思维、创新精神、创新人格、创新能力，财务管理人才培养模式的建构本身要有所创新，要结合学生个体的实际、学校自身

所具备的条件和所处地区的经济文化环境、用人单位对人才的具体要求等情况，建构出具有自身特色的应用型财务管理人才培养模式。

5. 开放性原则

面对全球化的人才竞争，我国财务管理专业教育必须走出封闭，走向开放。要能够深谙国际惯例，具有国际眼光和视野，就能够分析国内外不断出现的新的经济发展方式，并借鉴其合理可行之处。

(二) 培养目标

卓越人才培养目标一方面要符合卓越计划对财务管理人才培养的总体目标要求，另一方面要体现出参与高校自身的特色与不同的侧重。不同高校必须针对卓越计划的国家通用标准、学校标准以及行业标准三个层面的标准体系，确定本校卓越计划专业培养方案的培养目标。财务管理卓越计划培养目标分为三层：总目标、一级指标和二级指标。

1. 总目标

卓越计划培养总目标是以通用标准为宏观指导，符合卓越计划对财务管理人才培养的总体目标要求，结合学校标准和行业标准来制定，培养具有合理知识结构与较高专业水平，具有国际视野和卓越精神的高素质、应用型财务管理创新与创业人才。

2. 一级指标

卓越计划通用标准中强调各层次财务管理人才必须在知识、能力和素养三方面具备竞争优势与发展潜力。所以，在制定专业培养方案时应将知识培养、能力培养以及素质培养作为衡量课程体系结构和教学计划安排是否合理的评价指标，即判断课程体系中的课程设置和教学计划是否能够达到对学生知识、能力以及素质的培养。

3. 二级指标

根据学校标准和行业标准对一级指标进行细化，其标准和目标不同，二级指标也不尽相同。将一级指标中的知识培养细化为基础知识、学科知识和专业知识三个二级指标；将一级指标中的能力培养细化为专业实践能力、创新创业能力、社会交往能力和国际竞争能力四个二级指标；将一级指标素质培养细化为工程技术、人文知识和卓越精神三个二级指标。相对于一级指标而言，利用细化后的二级指标能够更明确更具体地衡量课程体系结构和教学计划安排。

(三) 创建校企联合模式

纵观国外高等教育，德国应用科学大学高等教育体系培养工程师是非常成功的典范。与国内生源情况不同，德国应用科学大学的学生入学前一般均具有相应的实践经验。与国内培养目标亦不同，德国应用科学大学培养的毕业生是掌握科学的方法、动手解决实际问题的工程技术人才。从学制来看，虽然也为4年，但采用了“3＋1”学制结构，两个学期即1年的企业实习期。与国内人才培养方式不同，德国应用科学大学采用学校与企业双方共同合作的教育模式，学校承担理论教学，企业则承担实践教学。德国应用科学大学的学生有大量的机会去企业参观学习，考察企业实际的工作流程。同时，德国应用科学大学毕业设计的题目中有一半以上来自企业实际，并大多在企业中完成。

为了达到卓越人才培养目标，借鉴德国应用科学大学的办学模式及成功经验，创建校企联合培养模式。通过了解行业的发展需求，邀请企业的工程技术人员、企业管理和财务管理专家参与人才培养方案的制定工作，共同负责学生的培养。企业深度参与校企合作，确保学生有一年在企业学习培养时间，学生的本科毕业设计课题应紧密结合企业实际。

实行“4＋2＋2”时间安排。第1—4学期学习相同的基础知识，第5—6学期学习专业主干及专业方向课程，第7—8学期顶岗实习、专题报告、撰写毕业论文。这样的设计，一是有利于学生获得人文、自然、技术、经济和管理的基础知识；二是实习提前，时间延长，既有利于学生全面掌握企业运营和财务管理的各个方面，也有利于学校根据实习暴露出的问题或市场需要开设一些专题报告、讲座等来查漏补缺。

将课程体系划分为通识教育模块，技术、经济和管理互通模块，创新、创业和实践能力培养模块，专业主干及专业方向模块，企业顶岗实习模块，专题报告和毕业论文模块。

将技术、经济和管理知识融合化，通识教育模块课程以打好基础为原则，技术、经济和管理互通模块和专业主干及专业方向模块课程以尽量扩宽、减少重复为原则，进行优化整合，增大学生的自学空间和时间。

为强化学生的实践能力，所有专业课程都设计实践教学内容指导方案。理论类课程、应用类课程的实践教学时数分别达到该课程总教学时数的20％、30％以上；专业主干等实务类课程达到50％以上。

四、应用型财务管理专业卓越人才培养措施

(一) 以教学改革为抓手

1. 教学形式多样化

除了常规的课堂上课方式外，积极探索采取每学期集中理论教学、聘请校外知名专家作热点问题专题讲座或报告、观看资料片以及企业家进课堂等方式进行教学，鼓励学生参加各种竞赛，强调创新、创业、实践能力的培养。

2. 教学方法多元化

坚持教师"主导"与学生"主体"相结合，突出学生主体作用，采用灵活多样的教学法，改变"满堂灌"的说教方法。以调动学生的创造性思维为核心，除教师讲授，学生分析、讨论等常用方法外，探索并完善案例互动教学、经管情景模拟、科研课题渗透、团队学习、课业训练等多种参与式、体验式、交互式教学方法，增强教学的互动性，提高教学的生动性、趣味性。

3. 双语教学过程化

要注重学生的外语听、说、写的基本能力训练，加强双语教学课程设置研究，规定双语教学基本要求，组织优秀教师编写切实可行的双语教学教材，逐步扩大双语教学范围，使外语教学贯穿于大学教育全过程，培养学生良好的外语运用能力。

4. 实践学开放化

实验室全天候开放，学生可在任何时间申请自主选定的实验，不断提高学生自主实验率，增强学生动手能力、实践能力与创新意识。

(二) 以调动企业的积极性为突破口

企业作为社会经济活动的个体，盈利性是其本质特征。是否能盈利是其是否参与校企合作的根本因素。企业参与校企合作得不到国家任何的优惠政策，反而增加了麻烦和负担。学生在企业学习阶段需要到生产现场接受有关项目的训练，存在一定的安全隐患，企业需要为学生安全承担风险。因此，企业与学校合作的积极性不高。

在校企合作之前，要先考虑校企合作可以为企业解决什么问题、带来什么效益。大多数企业都会面临对员工培训及新技术研发的问题，企业可以充分利用学

校的教育资源，对员工进行培训，企业员工在学校培训合格后才能上岗。企业可以将学校作为企业新技术的研发地，企业与学校合作可以节约成本，实现双赢。政府应在政策导向上，制定和规范旨在鼓励、引导行业和企业深度参与校企合作的政策措施，让企业看到校企合作的好处。

（三）以"双师型"教师队伍建设为关键

（1）让教师走进企业。高校教师如果没有企业的实际工作经验，不熟悉岗位操作，是很难在课堂教学及教学实践环节中给学生以具体的启发和有针对性的指导的，这样势必会影响到应用型人才培养的质量。学校需要派遣中青年教师进企业实践进修，实施不少于1年的实践能力培养计划，或让教师进入企业挂职锻炼，让教师将自己的理论知识在实践生产中得到升华。

（2）引进企业有实践经历的专家。面向社会和企业聘请具有丰富理论及实际经验的高级技术、经济管理人员，让他们在学校兼职授课，参与学校培养方案的制定，保证每年能够有一定的时间开展现场实习或指导现场实习。让教师与专家面对面的交流，在共同的教学交流中提高教师的钻研兴趣，促进教师向"双师型"教师转化。

五、结语

根据卓越计划以及财务管理专业的特点，本文认为，财务管理专业的人才培养应该以社会发展背景为基础，以学生为中心，以个性化的培养方法和手段，加强企业的参与性，建立与企业界的紧密联系，多渠道、多形式、多环节地培养学生的实践意识与实践能力。通过给教师和学生一定的创新空间与自主空间，最大限度地发挥学生和教师的主动性、社会适应性，培养学生的创新与创业能力，培养出具有卓越精神的卓越人才。

（2012年10月发表于《北方经济》）

“零距离”特征的应用型财务管理本科人才培养模式实践与探索

牟伟明　许　珂

财务管理专业是根据教育部1998年颁布的《普通高等学校本科专业介绍》而新设的一个本科专业，是将原来的“理财学”和“资产评估”两个本科专业归并后形成的，属于管理学学科门类下的工商管理类专业。教育部将财务管理专业设置为独立的本科教育专业，这说明财务管理专业的开设是适应我国经济发展的实际需要，有其紧迫性和重要性。近十年来，各高校对财务管理专业在人才培养目标、课程体系设置以及教育教学方法改革等方面进行了有益的探索和实践。在当今世界经济全球化日益加深，国际经济的竞争与合作，产业结构以及技术结构调整将加速财务职业岗位和技能的变化和更新的新时期下，如何更好地建设财务管理专业是各高校面临的新课题。

常州工学院作为一所地方性本科院校，学校的定位就是为地方经济和区域经济的发展培养高级应用型人才。财务管理专业作为学校新设置的专业，其立足点就是为常州地方经济和区域经济发展培养高级应用型财务人才。财务管理专业建设和发展的目标就是构建具有我院特色的“零距离”特征人才培养体系，全面提升财务管理专业毕业生的核心竞争力和就业优势，在江苏省同类院校的财务管理专业中形成特色化品牌。

一、“零距离”培养人才的特征表现

所谓“零距离”，是指我校教学工作与社会和工作实际尽可能接近。财务管理专业按照品牌化的特色专业建设要求在人才培养目标和“产学研结合”的培养方式体现“零距离”的特征，构建具有我院特色的人才培养体系。

(一) 人才培养目标体现“零距离”

财务管理专业建设基于21世纪对财务人才需求实际，按照高级应用型人才的培养和成长规律，以适应现代化教育的需要为前提，坚持为地方和行业经济发展服务的方向，以提高人才核心竞争力为目的，以就业市场为导向，走产学研结合的道路，培养具有较为扎实的基础理论和专业知识，并具有较强实务能力和创新意识的财务管理专门人才。

(二)“产学研结合”的培养方式

所谓“产学研结合”，既指一种办学思想，也指培养人才的一种教学途径。所谓“产学研有机结合”，不仅是指学校、企业和科研单位以及人才培养、生产和科学研究在形式上紧密结合，更是指学校教学过程和教学环节中的产学研在实质上的紧密结合，以及建立的“产学研结合体”内教学、科研、生产实质上的紧密结合，这样就更有利于实现广大教师与科研人员、管理人员的思想碰撞、信息交流、取长补短，通过产学研的结合，实现资源共享，优势互补，发挥产学研结合的综合优势，提高产学研资源利用的质量和效率；产学研结合也是培养和造就高层次人才的更完善的一种方式，可促进高层次人才的理论与实践的结合，创新与创业的结合，技术与资金的结合。

根据我校培养高素质的、具有创新精神和实践能力的应用型本科人才的培养目标，财务管理专业在教学工作中努力探索并实践产学研有机结合培养应用型本科人才，取得了丰硕的成果，形成了鲜明的特色。

1. 积极联系，加强实习基地建设，为“产学研结合”构建平台

在校外，利用长期协作关系，选择建立了校外较稳定的实习基地。现已建成20家签约实习基地，在此基础上，每年再完成1～2个实习基地的签约，使教学与实践紧密结合，为“产学研结合”构建平台。

2. 充分利用稳固的实习基地，做好实践性教学环节

财务管理专业充分利用产学研平台和各种渠道，聘请实习单位的高级会计师、财务经理、会计师作为实习指导教师，同时把课程设计、专业实习、毕业设计(论文)等实践性教学环节前移到生产实践的第一线，让学生在生产的实践中锻炼和提高自身的动手操作能力。另一方面，学生在写作毕业论文时，可以以与生产实践中遇到的问题作为研究课题或与教师研究课题的子课题作为研究内容，

紧密结合实际进行毕业论文写作。最近两年,财务管理专业有多位同学参与教师的科研课题并以此为选题写作毕业论文,取得了丰硕的成果。3 年来,财务管理专业毕业论文获得江苏省普通高等学校本科毕业论文评比三等奖 2 项,学校本科毕业论文评比一等奖 3 项,三等奖 4 项,公开发表论文 5 篇(分别发表于《财会通讯》《常州工学院学报》),另外还有很多同学的毕业论文是关注生产实践的课题:比如关于企业投融资决策方法、纳税筹划、资本市场、所得税等方面的研究,取得了比较好的效果。

(三) 加强就业辅导,积极鼓励学生自主创业

学生的就业是人才培养的归宿,因此学校非常重视学生的就业。一方面,学生在学校积极引导下,有序地通过人才市场找到适合自己的工作岗位;另一方面,积极鼓励大学生利用国家优惠政策进行自主创业,建立学校创业孵化基地和创业项目,并且给予相应指导的。从近几届毕业生的就业情况来看,财务管理专业的毕业生绝大部分通过人才市场找到自己满意的工作,就业率和签约率都达到 90%以上,同时也有一部分毕业生选择了自主创业,通过创办公司、企业来作为自己的选择。应该说在自主创业阶段他们充分发挥了在校期间所学的专业知识和能力,特别是在实践中学习的企业管理、财务管理的知识,为他们的创业和发展奠定了坚实的基础。

二、"零距离"特征的应用型财务管理本科人才培养模式实践

面对财务管理环境日趋复杂多变的现实状况,对财务管理专业人才的的综合素质和能力的培养显得特别重要。从整体要求来看,应用型本科财务管理专业的毕业生必须具有获取知识和应用知识的能力,为此我们进行了有效的探索和实践。

(一) 构建完善的政治思想素质体系、课程体系、能力体系

1. 政治思想素质

我们培养的是具有正确的价值观和人生观,优良的道德品质,良好、健康的心理和健全的人格,对国家的财经法规的理解贯彻能力,强烈的岗位责任心、事业心,敬业精神,团队合作精神,创新意识的人才。为实现这一目标,我们实行了

班级导师制，通过系主任在新生入学时进行专业教育和讲座辅导，专业导师悉心的辅导和引导，任课教师（特别是专业教师）的时时引导和教诲，系部专业教师与学生之间的座谈、谈心和情景模拟面试来逐渐养成学生良好的思想品德和积极的人生观。

2. 课程设置

课程设置体现基础性和应用性，按照应用型人才培养思路，新的课程体系将设有基础课、专业课、限选课、任选课、集中实践性环节 5 个模块，这样的安排将使课程设置更为科学合理，同时也使学生有较好的选择余地，拓宽学生的知识面和适应能力。

(1) 公共课、基础课和专业基础课。公共课和基础课按国家教育部的基本要求执行，专业基础课包括“管理学”“微观经济学”“统计学”“基础会计”“宏观经济学”“管理信息系统”“市场营销”“国际贸易”“国际金融”“电子商务”等，让学生接受最基本的专业知识体系的学习。

(2) 专业课。由“财务学原理”“中级财务管理”“高级财务管理”“财务管理电算化”“投资银行理论与实务”“投资项目评价与管理”“高级财务管理”“资本市场机构财务运作”“跨国公司财务”等课程构成专业课体系，使学生接受较完整的专业知识的教育，掌握扎实的专业知识。

(3) 限选课、任选课。充分发挥工科院校的优势，安排工程类基础课程，比如“先进制造技术”“土木工程概论”“工程预算和决算”等课程由学生自主选择，进一步拓展学生的视野。

(4) 集中实践性环节。由实践环节（财务学原理课程设计）、专业实验（公司财务模拟）、证券投资模拟、项目评估模拟、公司理财综合模拟构成学生的能力培养体系，在实践中注重表述能力、业务处理能力、沟通能力、学习能力的培养。

3. 能力体系

(1) 记忆能力：能将有关财经法规、会计准则、会计制度记忆在心，提高工作质量和效率；

(2) 独立思考、分析问题能力：能对会计、财务等信息资料进行逻辑判断、加工、分析，驾御企业的资本营运和资金管理；

(3) 业务能力：熟练运用计算机与网络技术进行合理的筹资、投资、分配和管理的能力以及决策的能力；

（4）表述能力：简明、扼要、正确地陈述财务管理事项、观点，撰写财务分析报告和业务文件；

（5）创新能力：掌握新技术的能力、敏锐的职业捕捉信息能力以及发现新问题，解决新问题的能力。

为使学生能够具备以上能力，我们通过学术讲座、辅导报告、假期集中社会实践（包括组成社会实践小组）和在校的课程实践和仿真模拟等途径进行强化、培养。

（二）强化“双师型”师资队伍建设

师资队伍是高校高质量教学工作的重要保证。从一定意义上讲，学生培养的质量，很大程度上取决于教师的水平。为此，我们加大投入，通过学校培养和引进相结合的方式，逐步建立起一支稳定的年龄结构、职称结构、学历结构、学科结构合理的教师队伍，形成了一支以教授、副教授为学科带头人，中、高级会计师为骨干的“双师型”师资梯队。我校16名财务管理专业专任教师中，注册会计师3名，会计师6名，高级会计师2名，财务软件操作员3名，讲师以上职称100%。专业教师中有90%都在会计师事务所、企业兼职做会计或财务顾问工作。这样，教师在专业能力上始终保持与会计、财务一线岗位所需的职业能力“零距离”。同时，本专业还聘请6位既有理论，又有丰富专业实践工作经验的专家、学者、财务经理、财务总监作为兼职教师从事实践教学和学生认识实习、毕业实习以及毕业论文的指导教师。

（三）加强学生核心竞争力的培养

学生在校学习后，就必须到就业市场或通过自主创业找到自己适合的工作和岗位。在现今竞争激烈的人才市场上，作为一名优秀的财务人才就必须具备以下能力：

（1）具有较强的资本运作能力；

（2）具有财务分析、财务计划、财务预决算的能力；

（3）具有为企事业单位提供财务管理咨询服务能力（包括财务诊断、投资项目评价、参与企业并购与重组方面的能力）。

为了达到本专业的培养目标和让学生具备核心竞争力，保证人才的培养质量，我们主要从以下方面付诸实施：

1. 培养方案的制订与修订

在充分专业调研基础上，制订和修订符合应用型本科人才培养的培养方案，构建合理的课程结构与教学内容体系，优化知识、能力和素质结构，从培养应用型人才出发，以优化知识结构、能力结构、素质结构为主线，进行课程体系的重组和教学内容的优化，形成全新的课程方案，使课程设置体现基础性和应用性，按照应用型人才培养思路，新的课程体系将设有公共基础课、专业课、限选课、任选课、集中实践性环节五个模块，这种安排将使课程设置更为科学合理，同时也使学生有较好的选择余地，拓宽学生的知识面和适应能力。

在教学内容的改革上，按照知识基础化、系统化、综合化的思路，切实推进改革，注重各门课程在课程体系中的地位和作用，注重各门课程之间的连贯和衔接，对原有的教学内容进行整合、优化，比如：分别开设“财务学原理”“中级财务管理”“高级财务管理”三门课程，将专业基础课与专业课程相区别。在内容上形成层次性和递进性。

2. 改革教学形式、教学方法、教学手段和考试方法

我们着力进行教学内容、教学方法、教学手段和考试方法的改革，激发学生的自主性学习，探索性学习的积极性，不断提高教学质量。

(1) 课堂教学改革从以教师为中心，转到学生为中心，教与学相结合，积极开展讨论式教学、启发式教学，建立讨论课、自学课、辅导课、实践课等多种教学形式，要求各门专业课程提出相应的教学改革方案。

(2) 大力推进现代教育技术手段的应用，积极开展CAI教学课程研究，提高现代化教学能力和水平，我们已经启动了主干专业课程的多媒体教学建设计划，多媒体教学覆盖面能达到70%以上。

(3) 改革考试的内容和方法。在考试内容上，结合课程主讲制度，建立试题库建设责任制，要求试题库内容不仅要考核学生的基本知识、基本理论、基本技能的掌握情况，还要考核学生发现问题、分析问题、解决问题的能力，试题库内容要根据实际及时修订、补充、更新。考试形式上要求采取作业、讨论、笔试、闭卷、开卷、操作等多种方式，加大平时成绩的比重，实行严格的教考分离。

3. 加强实验室建设

专业建设不仅需要软件建设，也需要硬件建设。为了进一步提升学生的财务决策能力、综合分析能力等核心能力，学院和系部加大了资金和人力上的投入，加大院内专业实验室(模拟室)的建设力度，2007 年投资 200 多万建成了财

会模拟实验室、会计电算化实验室(与常州金蝶公司共建)、ERP财务实训中心(与常州用友公司共建)、证券投资、模拟银行等5个仿真实验室,能够很好完成会计、财务职业岗位群的所涉及的相关业务处理的仿真模拟,同时我们还充分发挥校外实习基地的优势,分批派学生到实习基地单位进行认识实习、顶岗工作,做到理论与实际相结合、知识与技能相结合,校企合作共赢。

在财务管理专业仿真模拟中,我们分别开设了单项实验和综合实验。单项实验主要是针对企业财务管理中重要的知识点设计,例如货币的时间价值应用、资金需要量预测、资本结构预测、存货经济订货量、销售收入预测、企业利润预测、财务预算编制等,这些实验一般在课程的理论教学中穿插进行,主要是提高学生财务管理基本知识的运用能力。而综合实验是将财务管理与金融学、会计学的知识融合在一起,以综合案例、综合实训的形式进行,例如筹资决策综合案例、投资决策综合分析等实验项目,旨在培养学生对财务管理知识的综合运用能力。

三、"零距离"特征的应用型财务管理本科人才培养模式实施成效

近3年来,"零距离"特征的应用型财务管理本科人才培养模式在人才培养过程中发挥了积极的作用,极大地推动了专业建设和学科建设,提升了人才培养的质量和水平,取得了良好的成效。

(一) 学生基本功扎实,实际操作能力强,竞赛成绩突出

2007年由我校财务管理专业学生为主力组队参加的第四届江苏省大学生创业计划比赛中,在众多重点院校林立的形势下我校代表队脱颖而出,获得大赛二等奖的好成绩。2007年由我校财务管理专业学生参加的常州市第三届全国会计知识大赛预赛中取得个人第二名、团体优胜奖的好成绩。

(二) 社会声誉好,专业吸引力高

自本专业设立以来,报考我校财务管理专业的生源一直是非常的充足。近3年来,财务管理专业每年都要在原计划招生数上扩招,且都为第一志愿录取,录取分数高出省控线10分左右,新生报到率100%。具体见图1、图2、图3。

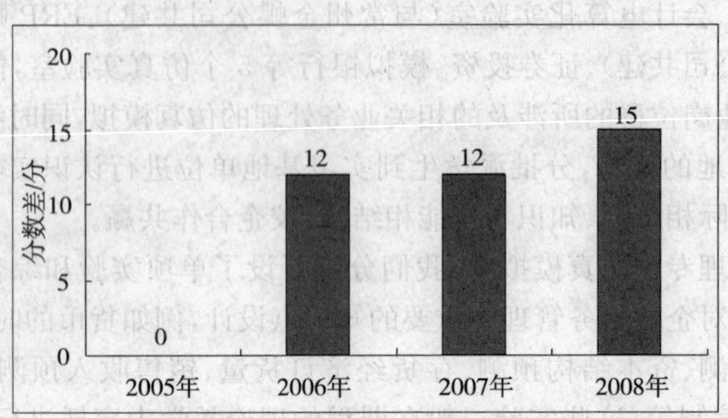

图 1　江苏省高校招生省控线与学校财务管理专业投档线比较

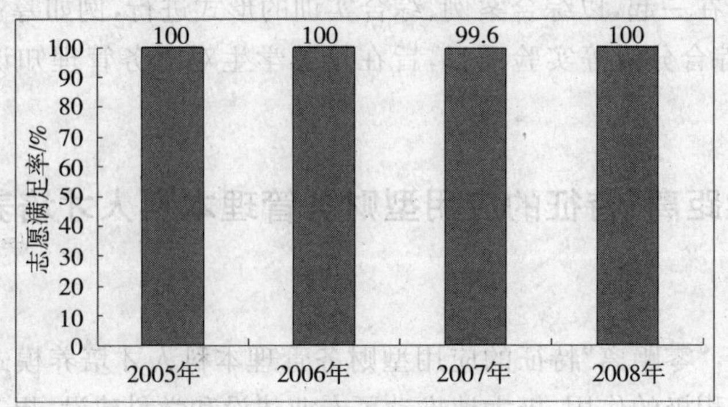

图 2　我校财务管理专业录取志愿满足率

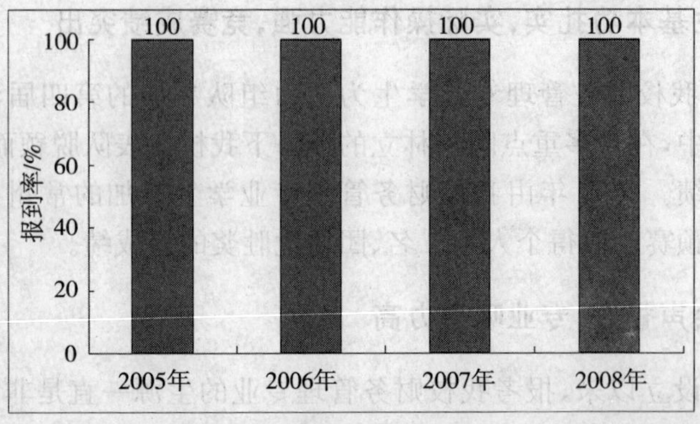

图 3　我校财务管理专业新生报到率情况

(三) 毕业生就业竞争力强,就业率、签约率高

作为地方性本科院校,服务地方和区域经济是我们的基本定位,就业才是培养学生的根本归宿。由于我们实施了这一培养模式,使培养的学生实现了"就业即上岗,上岗能顶岗"的目标。学生、校友对母校和专业的良好评价和社会对学院人才培养工作的认可,使我校赢得了良好的社会声誉,已初步形成了"进口旺""出口畅",招生与就业良性循环的喜人局面。如2007年国内著名用友软件公司在省内招聘毕业生时,财务管理专业袁杰同学自告奋勇参加竞聘,最后经过层层考试被公司录用。2006年至2008年我校财务管理专业毕业生一次就业率和签约率都达到90%以上,名列全省同类院校前茅。

我校财务管理毕业生不仅就业率高,而且用人单位满意度高,通过我们对财务管理专业近两届的毕业生进行调查发现,2007届毕业生专业对口率达到82.5%,用人单位对毕业生的岗位专业技能、敬业精神、待人处事能力、创新能力等方面进行综合评价,满意率达85%,并且有两家国有单位在我校财务管理专业建立了固定招聘预约点。

(2009年11月发表于《科技经济市场》)

酒店管理专业实践教学体系的构建策略研究

——基于培养学生职业情感角度

马静卿

2009 年 11 月 25 日，国务院讨论并原则通过了《关于加快发展旅游业的意见》，明确提出要把旅游业培育成为国民经济的战略性支柱产业和人民群众更加满意的现代服务业。酒店业作为旅游业的重要组成部分，也面临着前所未有的机遇和挑战，其中人力资源短缺就是各大酒店深感棘手的一个问题。其实，我国酒店专业人才培养起步并不算晚，1979 年上海旅游高等专科学校成立，标志着第一家高级旅游人才培养机构的诞生，其后各地旅游院校如雨后春笋般纷纷涌现，经过 30 年发展，按理说早就应该有了较好的专业人才保障，但现实状况还是不容乐观。目前我国旅游业从业人员已经近三千万，其中具有大专以上学历的旅游专业人才不足三成，酒店产业对人才的需求缺口巨大，除了酒店业本身的一些特点导致人员流动频繁外，还有一个主要原因是很多酒店专业学生毕业前就已经有意识地避开了酒店作为择业目标，从而造成专业人才尚未就业就已经大量流失的局面。这一现象如果任其持续下去，酒店的人力资源难题根本不可能得到解决。

一、酒店专业毕业生大量转行的原因分析

（一）酒店方面的原因

1. 酒店行业对人才的吸引力先天不足

酒店属于服务业，工作强度大，除了高层管理者外，普通员工的报酬一般都不太高，加上我国的传统思想影响，很少有人觉得酒店职业有多么体面。近年来大学毕业生找工作的难度加大，而酒店就业机会相对较多，学生填报酒店专业时

就是迫于未来谋生的无奈之选，并非出于对这一专业的真正热爱。以常州工学院为例，从2001年开始招收旅游管理专业大专层次的学生，到2010年已有毕业生242人，本科在校生84名，而根据该系最近的毕业生就业状况调查，只有不到20位学生还在酒店工作，也就是说，90%以上的酒店专业学生转到了其他行业工作，使得高校为地区产业发展培养专业人才的宗旨几乎成为一句空话。

2. 人力资源部门对于人才资源建设和规划措施不到位

人力资源部主要忙于岗位人员调配和员工绩效考核等传统事务，在对员工进行有效的职业规划方面做得不够充分。由于害怕不能兑现承诺，对于员工的未来发展能够达到一个怎样的高度，人力资源部门一般都不会明确告知，酒店的人员安排都是精打细算，所以无论是前台服务部门还是行政职能部门，各岗位平时都是忙碌的，劳资双方的沟通时间很少，酒店专业学生进入岗位后，一两年内对自己的工作由熟生厌，对前途感觉茫然，很容易产生另谋出路的念头。

3. 素质不高的管理人员阻塞了人才的上升通道

酒店进入门槛低，我国酒店业刚开始大规模发展时，很多文化和技能素质都很一般的人员大量进入了一些硬件较好的高档酒店里，这些人员经过几十年的磨练，技术水平提高较快，也因此在论资排辈时占据了酒店的主要管理岗位，但由于理论素养的欠缺，管理理念不能与时俱进。大多情况下是以简单的层级管制甚至是压制替代了管理，导致酒店内部人事矛盾激化，上升空间狭小，也是酒店难以留住人才的主要原因。

(二) 高校方面的原因

1. 对于毕业生择业偏差问题没有足够重视

由于某些制度上的原因，高校招生就业部门长期以来，重点关注的都是毕业生的就业率问题，各高校疲于应对毕业生的各项就业考核指标，只要学生找到工作就万事大吉，至于工作和专业的关联度问题，一直没引起足够重视。长此下去，造成的直接后果就是专业教育资源的大量浪费和高校社会服务功能的不断弱化。

2. 忽视了学生的职业情感教育

在分析酒店业人才供需矛盾时，一种普遍观点认为，高校没有给学生足够的实践机会，导致他们眼高手低而不受酒店欢迎。但是根据本课题组所作调研，酒店专业毕业生放弃在本行工作，通常都是他们参与了实践后所作的决定。这一现象表明，酒店人才培养过程中，对于实践的重要性虽然早已达成共识，但却没有预计到实践课程对学生可能产生的负面影响，忽视了职业情感教育。

所谓职业情感，是指人们对自己从事的职业所具有的稳定的态度和体验。职业情感有积极和消极之分，具有积极的职业情感的劳动者会从社会意义和性质上去认识自己所从事的职业，不计较个人得失，即使岗位平凡也能做到爱岗敬业。而具有消极职业情感的劳动者通常只把职业当作谋生的手段，更多考虑的是个人利益，对自己的职业总是不满意。这种消极情绪导致工作不安心，职业忠诚度降低。酒店业是第三产业的重要组成部分，职业的社会意义不言而喻，酒店专业学生不愿学以致用，和高校对学生的职业情感教育不到位有很大关联。

二、酒店人才培养实践环节中的主要问题

（一）对于实践教学的深层意义认识不足

很多高校酒店课程中虽然安排了实践环节，开设实践课程主要为了增加学生的感性知识，让学生大概了解酒店的运作流程就算达到了目的，但并没有认识到这一环节对于学生未来择业有怎样的影响。这就导致实践课程组织的较为仓促，管理也比较懈怠，学生在实践中的心理变化没有得到应有重视，一些负面情绪积累较多后，导致学生对酒店职业丧失了热情。

（二）注重技能培养而忽视职业认知教育

近年来，随着高等教育对培养应用型人才的日益重视，高校酒店专业的软硬件投入也不断加大，比如购置酒店应用软件，模拟酒店前厅、餐厅、厨房、客房等建成专业实验室等。虽然教学条件和设施有了较大改善，总体来看，人才培养仍然局限于技能训练层面。教师虽然能够教会学生怎么做，却较少涉及服务中的人为影响因素，对酒店的服务本质强调不够，没有打好“心理预防针”，导致学生一旦进入真实工作环境中，就出现很多心理不适应。

（三）实践课程的教学体系不够完备

高校酒店专业对培养的人才一般定位成“管理人才”，因此对理论课程的关注远远高于实践课程，对于理论课程体系设计通常比较合理而完整，而实践环节

的教学目标和要求总体比较宽泛，课程彼此间的联系比较松散，没有形成一个能够有效强化学生职业情感的实践教学体系。学生参加了实践后，对于酒店职业的态度经常会发生较大波动，比如认识实习常会使学生对于豪华的酒店环境产生好感，而顶岗实习又让他们身心疲惫，前后的反差其实可以通过其他实践项目达到平衡，但很多院校的酒店专业并没有意识到这一问题的严重性，对学生的消极职业情感没有加以改善。

三、利用实践环节提升学生的职业情感

（一）实践教学课程应该规定明确的劳动量

纵观我国目前的教学理念，越来越强调学生的学习乐趣，但是作为教育工作者，不应该忽视的一个问题是，教学的主要目的是让学习者运用所学知识服务于社会。酒店业本质上就是服务，真实的工作环境是辛苦的，对于实践环节的安排，如果仅仅满足于让学生动动手，学会一些简单的服务技能，就淡化了实践课的真正意义。实践课的安排应该要求学生完成一定的劳动量，并且注重细节完美。无论是客房实践，还是餐厅实践，都应该对学生的工作职业化程度作出明确规定。如果在专业学习的开始阶段，就给学生严格的规范，养成了好的习惯，后续的职业精神就比较容易养成。

（二）实践场所和时间的确定应该有助于加强学生心理承受力

随着高校酒店专业模拟实验条件的不断完善，出于组织、管理等多种原因的考虑，有些高校倾向于让学生在校内实践，而校外实践的时间相对较短。通过调研我们认为，对于酒店专业学生来说，虽然校内实践可控性强，学习过程中出现问题可以及时补救，但是和校外实习相比，校内实践没有真正意义上的服务消费者，明显缺少来自真实场景中的工作压力，犯了错没有严厉的处罚措施，学生的心理承受力得不到较好的锻炼。而实际的酒店工作要和客人、同事、领导等各色人等打交道，受委屈可能是家常便饭；尤其是现在的独生子女，拥有开朗、宽容的个性格外重要，他们大多以自我为中心，短时间的困难还可以勉强克服，长期的考验就无法面对。因此，校外实习其实给学生提供了更好的强化心理素质的机会，但是不容忽视的是，如果时间过短，不仅达不到预期效果，反而会导致学生因

为参加了短期实习，对酒店业工作的看法以偏概全，毕业时绝对不再考虑从事这一行业工作。因此，高校一定要重视实习时间的长度，至少要求每个学生参加3个月以上的校外实习，而不是2到3周的时间，只有这样学生心理适应力才会经历由弱变强的良性变化过程，培养职业情感也才有基础。

（三）重视校外实践过程中的心理疏导

对于校外实践，长期存在重结果、轻过程的现象，指导老师虽然经常和酒店方面保持联系，但关注的是学生的集体表现，对于个体的关注是不充分的。只要得到酒店方正面反馈也就比较满足，没有详细了解学生在酒店工作中的心理变化，很多实习课程要求学生写日志，一般是实习结束后统一批改，但在这一过程中，实习生往往已经形成了较为消极的职业认知，如果没有适当控制，负面情绪很容易在学生之间弥漫。因此及时把握学生真实心态，改进学生的职业认知是实习管理中最核心的环节。实习生管理应该选派经验丰富，善于沟通的指导教师，通过多种方式了解学生情绪上的问题，不仅可以让学生写日志或周记，更可以通过面对面的交流掌握学生的思想动态。比如可以每周召集学生开交流会，让学生畅所欲言，回想一周中最开心的事、最不开心的事、遇到的最挑剔的客人，自己是如何面对的，等等。帮助学生把好心情维持下去，把不良情绪及时化解。更重要的是，让学生逐渐学会用平和的心态处理工作中可能遇到的矛盾和冲突。酒店服务是充分体现情商的工作。要引导学生从工作中感受到较多的正面激励，才能让学生干一行爱一行，否则永远是这山望着那山高。重视过程管理，可以使学生一方面通过外界帮助调整心态，另一方面不断进行自我心理调整，职业情感才可能不断增强。

（四）设计更加严密的课程体系加深职业情感

1. 开设多样化的认知实习课程

如前所述，传统的酒店专业实践课程通常都重视基本技能训练，但对于高等院校来说，如何让大学生能够愿意到酒店工作并安心本职，也是应该重点考虑的问题，实践课程体系应该围绕学生职业情感的养成和强化，进行合理设计；要重视认知实习的意义，不仅要让学生了解服务业的基本情况，更要让他们了解一些其他行业的工作，尤其是条件比较艰苦的企业工作情况，如果有条件，不妨组织学生到矿井、纺织厂、建筑工地、印刷厂等地参观劳动，让学生在对比中学会珍惜酒店的工作环境。同时也应该注意，实践课程体系中的一个重要元素是教师，如果没有酒店实际工作经历，教师很难设身处地针对学生对工作的厌恶情绪进行有效的教育。因此教师同样应该参与认知实习。

2. 加强对酒店文化的感知

各酒店基本服务技能大同小异，但管理方式和理念上还是会有较大不同，对酒店文化的正面感知可以有效促进积极的职业情感，因此应该避免让学生在某一个酒店实习时间过长，而应该让他们轮换酒店实习，这样也可以使学生对酒店业形成更为客观、全面的认知。尤其是选择管理规范的外资酒店作为实习点，学生相对容易产生良好的职业情感。

3. 提高学生应对非程序化事件的能力

学生毕业后之所以不愿在酒店工作，部分也是由于在实习期间遇到的一些非程序化事件，让他们对于自己的能力产生了不自信。比如，漏收了账款，遭遇了拒付或是不听劝阻的客人等。在实践教学中，应加大学生对于各类服务问题的应对能力。比如在课程设计中，组织学生进行客人和服务员的角色扮演，重点设计一些刁难服务的场景，训练学生的应对能力。为吸引学生更好参与这些活动，也可以开展一些新颖的竞赛活动，比如评出“最佳服务生”“最难侍候客人”等，当学生对于各类非程序化事件有了一定的处理能力，就业信心也会大大增强。

综合以上分析，为增进酒店专业学生的职业情感，我们尝试构建了以下实践教学体系。如下表。

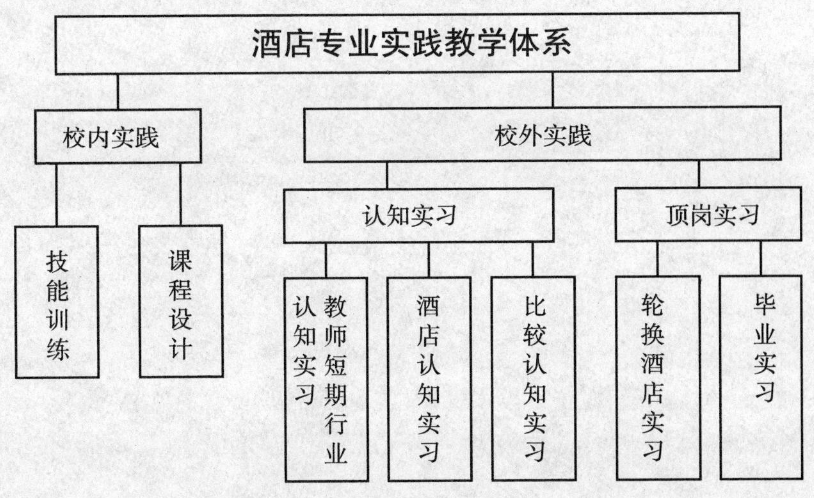

四、结语

旅游管理专业的实践教学对于学生未来酒店入职意向有着深远影响，高校要真正肩负起为产业提供优质人才资源的重任，就不能忽视对学生的职业情感教育，不断完善和改进实践教学体系，帮助学生形成对酒店职业的正确认知。只有培养出热爱本行业的优质人才，酒店业的未来才有希望。

（2011 年 5 月发表于《北方经贸》）

地方高校新闻专业应用型人才培养刍议

印兴娣

地方高校新闻专业教育肩负着培养合格的新闻专业人才的使命，从实际出发，结合新闻专业的实际及就业市场对人才的需求，结合专业的特点及发展趋势，以培养应用型人才为专业定位，解放思想，转变教育观念，调整专业课程，形成有扎实专业基础和多个方向扩展的人才培养模式，形成有地方高校特色的新闻专业，培养出服务于地方经济社会发展的应用型新闻学专业人才。

一、地方高校新闻专业应用型人才培养的思路

随着我国社会发展和经济发展方式转变，以及文化体制的改革，社会对新闻专业人才需求不断增加，同时，也对新闻专业人才培养提出新的要求。人才的知识结构主要是新闻专业的知识，而新闻专业既是有系统的理论知识，又是有较强实践性的专业，是与人类生产生活有着直接联系的科学。因此，地方高校新闻专业在人才培养过程中，应对目前我国新闻专业人才培养的现状有清晰的认识与分析，更好地把握地方高校新闻专业发展方向和人才培养的定位，促进专业发展，提高人才培养质量。

1. 适应市场用人变化的需要

改革开放后，我国的高校新闻专业获得了快速的发展。2008 年的中国高等教育学会新闻学与传播学专业委员会会议报告表明：1994 年，全国共有专业点 66 个，到 1999 年增加至 124 个。进入新世纪，全国新闻教育开始急速升温，近两三年来更是增加到 800 多个，分布在全国近 400 所高校。据不完全统计，我国当前新闻传播专业在校学生约 16 万人。大量的新闻专业的毕业生出现了就业难的局面，我国新闻专业人才的供需矛盾发生了根本逆转，由供不应求过渡到供大于求。随着现代科技信息技术在新闻领域各媒介的广泛应用，新闻专业人才

的能力要求变得更高。如今，新闻单位到底需要什么样的人才？总结起来看，一是要有一定的理论知识功底，二是有实践工作经验和能力，三是要懂得经营管理。对于第三条能力的培养，不是学校的教学培养所能立即实现的，它需要工作的历练才能成就。但是作为第一和第二条，应该说是高校新闻教育培养人才的取向和目标。如何让学生在激烈的人才就业竞争中获得成功，是各地方高校共同面临和思考的问题，改变传统的教学方法，培养学生的实践创新能力，是教学改革的首选。只有在注重培养“本专业培养具备广播电视新闻学基本理论和宽广的文化科学知识，能在广播电视及其他新闻宣传部门，从事编辑、采访、节目主持与管理等工作的新闻传播学高级专门人才”（教育部 1998 年颁布的《普通高校本科专业目录和专业介绍》）的同时，更加注重培养具有动手能力的应用型人才，才能使学生适应用人市场需要，获得更多的就业机会。

2. 主动服务于区域社会、经济发展的需要

社会用人单位对学生的要求，就是学校培养学生的主要内容和方向。在过去几十年国家包分配的计划经济时代，学校培养什么样的学生，企业就只好要什么样的，至于这些学生，是否符合媒介单位的需要，学校再也不会过问，因为没有必要。最后反馈一环没有得到学校的重视。但当媒介进入市场经济，在产业化属性越来越明显的当今，当高校所开办的新闻专业越来越多，毕业学生急剧增加，用人市场严重饱和，买方市场已经形成的当今，“我培养你接受”的模式已经被打破。学生的去向和用人单位的反馈，学校越来越重视，犹如媒介重视受众反馈环节一样，这成为检验高校办学质量的一个重要乃至关键性指标。地方高校培养的学生主要以服务地方为主，学生就业后为地方服务的效果反馈不仅快，而且及时，针对性很强。因此，地方高校新闻专业必须转变办学思路，主动服务于区域社会、经济发展的需要，培养具有区域特征的地方应用型人才。

3. 地方高校新闻专业的发展要不断深化改革

新闻专业的特殊性在于新闻实践与探索过程的快速变动性与理论研究过程的相对缓慢与滞后性之间存在一定的矛盾。纵观各种新闻业务的理论，一般都形成于新闻实践之后，再经总结研究之后又指导新闻实践。在如今媒介产业化的情况下，快餐经济、快餐文化的普及，使媒介在发展过程中对学校所培养的学生的质量与要求发生了变化。因此，学校专业如果还停滞在过去几十年的培养方案，方式与目标上不做变动，势必跟不上社会、企业的需要。在就业率作为考核衡量各高校办学效果的当今，在“学生择校读书，单位择校用人”的今天，地方高校被带入了激烈的高等教育市场和社会用人市场的竞争中，如何让我们的学生受社会用人单位的欢迎，这是地方高校尤其是培养应用型人才的高校所面临的重要课题。如果学校培养的学生得不到媒介企业的认可，其必将无生存之地。

二、地方高校新闻专业应用型人才培养的原则

《国家中长期教育改革和发展规划纲要(2010—2020 年)》第十一章第三十二条提出要“创新人才培养模式”“创新教育教学方式”。作为文科专业尤其是兼具理论水平、实践能力与创新能力的新闻专业学生的培养，必须着眼面向未来、面向社会和用人单位(新闻媒介)，在教学过程中探索适合新闻专业人才培养的原则。

1. 育人为本，德育为先的原则——培养具有社会责任感的可用人才

“社会责任感”在《汉英词典》中的解释是“social conscience; sense of social responsibility”。社会责任感就是在一个特定的社会里，每个人在心里和感觉上对其他人的伦理关怀和义务。一个有社会责任感的人必能对自己负责，对他人负责，对事情负责，对工作负责，对团队负责，对企业负责，对家庭负责，对社会负责。责任感是一种优秀的品质，一种积极的工作态度。责任感要素是企业所需人才能力的第一要素。如今，在多种因素的作用下，不少大学生的社会责任感趋于淡化，存在重才而轻德的现象，这与高校的培养有一定的关系。因此，重拾社会责任感的教育是当务之急。高校对人才在社会责任感方面的培养要从具体做起，一是要加强形势与政策的教育，用快速反映时事的方式和贴近真实的案例对学生进行宣传教育，可以使学生了解我国发展面临的形势，激发学生的爱国心和危机感。二是增强教师的社会责任感。“身正为师，学高为范”。教师的社会责任感强，会情不自禁地融入每一节课的教学中。教师是社会的代理人，是文化传播的关键环节，是学生的榜样。三是利用学校校内的宣传阵地，如校园电视台、校报、广播、校内户外平面宣传栏、道德名人的讲座等一切可以提高学生道德修养的方式宣传，形成一种积极向善的教育氛围。

2. 注重实践能力，全面发展的原则

注重学生综合能力培养，是学校适应社会需求的重要手段。暨南大学新闻与传播学院院长范以锦说过，“传媒院校既不是纯学术型的科研机构，也不是培养‘新闻技工’的职业学校，我们的传媒大学生既不要把自己关在书斋里，成为新

闻经验贫乏的'空头理论家',也不要把自己降低到无理论厚度而只懂肤浅操作技术的'新闻技工'"。传媒教育既要"学"也要"术",把学与术结合起来,把学生培养成"上手快"而又"后劲足"的高素质人才。这样才能在竞争激烈的市场上占得一席之地。应该说,这是全国近400所开办电视新闻专业的高校都在追求的目标,在培养学生"学"的同时,对学生"术"的训练日益重视起来。

3. 面向社会,产学研相结合开放办学的原则

未来的企业需要什么样的人才,学校虽不能提前得知,但却可以做到及时跟上并适应企业的需求。走出去,引进来,是新时期地方高校新闻专业办学的一种重要方法。让学生走进企业,了解企业,知道企业需要什么,学生方知自己该学习什么及如何学。引进企业管理者与专业人才进学校,即参与学校的教育与教学,可以用企业的实践经验与理念,补充和提升学生的专业知识与实践能力。作为地方高校,立足地方媒介企业,走校企产学研相结合的合作办学之路,是解决高校培养的学生与企业需求脱节的有效方法。

三、地方高校新闻专业应用型人才培养的教学体系构建

地方高校在应用型人才培养过程中应构建有地方特色的专业教学体系,以确保应用型人才的培养。按照受高等教育的不同学历层次分,应用型人才可以细分为专科、本科、研究生层次等,研究生层次的应用型人才是高层次的,而本科层次就是较高层次的应用型人才,即既有较强的实践动手能力又具有一定的专业理论功底的人才。本科应用型人才主要是依靠所学专业基本理论、基本知识、基本技能,将科学知识转化为应用的实践能力的具备综合素质和谐发展的较高层次的人才类型。在突出"应用"特征的同时,还具备"综合素质和谐发展"的特征。地方高校新闻专业的应用型人才培养,首先在知识方面,培养新闻专业应用型人才要有一定的知识深度,即要有以"够用"和"应用"为限,又要有"基础扎实,增强后劲"的实力;同时,培养新闻专业应用型人才要有一定的知识广度,既要有所学学科专业的知识,又要有与其相近学科的专业知识,具备"知识面宽,适应面广"的实力。其次,在教学方面,培养新闻专业应用型人才,要突出应用与实践能力的培养,在教学中应加大实践教学的比例,突出学生动手能力、解决实际问题能力、二次创新能力的培养,把传统的教学模式转变为以培养学生的知识转化能力为主的启发式教学模式。强调以通识为基础的专业理论基础、宽广的专业知

识和较强的创新应用能力的培养。第三，在能力方面，新闻专业应用型人才不仅要有一定的决策、管理、方案设计等实践操作能力，还要有较强的创新、创业能力。在以成熟的技术和规范为基础，具有本行业职业技能、技艺和运用能力的同时，更具有较强的技术应用能力，以及技术创新能力。另外，在素质方面，本科应用型人才不仅要有较强的专业素养，还要有一定的非专业素养。由于应用型人才在开展具体职业行为的过程中，专业知识的运用、职业技术的发挥，又往往与个人的价值观、道德观、意志品质、身心素质等非专业方面的素质关系密切。这些非专业素养直接影响其任务的完成效果和质量。

地方高校新闻专业在应用型人才培养方面，在知识结构上更具有"应用性强"的特征，新闻专业在应用性人才培养方面目前还存在着重知识传授，轻实践能力培养和素质提高、重传承轻创新的问题。因此，在专业人才培养方案制定和教学过程中，重视和加强教育教学改革与创新。一是要对现有理论课程进行整合，加强理论教学的应用性，构建一个目标明确、逻辑性强的平台与模块化相结合的理论教学体系，应分为公共必修课、职业技能必修课、专业必修课等模块。新闻专业必修课又分为专业基础必修课、专业必修课、专业限选课、专业任选课等子模块。二是要构建新闻专业培养应用型人才的选修课与必修课相结合的实践教学体系，分为实验课、专业见习与实习、课程论文(设计)、毕业论文(设计)等课程模块和实践教学形式。同时，依据本科应用型人才具有包括专业与非专业综合素质和谐发展的特征，应构建一个素质拓展体系。在理论教学体系、实践教学体系、素质拓展体系等三个方面，新闻专业理论教学体系的学分占60%，实践教学体系的学分占30%，综合素质拓展体系的学分占10%。

四、地方高校新闻专业应用型人才培养的路径探索

为适应社会单位(媒介企业)对人才要求不断变化的需要，地方高校新闻专业应用型人才培养应从提高人才培养教学管理入手，在原有的培养方案基础上，不断更新，剔除与社会发展不相适应的培养内容，增加适应形势发展需要的新内容，增强学生实践、实训、实习等方面的有效性和实践能力。加强地方高校与地方媒介企业联合，形成深度培养应用型人才的方式是一条可尝试的有效途径。

1. 打破原有的传统的培养方案，让企业直接参与学生培养

如让企业参与制定课程培养方案，根据实际需要设立相应的课程，如摄像类

(包括摄像机的使用、摄像技术的掌握)、节目编辑类(编辑机的使用、编辑技巧的掌握)一些实务性的课程,可以由企业直接负责。由于学校教学经费的投入不足,电子摄像、编辑等设备的严重不足已跟不上现代电子技术的发展需要。但这些先进的技术总是媒介(广播和电视、报纸都依赖电子设备)最先使用,更新很快。在技术知识的培养方面可以由企业直接承担,可节约学校实验室经费的投入。因为学校实验室的设备不像媒介企业那样为了增强市场竞争力,获得宣传和经济两重效益最大化的需要而必须更新。如 2009 年建国 60 周年纪念活动的直播过程中,中央电视台就最先使用了飞猫摄像机,目的就是为了使直播过程中观众能获得最好的视觉效果。企业更新设备的必要性和迫切性很强,这样能够保证学生接触到最新最好的专业技术设备,使学生这方面能力的培养直接与企业的需要接轨。

2. 建立一支“双师型”教师队伍,保证实践教学的效果

新闻专业教学要求教师既要具有新闻知识的理论功底,又要有较强动手能力,具有教学、科研、实践的有效结合的综合能力。新闻专业形成“双师型”教师队伍的途径有:一是大力引进具有实践经验的媒体人才充实到教师队伍中来。二是对在职教师进行实践训练,提高教师本身的动手能力。许多地方高校新闻专业的教师是别的相关专业转行过来的,尽管有的也是学这个专业的硕士和博士,但他们的实践经历太少,有的压根儿就没碰过广播电视、报纸的采录、编辑设备,更不会运用,自己都不会用还怎么带徒弟?解决这个问题的办法,有的学校建立校园电视台,让教师参与到电视台的节目采制中,训练教师的实践能力,有的定期派教师到媒体去锻炼,接触实际的新闻采访报道工作,熟悉电视节目的生产管理过程,等等。

3. 增加企业实践教学时间,从而保证学生实习的时间与效果

在每学期结束时安排的两周实践环节,更多的是让学生对企业有一个浅显的认识与了解。最后一学期的学习由于学校不集中组织安排学生进行专业实践,所以许多学生为了就业的需要,往往选择与所学专业不相关的行业。而由企业来授实践课,不仅让学生的实践环节的时间得以保障,更能让学生专注于实践,因为那是实实在在地做,效果自然也就显著。现如今,由于在学校的传统教学模式下,许多学生在学习的过程中,由于实践能力没有得到锻炼,所以对所学专业也就缺乏自信,不敢问津专业企业。例如,编导、新闻、播音等专业的学生,在与专业不相干的企业中从事服务工作的很多。

4. 制定企业自己对学生的考核标准与评价体系

目前，学校对学生能力和学习效果的评价体系严重落后，还处于学校自我关起门来制定标准的状况。而且学校之间的区别不大。作为如今从高等学校中区别开来的地方高校且目标是培养应用型人才的普通高校，更不能沿袭中国新闻行业培养人才的统一模式，而应走自己的路，制定具有自己特色的考核与评价标准，才能办出特色，吸引学生，获得长期生存。只学不做和只说不干，单从考试卷上的成绩是无法全面、正确评价一个学生的学习效果的，尤其是理论知识，刚学时也许还能记住，但往往不会经过多长时间，如果没有实践的消化，很快就会还给教师。所以，传统的学校以学生的考试成绩为主要的评价标准，对培养应用型人才的新闻专业来说，并不能反映学生的真实能力。而作为企业，面对的是实实在在的产品（节目等），获取的是实实在在的效果（收视率、发行量、广告收入），尤其是收视率可以通过调查反映到具体某一个栏目中某一条节目的收视效果，是可以看得见的真实业绩。因此，用企业考核职工的标准来评价学生的实践能力，真真实实，可信度高，效果也好。

（2012 年 8 月发表于《黑龙江高教研究》）

媒体融合时代地方高校新闻专业实践教学改革研究

邢丽梅

我国新闻教育自 19 世纪 80 年代以来，已经有一百多年的历史，并在一个多世纪的历史长河中得到发展壮大及成熟。我国的新闻教育从原来的循序渐进、蒸蒸日上到现在的踯躅徘徊，可以说当今的新闻教育面临着很多难题。这种超常规的发展导致目前教育资源短缺、教育资源参差不齐，理论与实践脱节、新闻专业的学生难以就业等诸多问题。当前的传媒界形成了新媒体融合时代，媒体的融合形成了新闻传播中新的作业模式和传播方式。媒体融合、信息融合逐渐成为国际传媒业的新潮流。当今媒体信息的海量性、双向互动性、资源共享性、新闻的共时性，改变了媒体的原有状况和运行方式。数字媒体的盛行和发展，将广播、电视、报纸、杂志等传统媒体纷纷与网络媒体联姻，充分发挥网络的优势，形成传统媒体与网络、手机等新媒体融合的发展趋势。

一、媒体融合对高校新闻教育提出的新要求

媒体融合是国际传媒大融合下新的作业模式，即把报纸、广播、电视与互联网的采编作业有效整合起来，资源共享，集中处理，衍生出各种形式的信息产品，并通过不同的平台传播给受众。英国传播政治经济学家格汉姆多克斯认为传媒融合有三个主要方式：传媒文化形态的融合、传播系统的融合和传媒公司所有权的融合。当今传媒系统中，媒体融合趋势日益明显。单一媒介传播方式已不能适应和完成受众对信息的需求。媒体融合是媒体发展的必然趋势。

媒体大融合的发展趋势从媒体行业的运行中，必会波及到我国高校的新闻教育，各所高校的新闻专业以及相关的传媒专业都进行了相应的专业调整和改革。将传统媒体的研究与教学向新媒体和媒体融合的研究与教学方向发展。中

国人民大学新闻学院教授蔡雯认为:“在媒体融合趋势下,需两类新型人才,一是能在多媒体集团中整合传播策划的高层次管理人才,二是能运用多种技术工具的全能型的记者编辑。”我国新闻教育的重点高校可在这两方面进行人才的培养,地方高校按照办校方针可能更注重应用型人才的培养,即培养出优秀的全能型的记者编辑为主要培养目标。

二、媒体融合下地方高校新闻教育面临的新问题

高校新闻教学中尤其是地方高校在诸多条件限制下,想走出一条特色之路是要下一番苦功的。地方高校在改革中面临的突出矛盾主要表现在理论与实践关系建设上面。一方面,媒体融合情况下,单一的传统媒体培养方向出现了就业困难,传统新闻教育中,纸质媒介、广播电视媒介专业是分离教学的,而媒体融合背景下需要的人才是集报纸、广播、电视、网络于一体的记者编辑全能型人才。另外一方面高校新闻专业在原有的主干课程中都增加了相应的媒体教学。但在实际操作中,这些课程的设置还远远达不到我们人才培养的要求,实践教学仍然比较缺乏。现行教育突出的问题表现在以下几个方面。

1. 学生所学专业狭窄,不适应媒体融合的工作要求

媒体融合背景下,记者将不再为一个单一媒体服务,而是为集团内的多个媒体信息数据库服务。记者采集回的信息,既能为报纸供稿,又能为广播电视以及网络提供素材。因此,记者提供的信息,必须符合一定的制作标准,满足一定的模块要素,使之能为不同媒介的编辑所用。而我们高校新闻教育中,多是专业过细划分,报纸等纸质媒体专业的学生对广播电视新闻的操作不了解,而广播电视专业的学生对纸质媒体的新闻运作不感兴趣。而传统广播电视和报纸媒体通常都对网络新闻的技巧掌握过于肤浅。这种单一的培养模式难以适应新形势的需要。

2. 学生实际动手能力不强

一些高校实践教学与理论教学的课时比例分配不合理,或实践教学多流于形式,很难让学生得到真正动手能力的训练。一些学生在课程实践中多是看老师描龙画凤,自己没有实践动手的机会。实践效果不理想。导致学生到实际应用中明显感到怯手,缺少足够的信心,难以在实际工作中得以运用和发挥。

3. 实践基地松散，不适于学生直接参与

现在高校新闻专业多数是与当地媒体联系，与媒体建立一定的实习合作关系，但问题是在媒体实习中一些媒体据学生的水平也只能为其提供一个实习关系，实习期间所做的工作比较盲从，工作单一不够系统，不能直接参与到节目的整体构思策划当中，况且学生在校期间媒体实践教学与课堂教学冲突，学生在校期间无大段时间直接参与媒体的实习工作。导致学生的实践培养难以实现，实践成果也很难得到鉴定。

4. 学生虽短期适应性强，但后劲不足

一些高校特别是一些地方应用型人才培养目标的高校，为尽快达到地方媒体的要求，大学四年中着重动手能力的培养，和操作技术方面的培训，从而忽视其他知识的培养，促使学生们在快速培训中失去通识教育的培养，虽然很快适应媒体的动手能力的要求，但用人单位很快就明显感觉到这些学生后劲不足，文化底蕴不足，思想深度不够，难以适应媒体快速发展的需求。

三、媒体融合下新闻教学实践的新对策

当代媒体的用人单位需要与高校毕业生形成无缝对接的关系，即媒体所招人员无须经过岗前培训，能直接参与到采编工作中，并能出色完成采编播任务，形成来则能战，战则能胜的局面。这种高标准的理想局面，给高校的实践教学提出了极高的要求，如何接近甚至达到这种理想境界，成为高校新闻教学改革的重点，经过几年的摸索我们提出的对策有以下几方面。

1. 融合媒体课程建设

据 2003 年对美国 300 所新闻院校的调查，约有 50％的院校已经根据媒介融合对课程作了不同程度的改革。我国一些新闻院校近年来也进行了初步尝试。改革方式大致可分为两种：第一种是彻底打破专业界限，学生一进校就开始跨媒体学习。如，对于同一新闻技能“新闻写作”，学生会分别学习纸媒新闻写作、广电新闻写作及网络新闻写作。第二种是创办媒介融合专业，专门培养新型新闻人才。而地方高校所招专业多是面向报纸和广播电视媒体，最近一两年有的学校开始招新媒体专业（网络媒体方向）。这些专业在学习新闻基础课程时都应该将课程进行融合。

首先，在课程设置上，于原有新闻学专业主干课程中，打破专业界限，建构跨

媒体思维观。课程适应于纸媒、广电、网络几个不同专业，学生学习了解各自媒体的组织结构和采编流程，理论课重点是强调各媒体采编业务的差异，建构学生的跨媒体思维观。其次，在专业课程设置上，增加新媒体及网络传播的课程设置，开设网络及新媒体专业课程，使学生在新媒体知识的掌握和运用上得到发展，掌握其技术性、实用性、多变性的特点。从而加大学生对新媒体的学习力度，以求在媒体融合时代下的媒介需求。

2. 校内实践平台建设

(1) 以系部为平台，创建系部《新闻报》。各高校在系部中建立属于自己系部的报纸，将同学们所见所思纪录下来，并形成固定的几大版块，建立一个同学们能将喜闻乐见的故事写出来。为同学们新闻稿的写作练习、纸质媒体的操作练习、排版练习提供一个良好的习作练习平台，系部报不但可以锻炼新闻专业系部学生的动手操作能力，锻炼同学们的自信力，而且能扩大的系部在学院学校以及在社会的影响。

(2) 以学院为平台，创建院广播电台。地方高校多数将新闻专业设置到二级学院，或有的二级学院就是新闻专业学院，我们可以以学院为平台建立院广播电台，学院的广播电台因设备相对简单，操作比较容易，资金投入不是很大，一般二级学院经过努力，投入一些资金，配备较专业的老师进行指导，学生只要熟练掌握音频的制作流程和播报操作手段就可顺利完成，广播电台的建立，不仅提供新闻专业学生采编组稿能力，同时也为播音主持专业的同学打造了很好的锻炼平台。

(3) 以地方高校为平台，创建学校电视台。电视台的建设，相对于报纸、电台的建设难度更大一些，需要投入大量的资金和技术力量，并需要配有实践经验丰富的专业老师，采、编、播形式要有完整、成型的流程，对学生的采、编、播能力有较高的要求；在系部报纸和二级学院广播电台的基础上建立的校电视台有了一定的经验后，在此基础上为进行高层次建设提供了可能性，电视台建设的成功，又为学生提供更广阔的、更高规格的实践平台，这不但提高了高校的声誉和知名度，也提高了学生的自信力竞争力。

3. 校外实践基地建设

地方高校校内实践平台的建立，不意味着学生要以不出校园就可以完成实践教学活动，学生在校媒体的实践只能是实践环节的一部分，为提高学生的社会适应能力，及时了解社会媒体的标准和需求，还要做到以下几点：

(1) 打破校内实践平台的校园模式与社会充分接轨。校内实践平台的建设,为学生提供了良好的实践机会,但学生的眼光往往局限在校园内,思维不够开阔,对社会需求了解不够,为解决这一问题,我们还要将眼光放远些,与社会充分接轨,将学生的稿件投往当地媒体,目的是学生的稿件更加适应社会媒体稿件的要求,也适应不同媒体不同栏目的稿件要求,学生的稿件一旦在媒体发表,学校给予一定的奖励,这种接轨方式,提高了学生的社会适应能力,并提高学生的自信心和荣誉感。

(2) 创建社会媒体实践基地,注重学生创新能力的培养。学校应全力开拓社会媒体实践基地,充分利用实践期和寒暑假进行社会实践,在地方电台、电视台、报社和网站进行系统的实习,了解公众媒体的需要,了解受众的需要,适应媒体的工作标准和工作环境,并在实践中对校园实践平台进一步改革和发展。

(3)“点”“线”“面”实践模块建设。此实践模块建设是新闻传播专业的课内实践和课外实践相结合的方式。对大学四年进行实践教学的整体规划,形成一套完整的课内和课外实践方案。此方案可称为点、线、面结合的立体式实践模式。

点——每个学生进校后就确立一个或两个相对固定的实践点。

线——提出四年实践不断线。

面——在培养计划中,实践作为非常重要的一个方面。最后形成专业性应用较强的复合式特色人才。

同这个计划配套的是多种形式、多种方法的实践。校内利用校内实践平台,将校内电台、电视台、网站、班报、校报做为实习平台,建立兴趣小组和大学生社团组织,锻炼学生新闻传播操作能力。校外到社会媒体和企事业单位实训,为企业文化建设做好策划工作。学校要做好实习基地的建设工作。与媒体建立密切合作的共赢关系。这是一个具有新意的实践创新计划,在点、线、面模块中大一可以看做感性实践阶段,大二大三是感性与理性并行的实践阶段,大四则是理性实践阶段。它的实施必将给新闻传播专业学生实践能力带来较大幅度的提高。

4. 通识教育课程建设

当今用人单位的回馈信息是:毕业生在解决了实践动手能力欠缺的同时,又面临着一个新的问题,就是新闻专业毕业的同学,即使在工作中上手很快,也会明显感觉到后劲不足;有些高校在注重实践能力培养的同时,忽视了其他知识的培养,导致学生文化底蕴不够深厚,创新能力不强,在实际工作中应对各种问题时，思想深度不够、过于肤浅。高校针对这一问题，应加强通识教育和专业素质的培养，在通识教育培养中，克服学生人文知识学习中的浮躁心理和急功近利心理。只有提高学生的通识知识的培养，才能在此基础上提高专业实践能力，包括采写编评技能和驾驭新媒体的能力，同时培养学生沟通能力、分析能力、组织能力，运用各种知识、各种方式报道和评论的能力，使这些能力都能得到全面的提高。暨南大学新闻与传播学院院长范以锦教授曾指出："面对新媒体新闻教育不能盲目停留在技术崇拜上，要着重培养学生在时代认知下的创新能力和新闻敏感。"地方高校在通识教育培养中，要加强课程体系建设，使其更加科学合理，更加适合学生的发展需要；通过优化知识结构，提高学生的素质，使其人文素养得以提高。在通识教育中，加大公共课、专业课、选修课三大模块的教学工作，力求在人才培养中走出一条从通才教育到专才教育再到复合型人才教育的发展之路。

5. 教师队伍优化建设

新媒体融合形势下，面临最大挑战的还是教师，每一位新闻专业的教师都面临着知识重构，能力再造的历练过程。尽管很多教师从一线走来，但原来单一的媒体操作技能已难适应媒体融合形势下的要求。尽管如此，新闻专业的实践性还是第一位的。还需要具备长期从事新闻一线工作的实践经验的教师。因为教师理论与实践水平，直接影响到学生的人才培养，美国大学新闻学院中只有17%的教授没有记者编辑的从业经历，而我国师资配备比例可能与美国恰好相反，有从业经验的教师只占20%不到。随着高校教育的发展，我们看到各高校吸纳专业人才的力度不断加大，越来越多的媒体从业人员被直接引进到高校新闻专业一线教学工作当中。2011年7月，清华大学国际传播研究中心举办了"联合国教科文组织'新闻采访写作'师资培训班，这个比较有代表性的新闻专业师资队伍是由来自全国五十几所高校的教师组成，据了解，这个队伍中只有20%的教师来自不同媒体，从事过记者、编辑工作，其中包括李希光教授等知名媒体人。虽然在高校中新闻专业的双师型教师比例不断增加，但相对于新闻教学要求还远远不足，为解决这一矛盾，可采取两种办法：第一聘任新闻界知名人士进入大学课堂讲学，也可让优秀的记者、编辑到校任教；第二推荐鼓励年轻的教师到新闻媒体单位进行轮岗，在半年至一年的工作中取得丰富的实践经验。

新闻专业的实践教学改革非一朝一夕一蹴而就的，媒体融合时代下新闻实践教学给我们地方高校提出了更高的要求，高校也在积极应对和改革。清华大学李希光教授提出了六种实践教学模式：①对话式练习；②作坊式课堂；③大篷车新闻课堂；④案例学习法；⑤情景模拟练习；⑥新闻现场练习。此教学模式在高校的新闻实践教学中起着重要的指导作用。但地方高校和国家名校毕竟有着很大的差距，如大篷车式教学在清华大学新闻教学中可称之为经典实践教学法，涌现出一大批优秀记者，也创造出大量的优秀新闻作品，这一教学模式同时也得到北大、人大教育专家的认可并得以在教学中推广，并在世界新闻教学中起到典范式指导作用。但地方高校由于经费等多种原因，这种“行走新闻”的观点很难得到实现。地方高校一定要根据自己的地方特色，在媒体融合时代下走出一条适合自己的实践教学方法。逐步达到“课堂教学实践化，实践教学理论化”的理想教学模式。依据我们提出的教学实践对策，强化校园实践练习，增加社会媒体实践机会，锻炼学生策划、采访、写作、编辑、摄影、摄像、多种媒体融合的综合能力的培养，使学生能够通过一门课程的实践活动实现多门课程的综合训练，培养学生的新闻观察力、采写能力、网络传递熟练能力等综合能力的培养。新闻专业的理论和实践的培养是极其重要的，但我们一定要谨记，新闻人才培养的理念上，社会责任感永远是第一位的，学生要有笃学成行的治学态度、谦虚谨慎的职业精神和服务社会的工作作风，那么我们新闻专业培养出来的人才，才能无愧“无冕之王“的鲜花和桂冠。

（2012 年 4 月发表于《新闻知识》）

苏锡常地区高级口译人才培养模式研究：现状与对策

马　霞　冯雪红　季传峰

随着世界500强企业的53家外资企业进入常州，每年一度的常州市投资洽谈会、上海投资说明会、常州市科技成果展示会等高层次经贸活动如期举行，常州国际会议、国际展览会越来越多，装备制造、新资源、新材料、动漫等先进制造业基地需要大量高水平、专业化的外语人才以及具有较高外语水平的工程技术人员，对口译人才，特别是专业化的口译人员与高水平的国际会议同声翻译的需求在不断增加。

但据常州市商务局介绍，在对外商贸活动中从业人员存在以下问题：①专业很好，但英语口译欠佳；②英语很好，专业知识欠佳；③对常州市经济、社会、投资了解不够；④高水平的英汉口译人员奇缺。而除了常州工学院外，目前常州市还没有一家高校把口译课建设为重点课程，也没有建立一支既能从事现场口译、也能进行重大笔译活动的教学、科研骨干教师队伍，这显然与常州市可持续经济发展不相符。本文基于目前的口译人才培养的要求，提出苏锡常地区专业化的高级口译人才培养模式，以顺应常州市"十二五"规划中"经济国际化"的要求，更好地为地方服务。

一、研究目的

(一) 高级口译人才培养模式改革，是打造专业特色，拓宽毕业生就业市场的要求

当前英语专业人才的培养存在诸多问题：①缺少行业特色，从业空间将逐渐萎缩；②随着非英语专业英语教学的加强，专业优势将逐渐减小；③专业方向

过窄，专业水平将与社会发展的需求不相适应；④各高校都有英语专业，专业内部外语人才的竞争将日益加剧；⑤高校英语专业本科入学人数逐年下降。

除此之外，国内一些著名的学者也针对外语专业中的翻译教学问题提出了他们的看法。有专家认为“翻译和翻译教学其所以不能脱离社会实际，根本的原因就是翻译实际上全面参与了语言的社会功能，而且社会要求这种参与尽可能同步、尽可能不折不扣，又尽可能高瞻远瞩具有指导性”，(刘宓庆，2007)指出了口笔译教学过程中存在着由于对市场需求了解不够而出现的教学与实际需要相脱节的情况。也有专家对口笔译教学问题进行了总结：“目前我们的翻译教学主要存在以下问题：①口笔译的教学目标不明确；②教学对象不明确、教学方法不明确；③大量教材存在着抄袭剽窃、堆砌例句、缺少分析、参考译文质量低劣、不注明出处随意引用等问题。”(穆雷，2004)这些问题导致了对英语专业人才培养模式特别是翻译人才培养模式的的改革。以上提到的这些问题也都普遍存在于开设翻译专业、或翻译课程的各个高校中，因此这些也都是高级口译人才培养过程中所面临的问题。

但现行的高级口译人才培养模式远远不能满足社会对高级口译人才的需求。正如武汉大学翻译与比较文化研究中心主任刘军平介绍的那样，目前全球翻译产业(翻译公司、翻译软件、翻译培训等)一年的产值有上百亿美元。随着对外交流的深入，中国翻译产业的前景也十分看好，比如口译员一天的报酬可达3 000～8 000元，沿海地区最高的可达万元。针对于这一市场需求和现行的口译人才培养模式，笔者认为高级口译人才培养模式的改革势在必行。在改革高级口译人才培养模式时，各地也应因地制宜，打造自己的特色，为培养出来的人才寻求更好的出路。

因此，我们认为在常州工学院外国语学院的高级口译人才培养过程中，应注意重点打造常州工学院特色，以其为苏锡常地区的经济社会发展培养具有很强的口译、笔译实际操作能力，具有“高层次、应用型、职业化”(仲伟合，2007)特点的高层次专门人才作为特定培养目标。这样新型的培养模式培养出的翻译人才特别是口译人才在长三角地区的就业前景一定会是非常光明的。

(二) 高级口译人才培养模式改革，旨在与学校发展特色和定位相一致

现行外语人才的培养模式在教育理念上偏重专业的学术性，对应用性重视不够。虽然很多学校也都招收翻译方向的本科生，但在入学考试、培养目标、课

程设置、教学安排和学位论文写作等方面，是按照学术型人才培养模式进行的，有些学校甚至完全忽视了口译实际操作能力的培养，导致翻译实践能力不尽人意。因此，这种模式不利于高级口译人才的培养，也不适应应用型、专业化翻译人才的知识和能力需求，与常州工学院应用型本科人才的培养不符。口译专业化程度高，应用性和操作性都很强，有必要引入专业化的培养模式，进行专门的职业技能培训。

(三) 高级口译人才培养模式改革，旨在加强口译人才队伍建设

常州工学院口译团队将立足于苏锡常地区社会经济的发展，尤其是常州市的经济、社会发展的现实要求，加强口译理论与实践梯队的建设，建立一支学历、职称结构合理，具有英、美访学或留学背景，有较强的跨文化交际能力，且有丰富的教学经验和参与重大项目研究的学术基础，既能从事现场口译、也能进行重大笔译活动的教学、科研骨干教师队伍，培养出高水平的英汉、汉英翻译人员，也将为今后翻译专业本科以及翻译硕士专业学位的申报奠定坚实的基础。

二、现状分析

苏锡常地区专业化的高级口译人才培养模式拟解决的关键问题包括：①解决英语专业口译的课程设置与苏锡常地区尤其是常州经济发展不相适应的问题；②解决因口译课程设置的不合理而导致的资源浪费问题；③如何通过口译课程改革增强学生的职业适应能力问题；④如何通过高级口译人才培养的模式来提升英语人才的培养规格问题；⑤如何通过口译实践活动树立常州工学院的口译团队在常州市的品牌问题。常州工学院建院以来，外国语学院及其前身语言文学系就一直以“面向江苏、服务地方”为宗旨，培养外语外贸方面的复合型人才，为苏锡常地区专业化的高级口译人才培养关键问题的解决打下坚实的基础。

自 2000 年常州工学院升级为本科院校后，外国语学院英语专业为了适应新形势的需要，培养方案在原有的翻译课程之外增设了口译课程，并将其作为培养方案和培养计划中的核心课程。2006 年，随着翻译学科地位的提升，外国语学院开始在英语专业中招收翻译方向的本科生，并于 2009 年成立了翻译系。口译

课程也由原来的单一课程拓展为面向翻译专业、外贸专业以及非英语专业的基础口译、口译、高级口译和口译公共选修课为一体的课程群。在10年的教学实践中，我院的口译课程已经形成了一支教学水平较高、经验较丰富、科研能力较强、梯队结构合理的师资队伍。主讲教师队伍中现有翻译人员近10人，其中教授2人，副教授3人，在读博士1人；校级教学名师1名，优秀中青年骨干教师培养人选2名；6名成员拥有海外任教、留学或访学经验；课题组成员均拥有口译或笔译实践经验，为高级口译人才培养模式的建立打下了坚实的基础。

常州工学院外国语学院高级口译人才培养模式和发展经历了学习、摸索到逐渐成熟的过程，2010年12月，口译课程被批准为学校重点课程建设项目。2012年12月，口译课程被批准为学校精品课程重点建设项目。回顾本课程的建设工作，可归纳为以下几个方面。

(1) 自2000年以来，口译课程已经成为英语专业的一门核心专业课程，课程由最初的32学时增加至现在的64学时，这体现了学院在培养计划制定时针对不断变化的人才培养需求及时所做的调整，同时也充分反映出本课程在培养计划和学科建设中的重要地位。

(2) 2009年10月，外国语学院的翻译课程被批准为学校重点课程建设项目，基础口译、高级口译、口译等课程也被作为翻译课程群中的重要组成部分进行了学科建设。在这期间，口译等课程的大纲、教材得到了重新修订，课程教学内容也逐步上网，教学方法和手段也进行了必要的改革。为了培养口译人才、提升学生的口译能力，口译课程的教师在教学内容和教学方法上进行了积极探索和创新，收到了良好的教学效果，并取得了丰硕的教学科研成果，发表了多篇口译科研与教学论文。这些工作的完成为进一步做好高级口译人才培养模式建设打下了扎实的基础。

(3) 2010年，常州工学院确立口译为校级重点建设课程，经过近2年的建设，2012年5月，口译重点建设课程以“一类优秀课程”通过学校的验收。2012年12月，口译课程被批准为学校精品课程重点建设项目。

(4) 2009年12月，常州工学院经上海中高级口译岗位资格证书考试委员会正式授牌，成为常州地区唯一一家上海中高级口译岗位资格证书考试考点，进行常州地区及周边城市考生的报考和考试工作。迄今为止，我院已成功进行了5年的中高级口译的笔试，并协助完成了上海考点和南京考点的口试报名工作，本考点在常州及周边地区的影响力与日俱增。

表 1　上海中高级口译常州工学院考点通过情况

年份	考试级别	报名人数/人	缺考人数/人	参考人数/人	通过人数/人	通过率/%
2010 年 3 月	中级	733	66	667	232	34.78
	高级	212	28	184	20	10.87
2010 年 9 月	中级	792	101	691	367	53.11
	高级	214	36	178	16	8.99
2011 年 3 月	中级	746	93	653	145	22.21
	高级	199	36	163	32	19.63
2011 年 8 月	中级	639	91	548	254	46.35
	高级	192	50	142	32	22.53
2012 年 3 月	中级	600	85	515	298	57.86
	高级	166	35	131	48	36.64
2011 年 9 月	中级	667	76	591	340	57.53
	高级	273	44	229	74	32.31

表 2　常州考点(笔试)与常州工学院参考人数与通过率对比(2012.3)

考试日期	考试级别	参考人数/人	通过人数/人	通过率/%
2012 年 3 月	中级	515	298	57.9
	高级	131	48	36.6
2012 年 3 月	常州工学院参考人数与通过率			
	中级	118	67	57
	高级	38	16	42

表 3　常州工学院外国语学院上海中高级口译证书(笔试)年级通过率

考试日期	考试级别	参考人数/人	通过人数/人	通过率/%
2008 级 (2011 年 9 月止)	中级	94	68	72.3
	高级	94	12	12.8

(续表)

考试日期	考试级别	参考人数/人	通过人数/人	通过率/%
2009 级（2012 年 3 月止）	中级	91	50	54.95
	高级	91	6	6.6
2010 级（2013 年 9 月止）	中级	70	46	65.7
	高级	70	18	25.7

表 1 的数据是参加报名考试的通过率，表 2 的数据是常州考点（笔试）与常州工学院参考人数与通过率对比，而表 3 是常州工学院外国语学院英语专业全部学生的参考的通过率，不少学生并没有报名参加考试。其中，2008 级 94 名同学得益于口译课程的改革，72.3%的中级笔试通过率远远高于考点的数据（当然不排除是几次数据的总和）。2009 级的学生当时中级通过率为 54.95%，他们在校期间参加的 2012 年 9 月和 2013 年 3 月的考试数据未统计。2010 级的数据良好，高级笔试通过率和中级笔试通过率分别为 25.7%和 65.7%。表 1 和表 2 数据的表明，常州工学院口译重点课程改革是卓有成效的。

但从表 2 和表 3 中分析得出，常州工学院高级口译笔试通过率尽管有提升但依然不高，尽管与常州考点考生的英语水平相吻合，但与常州市及周边地区日益增长的经济社会对口译人才的需求不相匹配，给我们今后口译课程的深化改革留下了很大的空间。

随着全球化趋势的增强以及中国作为世界主要经济体地位的提高，社会对于高级口译人才的需求不断增加。因此，我们必须抓住机遇，迎接挑战，加紧对高级口译人才进行专业化的培训，做到“人无我有，人有我优”，打造常州工学院口译团队的特色，构建具有苏锡常地区特色的专业化口译人才培养模式，培养出高层次、应用型、专业化的口译人才。

三、对策探讨

（一）专业化的培养模式

本研究立足于江苏经济的发展，通过对常州市高级口译人才需求进行评估，在常州工学院翻译课程群研究的项目基础上，通过充分的调查和论证，对常州工学院英语专业以及大学英语本科口译课程、设置、教学、教材、教师等进行全方位的教学改革，通过整合口译课程设置体系，加强商务英语课程群或口译相关课程群的建设，优化口译教学环境，在技能/技巧训练为核心，以实践为主的口译人才训练方法基础上，提出专业化高级口译人才培养模式，以构建具有苏锡常地区特色的职业化口译课程，培养出能担任国际会议同声传译和文件翻译工作的高层次、应用型、专业性口译人才。

苏锡常地区高级口译人才培养模式的研究内容力求详实，培养目标明确。研究内容包括：①理解力的培养模式；②记忆力的培养模式；③双语互译能力的培养模式；④口头表达能力的培养模式；⑤临场应变能力的培养模式；⑥综合归纳分析能力的培养模式；⑦增强交际能力的培养模式。基于广东外语外贸大学口译人才培养的"八化"方针（仲伟合，2010）以及中国-东盟博览会高级口译人才培养模式（马霞，2007）的苏锡常地区专业化高级口译人才培养目标包括：①课程版块化；②内容系统化；③练习真实化；④学生中心化；⑤教材多元化；⑥技巧全面化；⑦设备专业化；⑧教师专业化；⑨提高口译证书及英语全国考试的通过率。

（二）采用研讨式、口译现场模拟式教学

通过运用现代化的电子信息技术如卫星电视、同声传译实验室和多媒体教室等设备开展，聘请有实践经验的高级译员和兼职研究员为学生上课或开设讲座。笔译课程可采用项目翻译的方式授课，即教学单位承接各类文体的翻译任务，学生课后翻译，教师课堂讲评，加强翻译技能的训练。

该模式在教学理念上，严格区分旨在提高语言水平的教学翻译与培养口译技巧与口译从业人员的翻译教学，从教材、教学、教师等各方面实现口译培训的职业化。通过专业化课程体系的设置，包括连续传译、口译技巧、政治外交口译、同声传译和国际会议翻译等课程，让学生通过理论和实践的结合，正确掌握口译的技巧和方法，培养学生的实战能力。口译技能的训练包括记忆、笔记、信息综述与重组、分散使用注意力技能、单语干扰复述练习、影子练习、公共演说技巧、数字转换、译前准备等。口译课采用多媒体教学。该口译课程体系分别从理论、内容和实践上教授各种口译技巧，使口译教学更科学更具实际意义。

（三）强化人才队伍建设，提升教研水平

通过苏锡常高级口译人才培养模式的建设，常州工学院可以加强口译师资

队伍建设，通过引进与培养相结合，加快培养学科带头人，建设科研团队，鼓励学科带头人、骨干教师参加国际、国内学术交流，不断提高学术影响力；积极参加常州市的各项口译活动，重视教师与学生的口译实践，避免在教学中纸上谈兵。努力建设一支结构合理、素质优良的师资队伍，全面提高口译教师队伍素质。

（四）改善教学条件

通过苏锡常高级口译人才培养模式建设，将加大设备的投入，建设同声传译实验室，为学生提供使用校园网和计算机的条件，并为学生自主学习和培训提供条件，随着时机成熟，还将进行社会培训，为常州市各个企业培养适用型口译人才。

通过高级口译人才培养模式建设，加大图书资料的投入，拥有较齐全的翻译工具书、口译教材和口译研究等图书资料，另外还拥有一定数量的电子图书资料和各种教学软件，可满足教学和研究的需要。

通过高级口译人才培养模式建设，加强与企事业单位在口译人才培养、科学研究方面的交流与合作，建立一批稳定的产学研合作基地和学生口译实践基地。

四、结语

综上所述，高级口译人才培养模式的建设将立足苏锡常地区，尤其是常州市经济的发展，对常州工学院英语专业本科以及大学英语口译后续课程设置、教学、教材、教师等进行全方位的教学改革，对高级口译人才培养定位/方案及其对英语专业与非英语专业毕业生的就业、职业适应能力的影响开展调查研究，对现行的、与之不相适应的内容进行客观分析、描述和提出改革建议，以构建具有特色的专业口译课程体系，探索具有特色的英汉高级口译人才培养模式。其意义具体表现为以下三点：①探索苏锡常地区尤其是常州市英汉、汉英高级口译人才培养模式；②为苏锡常地区尤其是常州市培养高级英汉、汉英口译人才；③探索苏锡常地区尤其常州市高校大学英语后续课程口译课的教学改革模式。

（2011 年 8 月发表于《常州工学院学报（社科版）》）

以内容为依托的地方应用型本科院校大学英语教学改革思路

魏际兰

我国的高等教育已经进入了大众化教育阶段，要想在高教生态中找到发展空间，地方应用型本科院校一定要认准培养定位，力求特色发展，要扎根地方、服务地方，为地方培养急需的知识面较宽、基础较扎实、应用能力强、综合素质好的应用型人才。然而当前整齐划一的基础性大学英语教学模式无法满足这类人才的培养要求。因此，地方应用型本科院校的大学英语教学改革势在必行。

一、改革原因

目前的大学英语教学模式依然是"四中心"式的：以课堂为中心，以教师为中心，以书本为中心，以考试为中心。45分钟的课堂，一周4～5课时的学习，教师一言堂，一套教科书经久耐用，考试统领一切，是当前大学英语教学的基本面貌。

(一) 教材的缺陷

不少正统大学英语教材已经使用多年，如全新版大学英语综合教程、听说教程自2003年7月出版以来，使用了将近10年。该套教材"经久不衰"，有其优势：版面清晰、醒目，容易阅读，主题鲜明，文化气息浓郁，配套完备，有利于构建课堂内外、多元互动的新型教学模式，促进学生英语读写译能力的训练和听说能力的培养。然而，通过多年的教学实践，我们发现该教材过度重视经典词汇的训练，6册教材自身缺乏系统性和渐进性，更为重要的问题是教材包含不少"空心"课文，其主题内容和任务设计不能很好地切合时代的发展，极不符合学生的认知特点和表达需求。以全新版大学英语综合教程为例，尽管书中话题种类繁多，但在学生眼里，这些话题都并不是“真实可靠”的，里面没有大胆的评论，没有更强烈地暴露真实的生活状态。此外，教材中设计的任务更多的是词汇操练，无法与学生所处的语言文化环境对应，无法满足不同学习水平和专业背景的学生的需要，对于学生速读能力的提高和英语输出能力的训练也不能给予实质性的帮助，因而无法真正激发学生的学习兴趣，引导他们开展自主学习和思维创新。所以很有必要在贯彻真实性原则的前提下，“针对不同层次、不同水平的大学生编写多本不同起点、适合不同类型学校的教材”。

（二）学生认知能力的欠缺

目前有相当多的学生英语阅读水平尚可，但是英语会话能力却是他们的弱项。这是长期以来教师“一言堂”和以教材为中心的语言基础教学模式的产物。英语课堂上，不少学生低头蹙眉或目光游离，一副别跟我说英语的无奈神情。课堂上被提问，他们的本能反应就是“用汉语说行吗”？捧着一套“圣贤书”，两耳不闻窗外事，苦读八九年的书本英语，与活生生的英语语料绝缘，一旦自己事、身边事、国家大事要用英语表达，或瞠目结舌，或语无伦次。中国传统文化中的节日文化、饮食文化、名人轶事、风景名胜和地域特色要用英语表达时，却“只缘身在此山中”“云深不知处”。所学的课堂英语与他们所处的真实英语环境和认知需求脱节，他们学习的处境非常尴尬。他们被诊断为患上了“中国文化失语症”和“课堂英语排斥症”。这一切都是多年来大学英语课堂教学过分强调语言知识和目的语文化教学产生的严重后果。

（三）社会的需求

随着经济全球化进程的不断加快，国家及社会对外语人才的需求呈现出“多元化”“应用型”的趋势。我国大量需要的是外语与其他有关学科如外交、经贸、法律、新闻等结合的复合应用型人才。因此应用型本科院校大学英语教学应以培养英语综合素质高的应用型人才为宗旨，在有选择性地对学生进行英语语言知识输入的同时，要突出英语语言应用能力的培养，强调英语的工具性，努力使学生能运用英语学习、借鉴、吸收国外文化精髓和最新科研成果，学习、了解、传播本国、本地传统文化精粹和本学科领域动态。十几年前，井升华教授就一针见血地指出：中国的英语教学是一壶“烧不开的温水”。中国的英语教育缺乏系统性和衔接性，学生中学学了“父亲”，大学还学“父亲”；缺乏时代性，知道古代“国王”,不知现代“总理”;缺乏实用性,久读“经典名著”,不懂日常“稀饭”;学生英语学习的应试性目标很明确,大学生英语四、六级考试通过率呈上升趋势,但学生的英语实际应用能力却很差,无法适应社会发展、专业学习和自我表达的需要。

二、改革目标及原则

(一) 改革目标

地方应用型本科院校以内容为依托的大学英语教学改革应遵循现代人本主义思想,强调以学生为本,立足中国多元文化语境下的不同学生的语言水平、学习兴趣和学习需求,通过整合文化内容、学科内容与语言知识,来培养既懂行业、又会英语,具有国际化视野和母语文化素质的复合应用型人才。这是大学英语教学内容改革的根本目标。

(二) 改革原则

袁平华认为,大学英语教学环境中实施依托式教学,就是要立足学科内容知识,将语言学习融入学科知识学习,这符合当今大学英语教学转型期从规范统一教学向多元化教学发展的实际,从基础英语教学向专门用途英语教学转移的要求,是语言教学的一个新范例。不过,论文赞同吴鼎民教授等所定义的“三套车”课程内容框架,强调语言内容、文化内容和学科内容的“三结合”的依托式教学,要求坚持以下几条原则。

1. 文化指导性原则

即要坚持用文化导航英语教学。语言与文化密不可分的关系决定了大学英语教学中文化信息输入的不可或缺性。文化教学不仅要有选择性地输入适量的目的语文化信息,更要强调与学生有关联的、有利于学生母语文化素质提高的母语文化信息的理解、翻译与表达。双向文化的输入应该与语言学习相互渗透、相辅相成。

2. 专业针对性原则

即突出英语技能培养与专业知识学习的关联性。以内容为依托的语言教学模式是指将语言教学建基于某个学科或某种主题内容的教学之上,把语言学习与学科知识学习结合起来,在提高学生学科知识水平和认知能力的同时,促进其语言能力的发展。这种教学模式四大特征之一就是要以学科知识为核心。

袁平华在《大学英语教学改革与以学科内容为依托的语言教学模式》一文中明确指出：大学英语教学环境中实施依托式教学的优势和实施依托式教学的可行性，认为以学科内容为依托的语言教学模式依据交际法教学原则进行语言教学，强调在有意义的环境中学习语言，这不仅符合语言习得规律，有利于培养学生的语言使用能力，还能促进学生学科知识的增长和自主学习能力的培养，值得在大学英语教学中尝试。英语教学的重要目标之一是帮助学生使用英语来更好地学习专业知识，了解学科动态。孤立于专业发展的英语教学观肯定会抹杀学生英语学习的兴趣，阻碍学生英语水平的发展和专业素质的提高。

3. 素材多元化原则

语言的工具性决定了英语教学必须让学生充分接触真实的英语语料，尽情徜徉在活生生的语言海洋中，在真实的语境下学习、使用英语，这既符合以内容为依托的教学理念和现代人本主义教育思想，也满足了信息社会对语言交际内容的要求。

根据克拉申的情感过滤假设，教师应想方设法了解学生的认知期待，“营造轻松有趣的课堂环境，消除学生的紧张、焦虑等不良情绪，使他们对英语学习有着积极尝试的态度”。为了让学生抬起头来自信地、有兴趣地学习英语，唯一的办法是让他们尝试新事物，学习新信息，别让他们老吃“剩饭剩菜”。报刊、影视、歌曲、广播等多元化、多模态的素材一定能打开学生的视听觉，刺激他们用英语表达的欲望。

4. 实效性原则

实效性原则是应用型本科院校大学英语教学改革必须遵循的一大原则。所以，在改革过程中，我们要有计划、有步骤地做一些大胆的尝试，同时，又要及时、恰当地进行反思、总结、调整和再尝试。为了真正贯彻这一原则，教学中一定要实践人本主义思想，加深对学生的了解，注重资料的收集和材料的整理。

三、教学改革措施

(一) 强调与时俱进，报纸、杂志进课堂

读史使人明智，读报可让人知晓天下大事。英文报刊内容真实，紧贴生活，体裁广泛，语言时尚，应该成为大学生英语语言学习的课程资源。

英文报刊题材丰富、文体多样,主要有报道、特写、社论和评论等。它们各有特点,在结构和写作手法、语言表达、词语应用等方面有很大的不同。作为教材的补充,课堂教学中教师不仅可以挑选一些内容典型、语言丰富、现实性强的原版英文语篇,还可以介绍一些主题鲜明、地方特色浓郁、专业性强的中国英语文本。目前颇有影响的国内英文报纸主要有《二十一世纪报》《中国日报》和《英语周报》,国外原版报纸有 *Times*(《泰晤士报》),*The Christian Science Monitor*(《基督教科学箴言报》)和 *The Guardians*(《卫报》);深受读者欢迎的国内英文杂志包括《英语世界》《英语学习》和《今日中国》,国外原版英文杂志有 *Time*(《时代周刊》),*The Economist*(《经济学家》)和 *Newsweek*(《新闻周刊》)。

阅读英文报刊时,可让学生首先理解英语报刊写作的一般思路并对文章的相关背景知识加以熟悉,然后运用所掌握的英语文章的篇章结构特点,理清其脉络,进一步探讨作者的观点和立场,最后正确地理解报刊文章的内容。基于课时有限的考虑,围绕某个话题,我们可以在课堂上开展标题式阅读和关键词式导读,或者提前布置学生先去阅读报刊,寻找相关文章,然后再进行课堂讨论或自制报刊文摘。

(二)注重寓教于乐,影视、歌曲造氛围

音乐是人类共有的精神食粮。音乐可以帮助人们尽情地表达自己的情感和思想。一方面,把英文歌曲引入课堂,不仅可以营造自由、轻松的氛围,消除学生的焦虑、紧张的情绪,而且可以激发学生的学习兴趣,培养学生的英语语感,让学生感受丰富、地道的真实语言。另一方面,英文影视作品既能提供形象的英语文化背景,又能提供良好的英语语音环境。通过访谈,我们发现几乎所有学生都喜欢听英文歌曲,爱看英文电影、电视剧,通过课堂上学唱英文歌,观看英文电影和电视剧片段,许多学生提高了英语学习兴趣,增强了英语表达的欲望和能力。

广东金融学院在这方面做了有益的尝试。2006 年外语系首次向非英语专业学生开设了选修课《英语影视及歌曲欣赏》,通过多年的实践探索,该课程内容得以充实,教学方法得以丰富,教学成效愈发显著:学生学习热情高涨,英语听说能力有了明显的提高。

因此,在适当的语境下赏析英文歌曲和影视作品,能很好地弥补当前英语教材严肃、正统、单一的弊端,也可以引导学生有兴致地学习英语。

(三) 加强实践教学,模拟、实训两结合

非英语专业学生的英语实践教学应主要在课堂、语言实验室和实训基地完成,必要时与企业无缝接轨。

以机电专业学生为例,课堂上,教师可以让学生阅读机电类英文文献,并复述主要内容,翻译主要语句;可以组织学生开展产品模拟推介会,要求学生学习常用的机电专业英语术语,描述产品设计的过程,讨论产品设计的理念。在语言实验室,教师可以让学生进行机电专业英语语篇的听力训练,记录关键词,回答相应的问题;可以让学生观看一些图片和录像,然后进行主题式讨论。带领学生走出校园,到实训基地进行实战,无疑是让学生很兴奋的事情,也是检验学校英语教育的最好方式。安排学生到外资企业实习 2 周,可要求他们每天用英语写一段话来描述自己的实习生活,每周翻译一份产品说明书和一篇专业英语论文,藉此督促学生熟悉相关业务流程。

(四) 突出自主学习,报告、演讲展风采

大学英语与高中英语的根本区别表现在大学英语教学应强调学生的任务设计和自主学习能力的培养。经过高考的强压考验,不少学生在自由的大学校园里迷失了自我,除了上课,他们不知道如何利用空闲时间,在不知不觉中他们变得颓废、懒惰、玩物丧志。基于此,英语教师一定要恰当引导学生进行自主学习。

定期举行读书报告会,适时举办主题式演讲是指导、督促学生有方向、有内容自主学习的重要举措。一个愿意读书、善于读书的人,才会快速、有效地获取、处理信息。通过每月举行读书报告会,能帮助学生拓宽知识面,树立正确的人生观和价值观,还能让学生充分接触多样的真实语料,消除他们对英语的距离感和焦虑情绪,使他们能言之有物,言之成理。当然,阅读书目应包括指定书目和自选书目。指定书目时,教师应立足当前的文化语境和社会经济背景,着眼学生的年龄特点和认知水平,考虑不同的学科要求。对于同一专业的学生,针对学生的不同性格和不同英语水平,教师可以推荐不同的英语书籍或文章。

演讲是最常见的也是最难的语言表现形式。美国总统候选人,只有通过一轮又一轮的演讲考验,才能抓住民心,获得足够的选票,成功地入主白宫。这一事实从侧面证明了演讲技巧对于一个人的成功是多么重要。教师配合教材内容和社会环境,适时组织学生进行主题式演讲比赛,让学生自信、清楚地公开使用

英语来表达自己的想法。活动开展一定要有计划性。活动前，教师要指导学生查阅资料，撰写好演讲稿，了解演讲技巧；活动中，教师要仔细记录学生的表现，合理评分；活动后，教师要分析问题，突破重点，跟踪指导。有条件的话，教师可以进行视频拍摄，以更形象地再现学生的风采，有效地指明学生的努力方向。

为了全面培养学生的自主学习能力和思辨能力，课堂上还可以留出一定的时间让学生进行英语话剧表演和英语辩论。对于教材中容易理解的篇章，甚至可以让学生自制 PPT 进行讲解。

(五) 采用过程评价，作业、档案作参考

测试、评价与教学是内在统一的。要落实大学英语教学内容的改革，必须充分发挥测试、评价对教学的“指挥棒”和反拨作用，督促学生注重学习过程。为了更好地对学生进行形成性评价，教师要注重档案袋在大学英语教学中的用途。条件许可的话，优选基于博客的电子档案袋。(电子)档案袋中必须包括学生的作品(演讲稿、读后感、译文、PPT、自制报纸等)、已读书目名称、英语语音面貌、英语技能鉴定、课堂活动成绩和评价、在线自主学习时间和成绩、高考成绩、每学期期考成绩、四六级考试成绩等项目。此外，学生的纸质作业也是过程考核的重要参考。当然，采用这种评价手段，教师需要花相当多的时间来收集、整理学

生的资料，并且要因材施教，进行终结性评价。

四、结语

以内容为依托的大学英语教学改革任重道远，可以分两步走：第一步是在单一的大学英语课程中嵌入更多的与学生关联的文化内容、学科内容和语言内容，密切关注学生的文化盲点和专业兴趣点，进行反思性教学，促进“双师型”教师的成长，为成功培养复合型英语人才奠定切实可靠的基础；第二步是建立一套科学、合理的面向专业、强调文化、注重应用的大学英语课程体系，为成功培养复合型英语人才提供有力保障。只有把第一步真正贯彻落实好，我们才能更好地丰富大学英语课程体系，最终培养服务地方、适应社会的高素质的复合应用型人才。

(2012 年 4 月发表于《常州工学院学报》，选入本书时略有删节)

应用型音乐教育专业实践教学体系的建构

柳　飞

2009年3月，我们启动了“应用型音乐教育专业实践教学体系的建构”的教学改革实验。经过三年多的研究和应用，该项目取得了明显的成效。现将有关情况总结如下。

一、研究的缘起

2009年1月，我们利用常州市音乐教育学会年会的机会，对到会的常州市和辖区145名中小学音乐教师进行了调查问卷，并全部有效回收，我们还利用教育见实习的机会走访教育行政领导，得到了许多第一手资料。我们了解到：随着新一轮基础教育改革的深入推进，九年制义务教育《音乐课程标准》的贯彻实施，基础教育对音乐教育专业人才的质量和素质的要求越来越高。专业化的中小学音乐教师不仅需要教育学、心理学专业知识，需要有广博的人文学科知识和素养，还特别需要弹、唱、跳等多方面的音乐专业知识技能，以及熟练的音乐教育教学智慧、艺术。然而目前高师本科音乐教育专业毕业生虽然具有较为坚实的教育理论素养，但是教学策略、课堂驾驭、互动等实践性操作能力差；虽然有某一音乐专业特长，但是发展不全面，不能胜任中小学课堂音乐教学和课外训练辅导；另外在教学研究、人际沟通等能力方面也存在普遍问题。随着基础教育实行绩效工资，教师待遇的提高，以及近年来高校艺术教育专业的扩招，音乐教育专业本科学生就业成为一道难题，但是中小学又十分需要年轻的优质教师资源。因此，全面提升音乐教育专业本科学生音乐教师职业技能，努力缩短毕业生的职后工作适应期，成为音乐教育专业建设与改革的当务之急。

为更好地满足区域和地方基础教育改革与发展对高素质音乐教育专业本

科人才的需求，我们针对音乐教育专业目前比较突出的实践能力薄弱这一环节，提出了“应用型音乐教育专业实践教学体系的建构”这一教学改革课题，经过三年多的研究和实践，对音乐教育专业实践教学进行全方位、立体化、多层次的谋划，形成了“一专多能、驾驭两台、专业化可持续发展”的实践教学体系，从而提高学生的音乐教师职业技能，真正做到毕业即胜任“应用型”人才培养目标。

二、应用型音乐教育专业实践教学体系的研究与实践

(一) 系部统一部署，建立有效管理，责任到人

根据学生人数和教师专业特长，系部统一部署，由系主任全面负责，艺术系全体教师根据自己的专业特长和担任课程组成队伍，制定各项技能的达标水准和考核方式，编写出技能训练大纲和教材和题库(可与艺术教育大学生专业技能比赛挂钩，适当降低标准)，对每一技能的训练目标、要求、内容及考核等作出明确的说明，使学生有训练目标，教师有训练标准。具体分配：声乐演唱、微格训练、说课由柳飞老师负责，钢琴演奏由叶波老师负责，合唱指挥由杨丽莉老师负责，即兴伴奏和自弹自唱由郑隽逸老师负责，舞蹈由吴蕾老师负责，见习、实习由师范学院实践教学管理科孙卫俊老师协同学业导师负责。

(二) 集中实践环节，分步实施，要求明确具体

集中实践环节是学生“驾驭两台”进行教师专业实践和音乐专业舞台实践的重要环节，集中实践教育见习Ⅰ由师范学院实践教学管理科统一规划，学生去中小学见习。大二开始由学业导师帮助联系中小学一线优秀教师，实现双导师制，定期进行传帮带，教育见习Ⅱ，Ⅲ和实习，由实践教学管理科与学业导师、一线指导教师共同指导，学生将在专业教学、班级管理、教育科研等方面进行全面的了解和参与实践，学业导师定期进行检查和督促，最终达到联合培养优秀教师的目的。微格训练是音乐教学论课程的实践性环节，由教学论任课教师负责。舞台表演由系部专业任课教师会同学生制定计划，列出演出框架和节目单，由学生自行排练，教师检查指导。集中实践环节的具体安排如下表：

项目	第一学年		第二学年		第三学年		第四学年		小计/周数
	一	二	三	四	五	六	七	八	
教育见习Ⅰ		2							2
教育见习Ⅱ				2					2
教育见习Ⅲ						2			2
舞台表演Ⅰ			2						2
舞台表演Ⅱ					2				2
舞台表演Ⅲ							2		2
微格训练							1		1
教育实习								8	8
毕业论文								10	10
合计/周数		2	2	2	2	2	3	18	31

(三) 专业课内实践活动(分散实践环节),专业任课教师负责,全面检测

学生高质量地掌握各层次的技能是一项复杂的系统工程,学校设置的各类专业课程既要各司其职,又要协同配合。其中,基础理论课程要与技能训练相结合(如和声课与即兴伴奏课程),技能课程教学应与课内实践、舞台表演相结合。声乐、钢琴、合唱指挥、即兴伴奏、舞蹈等含有课内实践活动的课程,由专业任课教师负责,并向学生发放考核标准,在课程结束时由系部根据实践教学大纲组织教师统一检测。检测时间:声乐、钢琴在第四学期;合唱指挥、即兴伴奏在第六学期;才艺(舞蹈或器乐)在第七学期。

(四) 自主性实践活动,建立考核和比赛制度,逐层推进

1. 加强自弹自唱练习

自弹自唱是钢琴伴奏与演唱的综合能力,是中小学音乐教师必备的专业教学基本功,由于受课时和教师的制约,目前尚没有开设专门课程。我们采用教师指导,学生自主实践,用比赛逐层推进的方式进行。自弹自唱比赛分三次,分别安排在第五、六、七学期。第五学期学生已经进行了声乐、钢琴课程学习考核,具备了基本的弹奏和演唱能力,同时第五学期开始开设了即兴伴奏课程,学生对伴

奏有了一定的了解，但是自弹自唱还有一定难度，我们采用两人一组，你弹我唱（要求用原谱伴奏）的方式，分设伴奏奖和演唱奖，以降低难度，训练学生间的相互配合。第六学期学生的伴奏演唱能力都得到一定提高，比赛采用自弹自唱的方式（要求用原谱伴奏）。第七学期学生经过系统的即兴伴奏课程学习，掌握了基本的伴奏和弦、音型、肢体、歌曲处理等方法，自弹自唱采用现场抽签（可提早两小时抽签），即兴演奏的方法，以综合考查学生的即兴编配和演唱能力，为学生岗位应聘、现场教学等作准备。另外针对目前国内自弹自唱教材的空白，组织教师编写《自弹自唱实用教程》。

2. 加强说课实践技能训练

说课是针对所给教学内容，用 10 分钟左右时间说说将“如何教”和“为什么这么教”的一种方式，由于这种方式能在短时间内比较全面地考查教师的理论与实践教学水平，近年来许多教师岗位招聘采用说课这种方式。由于受课时的制约，我们采用举办说课讲座，写说课文本，个别抽取评价指导，利用微格教学训练等方式进行训练。待学生实习回校，第八学期布置说课内容，学生自行录像，统一评比的方法，使每个同学的说课实践技能得到锻炼。

3. 加强教师职业技能训练

全体音乐教育专业学生利用周一下午第 6—7 节课进行“三字一话”的教师职业基本功训练。由教学实践科选派“小老师”负责督促指导学生的练习，并进行考核，毛笔字、钢笔字、粉笔字考核合格以上，普通话达到二级乙等以上。

（五）社会实践、毕业论文，学业导师全程指导

学业导师从大二开始与学生结对，采用师生双向选择的方法，适应期为一年，一年过后学院对导、学双方进行考评，并根据双方要求进行调整。学业导师不仅对学生的校内学业方面如：学习方法、课外阅读等给予指导，还负责学生的暑期社会实践和大学生创新实践训练，暑假社会实践活动：利用暑假，安排学生以个人或小组的形式结合自己的学习经验，自主开展与专业相关的社会实践活动，撰写调查报告或活动总结。大学生创新实践训练：由学生组成团队，导师带领，从自己的专业出发，进行创新实践项目训练，申报大学生创新实践项目，总结并撰写相关论文。这两项社会实践，对拓展学生的理论知识，积累社会人际交往等活动经验，培养学生学术研究能力等都有很大作用。学业导师同时还负责学生的毕业论文和就业指导。

三、应用型音乐教育专业实践教学研究的成果与推广价值

(一) 研究成果

(1) 对音乐教育专业实践教学进行全方位、立体化、多层次的谋划,制定应用型音乐教育专业实践教学实施方案,完成各相关课程和实践环节的实践教学大纲,对学生课内外实践的内容、要求、考核等作细化安排。

(2) 实施音乐教育专业实践教学计划。①教师技能实践:根据中小学音乐教学和教师岗位应聘需要,举办07、08、09级自弹自唱、说课比赛。②舞台实践:06级曾全生、07级孙盈盈、08级杜万勋同学分别举办个人独唱音乐会;校“星光艺术合唱团”获得2011省第三届大学生艺术展演合唱一等奖、小合唱二等奖;“天华民乐团”获得第三届大学生艺术展演合奏二等奖、小合奏三等奖;校合唱团还获得2010年、2012年市级演出最佳演出与组织奖。③社会实践:由柳飞老师指导的省级大学生创新实践项目“吴韵悠悠——常州吟诵的传承实践调查研究”和由郑隽逸老师指导的校级大学生创新实践项目“常州市音乐培训机构教学情况调查研究”2012年5月均顺利通过验收。

(3) 以教学改革促进相关课程建设,“钢琴”课程在校级重点课程的基础上申报校级精品课程建设,“声乐”“合唱指挥”申报校级重点课程建设。

(4) 加强教材建设,由叶波等老师主编的《钢琴综合实用教程》(1-4册)2011年5月获校级精品教材。《弹唱实用教程》获常工院教材建设立项,目前正在编写中,此教材具有创新性和实用性等特点,填补了目前国内在这一教材领域中的空白。

(5) 加强教学改革科学研究,柳飞老师针对音乐教育专业声乐选修学生开设讲座“歌唱中的意大利语”并发放意大利语训练讲义,撰写论文《比较汉意语音特点唱清意大利语歌词》刊登于《常州工学院学报》(2011.10);论文《活用活解话“声”“音”》刊登于《音乐创作》(2011.7)。郑隽逸老师的论文《高校音乐教育专业学生教学能力培养的策略研究》刊登于《第二届粤港澳音乐教育论坛论文集》(2012.6);论文《试论“钢琴即兴伴奏”课教学改革的路向》刊登于《常州工学院学报》(2011.1)。叶波老师的论文《如何提高成教钢琴教学》刊登于《新课程研究》(2011.8);论文《慢练的艺术》刊登于《北方音乐》(2012.3)。李凌燕老师的论文

《音乐教育的领悟性原则探析》刊登于《黄河之声》(2011.5);《论本土民间音乐课程资源与地方高校音乐教育有机整合——以常州为例》刊登于《音乐创作》(2012.5);李凌燕老师还于2011年12月9日在常州工学院新校区音乐厅成功举办个人独唱音乐会。

(6) 大大提高学生的职业综合素质,毕业生签约率、就业率明显提高。音乐教育专业11届24位学生实现就业率、签约率双百,其中有18人成功应聘中小学音乐教师岗位,占学生总数的75%。12届截止6月10日,26位同学已有23位签约,就业签约率达88.5%。

(二) 推广价值

(1) 实效性:技能实践考核与课程教学结合起来,避免了高校某些课程教学中内容繁、难、偏、旧,以及脱离基础教育音乐师资培养要求的现象,使课程教学更具针对性、实效性。

(2) 职业性:课堂实践、舞台实践、社会实践相结合,适应音乐教师职业化发展要求。

(3) 前瞻性:从用人单位对应聘教师的考评,从社会对未来音乐教师所应具备的能力,从教师专业成长需要等超前视角出发、谋划,反应了当前及未来一段时间我国基础教育音乐专业人才的需要,具有一定的前瞻性。

三年来,我们对"应用型音乐教育专业实践教学体系的建构"从理论到实践都作了一些探索,取得了一定的成效,但是离我们的理想状态:学生能"一专多能、驾驭两台、专业化可持续发展",真正做到毕业即胜任"应用型"人才培养的目标还相距很远。我们将在此基础上不断完善,对课题项目进行深入研究,近期采取的措施:

(1) 加强实践教学改革和研究,对音乐教育专业实践教学体系的建构作进一步完善,对各实践教学环节的管理作进一步细化分工。

(2) 以课程建设为抓手,使相关课程均达到学院一类优秀课程,注重各课程之间的相互衔接、渗透和融合。

(3) 编写《弹唱实用教程》,填补目前国内在这一教材领域中的空白。

(4) 建立音乐教育专业实践教学网站,充分利用网络资源,构建先进的多媒体教学及交流平台。

从企业用人需求看高校艺术设计人才培养

薛 锋 李志强

《国家中长期教育改革和发展规划纲要》指出:“教育要面向人人、面向社会,着力培养学生的职业道德、职业技能和就业创业能力。”近年来,各类高校全力以赴地将就业当作办学的大事来抓,想方设法开拓就业渠道以缓解就业难的问题。当前,艺术设计专业一方面存在学生就业难问题,另一方面企业又处于“难觅人才”的尴尬窘境,供需矛盾的错位,折射出高校办学方针、目标与社会、企业的需要不相接轨,因此,高校艺术设计专业的设置应尽量与社会发展需求相适应。

一、用人单位对艺术设计人才就业能力的需求

高校艺术设计专业毕业生就业的主要渠道是各类设计公司,他们大部分从事设计技术、设计管理和设计经营工作,是设计行业设计与操作的有生力量。毕业生的设计水平、工作态度、能力会对企业的发展和效益的增长产生直接的影响。我们首先从企业对艺术设计专业大学生的能力需求来看高校艺术设计专业的培养目标是否满足社会的需要。

(一) 所学专业能力是否胜任工作

中国经济的飞速发展给建筑设计、室内设计、环境设计、装潢设计、工业设计、服装设计、动画设计、公共艺术设计等视觉设计领域带来了可观的就业渠道,市场在为设计界带来巨大发展空间的同时,也为各类设计师提供了施展才华的巨大舞台。近年来,设计领域的竞争日趋激烈,我国各类艺术设计院校竞相开设艺术设计专业,一再扩招,很多高校的艺术设计专业因地制宜,因市场需求而迅速发展,与市场、社会需求等方面有着良好的互动。应该说,设计时代的新观念、新理论、新的教学模式,对设计专业学生的知识水平和专业能力提出了更高的要

求，艺术设计专业毕业生能否在中国经济的发展中担负起社会责任，是否具有勇于创新的精神，直接影响用人企业的发展。企业在招聘大学生时，会把专业能力作为一项重要的先决条件，而目前毕业生的专业设计能力离用人企业的要求还有相当大的距离。

(二) 非专业能力与企业要求存在差距

企业在招聘工作中，主要依据以往使用大学生的情况反馈来决定招聘条件，企业除了重点考察艺术设计专业毕业生的专业能力外，还充分考虑非专业因素。因此大学生的理想、信念、世界观、个性心理品质(如对专业的爱好、兴趣、热情、动机、意志、情感、性格、气质等)，还有工作的自制力、顽强性、荣誉感、团队合作精神、沟通表达能力、求知欲望等，都对个人成长和企业发展有着重要影响。虽然设计领域比较宽泛，对非专业因素的侧重有所不同，但有一点可以肯定，人的成才除了一定的专业因素和社会条件，非专业因素可以弥补专业方面的种种不足。

(三) 优秀艺术设计人才的能力特征

去年，我们一部分教师与毕业班的学生巡访了 56 个与艺术设计公司相关的企业，并对约 250 名往届生的工作情况进行了分析，得出有 68％的优秀设计人员有跨艺术设计专业领域或跨部门工作的记录，他们或自己创业，或任设计部门经理，一般要经过 4～5 年的辛勤打拼。社会、企业普遍认可这些人员，认为他们具有成功设计师的特质、能力。其一，艺术设计的创新能力。有创新意识和构想能力，在艺术设计实践中养成思考的习惯，善于思考设计方案中的疑难问题，不时产生奇思妙想。其二，非同一般的洞察能力。社会的变化促使他们关注周围的环境、生活方式和流行动态，用设计师的眼光审视时尚流行趋势。其三，探索求新的应变能力。对各种新事物、新设计充满好奇，博览、多思、勤问，追根究底，研究新理念、新材料、新工艺，溯本求源，形成自己独特的想法。其四，视觉形态的审美能力。视野开阔，品位高雅，肯下功夫，剖析各种成功经典设计案例，成为设计形态的弄潮人。其五，综合设计的表现能力。乐于就创意与同仁沟通、协作，善于就方案与客户交流，尽可能满足客户的要求。手绘能力强，有设计快速表现能力，简明、直观地表达设计师的意图。其六，预测市场变化的能力。关注市场变化，顺应社会需要，有针对性地对设计行业的流行趋势、设计风格、材料价格进行系统调查、逻辑推理和正确评估，懂得不同消费群体的不同需要，有针对性地根据不同客户的要求进行设计。

(四)企业的发展需要综合能力素质高的毕业生

当前许多大的建筑装饰公司、动漫公司和艺术设计公司在员工培养和管理中都强化综合能力素质的培养,并形成了行之有效的机制。综合能力素质包括岗位所需要的专业知识、专业技能、工作经验和非专业能力。公司通过四个模块的培养和考核评估设计人员的非专业能力。往往有相当一部分毕业生只注重专业知识的学习,而忽略了非专业能力的提高,以致面对纷繁杂乱的工作而不知所措。艺术设计专业毕业生要提高实际工作能力,就要从以下几个方面努力。

1. 适应企业发展的要求——培养实际工作能力

艺术设计教育的办学理念是培养应用型复合性设计专业人才,但是部分高校对设计专业培养目标定位不明确,课程体系依然仿效绘画专业,教学偏重于由理论到理论,在实际能力的培养中也存在很多问题,缺乏开放意识,与社会脱节,毕业生所学到的知识无法应对社会的挑战。如企业需要在广场上悬挂几条横幅标语,或是在商店的橱窗中布置实物展示,或是在工厂陈列室进行展示设计,尽管这些设计和安装工作并不复杂,但是毕业生往往一筹莫展。由于学生在校期间很少有机会参与承接社会上的设计任务,甚至连虚拟的项目都极少涉及,一旦面向社会,学生就不知所措。学生平时在学校所接触的都是课本上的设计练习,有实用价值的设计不多,许多作品没有市场意识。达·芬奇说:“理论脱离实践是最大的不幸。”如果艺术设计专业毕业生只是依靠书本知识,而不在实践中磨练,那只会四处碰壁,永远不可能在社会的大舞台大显身手。知识不是力量,运用知识才是力量,所以学到的知识要会在实践中运用。

2. 适应社会发展的需要——提升社交能力

大学生的社会适应能力是在个体与社会环境的交互作用中,在追求与社会人际环境维持和谐平衡关系的过程中逐步得到提高的。大学生由于刚走出象牙塔,对社会的认知混同于学校,往往出现一些认知偏差,尤其是学艺术的学生,大多自以为是,习惯根据自己的意志去做一些事情。社会角色的扮演是大学生社会化的一个重要内容,大学生要不断转换角色,接受社会的主导价值观、行为规范,利用自己的艺术设计知识技能,合理地处理好人际关系,在适应社会的过程中,显示出自己的工作才能、意志品质、合作精神和竞争意识。设计艺术教育与相关行业、市场的关系十分密切。设计产品要直接接受市场的检验,而设计师要与客户面对面，要得到消费者的认同。因此，大学生要提高社交能力，就要增加社会实践，拓宽知识面。

3. 适应社会发展的现实——不断超越自我

许多大学生对未来充满着美好的期待，他们意气风发，想要在企业大展宏图，但是社会现实是残酷的，很多大学生往往不能正确认识自己，不能自觉调适自己在社会中所扮演的角色，由此不断引发各种矛盾与冲突，更有甚者当工作中遇到困难。人际关系不适应时，就会出现焦虑、压抑、愤怒、狂躁等不良反应，会躲避现实，灰心丧气，变得一蹶不振。所以大学毕业生在生活中要学会忍耐，面对现实，不要任性。要努力培养自信心，做任何事，不论有多少把握，都要勇敢地面对，不断超越自我。

二、强化对大学生的就业指导，促进观念的转变

当前大学生就业难表现在就业期望值与现实差距较大而导致就业满意度低，相当一部分艺术设计专业毕业生缺乏正确的择业观，在薪酬待遇、工作单位、工作区域等方面期望值过高从而造成就业理想错位。如果从就业的角度来看高校的专业设置，可以发现高校的专业设置与市场需要存在错位，一方面学校无法满足社会的需要，另一方面，学校培养的人才又供大于求。另外，由于各类高校专业方向大同小异，培养的人才缺少独特个性，这也加剧了艺术设计专业毕业生的“就业难”。

(一) 引导艺术设计专业毕业生准确定位设计师的身份

当前，我国艺术设计教育已进入大众化教育阶段，艺术设计专业的学生早已不是以前百里挑一的“艺术骄子”，艺术设计专业毕业生不等于设计师，要真正成为设计师，还要经过多年的摸爬滚打，要经过千锤百炼。艺术设计专业毕业生同各行各业的毕业生一样，可以当美工，可以当技工，可以当管理者，也可以当个体经营者，但都要通过展示自己的设计才华，显露自己的创造性思维和综合设计能力，实现自身的价值，为社会创造财富，从而得到社会的认同。

(二) 引导艺术设计专业毕业生认同在中小企业发展

大企业对艺术设计专业毕业生的需求并不大，很多大型企业和机关企事业

单位的各类设计都采取招标的形式，或全权委托某些设计公司承办，这些大型企业并不需要设计人员，机关企事业单位也无设计人员的编制，而那些中小企业和私企却迫切需要有真才实学的设计人员。因此高校的就业指导工作要使毕业生明白，只有通过在中小企业——各类设计公司积累经验，增长才干，才能脱颖而出，找到自己的位置和发展空间，实现自己的人生价值。

（三）引导艺术设计专业毕业生勇于自主创业

在艺术设计专业毕业生就业工作中，不仅要鼓励毕业生积极应聘中小型企业职位，而且要鼓励毕业生尽快实现自主就业，从而有效缓解就业矛盾。艺术设计涉及的专业很多，有广泛的社会需求，而且有很多成功的例子。毕业生应抓住市场机遇，寻找创业途径，勇于创业，高校和社会应该在政策上予以扶持，营造全社会支持就业的良好氛围。

三、拓宽学生社会视野，提高适应社会的能力

（一）以创新观念为先导，强化能力培养和训练

设计教育肩负着为社会培养、输送设计人才的重要任务，设计教育的内涵中包含着设计领域的丰富内容。我国艺术设计教学模式基本上以“专业知识＋技能训练”为主线，旨在让学生接受设计观念、设计理论和设计知识，同时拥有全面扎实的设计能力。但学校在培养大学生的职业素质和实践能力方面始终处于弱势，缺少将“校园人”培养成“职业人”的办法。我国高等教育长期重知识灌输，轻能力培养，艺术设计纸上谈兵多，面向实际案例少，条条框框限制多，大胆独创新意少。高校大学生实习偏少，实习过程效果也不够好，导致毕业生缺乏工作经验和实际操作能力，在相当一段时间内难以胜任工作，毕业生在社会环境中的生存能力受到质疑。因此，高校必须加强大学生能力培养和训练。

1. 构建能力体系

在教学计划中，除了构建知识体系外，还应根据学生的实际情况，构建能力体系。课堂教学的作业练习要与实际设计项目课题结合。建立能力素质模型，并落实到每个学期，如转变角色、适应能力、认知自我、职业定位、团队精神、有效沟通、执行能力、职业礼仪、面试技巧、应聘谈判等培养目的和要求都应渗透到艺

术设计的实习课程中。培养计划要加强能力训练、社会实践、艺术考察、课程研究的针对性，定期开设职业意识专题讲座，围绕责任意识、规范意识、道德品质修养、敬业精神研讨专业发展方向、自我管理能力、职业生涯规划、团队合作精神等，鼓励学生多参加各级各类艺术设计竞赛，不断提高自身专业技能。

2. 强化实训演练方式

拥有知识不等于具备能力，职业化能力培养的目的在于将知识转化成实际工作能力，将知识内化为自身能力。所以高校在人才培养体系中，要精心设计实训演练的形式，采取不同的手段，通过理论教学、设计案例、设计体验、互动训练、互动教学、实践演练、项目研究等严格训练，让学生在实训演练中加深对知识的理解，在实践中巩固知识，在实践中积累“实际工作”的经验。

(二) 从实际出发，加强高校、企业和学生的紧密合作

学校应加强与企业的联系，尤其是艺术设计专业教师要带领学生定点定时到企业走访，让学生熟悉、了解艺术设计行业的发展现状与趋势；经常邀请企业设计行家能手到学校交流，参与艺术设计培养方案的修订，畅谈对教学大纲调整的看法，参加各类艺术设计比赛、毕业设计答辩的评比和指导，真正将企业的标准和要求传达到设计教学和活动中去。学校还应加强与设计公司的联系，使较大的建筑装饰公司、广告公司、动漫公司乐意接受学校的实习安排，并配备资深设计师指导实习，引领学生真正进入企业设计的关键领域，使实习成为学生设计生涯重要的开始。

(2013 年 12 月发表于《常州工学院学报(社科版)》)

艺术设计专业大学生创新训练“实际项目法”教学模式探索

张新荣　王继开

2012年12月，由江苏省教育厅主办，江苏省高校招生就业指导服务中心和江苏省高校科技发展中心承办的“江苏省第一届大学生科技创新创业成果（项目）交流会”在南京国际展览中心顺利召开。经过学校和省组委会层层筛选，本校艺术设计专业一项项目入选南京交流会，该项目是由艺术设计专业师生组团完成的一个寺庙景观规划设计方案，由指导老师负责牵线搭桥、签订合同、设计指导、质量把关，学生向学校申报、立项、结项等，高年级与低年级学生分工合作、全部包揽设计任务，学生通过多次赶赴项目现场收集资料、了解客户方意图、与客户方沟通交流、分析解决一道道难题，最终顺利完成设计方案并全部被采纳的一个实际应用项目。具有典型的科技创新训练意义，还使创新成果能真正转化为具有实际使用价值的应用技术成果。这也是本文着重要探讨的艺术设计专业“实际项目法”教学模式的改革尝试。

一、本校艺术设计专业学生创新训练项目开展情况

本校艺术设计专业下设环境艺术设计和平面艺术设计两个专业方向。近年，凭借学校意工厂创意产业发展有限公司（简称意工厂）这一平台，成立了环境艺术设计工作室和平面艺术设计工作室，师生组团完成科技创新训练项目多项，主要以转化为应用技术成果的设计、咨询为主，相继完成并被采纳应用的项目有南山禅寺景观设计、慈山禅寺景观设计、石佛禅寺景观设计、紫竹禅寺景观设计、马杭天主教堂景观设计、新安基督教堂景观设计、欧开通信技术有限公司办公楼室内装饰设计、第一人民医院东区花园浮雕景观墙设计，还有欧宝橱柜有限公司缘木纯美橱柜门店改造方案及门店推广用宣传册设计、石磬建筑装饰材料有限

公司企业推广宣传册和样本及 VI 设计、黄金首饰礼盒设计等，正在进行的项目有西山禅寺景观设计和西林禅寺景观设计。

上述创新训练项目在申报时都要制定相应的教学训练目标。如学生通过参与完整的设计创作和接触现场施工，要从中总结经验、积累知识，提高自己的创新实践能力和创业素养，锻炼自身独立完成设计、制作能力，为今后从事本行业的工作和自主创新积累宝贵经验。学生通过参与被采纳应用的实际项目，应总结一套完整的、切实可行的实践运作模式，以吸引更多的客户与学校合作，并能将此成功模式传授给下届学生，使更多的学生得到参与和锻炼。

对每个项目都有严格的前期准备、过程管理、跟踪实践、设计指导四方面的实施步骤与监控。下面以南山禅寺景观设计实际项目为例。

首先是前期准备。指导老师有针对性地进行必要的知识讲解和相关应用软件技能培训，使学生充分了解自己参与的项目知识以及相关软件运用，以便提高实践活动的积极性。进行项目所需相关材料的信息收集和初步整理，查阅相关文献资料，通过初步分析、与客户交流，达成合作协议，做好具体的时间和阶段性工作安排。对项目已有线索进行深入分析，深入了解项目设计当前现状、历史沿革，以保证自己的设计具有一定的深度、广度和意义。

其次是过程管理。由学校大学生实践管理部门和学校产学研平台“意工厂”进行宏观行政管理，包括按照管理办法的项目申请、立项、验收及签订合同把关、中期检查等。指导老师定期组织学生针对设计方案进行讨论、总结，修改完善，提高实际应用技术含量，对实践活动的每个环节严格把关，细化目标过程管理，保障实际训练项目的质量和效果。由学生项目负责人具体明确项目分工，明确阶段性要达到的成果，每周定期集中讨论分析，解决创新训练中出现的各种难题。

再次是跟踪实践。在指导老师带领下，参与具体项目洽谈、现场勘察和素材收集，进行前期方案设计，结合前期准备的资料，完成设计实践活动项目的总体思路、项目的设计创意现场说明。完成具体文案、草图、总体平面、功能分析、交通流线、景点分布及效果图创作。总结设计成果，撰写研究报告和论文，完成项目验收。有机将创新训练活动与专业技能、专业理论相结合，进行实践创新，由此探求大学生创新训练项目的“实际项目法”教学新模式。

最后是设计指导。该项目由两位多年来一直从事环境艺术设计专业及相关领域教学工作的指导老师负责指导，一位在景观规划设计项目实践方面曾经辅导过多次学生实践创新项目，熟悉景观设计原理，能熟练运用各种设计软件，辅导学生参加设计竞赛获过很多奖项。另一位从事环境艺术设计专业教学近20年，曾在各类专业期刊上发表过环境艺术设计方面的论文20多篇，对设计实践教学有独到的见解和颇深的造诣，近年来，培养了一大批优秀学生。指导教师通过讲解景观规划设计的原理、方法、路径，帮助学生对方案进行反复推敲、分析、探讨，对整个训练项目推进过程中经常提出理论联系实际的建议，做到精益求精，力求使客户方满意。对撰写研究报告和论文过程中也提出许多修改意见，循序渐进，反复修改，直到符合要求，使学生通过本次实际项目训练逐步掌握了研究报告和论文的撰写方法。论文最后公开发表在中文核心刊物上。

二、艺术设计专业实际项目法教学模式分析

美国学者乔伊斯和韦尔是较早把“模式”引进教学领域的，他们所著《教学模式》一书谈到：“教学模式是构成课程和作业、选择教材、提示教师活动的一种范式或计划。”他们试图通过“模式”来说明在一定的教学思想或教学理论指导下建立起来的各种类型的教学活动的基本结构或框架，表现教学过程程序性的策略体系。我国有学者将教学模式定义为“在一定的教学思想或理论指导下，为设计和组织教学而在实践中建立起来的，各种类型教学活动的基本结构和活动程序及其实施方法策略体系”，也有定义为“按照一定教育理论、教学原则和教学经验，围绕一定的教学目标而设计的可操作、可控制的结构性流程”“为完成教学目标、任务实施教学内容所采取的一定的教学目的、教学手段、教学内容、教学形式、教学方法的总称”。总之，教学模式是依据一定教学思想或教学理论所建立起来的较为稳定的教学活动结构框架和活动程序。每一种特定教学模式的结构均应包含理论依据、教学目标、操作程序、实现条件、教学评价五大因素。

本校艺术设计专业大学生创新创业训练虽然没有被正式列入培养方案，但有明确的教学目标、教学方法、实践内容、采纳意见、校内外评价等，可以被认作是正常教学活动的补充和延续，是值得尝试和推广的新型教学模式。本校艺术设计专业开展大学生创新训练计划项目以来，所有校级、省级、国家级立项项目都为实际项目，要求有严格的立项、验收等环节，并通过“意工厂”产学研平台签订技术服务合同。部分项目由于当时不成熟没有被学校正式立项，但也在二级学院立项了，还有部分项目只是当时来不及申报罢了，也都是实际项目，研究分析后发现其遵循的

教学模式都与“巴特勒学习模式”和“抛锚式教学模式”非常相似。

巴特勒学习模式是上世纪 70 年代美国教育心理学家巴特勒提出的，他的“七段”教学程序是：设置情境—激发动机—组织教学—应用新知—检测评价—巩固练习—拓展与迁移。本文提到的所有项目都为真实项目，其情境不用设置就是真情实境，能快速有效地激发学生的创作动机，在组织实施时须通过严格的前期准备、过程管理、跟踪实践、设计指导四方面的教学训练过程。其中包括新知识、新技术等运用，包括客户方的采纳和校方的验收评价，以及总结经验、巩固练习和传授给下届学生。抛锚式教学模式要求建立在有感染力的真实事件或真实问题的基础上，确定这类真实事件或问题被形象地比喻为“抛锚”，因为一旦这类事件或问题被确定，它的理论基础是建构主义。建构主义认为，学习者要想完成对所学知识的意义建构，即达到对该知识所反映事物的性质、规律，以及该事物与其他事物之间联系的深刻理解，最好的办法不仅仅是去聆听别人（在学校主要是老师）关于这种经验的介绍、讲解、教会，而是要让学习者到现实世界的真实环境中去感受、去体验、去学成（是通过获取直接经验学会的）。由于抛锚式教学须以真实事例为基础（即为锚），所以也形象地被称为“实例式教学”或“基于问题的教学”或“情境性教学”。

在一般学校，学生每一阶段的知识和技能学习都要想通过真实项目来训练，这几乎是不可能的事，本校艺术设计专业培养方案涉及的专业课程学习，最多也就是采用实例式的教学模式，如先通过一些理论讲解和实际案例分析，再让学生模拟真实项目去完成一套创意设计，一般会从简到繁、由浅入深，逐步让学生通过模拟各种单套设计项目掌握设计知识和技能，到了毕业设计这样的实践性环节会要求学生模拟完成整套的设计项目，如正好碰到建设企业委托或设计单位寻求合作也会优先考虑让学生选择真正的实际项目来完成整套毕业设计，但是，这种机会是可遇不可求的，概率很低。所以，自从本校开展大学生创新创业训练计划项目活动以来，通过这一平台来开展大学生设计实践训练，可以不受正常的教学进度和时间干扰，师生几乎都是利用暑、寒假或业余时间。本校艺术设计专业实践教学也历经了近几年的很多次成功与失败，在不断摸索和尝试改革中逐步成熟起来，从中积累了许多经验和教训，与企业及某些特定行业建立了良好关系，比如说本地的佛教行业协会，在相互信任的基础上与本校师生建立了长期合作关系，故许多寺庙景观设计项目来源稳定，“实际项目法”教学模式才能得以真正实施。本文提出的实际项目法教学模式与“巴特勒”学习模式和“抛锚式”教学模式相比应该还是有所区别,后者至少不排除人为地模拟情境,是虚设的真实事件,是以实际案例来完成教学,而前者是让学生参与到实践中去的训练,有实战经验的积累,体现了真正的“情境性”和“真实性”。

三、以实际项目法教学模式为基础的教学活动优势

在当前各大艺术院校竞相改革教学模式的探索活动中,诸如“项目法”“工作室制”等教学模式探讨已非常多见,但真正意义上的完全真刀真枪的“实际项目法”教学模式尝试还是比较少见,它的研究探索基础首先必须建立在稳定的实际项目来源上,其次必须有一支具有丰富实战经验的优秀师生项目团队,本校近几年的实践教学改革,经过不断的摸索,逐步在实际项目法教学活动改革上总结出以下四方面优势。

(一) 教学环境的真实性

这里所说的教学环境,不是通常意义上的教学实验室,而是指学校“意工厂”产学研平台下的工作室,更深层的意义当然还包含师生接触客户方、建设方现场环境踏勘、市场调研、设计完成后跟踪施工等真实环境,这种真实性的环境优势是其他教学环境所不能替代的。以南山禅寺景观设计项目为例,师生团队曾多次赴现场实地踏勘、采集现场信息、参与谈判、跟踪施工,当前期景观规划完成后,又把本校建筑设计研究所引见给对方,继续介入寺庙大殿建筑设计和施工,以及接触后期的大殿室内装修设计和施工,对现场环境感受强烈,一切感官刺激均来自真实的现场环境,为学生创新创意起到很好的激励作用。

(二) 教学过程的非常规性

这里所说的教学过程,不是正常培养方案预先制定的教学进程,它不会依照常规线性教学模式来进行,往往是按照对方的要求和现场实际情况制定进度周期,不是简单的让学生按部就班地去接受教师预先设定的目标和任务完成设计训练,得到一个结果评价。而是学生根据对方的要求设定设计进度和学习过程,并只许成功不能失败,所以,它一定有反复修改、反复独立经历痛苦学习过程的非常规性锻炼,教师只不过在此过程中充当引导者、指导者的角色。由于实际项目来源于社会实际,对设计作品的好坏评价应该依据市场客观因素,另外,还应

该以整个过程作为主要评价依据,学生在这样一种实际过程中的优劣表现,将体现出他们解决实际问题的应变能力,将决定他们综合素质方面的能力担当。

(三)教学内容的多样性

实际项目法一般按照真实的项目来安排教学内容,其学生受训的内容不会像普通课程教学大纲里规定的内容那样是相对固定的单元训练内容,它具有灵活性和多样性的优点。从近几年所承接的项目看,包括了景观设计、室内设计、推广宣传册设计、VI设计等,就算是寺庙景观设计也包罗了各具特色的寺庙环境,表现为诸如场地、规模、空间尺度、景点内容、建筑体量等多样性的特色。项目的多样性极大地提高了学生学习的兴趣,开阔了学生课外学习的视野,利用工作室平台为学生营造了真实的企业环境氛围。像南山寺景观设计进展到后期甚至还联合了建筑设计单位和地形勘察设计单位,并且,由当地镇政府出面,邀请几方设计单位召开协调会,共同完成了整个项目的景观设计、建筑设计、周边山体还绿设计等任务,本来单一的项目又延伸出几个合作项目,让师生们大开眼见。

(四)教学对象的主观能动性

实际项目法往往根据师生团队的各自优势来对接项目,如景观设计会安排擅长园林景观方面的团队,室内设计会安排擅长室内装修方面的团队,企业宣传册设计会安排擅长平面设计的团队,同一个团队也会根据高低年级的不同和能力的不同合理安排设计岗位,确定项目负责人,教师在团队里只充当辅导和项目总监这样的角色。极大地发挥了学生的主观能动性,强化了团队合作的优势,提高了团队工作的效率,造就了学生主观能动的责任心和积极向上的主人翁精神,杜绝了一般教学中的任务观念和应付作业现象。

四、结语

以"意工厂"产学研平台下的设计工作室作为运作载体,按实际项目法开展课外实践教学活动,使艺术设计专业教学从课内走到了课外,从模拟实例设计教学跨入了真刀真枪的项目设计全过程。学生的综合素养有了全方位的提高,应对社会的实际操作能力愈来愈老练,所学专业知识由纯粹的理论上升到紧密联系实际,设计作品或成果更加贴近行业,更加容易被社会认可,为将来毕业后步入社会打下扎实的基础。同时，由于实际项目法教学活动一直是在真实环境中实施，使学生的创作热情经久不衰。另外，由于最终作品或成果是真实的产品，极大地满足了学生的成就感，更何况还能得到一定报酬和经费支持。所以，本校艺术设计专业的大学生创新训练教学模式改革和探索基本上是成功的。

思想政治理论课首席教师制的实践探索

潘金林　张　建　钱正武　丁　枫　夏天静

思想政治理论课首席教师制是指思想政治理论课程由师德高尚、教学水平高、教研意识强、教学能力突出的中青年教师担任第一主讲教师，引领广大教师进行教学改革和建设的教师管理制度。

常州工学院思想政治理论课教学部自 2011 年 9 月启动课程首席教师制项目以来，经过三年的实践，已取得了明显的成效，形成了一系列较有影响的改革成果。

一、探索并建立了较为完善的课程首席教师管理制度

2011 年 9 月，教学部出台了《常州工学院思想政治理论课教学部课程首席教师负责制实施办法(试行)》，明确了课程首席教师的遴选条件、程序和方式；确定了课程首席教师的工作职责、考核及激励措施。2011 年 7 月，教学部在“思想道德修养与法律基础”(以下简称“基础”)、“中国近现代史纲要”(以下简称“纲要”)、“马克思主义基本原理概论”(以下简称“原理”)和“毛泽东思想和中国特色社会主义理论体系概论”(以下简称“概论”)4 门课程中首次聘请了 4 位中青年教师担任了首席教师。2013 年 12 月，教学部对照文件的要求，对首席教师进行了聘期考核。2014 年 1 月，教学部修订了《常州工学院思想政治理论课教学部课程首席教师负责制实施办法》，在此基础上开始了第二轮首席教师的聘任与管理工作。

二、形成了以首席教师主导的教师集体备课制度

实行首席教师制的课程将集体备课制度作为促进教学改革、确保教学质量的重要举措。通过集体备课，教师们交流教学中的困惑、重点、难点，探索适宜的

教学方法和教学手段，分享教学素材和资源，交流、探讨课程作业设计，探索、落实可行的课堂实践教学方案，组织开发、研制思教学资源库和案例库。通过集体备课，既保证了课程的共性要求，也让教师的个性化教学风格得到了充分展现，实现了课程教学质量与教师教学能力的同步提升。各课程组每一学期的集体备课都有周密的计划和详细的记录，这一做法在学校教学工作检查中得到了领导的肯定和推广。

三、探讨并形成了课程组专题研讨会制度

各课程组在教学部的协调和首席教师的带领下，根据教学改革的需要，不定期召开各种专题研讨会，如：精品课程建设推进会、实践教学改革研讨会、课程考核方法改革研讨会等。每学年上、下学期各课程组分别开展教授观摩课和青年教师公开课活动，引发教师对教学理念、教学方法和教学手段的反思。此外，各课程组还利用暑假时间联合召开教学研讨会。研讨会上教师们踊跃交流教学经验、教学反思和教学改革设想，并积极提交会议交流论文。三年来，各课程组共推荐 24 人次在暑期研讨会上进行了交流发言，提交了教研论文 26 篇。通过教学研讨，一些教学改革的理念在研讨中孕育和生发，教学改革成果在研讨中得到提炼和升华。

四、以首席教师制引领课程建设和改革

(一) 积极开展教学方法改革

各课程组在首席教师的引领下，探索参与式教学、对话式教学、活动交往式教学等方法。“原理”课程教学中，通过结合大量经典事例和现实问题，分析和运用原理，形成了理论导引→案例分析→问题讨论的教学方法；“概论”课程引导学生运用所学理论分析中国革命、建设和改革过程中出现和面临的重大现实问题如“如何看待改革开放和当代中国的发展”“如何构建和谐校园”等问题，激发学生学习兴趣、启发学生思考；“基础”和“纲要”课程还推出“阅读接力”和“周末电影”，拓展学生的学思领域。

(二) 积极探索丰富多样的实践教学活动

“基础”课程开展“好公民小组公益活动”，培养学生的社会责任感和社会活

动参与意识;“纲要”课程组织学生开展“家人口述史记录”与“小组历史专题研究”,培养学生的历史观与历史意识;“原理”课程开展了“寻找身边的辩证法”活动,激发了学生学习兴趣,拉近了学生理论学习与生活实践的距离;“概论”将课程学习与学生的中国梦、常工梦结合起来,激发学生的爱国热情和主人翁意识。这些实践活动的开展,加深了学生对思想政治课程理论的理解,促进了学生主动学习,提高了教学效果。

(三) 积极开展课程考核方法改革

在课程首席教师的引领下,思想政治理论课各门课程努力改变传统的单一的卷面考试的方式,形成笔试、机考、小论文、读书笔记、口试、答辩、实践报告等多种形式并存的多元考核体系。由课程首席教师张建、钱正武主持的校级重点教改课题,积极探索基于计算机平台的考试方法改革,“原理”和“概论”课程均已经完成机考标准化试题库的编制和计算机程序设计,其中,“原理”课程已于2013—2014学年第一学期进行了机考试点;“概论”课程于2013—2014学年第二学期全面实行了机考。

(四) 积极开展教学资源建设

在首席教师的示范和引领下,各课程组教师通过分工合作的方式制作了课程的PPT课件;建设课程网络平台,增加课程丰富的拓展资料。“概论”课程还积极探索课程地方资源建设,如:瞿秋白与马克思主义中国化,从常州的过去和现在看社会主义初级阶段,常州推进创新型城市建设的成功经验,常州国家高新区生产力促进中心等,增加了教学内容的针对性。

(五) 课程建设取得标志性成果

2010—2012年,思想政治理论课四门课程先后校级精品课程建设,“原理”“概论”课程分别由首席教师张建、钱正武领衔,“基础”课程由王萍霞老师和首席教师丁枫共同主持,“纲要”课程由陈新余老师和首席教师夏天静共同主持。经过两年的建设,分别于2012年和2013年以优秀的成绩通过学校验收。至此,思想政治理论课四门必修课程均已建设成为校级精品课程,并在首席教师的带领下朝着更高的课程建设目标迈进。

五、教学管理重心下移，教学质量稳步提高

教学部通过落实课程首席教师制，推进教学质量逐级负责制，将教学质量管理重心下移。各课程组按照学校和教学部的统一要求，认真做好期初、期中及期末各阶段教学检查工作，在教学各环节上强化教师的规范意识，保证了教学工作正常有序运行。各课程组注重听取学生对思政课教学的意见和建议，每年召开由各班学生代表参加的学生座谈会，认真听取学生的意见和建议，并向有关教师进行了及时反馈，达到了改进教学的目的。通过几年的努力，思想政治理论课教学质量得到了明显提升：三年来有两名教师在学校中青年讲课比赛中获一等奖，一人获三等奖；在教务处历年组织的教学检查中，教学部成绩均位于各二级学院、直属学部前列；在近三年的学生评教中，思想政治理论课教师的得分逐年上升，且平均得分高于全校平均分。

六、打造和培育了一支由首席教师领衔的优秀教师队伍

3 年来，思想政治理论课教学部以课程首席教师制建设为抓手，通过专项研修、专题培训、业务学习、合作研讨、自我提高等方式加强教师队伍建设。选派张建、钱正武两位首席教师参加全国高校思想政治理论课骨干教师研修班学习；选派首席教师丁枫、夏天静、钱翠玉等 6 名教师参加江苏省高校哲学社会科学教学科研骨干研修班学习；选派 8 名教师参加江苏省思想政治理论课骨干教师培训班的学习；遴选 1 名首席教师进入校级学术带头人培养对象，2 名首席教师进入中青年骨干教师培养对象；2 名首席教师获校级优秀教师称号，1 名首席教师获校级师德标兵称号。首席教师还充分发挥传帮带作用，积极引领和培养青年教师成长：青年教师卢雷在首席教师张建教授的悉心指导下，几年来取得了长足进步，不仅教学水平有了提高，获得了校级讲课比赛三等奖，教学科研能力也有了明显提升，2013 年获批校级教改重点教改课题一项、校级人文社科项目一项；青年教师叶雷在首席教师钱正武教授的指导下，取得了校级中青年讲课比赛一等奖的优异成绩，一项教改课题获得校级立项。总之，通过 3 年的建设，教学部已建立了一支由首席教师领衔、骨干教师为主体、思想品德高尚、教学能力突出的思想政治理论课教师队伍。

七、孕育和形成了一批有影响力的教学研究成果

首席教师制激发了首席教师对先进的教育理念、有效的教育方法、适宜的教学手段的思考，培养了首席的教学研究意识，提升了教学研究能力，在此过程中形成了一批代表课程首席教师教学研究水平的教研成果。3年来，首席教师丁枫老师撰写了教学研究论文《谈高校思政课教学的美学运用》《也谈老师的"人格魅力"在高校思政课教学中的运用》《高校"政治老师"如何获得尊重》《论高校思政课从教学体系向认知体系的转化——思政课课内实践环节探讨》，其中《谈高校思政课教学的美学运用》获教育部"思想道德修养与法律基础"课程"百题征文活动"二等奖；制作的"思想道德修养与法律基础"多媒体课件获校多媒体课件比赛三等奖(2013年1月)；首席教师夏天静撰写了《践行服务理念　收获学习实效》《整合教学体系，开展课内实践——'中国近现代史纲要'课教学改革的探索》《高校思政课课内实践教学模式探索——以'纲要'课为例》《高校思想政治理论课课内实践教学研究综述》，获得学校中青年教师讲课比赛一等奖(2011年)；首席教师张建发表了《马克思主义基本原理整体性解读》《基于计算机平台的马克思主义原理概论标准化考试实践》；钱正武教授发表了《增强思想政治理论课教学实效性——高校推进马克思主义大众化的主要途径》。课程首席教师还主持和参与校级教研课题7项。在课程首席教师的带领和影响下，教学部其他骨干教师也积极投身教学研究，3年来共撰写教研论文20余篇，公开发表11篇。

八、结语

总之，课程首席教师制调动了教师投身教学建设与改革的积极性，纵向上强化了课程的过程管理，横向上形成了优秀教师的示范效应，有效地推动了课程教学理念、教学内容、教学方法和教学手段的改革，是公共基础课程教学改革中值得推广和借鉴的有效方式。

课程活动化 活动课程化

——“思政课”实践教学与大学生社会实践的开放与融合模式探究

王萍霞 罗兰英 房汝建 邱燕萍 肖 华 毛文杰
吕莹璐 聂启元 祁玲娣 沈 伟 夏天静 糜泽敏

高校思想政治理论课(以下简称“思政课”)是传播马克思主义科学理论的主渠道与主阵地,需要大力宣传马克思主义中国化最新成果,努力用社会主义核心价值体系引领大学生思想,着力回答大学生关心的重大理论和现实问题,从而以科学理论武装大学生,坚定大学生的科学信仰,引导大学生树立建设中国特色社会主义的共同理想,为大学生健康成长成才保驾护航。雅斯贝尔斯曾经忠告人们:“教育是人的灵魂的教育,而非理智知识和认识的堆积。”“思政课”教学更应该是大学生科学理论的掌握与精神世界的建构的统一。实践教学是增强“思政课”教学有效性的重要途径,对于促进大学生了解社会、认识国情、增长才干、奉献社会、锻炼能力、培养品格、增强历史使命感和社会责任感,具有不可替代的重要作用。但目前“思政课”实践教学面临着教学资源不足、经费有限、教师时间和精力不够和组织管理难度大等实际问题的困扰,并出现学生参与缺乏广泛性、教学内容缺乏时代性、教学管理缺乏规范性、组织开展缺乏连续性等不力局面。开放与融合是高校思想政治理论课实践教学的现实选择。鉴于此,本课题主张将“思政课”实践教学和大学生社会实践相结合,构建“课程活动化,活动课程化”新模式,将有限的教学资源、资金和宝贵的师资力量等加以综合利用和有效整合。

一、本课题研究的必要性与可能性:开放与融合是高校思想政治理论课实践教学的现实选择

马克思指出:“人的思维是否具有客观的真理性,这不是一个理论的问题,而是一个实践的问题。人应该在实践中证明自己思维的真理性,即自己思维的现

实性和力量，亦即自己思维的此岸性。”实践是检验真理的唯一标准。任何事物的发展都离不开实践。高校思想政治理论课实践教学与大学生社会实践有着分野与交叉。高校思想政治理论课实践教学是为配合理论教学而有目的、有计划地组织大学生深入社会的活动，是一个通过实践锻炼和社会教育来完善大学生教育机制的过程，促进大学生内化理论知识，增长实践才能。由学校团委组织的大学生社会实践的主要宗旨是，通过帮助、引导大学生积极参与社会实践活动，投身社会主义和谐社会建设，推进大学生素质教育的全面实施，引导大学生在服务地方经济建设和社会发展的生动实践中成长成才，充分发挥社会实践活动在学生健康成长过程中的重要作用。这一宗旨与“思政课”实践教学目标相契合。如果实现两者的结合，社会实践就能更好地实现大学生马克思主义理论教育的内化与转化。在进行社会实践活动时，一方面是注重加强大学生在社会生活中的亲身体验，组织大学生深入社会生产实践中去，体验实际生活，并磨炼和培养吃苦耐劳的精神，使其通过社会实践正确认识个人与社会的关系，增强投身社会主义现代化建设的责任感和使命感，自觉把个人奋斗融入到建设中国特色社会主义的伟大实践中。另一方面，在加强社会实践活动的同时，马克思主义理论教育同步进行，使大学生在实践中感悟与理解理论知识，不断提高理论认识水平，从而实现大学生世界观、人生观和价值观的“知、情、意、行”统一。

新形势下的高校“思政课”如何真正做到坚持以学生为本，面向社会，走向开放，回归生活世界，这是实践教学改革的重要课题。通过开放与融合的路径，把“思政课”实践教学与大学生社会实践相结合，构建“课程活动化，活动课程化”模式是目前“思政课”实践教学模式的现实选择。该模式的主要操作流程是：在学校关于人员、政策与经费等条件保障到位的情况下，“思政部”与学校团委等相关职能部门合作，具体制定“课程活动化，活动课程化”实施方案，将大学社会实践纳入到思想政治理论课实践教学的教学计划，根据思想政治理论课的课程内容和当年大学社会实践工作要点，以项目资助的小分队与选题自拟的个人实践相结合，“以点带面”地推开全体学生的社会实践，有组织、有计划地引导学生带着选题，走出校门，深入社会，进行参观调查、志愿服务、社区服务、公益劳动等社会实践活动，根据学生的调查报告、实践论文、实践表现、获奖情况、社会反响等评定实践课程成绩和给予学分，并及时进行社会实践活动的总结、评价与表彰。社会实践是在学校和社会之间建立的一个开放的教育系统，通过它可以使抽象的理论教育同火热的社会现实相结合。通过组织这些内容丰富、形式多样的实践教学,学生将课堂所学的理论应用于实践,将实践中遇到的问题反馈给教师并带到课堂,促使教师去探寻解决问题的有效方法,进而使整个思想政治理论课的教学体系更具有科学性,更能调动学生自主学习与研究性学习的积极性,进一步增强教学的吸引力和说服力,提高教学的实效性。

“课程活动化,活动课程化”是师生双方受益、教师之间合作共赢的模式。一方面,这个模式减轻了学生负担,提高了学习效率。它避免了学生紧张地忙碌于课程的实践活动与社会实践活动之间,二者的合二为一有利于学生集中时间和精力,提高了实践活动的质量和实效性;也避免了学生由于学习任务过于繁杂而搪塞应付所带来的浮夸之风,夯实求真务实、调查研究的学风。由于“课程活动化,活动课程化”,在顺利完成实践活动任务的同时,学生还能拿到相应的学分,如果表现出色的话,不仅能受到表彰,同时还能取得优秀的课程实践成绩。因此,学生参与实践活动的积极性与有效性将会大大提高。另一方面,这个模式整合了资源,优化了队伍,使教师受益。

二、本课题研究的理论基础与实践意义

(一) 交往实践观:“课程活动化,活动课程化”模式的哲学基础

我们正处在一个全球开放的时代。交流和对话是时代的主流,交往更加普遍、更加开放,它已经成为人的基本生存方式。马克思的经典论述:“人的本质不是单个人所固有的抽象物。在其现实性上,它是一切社会关系的总和。”有学者强调:教育活动中的教育性交往,显然应当成为教育学理论中一个极其重要、需要认真开掘其意义的范畴。可见,高校思想政治理论课教育教学也是基于生活世界的一种重要的交往活动。社会生活的本质是实践的。在马克思主义交往实践观看来,实践是人的外拓存在方式,它不仅生成了人的本质力量的对象化世界,而且在主体之间建构了交往共同体。“课程活动化,活动课程化”模式就是在马克思主义交往实践观关照下,倡导“教学即交往”理念的一种教学模式。我们将“交往实践观”引入高校思想政治理论课教育教学领域,针对主客体二分的工具性教学模式的种种弊端,将“思政课”教育教学视为多极主体间展开的交往活动,这就使“思政课”教育教学向社会、向生活、向人本身迈进了一大步。在这种教学模式中,高校思想政治理论课教学是师师、师生、生生主体之间相互作用、相

互沟通、相互理解的过程，是由多极主体自主地、民主地、创造性地平等对话与主动参与，主体间性实现交往合理化，最终达成共识，产生良好的教育影响和教学效果。在这种民主平等的师生关系中，教师的角色发生了巨大的转变，教师在更多的时候成了学生学习过程中的参与者、同行者兼引路人。正如联合国教科文组织在《学会生存》的报告中指出："教师的职责现在已经越来越少地传递知识，而越来越多地激励思考；除了他的正式职能以外，他将越来越成为一位顾问，一位交换意见的参加者，一位帮助发现矛盾论点而不是拿出现成真理的人。"

"课程活动化，活动课程化"模式旨在唤醒学生的主体意识，弘扬学生的主体精神，促进学生主体性的解放，提倡回归生活世界。高校思想政治理论课必须走出"说教""灌输"的无为论的封闭循环，走向开放，融入丰富多彩的社会生活，提高时效性，增强针对性，实现创造性。卢梭的《爱弥儿》主张：人在降生的瞬间就开始学习了。学习即生存的觉悟。社会实践是高校思想政治理论课的源头活水，思想政治理论课教学必须紧密结合社会实践，才能使课程教学内容变成鲜活的现实图景，变得"可感、可知"，进而才能"可接受"。"课程活动化，活动课程化"模式也能使大学生通过实践活动，投身火热的社会生活，从社会对大学生的期望和评价中，找到自己合适的社会角色，顺利社会化，从而克服"眼高手低"，不愿从基层及点滴做起、应变能力差、以及对环境和人事的变化不能适应等弱点。"课程活动化，活动课程化"返回生活世界之本原，使教学充满生命的灵动和生活的诗意。打破了师生之间、教师与教师之间、学生与学生之间的心灵隔阂，使他们以合作与对话的态度，以更具创意和开放的精神提升了教学的品质与质量，实现了教学"培养完整的人"的真正使命。正如多尔在《后现代课程观》强调：课程不再只是特定知识的载体，而成为一种师生共同探索新知的过程；课程发展的过程具有开放性和灵动性，不再是完全预定的、不可更改的。"课程活动化，活动课程化"模式所代表的课程形态在教育情景中由师生共生互动的一系列"事件"，是师生开放的、动态的、生成的生命体验。这个崭新的教学模式"将传统的以教师为主体、以学生为客体的灌输式的教学，变为以教师为主导、以学生为主体的体验式和感悟式的教学，是学生运用所学理论发现、分析与解决实际问题的过程，对学生综合素质与能力的提高大有裨益。"

"课程活动化，活动课程化"模式使得高校思想政治理论课教师告别孤单的"独角戏"时代。长期以来，"思政课"教学与学校思想政治教育工作各司其职，彼此割裂，教学归教学，教育管理归教育管理；为教学而教学，为管理而管理，为活动而活动，效果往往都不如人意。关于实践活动的经费问题也一直是一个瓶颈。学校在社会实践活动经费筹措方面要进一步解放思想，要从单一拨款的方式转变为拨款、项目合作和寻求社会赞助等综合方式。其实，我们知道人才培养是系统工程，思想政治理论课实践教学是一项涉及面极广的系统工程，仅仅依靠“思政课”教师单股力量的单打独斗是无法出色地完成任务，这就需要诸多方面的共同努力，需要社会的关注与支持、学校党委领导的高度重视、学校机关各有关部门的支持和通力合作。“思政课”课程教学与学校思想政治教育工作有分野更有契合，彼此只有加强合作，形成合力，才能在实际工作中事半功倍，取得的良好的教育教学效果。“课程活动化活动课程化”模式实现了“思政课”课程教学与大学生社会实践活动的有机结合、“思政课”课程教学与共青团工作的有机结合、“思政课”教学课程考核与大学生素质评价激励机制的有机结合，找到了“思政课”教学与学校思想政治教育的契合点。围绕实践活动任务与主题，“思政课”教师之间、“思政课”教师与团委教师等其他思想政治教育工作者之间、学校与实践基地之间加强交流，形成了教学合作、教育协作的默契局面，凝聚了教育教学各方力量，整合了丰富的教育资源，建构了立体的、全方位的高校思想政治教育教学网络，发挥了全员育人、全过程育人的整体功能。

(二) 人的自由全面发展:“课程活动化活动课程化”模式的实践意义

人的自由全面发展是一个永久性的历史主题，但又无时无刻不体现在日常现实生活之中，因此密切注视其发展变化，特别是学习和运用马克思主义的有关原理去解决实际问题，是当务之急。伴随政治多极化、经济全球化、价值取向多样化以及生存环境的网络化，当代大学生处于更加开放、多样、自主的社会背景中，“思政课”教学必须结合学生的思想实际、个性实际与发展实际的需要，才能顺利地使他们接受与信服。高校在加强课堂教学的同时，更要注重引导大学生深入社会、深入基层、深入农村，亲历改革开放的生动现场，全面接触和了解中国社会发展的现实，深刻感受和理解中国特色社会主义伟大事业和当代大学生的社会责任。“思想政治理论课一旦把课堂教学的触角延伸到课外，用当代中国活生生的马克思主义理论武装当代大学生，就能增强思想政治理论课教学的针对性和时代感，使知识上升为理论，理论升华为信念，用信念铸造理想，用理想指导行动”。把大学生置于经济、社会等各个领域的实践活动之中，这就真正体现了马克思主义理论与实践结合的整体性以及科学性的特征。在“课程活动化，活动课程化”模式下，有目的、有计划、有组织、有指导的实践活动，创设和提供了内容丰富、形式多样的活动载体，让学生运用所学理论知识进一步认识社会、指导实践，开阔视野，启发思维，培养学生的实践能力和求实精神，不仅有利于大学生马克思主义理论的内化接受和德性发展，还有利于培养学生具备较强综合能力、成长为能独立思考、自主选择和自我负责的主动生存与发展的人。

马克思从现实的人出发，强调通过实践来充分发挥人的能动性和创造性，促进人的自由全面发展。高校思想政治理论课教学的根本宗旨是帮助大学生确立马克思主义的世界观、人生观和价值观，促使大学生养成良好的政治品质和思想道德品质，成为中国特色社会主义现代化建设事业的合格建设者和可靠接班人。高校思想政治理论课“最突出的体现在对人的四个方面的全面提升上：一是将经验感性主体的盲目自发的人提升为理性品行状态的清醒自觉的人；二是将致力于追求物欲功利的人提升为注重追求精神伦理的人；三是将人格依赖性的人提升为具有人格独立性、自主自由性的人；四是将在人格和素质方面具有片面性的人提升为全面发展的人”。马克思认为，一定意义上，人的本质就是自由自觉的自主活动。在“课程活动化，活动课程化”模式下，“思政课”教师和学校团委一起组织和指导社会实践活动，遵循实践—认识—再实践—再认识的逻辑，通过组织学生参观访问、调查研究、“三下乡”服务、参与科技节艺术节活动、志愿者活动等多种形式的社会实践活动，教师不仅要关注本课程的教学，更要注重对学生进行全面指导，包括道德方面的训练、团队精神的培养、对社会问题的关注和社会责任感的增强等等。这个模式有利充分展现大学生的专业知识技能、特长风采和良好的社会形象，也能使大学生在不断认识社会、了解社会、服务社会的实践中从思想感情上和人民群众靠近，树立全心全意为人民服务的思想，使他们从一个旁观者转变为社会的主人翁。

马克思主义理论核心的价值诉求是实现人的自由全面发展。高校思想政治理论课所有课程都是围绕这个价值诉求所设计的。德国教育家第斯多惠早就说过：“一个坏的教师奉送真理，一个好的教师教学生发现真理的方法。”“思政课”教学的本质，通过系统的马克思主义理论教育，并不仅仅是教给学生知识，并不是要求学生把马克思主义的理论背得滚瓜烂熟，而是为了让学生能够掌握马克思主义的科学世界观和方法论，并运用马克思主义的立场、观点和方法去分析现实社会、解决实际问题。“课程活动化，活动课程化”模式，实现了“思政课”教学中学生主体地位的尊重，关爱学生，重视学生的各种实际利益需求，把学生的实际需要与教学结合起来。“课程活动化,活动课程化”在提高学生的思想政治素质的同时,更加注重大学生的全面发展。“以尊重关心学生的现实需要,特别是精神需要为逻辑起点;以不断提升大学生的精神品味、进而丰富他们的心灵世界为价值趋向;以唤醒学生的主体意识和铸造独立人格为主要特征;以培养学生的伦理情操、完善道德境界为基本内容;以构建精神家园、促进人的全面发展为目标指向”。这个教学模式有利于根据学生的个性和个体差异,创设出引导学生主动参与的情境,满足不同学生的个体需要,激发学生的学习积极性,使每个学生都得到全面的发展,培养出具有创新精神和实践能力的社会主义事业的合格建设者和可靠接班人。

三、本课题研究的基本情况

本课题研究时间:2009 年 12 月—2012 年 5 月,校级重点教改项目

(一) 本课题解决的重点和难点

1. 本课题解决的重点

(1) 构建“思政课”课程实践教学活动化、大学生社会实践活动课程化模式;

(2) 探索“思政课”课程实践教学活动化、大学生社会实践活动课程化模式运行机制;

(3) 探索“思政课”教学与学校思想政治教育工作的结合创新模式,形成教育合力,提高思想政治教育教学总体工作的实效性与针对性。

2. 本课题解决的难点

(1)“思政课”课程实践教学与大学生社会实践活动的有机结合;

(2)“思政课”教学课程考核与大学生社会实践活动评价激励机制的有机结合;

(3)“思政课”如何有效地参与到实践教学过程中发挥课程教师应有的指导作用;

(4)“思政课”教学任务安排与工作量的核算等。

(二) 本课题研究改革创新的成果形式

(1) 构建了“思政课”课程实践教学活动化、大学生社会实践活动课程化

模式。

(2) 拟定了《常州工学院思想政治理论课实践教学实施方案(草案)》

(3) 拟定了《常州工学院思想政治理论课实践课程教学大纲(草案)》

(4) 公开发表了相关系列研究论文4篇,其中核心期刊2篇。

(5) 课题组成员指导的实践活动获得各级各类奖项:

肖　华:“身边榜样前行力量”江苏省高校主题教育活动方案,一等奖,2012年5月。

罗兰英:“青春之我”小分队常州市大学生暑期志愿者服务先进集体,2011年11月。

吕莹璐,王萍霞:“红色点亮青春,文明共建幸福”,2010年校级重点实践项目,学校优秀社会实践团队。

糜泽敏:“激扬青春,成就价值”思辨演绎会一等奖(校级),2011年10月。

吕莹璐、王萍霞、糜泽敏等:“社会实践优秀指导老师”荣誉称号(校级)。

(6) 课题组成员参与丰富多彩的课外实践活动辅导:

王萍霞:2011年11月,计算信息工程学院讲座“幸福在哪里——女大学生形象设计”;2011年11月,人文社科学院讲座“建设文化强国复兴民族灵魂”。

聂启元:2011年10月,电气学院2011级学生做学业生涯规划辅导;2012年4月,2012年两会精神学习辅导。

(7) 教学案例集一册:身边榜样前行力量——常州工学院思想政治理论课校本案例。

(8) 完成相关教改课题研究:聂启元主持并完成《思想道德修养与法律基础课内实践教学探索》。

(9) 研究报告:“课程活动化活动课程化”近9 000余字。

(三) 成果实践过程和实际推广应用价值:

1. 实现了“思政课”教育教学理念的创新——开放与融合

作为新时期、新形势下的高校“思政课”如何坚持以人为本,面向社会,走向开放,回归生活世界,是其实践教学改革的重要课题。以开放的眼光投向开放“思政课”教学的环境,以发展的心态正视走向开放“思政课”教学的事实,以创新思维引领开放“思政课”教学发展的趋势,以积极的行动推动“思政课”教学改革与实践,是我们研究本课题首要的实践意义。本课题构建的教学模式具有开放性、融合性、发展性的新理念。

2. 构建了实践教学全新模式

该成果构建了“思政课”课程实践教学的全新模式，找到了“思政课”教学理论与实践的结合点，创新了“思政课”课程教学“三贴近”的现实路径，充分凸现思想政治教育教学的实践性、主体性、时代性。“思政课”课程教学中有目的、有计划、有组织、有指导的实践活动创造和提供了内容丰富、形式多样的活动载体和参与机会，是以培养完整的、具备较强综合能力、能独立思考、自主选择和自我负责的主动生存的人为基本定位和取向的。不仅有利于大学生德性发展，有利于提高学生的综合素质，较好地实现应用型人才培养目标。

3. 寻找到契合点

该成果探寻到了“思政课”课程教学与学校思想政治教育的契合点，整合了相关的教育资源和教育力量，建构了立体的、全方位的高校思想政治教育教学系统。长期以来，高校“思政课”课程教学与学校思想政治教育工作各司其职，彼此割裂，教学归教学，教育管理归教育管理，为教学而教学，为管理而管理，为活动而活动，效果往往都不如人意。我们知道人才培养是系统工程，“思政课”课程教学与学校思想政治教育工作有分野更有契合，彼此只有加强合作，形成合力，才能在实际工作中事半功倍，取得的良好的教育教学效果，有助于学生的健康成长。

(四) 课题项目研究进一步完善措施

(1) 由于学校在 2011 年培养方案中独立设置“思政课”实践课程的设想没有能如期实现，客观上导致了本课题研究在实践推展方面难以按原计划有效展开，只能就现有条件侧重理论研究和试点实验。在正式推行的实践中，将有利于本教学模式的进一步完善。

(2) “课程活动化、活动课程化”实践教学模式的实现，需要思政部、教务处、学生处、团委等多部门联动，在今后的教学实践中，本教学改革涉及的这些相关部门需要进一步加强沟通，增强合作的默契性，进一步提升协同作战的力量，真正发挥教育的合力，践行教育部反复倡导的实践育人，适应时代对人才的新需要，为培养“完整的人”而共同努力。

地方本科院校教学质量监控机制的创新实践：以常州工学院为例

潘金林

20世纪末以来，随着我国高等教育大众化进程的加快，高等教育区域化和地方化的趋势日益显现，地方本科院校异军突起，通过数年的合并、重组、升格、扩充，到2008年底，地方本科院校的数量已达到973所(含民办本科院校，因为绝大部分民办院校具有明显的“地方”性质)，占全部本科院校数量的90.2%。地方本科院校已成为我国高等教育机构的重要组成部分与推动高等教育大众化进程的中坚力量。

然而，我们在看到地方本科院校数量增长和规模扩张的同时，也不可忽视由于办学条件、师资水平、教学组织与管理的先天不足等所带来的质量问题，近年来日益加剧的大学毕业生就业困难更是让地方本科院校的质量问题成为社会关注的焦点。众所周知，提高地方本科院校的质量是一个系统工程，从外部来说，需要政府及教育部门充足的经费投入和有效的监督与问责机制；从学校内部来说，需要努力改善办学条件，提高师资水平，优化教学管理，调动师生员工投身教与学的积极性。从教学管理的角度而言，建立有效的教学质量监控机制则是提高教育教学质量的根本保证。

常州工学院是一所省市共建的地方本科高校，在十余年的本科办学历程中，积极致力于建立有效的教学质量监控机制，在创新教学质量评价与监控体系、引入行业与企事业单位全过程参与教学质量监控、发挥学生在教学质量评价与监控中的主体作用方面进行了有益的探索，形成了较为系统的理论与实践成果。

一、“一级评估、三级监控”：教学质量评价与监控的互动

许多地方本科院校在教学质量监控机构设置上，是在教务处设立质量管理

科，或学校设立教学评估机构与教务处合署办公，以此对全校的教学质量进行监控和反馈。这种做法的优点是集决策、执行、监督、反馈于一体，可以提高教学质量管理的效率；其弊端在于：教学管理部门有“既当运动员，又当裁判员”之嫌；教学管理部门自身的工作处于监控的“盲区”，容易造成教学质量监控中信息失真、监控失灵。教学管理部门因自身的决策失误、管理不善而对学校教学质量带来损害的事例也是累见不鲜。针对上述做法的不足，常州工学院创立了“一级评估、三级监控”的教学质量监控体系。

“一级评估”是学校成立独立运行（与教务处平行）的教学质量监控机构——教学评估中心，对全校教学质量和教学管理工作进行全方位、全过程的评估。在教学质量评估中，评估中心不仅长期组织全体师生和教学督导共同参与教师课堂教学质量评估和学生学习质量评估，还定期邀请校内外专家对学校专业建设、实验室和实习基地建设、毕业设计（论文）工作进行专项评估。通过教学质量的全面评估，真实地检验了学校教学工作与人才培养目标的符合度。在教学管理评估中，评估中心对教学管理部门（主要是教务处）教学管理的科学性、合理性进行评估，对二级学院执行学校教学任务、实施人才培养目标的计划性、全面性进行评估。通过教学管理的全过程评估，有效评价教学管理目标在教学管理过程中的达成度。“一级评估”有效地保证了教学评估工作的客观性和公正性，充分发挥了教学评估中心在教学质量中的咨询、监督和参谋职能。

“三级监控”即学校、二级学院、专业系三个层级的监控。第一个层级的监控是教务处代表学校层面的监控。教务处通过期初、期中和期末教学常规工作检查，以及培养方案执行情况、毕业设计、实践教学、专业建设等专项检查，确保各项教学管理目标得到落实。教务处将教学检查情况通过教学院长会议、教学秘书会议进行实时反馈，对出现的问题要求相关二级学院限期整改。第二个层级的监控是二级学院对专业系的教学监控。二级学院通过学生信息员会议、日常教学检查、阶段教学检查、学生课程补考与重修情况检查等多种形式，检查和落实各专业系教学管理制度的执行情况，检查结果通过系主任会议进行反馈。第三个层级是专业系对师生教与学的监控。专业系通过学生（干部）会议、教师相互听课、学生课后作业与辅导情况检查、教学资料检查等形式，对教学工作的全过程进行监控。在“三级监控”体系中，每一个层级的监控都是一个完整体系，其过程构成了“监控—评价—反馈—调控”的循环。同时，下一个层级监控体系包含于上一层级的监控体系中，下一层级监控体系的运行情况又是上一层级监控体系中进行监控评价的对象。

为保障“一级评估”和“三级监控”的协同配合和有效运行，学校通过和教学工作会议和人才培养委员会整体协调评估和监督中反馈的问题。教学工作会议由分管教学校长负责，二级学院教学院长参与，各级监控中涉及的重要的教学问题通过教学工作会议协调和反馈。人才培养委员会由校长直接负责，教学管理、学生管理、师资管理、后勤管理等部门和各二级学院负责人为主要成员，把人才培养所涉及的诸方面工作都纳入委员会统筹协调的范围，避免了因条块分割对教育教学工作的影响。人才培养委员会通过专门会议，反馈评估和监控中的重大问题和涉及面较广的问题。教学工作会议和人才培养委员会制度进一步保证了“一级评估”和“三级监控”的实施效果。

在“一级评估、三级监控”的教学质量监控体系中，教学评估与质量监控既相对独立，又有机结合，实现了教学质量监控的“内循环”与“外循环”的良性互动。

二、社会全过程监控：把守地方本科院校教学质量的关卡

绝大多数地方本科院校都把培养目标定位于培养能够适应现代高新技术产业的工作要求，擅长在社会的生产、建设、管理、服务等第一线岗位，直接从事解决实际技术问题的高等技术应用人才。因此，能否经受社会与行业的检验成为地方本科院校人才培养质量的“试金石”。常州工学院在人才培养过程中积极引入社会评价，让行业与企事业单位全过程参与教学质量监控，让社会成为地方本科院校教学质量的把关者，有效地解决了应用型人才培养“入口”不通、“出口”不畅等问题。

美国质量专家克劳斯比认为，高等教育质量保障的核心在于预防，“所谓预防，是指我们事先了解工作过程而知道如何去做”。常州工学院打破以往由专业系教师制定培养方案、教育专家评审的惯例，改为以地方行业为依托，聘请企事业单位和教育培训专家组建专业教学指导委员会，总体把握应用型人才的规格。专业教学指导委员会根据地方行业、企业需求和发展变化情况，在充分调研、论证的前提下，从学业标准、学生发展和社会需求的多重角度，制修订专业教学计划；在此基础上，整体优化人才培养方案，构建与社会和工程实际接近的专业教学内容。这样，社会与行业标准提前介入了地方本科院校的人才培养工作，在传统的教学质量过程监控与终端监控的基础上增加了前端监控，保证了人才培养

工作的正确方向。

其次,学校积极通过产学研结合的途径,吸引地方行业与企事业单位参与人才培养工作,增强社会参与在教学过程中的实时监控力度。学校要求每个专业必须建立10个以上的教学实践基地和20个稳定的校外联系点。这些校外教学实践基地与联系点不仅以其先进设备、先进技术与工艺为应用型人才提供了坚实的物质保障,校外实践基地的一些高水平技术人才还亲自指导学生的生产实习和毕业设计,发现并指出学生在知识结构、实践能力等方面存在的问题,其先进的理念也自然融入人才培养的过程中。学校注重采纳这些来自生产一线的技术专家对人才培养工作的意见和建议,并及时对培养方案或教学内容进行调整。

最后,学校积极引入用人单位对学校毕业生的质量评价,充分发挥教学质量终端监控的作用。学校每年通过多种渠道,对近年来学校各专业毕业生的专业知识、敬业精神、创新能力、人际关系团结协作能力、动手能力、应变能力、外语应用能力与计算机操作能力等方面的素质和能力进行全面调研,认真听取用人单位对学校人才培养工作的意见和建议,并将结果及时反馈到人才培养过程中。如,2007年毕业生质量调查表明:用人单位对毕业生在创新能力和外语能力的满意度不高,为此,学校教学管理部门和相关教学单位召开了数次专题研讨会,分析和查找问题产生的原因,提出了若干加强外语教学改革与加强学生创新能力培养的实施意见。2009年的相关调查结果显示,用人单位对2008届、2009届毕业生的创新能力和外语能力的满意度有明显提高。

三、学生评价:教学质量监控的主体

在大众化高等教育阶段,学生是教学质量的权利主体、利益主体和实践主体,也是教学质量的评价主体。近年来,常州工学院通过改革学生评教、学生信息员制度,创新学生评议员制度,加强毕业生信息反馈等方式,进一步强化了学生在教学质量监控中的主体地位。

学生评教是评价教师的基本形式,也是高校教学质量监控重要形式之一。但在实践中许多高校对其有效性持怀疑态度,甚至认为其导向就是让老师放松要求、迁就学生,学生评教因而变成了一些学校教学管理部门的“鸡肋”。学校在学生评教中也曾出现学生评教走过场、教师不满意学生评价的现象。在对评教过程中出现的问题进行认真分析后,学校领导认为:引导学生正确评教的前提是对学生评教目的进行重新界定;重视学生评教的结果可以有效改变学生评教的倾向。为此,学校评估中心对每年学生评教得分较低的教师进行教学质量跟踪调查,对一些教学水平较高、工作责任心强但教学方法不适当的教师,由二级学院指定辅导教师帮助其改进教学方法;对一些教学水平、教学能力和责任心都有问题的教师提出定期整改意见,甚至建议调离教学岗位。近年来,学校每年都有一定数量的教师因为学生的满意度不高而被解聘或换岗。学生看到自己的意见受到了尊重,对待评教也更加认真和慎重了。学生评教的最终目的是为了改进教学质量,学校把学生评教中的意见和建议及时反馈到每一位教师,使之成为教师提高教学工作质量的动力。绝大多数教师不仅能够理性看待学生评教,对评教中提出的意见也极为重视。学校在实行评教改革几年来,学生评教结果与教师互评、领导评价结果的吻合度分别达到 97.6%和 93.4%,学生评教在教学质量监控中的主体性与有效性都得到了应有的体现。

学生信息员制度是常州工学院教学质量监控体系的重要组成部分。近年来,学校加强了学生信息员队伍建设,从品学兼优、服务意识与组织协调能力较强的学生中遴选学生信息员,提高了信息员的整体素质和信息员在学生中的威信。各二级学院分管教学工作的院长、专业系主任直接负责学生信息员工作,及时收集和处理学生信息员反馈的教学问题,避免了各种突发事件对教学工作可能产生的负面影响。学校还对优秀信息员进行奖励、颁发荣誉证书,提高了学生信息员参与教学质量监控的积极性。

学生评议员制度是学校教学质量监控和反馈的创新之举。通过学生自荐、民主推荐,每年有近百名学生成为学校评议员。学生评议员就学生管理、课程设置、实习实践、就业指导、学术文化建设、心理健康教育、教学服务等涉及人才培养诸方面的问题向学校提出意见,并形成提案。在对提案内容进行汇总和分类的基础上,学校分专题召开学生评议员座谈会,学校主要领导与相关部门负责人与学生一起协商、研讨,听取学生对人才培养与教学工作的意见和建议。对学生评议员提出的问题进行现场解答,不能现场答复或立即办理的问题与建议,责成相关部门定期办理,并如期向学生通报办理结果。学生评议员制度的实施,充分体现了"服务于学生,问计于学生"的指导思想,加强了学校与学生之间的沟通和交流,为教学质量监控与反馈建立了新的通道。

毕业生信息反馈是学校教学质量监控的另一重要渠道。学校每年分别对即将就业的学生、就业 2 年以内的毕业生和就业 5 年以上的毕业生进行跟踪调查,调查内容之一为毕业生对学校教学工作及其质量的看法。毕业生通过 2 至 5 年的实践锻炼，对学校教学质量的看法也更加理性，如，2009 年 10 月的一项调查显示：在校学生对学校教学质量的总满意率（含非常满意、较满意和基本满意）为 90.3%；就业 2 年内的毕业生对学校教学质量总满意率为 92.1%；就业 5 年以上的毕业生为 96.5%。不少毕业生还结合自己所从事的岗位、科学技术发展的现状与趋势，对学校对专业与课程设置、培养模式、教学组织形式等提出了合理化的建议。以 2009 年毕业生调查为例，在接受调查的 720 名就业 5 年以上的毕业生中，就有 513 人对学校人才培养质量提出了建议，学校有关部门据此整理出有价值的建议 110 余条。二级学院也通过校友会等组织，积极听取毕业生对所辖专业人才培养工作的意见和建议。近年来，学校与“麦可思”公司合作，通过毕业生就业质量的调查，反思学校在人才培养各环节的得失。毕业生调查结果通过反馈，成为二级学院、专业系改进教学工作的重要参考和依据。

总之，在大众化高等教育阶段如何探索有效的教学质量监控机制是地方本科院校长期面临的一个共同的实践课题。常州工学院的案例的价值在于它成功地构建了具有特色、行之有效的学校标准与社会标准相结合、学生评价与教师评价相结合、整体评价与过程监控相结合、“内循环”与“外循环”相结合、反馈与调控相结合的教学质量监控体系。常州工学院的实践可以为其他地方本科院校提供借鉴和启发，进而探索出适合每一所高校的教学质量监控机制。

（2010 年 12 月发表于《现代教育管理》）

应用型本科高校教师教学质量评价新探

徐建方

应用型本科高校是指近年来合并升格的新本科高校，属于教学型高校的范畴。这类高校本科办学时间短，错位发展，特色发展速度快，但发展不平衡。

一、校教师教学质量评价的现状和问题

（一）高校对教师教学质量的评价并未放在重要的位置

高校对教师考核的评价基本上都有教学、科研两部分组成。大部分高校只注重科研和论文的数量及教学工作量，而没有对教师的教学质量进行评价。这种评价体系与评价的目的是不相符的，评价教师应着重分析教师的教学质量、教学态度和教书育人，而不是评价他的专业水平和科研能力。其结果，导致了论文泛滥，很少有原创的成果，浮躁之风弥漫高校；高校教师对教学的精力投入不足，教师的"育人"功能衰退。

（二）评价指标体系缺乏科学性

高校教师教学质量评价宏观政策的缺失，直接导致评价指标体系缺乏科学性。在高校，一般依靠学生、校督导和领导干部来评价教师的教学质量，但校督导和领导干部听课数量有限，覆盖面小，标准难以确定。学生虽然是受教育的主体，有很重要的一面。但是也要看到，学生对教师的教学质量未必能形成客观全面的理解，特别是在课程刚刚结束之际，学生对一位老师教学质量的评判往往需要很长的时间来考虑，甚至毕业后走向社会之后才会有更深刻的体会。如此一样，不少讲课内容肤浅，在讲台上油腔滑调、考试"放水"的教师往往会被学生评得高分，而平时教学一丝不苟，对学生要求严格，教学水平高

的教师,往往得不到学生好的评价。导致在高校,教师不敢管、不愿管而一味迎合学生,以期学生给自己好的评分。这不仅不能提高教学质量,还会造成教风学风的败坏。

(三) 评价方法缺乏操作性

高校教师教学质量评价目前还没有找到一种真正适用性很强、便于操作的评价方法。高校教师教学质量评价应该采取定性与定量相结合、平时与定期相结合、领导与督导相结合的方式,但在目前高校中,教师教学质量评价往往是以点代面,以偏概全,缺少将不同层次、不同视角的评价工作进行有机安排,相互弥补,相互补充,形成相对完整而全面的评价结果。

(四) 评价结果效用不高

教师教学质量评价结果,如何更好地同岗位聘任、绩效考核、评优评先等挂钩,是评价工作的一个重要问题。当前高校评价结果使用的深度与广度不够,大多搁置一旁,听之任之。评价结果还没有与教师的培养、评优评先、岗位聘任、绩效工资等实际待遇挂钩。导致评价工作流于形式,评价结果变成摆设。

二、高校教师教学质量评价体系新架构

教师教学质量评价是一项系统工程,评价的内容要全面,评价的方式要多层次、多方位。多层次,首先是学生层次,学生是教学的主体,是接受教学的直接对象,对于教学质量他们最有发言权,因此,向学生了解情况是反映教学质量高低的最直接途径。其次是二级学院层次,包括领导评、同行评和教师自评,二级学院领导和同行对学科动态、学术发展较熟悉,能够在一定的深度、广度上客观地分析评价教学质量问题,能以旁观者的眼光进行评价,真正地反映出教学质量的高低。第三就是学校层次,实践中,学校层领导和督导要对全校教师听课评价,是不现实的,也不可操作,所以学校层领导和督导组成专家组,在教师教学质量评价工作中主要是起补缺、纠偏、仲裁作用。补缺就是对评价中个别缺漏的教师进行听课评价;纠偏就是对学生评和二级学院评的结果中与教师教学质量实际情况偏差较大的进行纠正

性听课评价；对有异议和教师投诉的情况进行总裁评价。多方位是从学生、同行、领导等不同视角进行评价，对评价结果进行相互弥补，相互补充，用不同的权重计算最后评价结果。其中，学生是主体，权重为60%，二级学院40%；在二级学院评价结果中，同行评40%，领导评30%，教师自评30%。如图1所示。

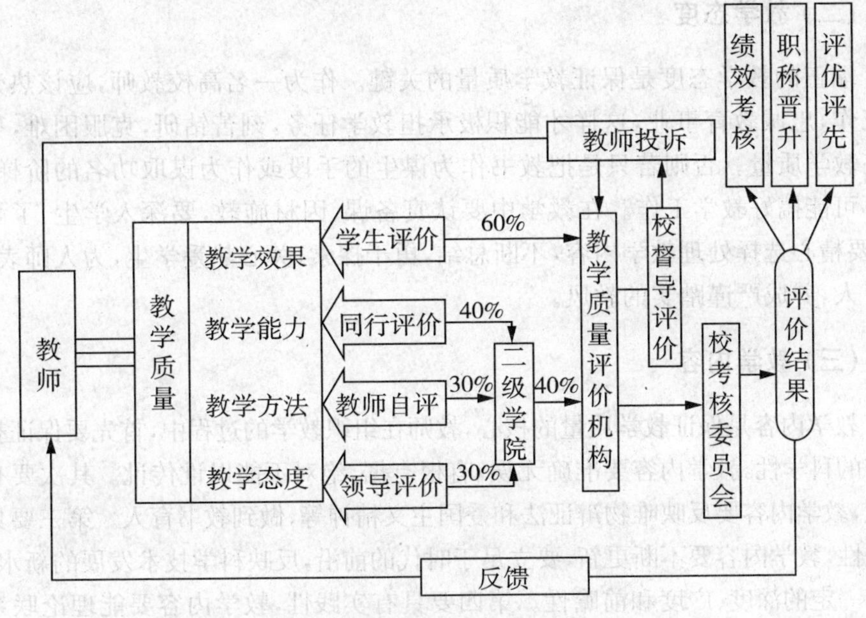

图1 高校教师教学质量评价体系

三、高校教师教学质量评价的内容

教学过程中，师生之间关系较为复杂，对教学质量的影响因素也较多，一般来讲，关系比较密切的因素有教学的组织、结构，师生之间的关系，以及教师的教学技巧、教学效果等，可以概括为教学目的、态度、内容、方法、效果、课外情况等6个方面。

(一) 教学目的

高校的人才培养目标是德智体美全面发展的有一定专业知识的具有创新

精神的人才。对他们的培养是通过每一门课程,每一个教育教学环节完成的。教师在依照教学大纲规定的基础理论、基本知识、基本技能教学的同时,还要着重培养学生的能力和创新精神,以及端正学生政治思想和专业思想,而这些都能在教学的每一个环节中体现。高校教师要通过业务抓思想,做到既教书又育人。

(二) 教学态度

端正的教学态度是保证教学质量的关键。作为一名高校教师,应该热爱本职工作,忠诚教育事业,这样才能积极承担教学任务,刻苦钻研,克服困难,努力提高教学质量。否则若只是把教书作为谋生的手段或作为谋取功名的阶梯,则绝不可能搞好教学工作。在教学中要认真备课、因材施教,要深入学生、了解学生,要精心选择处理教学内容,不断总结,勇于探索,关心热爱学生,为人师表,教书育人,养成严谨踏实的教风。

(三) 教学内容

教学内容是保证教学质量的核心,教师在组织教学的过程中,首先要保证教学内容的科学性,教学内容要准确无误,有根有据,绝对不能以讹传讹。其次要有思想性,教学内容要反映唯物辩证法和爱国主义精神等,做到教书育人。第三要具有先进性,教学内容要不断更新,要立足于时代的前沿,反映科学技术发展的新水平,要有一定的深度、广度和前瞻性。第四要具有实践性,教学内容要能理论联系实际,要培养学生动手和实际运用能力,学以致用,提高学习效果。

(四) 教学方法

教学方法是保证教学质量的有效手段,一次精心组织的教学必定要配以合适的教学方法。在高校教学中尤其要把握大学生的心理生理特性,精心设计,要注意采用启发式教学。由于大学生理解能力比较强,因此,首先要善于利用学生新旧知识之间的矛盾,采用设疑、剖疑、解疑,引导学生发现问题、分析问题、解决问题,培养学习的积极性,促进思维发展。其次要注意循序渐进,要根据课程体系、章次、顺序,步步深入,教师要根据学生认知水平、认知能力灵活运用教学原则,使学生扎扎实实积累知识、发展智能。再次,要注意理论联系实际,精讲多练。教师要重点突出,难点突破,增加学生动手实践的时间和机会,使学生学有所用，举一反三。最后，要注意在教学中采用多种教学媒体。由于现代化的教学媒体层出不穷，如投影、幻灯、电视、录像、计算机、录音机等，各种媒体在表现方式上各有所长，因此在教学中要恰当地使用多种媒体，充分反映教学内容，调动学生各种感官，从而达到教学质量最优。

(五) 教学效果

教学效果是评价教学质量的关键依据，一切工作都是围绕取得好的教学效果而进行的。在评价教学质量的效果时，一般可以从三个方面进行。

一是学生行为。在一堂生动的教学课中，学生会表现出极大的兴趣和注意力，会积极发言，参与讨论，认真记好笔记，做好练习等，而很少会有开小差，做小动作。因此在教学过程中可以采用观察的方法，记录学生的言行举止，从学生的外显特征反映教学的质量。

二是学生态度。通过教学，学生在态度上会产生影响和变化，如加深对课程的认识和学习等，因此可以采用问卷调查，用态度量表分析学生态度上的变化。

三是学生认知水平的提高。通过学习，学生在知识掌握上是否有提高，可以通过考试测验而取得数据。因此在评价效果时要从多方面全面考察，尤其要注意学生的反馈意见，从而真实地反映教学质量。

(六) 课外情况

课外情况也是反映教师教学工作的一个重要方面。在高校中，教学工作不仅在课堂中就能完成，往往要延伸到课外，因此在课堂之外，教师的辅导工作，学生的作业、实验、实习、实践等都是反映教学工作的状况，都体现了教学的延续性。因此在评价教师的教学质量时要注意课堂之外的情况。

四、高校教师教学质量评价的指标

从学校行政管理的角度看，要评价教师教学质量，各高校都无非就是学生评、同行评、自评、领导评和专家评，实际中，他们都不能客观全面地评价教师的教学质量，但在高校也只有他们才能担当起教师教学质量评价的使者，要解决这一矛盾，那就需要发挥他们不同层面、不同视角的评价职能，将他们的评价结果按一定比例整合，形成一个完整的评价结果，相对来说就比较公正、合理和全面。

(一)学生评价

学生是教育的直接感受者,但没有教师工作的经历,对全面评价教师教学质量受自身认知水平的限制,应根据学生的直接感受来设计评价指标:有教学态度、教学方法和教学效果三个一级指标。如表1所示。

表1　教师教学质量评估表(学生评价)

一级指标		二级指标		评分
指标描述	权重/%	指标描述	权重/%	
教学态度	40	老师上课精神饱满,充满热情,仪态端正	10	
		老师不随意调课、停课,不提前下课,上课不迟到,不接听手机	10	
		关心并严格要求我们,维持课堂纪律,对学生评价客观公正	10	
		作业批改认真、及时,能适当安排辅导和答疑,解决我的学习困难和问题	10	
教学方法	30	讲课语言规范、生动,语速适中	10	
		讲课熟练,重点突出,难点分析透彻,使我容易理解和记笔记	10	
		教学方法灵活,板书工整,善于使用教具或现代化教学手段,帮助我对课程的理解	10	
教学效果	30	老师能引导鼓励我们应用本学科知识解决实际问题	10	
		学习本课程后,我能较好掌握本课程的基本内容	10	
		老师的教学能激发我的学习兴趣,有助于提高分析和解决问题的能力	10	

(二) 教师自评

教学质量究竟如何,最了解真实情况的还是教师本人。假如没有教师自评,显然有失公允,教师被动挨评,也会挫伤教学积极性。因此可以根据评价指标,让教师自己进行回顾、检查、总结、评价,对在教学中的教学目的、态度、内容、效果、课外工作等方面做得如何,进行自我评价。这也是评价的一个主要依据,可以体现教师本人的自我认识,自我信念,也可体现他人对教师本人的尊重和信任。评价指标有:教学准备、教学研究、教学规范和教学成果四个一级指标。如表2所示。

表2 教师教学质量评估表(教师自评)

一级指标		二级指标		评分
指标描述	权重/%	指标描述	权重/%	
教学准备	20	学习教学大纲,熟悉教学内容,明确教学目标	10	
		备课深入认真,课前准备充分	10	
教学研究	20	研究教学方法,能激发学生的学习积极性	10	
		介绍最新科学技术信息,培养学生学习兴趣	10	
教学规范	32	作业批改认真,课后辅导充分	8	
		能维持课堂秩序,学生听课认真	8	
		平时严格要求,成绩评定公正	8	
		听取学生意见,提高教学水平	8	
教学成果	28	改进教学方法,培养学生能力	15	
		教学内容充实,实现教学目标	13	

(三) 同行评价

同行彼此了解,有一定的教学经验,了解教学大纲,对教学能力、教学方法、科技动态较为明确，所以，同行评价指标设计为：教学规范、教学水平和教学方法等一级指标。如表3所示。

表3 教师教学质量评价表(同行评价)

一级指标		二级指标		评分
指标描述	权重/%	指标描述	权重/%	
教学规范	32	教态端庄，上课精神饱满	8	
		备课充分，课堂教学规范	8	
		信息量大，反映学科技术发展最新动态	8	
		维持课堂秩序，注意学生课堂反应	8	
教学水平	34	语言规范，表达清楚，逻辑性强，板书工整	10	
		讲授速度适宜，教学进度适当	8	
		课堂讲解条理清楚，内容熟练	8	
		重点突出，难点分析透彻	8	
教学方法	34	启发思维，课堂活跃，能调动学生学习积极性	10	
		采用合适教学手段，教学效果好	8	
		讲课内容充实，理论联系实际，举例恰当	8	
		讲练结合，重视培养学生分析与解决问题的能力	8	

(四)领导评价

领导一般是本学科或邻近学科的专家学者，他们一般都有较强的教学经验和管理的经验，对教学改革、教学目标也较为了解，他们在教学管理中可以了解到教师执行教学计划、进行教学工作的情况，能从而能整体上、宏观上把握教师的师德表现、教学态度、教学能力和教学效果。如表4所示。

表 4　教师教学质量评估表(领导评价)

一级指标		二级指标		评分
指标描述	权重/%	指标描述	权重/%	
师德风范	20	师德高尚,教书育人	10	
		教学认真,工作踏实,有责任心	10	
教学能力	30	教学技能娴熟,语言规范,板书工整	15	
		教学研究深入,教学方法适宜	15	
教学效果	50	注意培养学生能力和创新精神	15	
		联系实际,反映最新科技动态	15	
		课堂组织严密,教学效果好	20	

(五) 督导专家评价

学校层面是由学校督导组成的专家进行的评价。校督导组多数是由刚退休,且教学经验丰富的教授组成,他们不受人际关系影响,对学校人才培养目标和要求比较熟知,站在学校层面高度评价教师教学质量,相对来说,比较容易做到客观公正,准确合理。督导对教师教学质量评价指标具有全面性、综合性。如表 5 所示。

表 5　教师教学质量评估表(督导专家评价)

一级指标		二级指标		评分
指标描述	权重/%	指标描述	权重/%	
教学态度	32	教态自如,仪表端庄,精神饱满,声音洪亮	8	
		讲课信息量大,课堂利用率高	8	
		讲稿完整,教案设计合理,教学进度合适	8	
		维持课堂秩序,课堂组织规范	8	

(续表)

一级指标		二级指标		评分
指标描述	权重/%	指标描述	权重/%	
教学能力	32	语言规范,表达清楚	8	
		讲稿(课件)完整,板书工整,布局合理	8	
		内容熟练,概念准确	8	
		讲解逻辑严密,条理清楚	8	
教学方法	36	突出重点,难点分析透彻	10	
		联系实际,举例恰当	8	
		教学内容和方法适宜	8	
		启发思维,培养能力,能调动学生学习兴趣	10	

五、结语

教师教学质量评价是一项非常复杂的工作,层次和多方位建立全面和综合的教学质量评价体系,才能得出较为合理的教师教学质量评价结果,使教学质量评价工作真正发挥导向、激励、的作用,真正促进教学质量的提高,培养出高质量人才。

下篇　成果概览

机械工程专业人才多样化培养的实践教学体系创新研究与实践

陈志伟　唐国兴　尹飞鸿　刘春节　干为民
刘天军　金卫东　沈洪雷　房汝建　金祥曙

坚持面向工程、服务地方和培养高素质的具有创新精神和实践能力的应用型本科人才的定位，紧密结合省市经济、产业、技术结构发展的特点和要求，深化教育改革和实践，取得了丰硕成果。主要有：①建立了应用型本科的全方位、多维度、差别化实践教学新体系；②创立了机械工程专业应用型人才多样化培养的实践教学新模式；③构建了循序渐进、分层递进的立体化校内实践教学新平台；④汇聚泛区域的优质资源，形成了政产学研用紧密结合的合作新机制；⑤完善了多样化人才培养实践教学质量保障与监控体系。

一、建立了多样化机械工程本科人才全方位、多维度、差别化培养的实践教学新体系

针对长三角制造业密集区域的人才需求特点，确立了贴近工程实际的培养理念，构建了与应用型本科人才(含卓越工程技术人才和高端技能人才)相适应的实践教学新体系。

应用型本科的实践教学体系由“两个分支”“三个层面”“四个结合”“五个模块”构成，如图1所示。“两个分支”指课内和课外两大分支；“三个层面”指分层培养、逐层递进的基础技能层、专业能力层和综合创新层；“四个结合”指课内与课外、校内与校外、学校与企业、教师主导与学生自主相结合；“五个模块”指课程实验、实习实训、课程设计、毕业设计、创新实践。

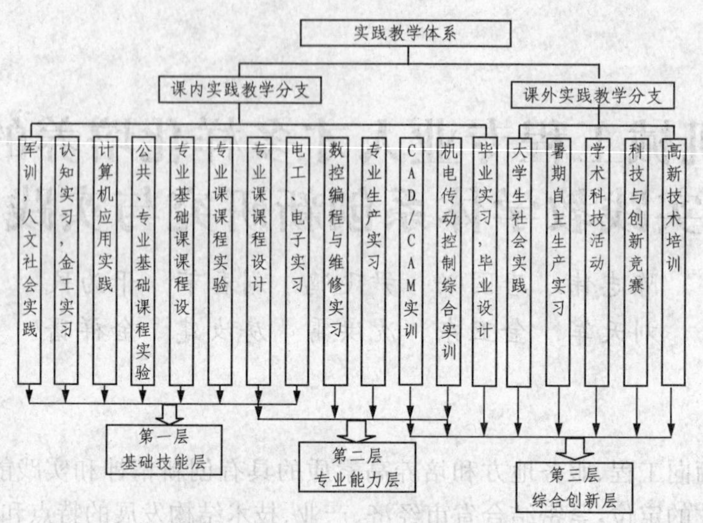

图 1　应用型本科的实践教学体系

另外，随着国家高等工程教育改革的不断推进，我校机械工程专业被列入教育部"卓越计划"和省"中职与普通本科分段培养"试点专业。为此，又相继探索并形成了相应的实践教学体系。

(一)"卓越计划"实践教学体系

以培养工程设计能力、工程实践能力和工程创新能力为核心，以先进制造技术应用能力培养为主线，以校企联合、工学交替、层层推进为途径，通过企业学习、创新训练、学科竞赛，促进学生练脑(创新思维)、练手(动手能力)、练口(交流表达)、练心(心智升华)，全面提高学生创新实践能力。该体系包括基础实践、技能实践、综合实践三个环节，如图 2 所示。其中，企业学习分三个阶段进行，分别是企业学习Ⅰ(生产岗位见习)、企业学习Ⅱ(技术岗位实习)、企业学习Ⅲ(参与技术开发)。

(二) 中职与普通本科分段培养实践教学体系

通过 3 年中职阶段和 4 年本科阶段贯通学习，达到"本科(学士)＋技师(预备)"的人才规格。实践教学体系由两个阶段的贯通学习、五个层次的技能训练、三种工程能力的培养、一个技师技能的强化所构成，如图 3 所示。五个层次的技能分为基本技能、初级工、中级工、高级工和预备技师；三种工程能力分为工程基本能力、工程应用能力和综合创新能力；强化技师必备的技能与素质培养。

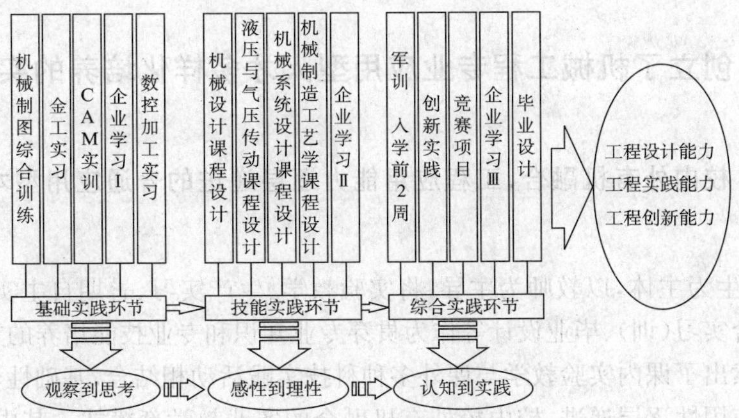

图2　“卓越计划”实践教学体系

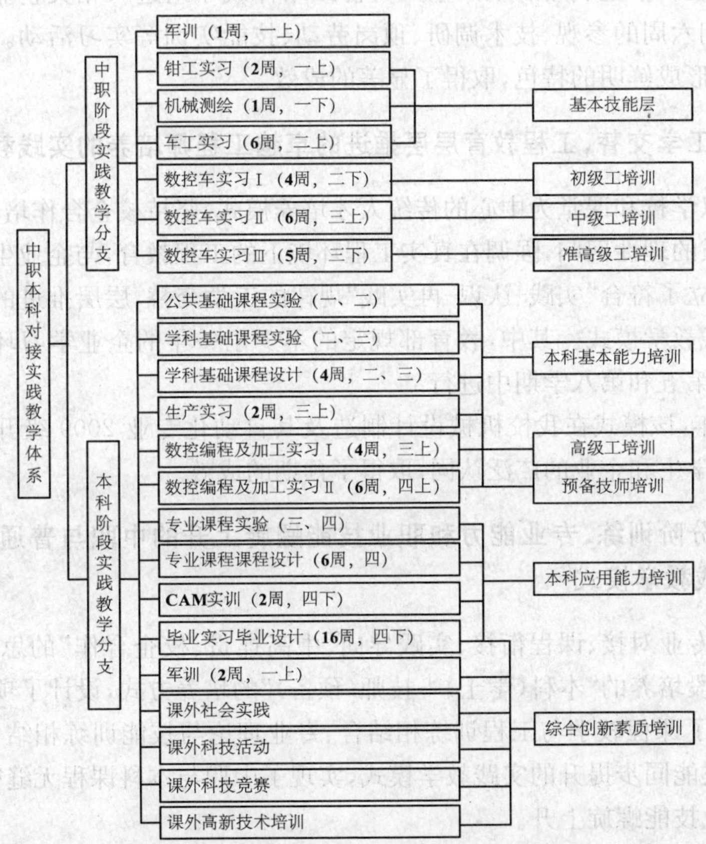

图3　中职与普通本科分段培养实践教学体系

二、创立了机械工程专业应用型人才多样化培养的实践教学新模式

（一）校内外有机融合，工程应用能力逐层递进的普通应用型本科实践教学模式

以学生为主体，以教师为主导，将实验教学、生产实习、暑期自主实习、课程设计、综合实习（训）、毕业设计等作为贯穿专业知识和专业技能培养的重要教学环节，探索出了课内实验教学与课外多种科技实践活动相结合，基础性、设计性、综合性、应用性逐层递进，校内校外有机融合的实践教学新模式。其中，暑期自主实习，指组织学生利用暑期以个人身份或结伴成小组进入相关企业或科研机构进行为期六周的参观、技术调研、顶岗劳动、技能实训等实习活动。经过多年的实践，已形成鲜明的特色，取得了显著的成效。

（二）工学交替，工程教育层层推进的卓越工程师培养的实践教学模式

改革以学校和课堂为中心的传统人才培养模式，坚持校企合作培养，实现工程教育本质的理性回归，强调在真实工程环境下的工程教育，与企业生产一线紧密结合，创立了符合“实践-认识-再实践”规律的工学交替、层层推进的卓越工程师培养实践教学模式。其中，教育部规定的不少于一年的企业学习环节分别安排在第三、第五和第八学期中进行。

2010 年，该模式在我校机械设计制造及其自动化专业 2009 级开始试点实施，受到了学生和企业的广泛认同，取得了预期的成效。

（三）分阶训练，专业能力和职业技能螺旋上升的中职与普通本科分段培养的实践教学模式

按照“专业对接、课程衔接、实践导向、中高连贯、校企合作”的思路，采用 7 年贯通、分段培养的“本科（学士）＋技师（预备）”的培养方式，设计了项目式课程模块，创立了课程教学与工程训练相结合、专业理论与技能训练相结合，专业能力与职业技能同步提升的实践教学模式，实现了中职与本科课程无缝衔接，专业能力和职业技能螺旋上升。

该模式人才培养方案已经被江苏省教育厅批准实施，2012 年开始试点招生。

三、构建了循序渐进、分层递进的立体化实践教学平台，建成了省级实验教学示范中心——常州工学院工程训练中心

按照“项目主导、学生自主、资源开放、机制创新”的实践教学平台建设理念，遵循“分层次、模块化、综合性、开放型”的建设思路，整合教学资源，构建了循序渐进、分层递进的立体化 4 个实践教学平台，包括工程认识实践、工程技术基础实践、工程综合实践和创新实践训练。平台中的各模块、各项目相对独立、自成体系，可据此重组各课程的实验、实习、实训等环节的实践教学内容。这些平台符合知识获取、能力培养和素质提升所必须的循序渐进、分层递进的高等工程教育规律，满足了人才培养多样化的实践教学需要。

2011 年，以上述 4 个实践教学平台为核心的常州工学院工程训练中心通过了江苏省教育厅的省级实验教学示范中心验收。

四、着力汇聚泛区域的优质资源，形成了政产学研用紧密结合的合作新机制

在各级政府的主导下，汇聚区域内企业的优质资源，成立了产学合作委员会，形成了政产学研用紧密结合的合作机制，建成了南方轴承、康辉医疗等上市公司和国有大中型企业在内的近 30 家产学研合作基地。这些基地成为新产品联合开发、学生实习、“卓越计划”企业学习、科技创新训练、毕业设计等重要载体，企业深度参与人才培养的全过程。校企协同制定人才培养方案，共同培养和考核学生的工程实践能力，实现了学校培养人才和企业选拔人才的无缝连接。

五、完善了多样化人才培养实践教学质量保障与监控体系

实践教学质量保障与监控体系由目标保障、教学资源保障、过程保障和结果保障四部分构成，可实现“全过程、全方位、全员性”的实践教学质量在线、动态管理及控制，能综合发挥目标导向、条件保障、激励约束、监督控制功能，使教育结果最大程度地与设定的质量标准相适应。该体系具有目标性、形成性和可评价性三个特性。如图 4 所示。

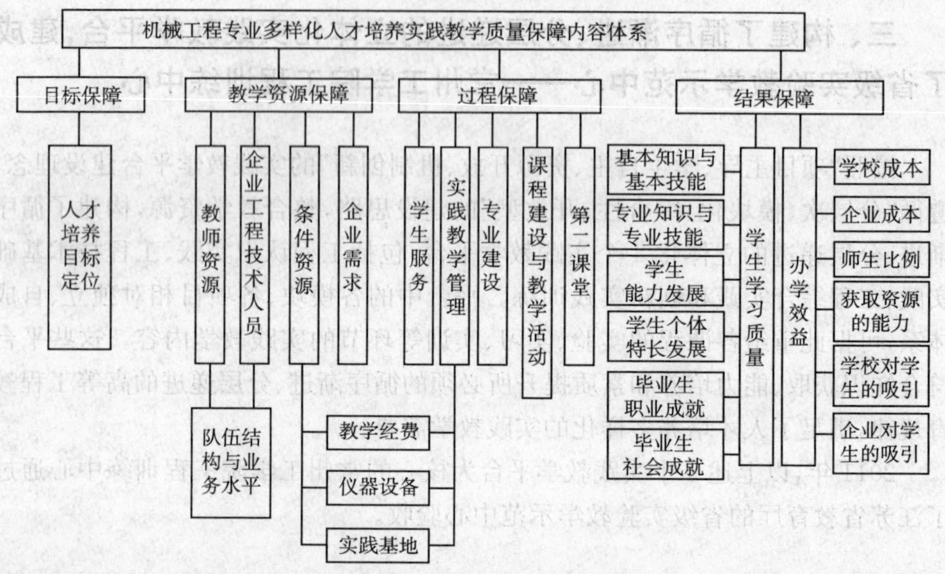

图 4 多样化人才培养实践教学质量保障与监控体系

通过多年的探索与实践，取得了一系列相关成果。

（一）主要教学成果

“机械工程类应用型本科实践教学体系的创新研究与实践”2009 年获江苏省教学成果二等奖；“面向制造业密集区域的应用型人才培养模式的创新研究与实践”和“机械工程类应用型人才培养教学质量保障与监控体系的研究与实践”2008 年、2010 年获常州工学院教学成果特等奖。此外，还获得常州工学院教学成果二等奖 4 项。

（二）主要研究课题和建设项目

“十一五”国家课题“机械类应用型人才培养的优质教学资源建设研究”2010 年通过验收。

“省级实验教学示范中心——常州工学院工程训练中心”2012 年通过验收；“机械设计制造及其自动化专业”2010 年通过省特色专业验收；“基于泛区域资源的机械类应用型本科实践教学模式创新实验基地”2008 年入选省级高等教育人才培养模式创新实验基地；“机械设计制造及其自动化专业”2011 年入选教育

部“十二五”专业综合改革试点；“‘十二五’高等学校重点专业类（机械类）”2012年省级立项建设。同时，建设了企业课程6门、出版了实践教学教材8部。

此外，相关教师先后发表与成果相关的教学研究论文12篇。机械工程专业学生近三年获得国家、省、市级机械创新大赛、力学实验竞赛等学科竞赛38项，就业率已连续四届达100%，人才培养质量获得用人单位和社会的广泛肯定。

（2013年获江苏省高等教育教学成果奖二等奖）

机械工程类应用型本科实践教学体系的创新研究与实践

唐国兴　刘天军　尹飞鸿　金卫东　沈洪雷

为全面落实常州工学院提出的“培养适应区域和地方经济社会发展需要的，高素质的具有创新精神和实践能力的应用型人才”的培养目标定位，努力创建“高质量、有特色”的应用型本科高等院校的目标定位，机电工程学院一直致力于机械工程类应用型本科人才培养模式的创新研究和实践。2004 年机电工程学院将“拓展优质教育资源、加强实践能力培养”作为机械类应用型本科人才培养加强内涵建设、提高教育质量的攻坚点和突破口，适时启动了“机械工程类应用型本科实践教学体系的创新研究与实践”工程。从方案制订、调研分析、研究探索、成果凝炼到实施验证，经过四年多的研究、实践与完善，形成了比较系统的实践教学管理制度和运行机制，取得了具有一定推广价值的教学研究成果。

一、确立“贴近工程实际”的人才培养理念，构建了机械工程类应用型本科人才培养的实践教学新体系

根据应用型本科人才培养规格和地方院校的办学定位，基于毕业生就业面向和跟踪调查，确立了“贴近工程实际”的人才培养理念，并研讨重建了由“一个体系、两个分支、三个层面、四个结合、五个模块”构成的应用型人才培养的实践教学体系，如图 1 所示。

该实践教学体系包括课内和课外两大分支；“三个层面”是指将应用型本科人才需要的工程实践能力分为基础技能层、专业能力层和综合创新层进行分层培养、逐层递进；“四个结合”是指要坚持课内与课外、校内与校外、学校与企业、教师主导与学生自主相结合、相补充的原则；“五个模块”是指在实施过程中按传统做法分为课程实验、实习实训、课程设计、毕业设计、科技实践进行分类管理。

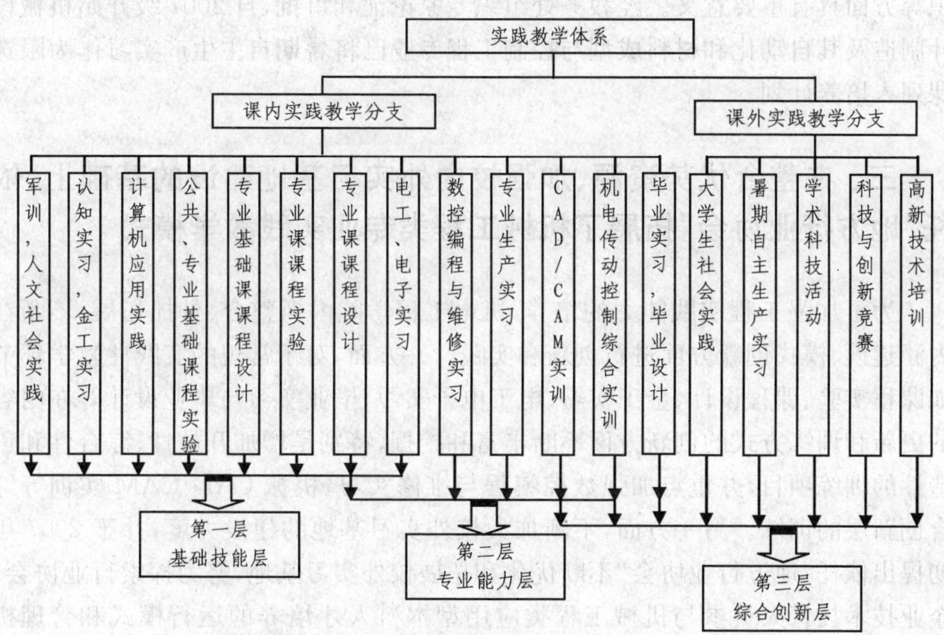

图 1 机械工程类应用型本科实践教学体系示意

二、创设了学生"暑期自主生产实习"模式作为实践教学环节的有效拓展和补充

为了加强实践性教学和弥补课内生产实习的不足，机电工程学院从 2005 年开始就试点暑期自主生产实习。即动员和组织学生利用暑假，以个人身份或结伴组成小组自主与相关企业或科研机构联系，进行生产参观、技术调研、顶岗劳动、技能实训等实习活动。

2004—2008 年，我院共有 40 个班级的学生进行了暑期自主生产实习，并认真填写《实习日记》、撰写《实习报告》，同时提交《实习企业实习反馈意见》。通过走访实习单位、联系家长和学生无记名反馈意见等方式对暑期自主生产实习效果评估认为，85％以上的学生都能够积极、认真按照《暑期自主生产实习指导书》深入企业进行多种形式的实习。实施结果表明，暑期自主生产实习对于学生了解工程实际、增强工程意识、开阔专业视野、巩固专业知识、增强责任感和社会意识等方面具有重要意义。经教务处组织专家论证和审批，自2007级开始机械设计制造及其自动化和材料成型与控制工程专业已将暑期自主生产实习作为限选课列入培养计划。

三、在整合优势资源、加强校内外实习基地建设的基础上，依托“地方行业协会”拓展了机械工程类专业实践教学模式

为了加强工程实践能力的培养，机电工程学院内抓整合、外抓拓展，不断在内涵建设、模式创新方面进行创新和实践。一方面，对于常规的实践性教学环节如课程实验、课程设计、金工实习、电工电子实习、毕业实习与毕业设计等在内容的更新和训练方式的创新方面不断丰富和挖掘，特别是增加开放性、综合性和创造性的训练项目，并重点加强数控编程与维修实习、机械CAD/CAM实训等综合创新层的训练。另一方面，不断加大校外实习基地的建设力度，并于2007年初提出依托“地方行业协会”不断优化和拓展校外实习基地，努力探索行业协会、企业技术技管人员参与机械工程类应用型本科人才培养的运行模式和管理机制。目前，主要是和长三角地区的模具工业协会、刀具行业协会、热处理行业协会开展了卓有成效的合作，大大丰富了生产实习、自主实习、毕业实习和毕业设计的内容和方式。实施结果表明，在行业协会会员单位的实习内容针对性更强，并且由于多采用个体化、小群体的实习模式，学生和企业人员的沟通和交流更细致、更深入、更全面，效率更高、效果更好。

四、基于透明系统的设计理念，构建了特色鲜明的机电综合实训平台

2005年9月，机电学院基于透明系统（软、硬件系统）的设计理念，构建了特色鲜明的机电传动控制校内综合实训平台。该实训平台由机床电气控制、机床主轴变速控制、机床运动数字控制、电动刀架及其PLC控制四个模块组成，内容涉及机械制造技术、机、电一体化原理与机电系统设计方面的多学科知识。旨在通过一系列设计性、创新性实验与实训，使学生熟悉、了解先修基础与专业课程中所学的基本理论、基础知识在模拟的工程实践环境中得到验证、展示和应用，从而使相关知识在这样一个综合的实践环节中理解、内化与提高。学生可以进

行程序编制、机械电器拆装、系统接线及控制操作、传感器应用训练、PLC 控制训练等实训。

目前已有 3 届共 12 个班级的机械设计制造及其自动化专业学生进行了系统的实训，学生们从查阅资料到系统设计，从编程练习到动手操作，从理论梳理到感性认识，真切地感受着接近工程实际环境下的综合实训。在 2006 年 12 月我校进行的本科教学水平评估过程中，作为重建的应用型人才培养实践教学体系中综合创新层的主要实训平台，无论是平台的构建还是实训项目的设计和安排都得到了评估专家的高度评价。

五、完善了人才培养教学质量保障与监控体系的建设

通过多年的研究与实践，形成了机械工程类应用型本科人才培养质量保障与监控体系。对于实践性教学环节主要是通过各个环节的管理规范与制度、质量评价与监控来形成良好的运行机制。机电工程学院制订的系列文件主要包括：①机电工程学院实践教学外聘兼职教师管理规定；②机电工程学院教师授课规范与管理制度；③机电工程学院领导听课与教师互相听课制度；④学生信息员及时反馈制度；⑤机电工程学院毕业设计（论文）实施细则、各专业毕业设计（论文）指导书；⑥机电工程学院学生暑期自主生产实习实施细则；⑦机电传动控制综合实习指导书与考核办法等。

六、教研成果丰硕、教学效果显著

围绕应用型人才培养模式的研究与实践，机电工程学院教师积极开展教育教学改革与研究。由本教学成果完成人主持完成的实践教学类课题有 10 多项，其中省部级课题有教育部教改项目“21 世纪中国高等教育应用型人才培养体系的创新与实践——机械类应用型人才培养的实践体系的创新与实践”、江苏省教育厅高等教育教改立项研究课题“机械工程类应用型本科毕业设计教学环节的实践和研究”、“十五规划”高校滚动重点课题“产学结合培养应用型人才的途径、模式和机制的研究与实践”子课题等。目前在研和在建的省部级课题与项目有：“十一五”国家课题“我国高校应用型人才培养模式研究子项目——机械类应用型人才培养的优质教学资源建设研究”、江苏省特色专业建设点“机械设计制造

及其自动化”、江苏省高等教育人才培养模式创新实验基地“基于泛区域资源的机械类应用型本科实践教学模式创新实验基地”、江苏省重点建设学科“机械制造及其自动化”等。

近几年先后发表与成果相关的教育教学研究论文 11 篇，与本成果相关的研究与建设获得各级奖励 12 项，其中“机械工程类应用型人才培养的实践体系的创新与实践”和“机械工程类应用型人才培养教学质量保障与监控体系的研究与实践”分别获 2007 和 2008 年度校级教学成果特等奖。自该工程研究与实施以来，已连续四届以 100％的就业率名列全院第一。机械工程类专业也一直以优良的教学水平和较高的人才培养质量获得用人单位和社会的广泛肯定。

（2009 年获江苏省高等教育教学成果奖二等奖）

基于“探究—认识—实践”的基础力学课程教学平台的建设

王晓军　唐国兴　杨小斌　余　辉　顾秋琴

在学校多项教学建设项目的支持下，基础力学教学团队历经数年坚持教学改革，先后完成了基础力学所属理论力学精品课程、材料力学精品课程课程建设，出版了规划教材《材料力学》《理论力学》，并被评为校级精品教材，基础力学的教学改革取得了较好的成果，并建设了基础力学课程的“探究—认识—实践”教学平台。

常州工学院是以培养应用型本科人才为培养目标的大学。为达到培养高素质应用型人才的目标，基础力学的教学树立什么样的教学理念、确定什么样的课程内容体系、实施什么样的教学过程，是值得研究的重要课题。经过数年的研究与建设，基础力学教学团队，以提高教学质量、培养高素质应用型人才为中心，树立“让学生在探索的过程中学习，在学习的过程中实践，在实践的基础上创新”的教学理念。并在这样的教学理念的指导下，从构建课程核心内容体系、建设精品教材和精品课程、建设优质教学资源库、研究先进的教学方法、搭建有利于动手能力培养的实验平台、建立高水平教师队伍等几个方面做了大量的工作，基本建成了特色鲜明、高效实用的基础力学课程教学平台。

一、主要成果

（一）构建了理论力学、材料力学课程核心课程内容体系，建成了课程、教材的精品系列，促进教学质量持续提升

1. 将课程内容分解为“基本内容”“扩展内容”和“应用内容”三大模块

“基本内容”注重基础性、严谨性、渐进性，主要包括教育部课程指导委员会规定的课程基本要求；“扩展内容”注重深入性和综合性，是对基本内容的深

入挖掘及综合运用，解决工程问题的模型化，为解决工程实际问题做好前期准备；“应用内容”注重多样性和前瞻性，结合具体工程实际，训练学生解决实际问题的思维、方法和手段，开阔学生眼界。分解时注意不同模块间的渗透，建立从概念到方法再到应用的内容体系，形成一个从基础理论到工程应用的良好阶梯。

2. 应对课程教学学时减少的现状，重组力学课程的教学内容，优化学时分配，侧重工程的实际需求

(1) 在理论力学部分，将“汇交力系”“重心”“刚体的基本运动”“动力学普遍定理”等与大学物理课程教学内容重复部分，做了适当的删减或整合，调整出部分课时用于结合课程内容的工程应用的训练。

(2) 考虑到工程实际的构件多受空间力系的作用，因此增加空间力系的教学比重，并选择工程实例进行简化、受力分析、求解的全过程训练。

(3) 动静法的特点是在引入虚加惯性力之后，用静力学中研究平衡问题的方法来处理动力学中的非平衡问题，按原有的课程内容体系，在教学学时不够用时，这部分内容都被删除。但动静法在工程技术中有极其广泛的应用，因此在有效重组课程内容时，保留了这部分教学内容。

(4) 在材料力学课程改变传统的“以四大基本变形为主线”的课程体系，采用“内力—应力—变形—强度刚度分析”的课程体系，从系统上掌握强度刚度分析方法，不必孤立地理解记忆每一种基本变形的分析计算，这不仅有效地提高了学生对材料力学分析方法的认识，培养了他们的能力，也节省了课程教学学时，起到事半功倍的效果。

3. 建设精品教材，配合“探究—认识—实践”的平台搭建

根据人才培养目标的需要，就课程体系和教学内容进行了改革，编写了规划教材《理论力学》《理论力学学习指导和题解》。其特点是：

(1) 适用于高等学校应用型专业人才培养的需要。该教材借鉴了近年来国内应用型本科院校力学课程的教学经验，重视理解、强调实用，符合这些院校工科各专业理论力学课程教学的实际要求，具有结构严谨、层次分明、语言精练、易学易懂等特点。

(2) 加强工程、侧重方法。注重概念的引入和分析方法，注重工程的应用，便于培养学生的工程概念，使读者通过本书的学习能解决一些工程实际中的力学问题。既突出了基本理论与方法的普遍性，又体现这些理论与方法在应用于

不同力学模型时的特殊性。

教材自出版以来，除本校使用外，已经被国内十几所高校选用，并获得了较高的评价。

4. 以“让学生在探索的过程中学习，在学习的过程中实践，在实践的基础上创新”的教学理念为指导，进行“材料力学精品课程建设”“理论力学精品课程建设”，完善课程的教学全过程并提高课程的层次与水平

理论力学课程于2006年被学校评为一类优秀课程，经过进一步的建设与完善，2011年又被评为校级精品课程。材料力学课程曾获得了江苏省高等学校优秀二类课程，2007年材料力学课程被评为校级精品课程。通过基础力学精品课程的建设，科学地规划课程结构、加强教学队伍建设、进行了教学内容和课程体系改革、研究并实施了先进的教学方法和手段、进行了理论教学与工程应用结合的有益尝试，全面提高了基础力学课程的层次与水平。

(二) 改革教学手段，建设课程资源库及多媒体课件等优质教学资源

1. 作为“探究—认识—实践”的课程教学平台重要方面，编制全套系列优质多媒体课件

基础力学多媒体课件在课件比赛中曾获得省级三等奖和校级一等奖。经过不断的教学实践经验总结，修改和充实，重新制作了多媒体课件，包括教育部规定的课程（中学时）教学全部要求。版面清晰整洁，内容翔实丰富。课件利用现代教学技术与手段，实现四个结合，即启发式和讨论式的教学方法、知识传授与能力培养、理论研究与应用实践、定性分析与定量分析的有机结合。多媒体课件合理充分地利用多种素材，扩大课堂教学空间（将工程现场与实际问题引入课堂），深化与扩展课堂讲授（利用现代技术演示某些复杂的力学过程与现象），激发了学生的求知欲。利用现代教学技术，实现了由实践到理论，再由理论到实践的符合认知规律、理论联系实际的教学目的。

2. 建立了基础力学教学优质素材库

基础力学教学团队经过几年的努力，利用各种渠道收集各种资料，建立了基础力学电子资源库，其中包括图片素材1 000多幅，动画素材200多个，视频素材100多个，以及200多PPT文件形式的例题及解答，以及丰富的习题、例题和试题（电子版），以及力学轶事等相关资源。该素材库能支持课堂教学、网络教学、学生自主学习、演示实验、学科竞赛等多种教学需求，按需要进行选择、剪切、

排版与整合。素材库的建设实现教学信息共享,也为现代教育技术手段应用于教学作了良好的准备工作。

3. 通过网络课堂的建设,开辟了第二课堂

网络课堂可分为教学和扩展两个板块:

(1) 教学板块:由电子教案和多媒体课件、学习指导、教学录像、重点难点分析、选修实验、视频自主实验、习题集、教学大纲、模拟试卷等组成,为学生提供了丰富的教学资源。

(2) 扩展板块:包括"世博中的力学"、全国周培源大学生力学竞赛、工程教育专业认证标准、力学轶事、力学百科等内容。目的在于扩充学生的力学知识面、提高学生的力学素养。在"世博中的力学"中介绍了上海世博会场馆设计中的力学问题;在"全国周培源大学生力学竞赛"中,对周培源先生的生平、赛事的历史、赛事安排、历届考题都做了较为详尽的介绍和资料上传;在"工程教育专业认证标准"中,介绍了各工程教育专业应该达到的基本要求,以及在通用标准基础之上根据本专业特点提出的特有的具体要求;在"力学家小传"中介绍知名力学家的生平事迹;在"力学百科"中提出"竹的力学美""泰坦尼克号沉没之谜""切尔诺贝利核电站为什么发生大爆炸"等,介绍相关力学知识;进一步提高了学生对理论力学课程的学习兴趣和力学修养,扩充了学生的知识面。

(三) 全面实施了传授、学习、实践等教学全过程改革

1. 落实"让学生在探索的过程中学习,在学习的过程中实践,在实践的基础上创新"教学理念,实现了"展示力学现象→提出问题→引出概念→形成理论与方法→应用于实践"的教学新模式

将启发式和讨论式的教学方法有机结合,通过演示力学现象"提出问题",通过分析问题"引出'新'概念",通过讨论与启发,学生应用所学知识,"探究解决问题的方法与途径",对实际问题的分析,"了解工程问题的力学模型建立的方法、解决的手段和途径",学生在认识实践的过程中逐步形成解决问题的方法,在学习的过程中"有问题可思考","有方法可推敲",由"我遇到问题该怎么办"出发,变被动学习为主动探索,认真钻研,真正让学生在"探究—学习—实践"的过程发现问题和提出问题,增强分析问题和解决问题的能力,进而具有了创新能力。

2. 举例说明应用型课堂教学的新模式(点的合成运动)

(1) 首先演示现象,然后根据现象提出问题。展示图片,提出"为什么在对行星运动进行研究时候,常用日心参考系描述行星的运动",演示视频和动画,提出"牛头刨床各构件的运动量(速度、加速度、角速度和角加速度)存在何种关系",然后通过分析与讨论得出一个共同的认识:"①在不同的参考系中描述物体的运动形式是不同的;②复杂的运动可由几个简短的运动合成。"再通过实例引出合成运动的概念,并讨论说明研究合成运动的思想方法。

(2) 将新学的理论与方法用于工程实际问题的分析。对牛头刨床某瞬时的运动学分析,给出该瞬时相关运动量的定性与定量分析;然后再提出"新"问题:"滑枕的返回行程速度与工作行程速度相比如何,这样设计的目的是什么,如何能达到这个目的",引导学生建立摇杆的运动方程,通过数值仿真揭示其运动过程。

3. 建立了基础力学实践教学平台,极大地强化了实验、实践教学环节,增加了新内容和增强了效果

(1) 建设材料力学实验平台。常州工学院力学实验室早在 2003 年以优秀的成绩通过了江苏省材料力学实验室评估,2006 年又搬进了学校新建的适合育人环境的实验综合大楼,实验室现有面积 850 m^2,主要设备有万能材料实验机、扭转实验机、静态电阻应变仪、弯曲梁实验台、组合装置实验台和力学相关的产学研所需的仪器设备,主要用于材料力学课程必修实验、部分选修实验和相关的科学研究。2010 年 1 月,又添置了微机显示电液伺服万能试验机,具有试验过程数据和曲线动态显示,试验数据编辑,曲线浏览、局部放大、叠加对比等功能,能自动求取最大力、抗拉强度、屈服强度、非比例延伸强度、弹性模量、断后延伸率等参数,能够更好的满足教学实践的需要。

(2) 建设理论力学视频演示和实例演示实践平台。理论力学课程是工科院校学生接触到的第一门与工程相关的课程,工程实际的力学问题对他们来讲是陌生甚至不好理解的。传统上,非力学专业的理论力学教学也缺少实验实践环节。为了弥补空白,更好地体现"探究—认识—实践"的教学理念,我们经过多年的收集、整理、制作,依托现代化教学手段,搭建了视频演示和实例演示平台。遵循认知规律,在理论课程的教学中演示力学的基本原理和力学现象,引导学生从中提出问题和发现问题,并应用所学知识解释力学现象、进行初步力学分析。演示实验来源于原有的基础实验、生活中的力学现象和问题、力学发展史中的力学

问题、科技发展与工程中的力学问题，学生好接受、能理解、有兴趣，在实验的过程中激发了他们的求知欲。相关实验有：绘图仪中的合成运动问题、力螺旋的应用演示实验、挖土机机构受力及运动分析实验、机加工中运动学分析实验、科氏惯性力演示实验、稳定性演示实验、动量矩守恒演示分析实验等。学生通过演示实验增加感性认识，并由此提出问题和引出概念，或验证理论与方法的正确性和适用性。

（四）建设高水平、年轻化的课程教学团队

1. 通过教师队伍建设，保持队伍的创新活力

基础力学主讲教师队伍平均年龄 45 岁，是一支年富力强、锐意进取、爱岗敬业、教学与科研并重的高学历教师队伍。队伍面向全校工科类各专业，每年承担全校 1 000 人左右的基础力学主讲和实验教学任务，师生比例大约为 1∶100。年轻教师积极参加国内外教学研讨会议和校际交流，积极指导学生课外科技活动和学科竞赛，参加实验装置的研制和实验室建设。

2. 以投入教学、积极科研提高教师综合素质

团队教师通过承担教改项目、撰写教材、建设精品课程、改革教学方法与考核方式、撰写教研教改论文等建设措施，提高了教学水平，主编的《理论力学》教材被评为院级精品教材，获得江苏省优秀力学教师称号 2 人次，1 人获得江苏省优秀教育工作者，2 人获得校级优秀青年骨干教师称号，1 人获得常州工学院优秀教师称号，2 人在全国大学生基础力学实验竞赛中被评为优秀辅导教师，多人在全国和学校的讲课比赛中获奖。团队教师通过承担科研项目，提高了综合能力，并将教学与科研结合。近 5 年，江苏省教育厅科研项目 1 项、国家自然科学基金面上项目 1 项、校级科研项目 6 项。在国内外核心刊物和重要学术会议上发表或录用论文 20 余篇。教师将参加科研工作的感悟和研究问题的思想方法融于教学；将科研课题所研究的问题通过合理的简化后用于教学。

二、创新点

在应用型本科院校基础力学的教学中，常州工学院基础力学教学团队进行了“探究—认识—应用”型教学平台的建设，其核心思想是“让学生在探索的过程中学习，在学习的过程中实践，在实践的基础上创新”。在教学平台的建设中，率

先做到了以下几点。

(一) 构建课程核心框架

在充分考虑工程实际需求的前提下,保证课程体系的科学性、完整性,构建理论力学、材料力学课程核心框架,重组力学课程的教学内容,优化学时分配。

整合教学内容,从学生的认知规律出发,注重内容结构、知识点的关联性,较为合理地分配和利用有限的学时,考虑工程的实际需求,增加与工程应用密切相关的教学内容及其比重。将课程内容设置为“基本内容”“扩展内容”和“应用内容”三大模块,基本内容注重其基础性、严谨性、渐进性,扩展内容注重深入性和综合性,应用内容注重多样性和前瞻性。建立从概念到方法再到应用的内容体系,形成一个从基础理论到工程应用的良好阶梯。

(二) 创新教学新模式

落实“让学生在探索的过程中学习,在学习的过程中实践,在实践的基础上创新”的教学理念,实现了“展示力学现象→提出问题→引出概念→形成理论与方法→应用于实践”的教学新模式。

新的教学模式使学生在学习的过程中“有问题可思考”“有方法可推敲”,由“我遇到问题该怎么办”出发,使学生变被动学习为主动探索,认真钻研,从而提高学生发现问题和提出问题,分析问题和解决问题的能力,进而具有了创新能力。让学生在探索的过程中学习,在学习的过程中实践,在实践的基础上创新。实现了由实践到理论,再由理论到实践的符合认知规律、理论联系实际的教学目的。

(三) 经过多年的收集、整理、制作,搭建了视频演示和实例演示平台

平台的建设,加强了基础力学实践环节,更好地体现“探究—认识—实践”的教学理念。演示实验来源于原有的基础实验、生活中的力学现象和问题,科技发展与工程中的力学问题,学生好接受、能理解、有兴趣,在实验的过程中激发了他们的求知欲。

(四) 建设基础力学素材库和优质教学课件,丰富了教学内容

丰富的图片、视频、动画等教学资源,能支持课堂教学、网络教学、学生自主

学习、演示实验、学科竞赛等多种需要的教学资源选择。基础力学多媒体课件，是配合启发式和引导式的教学方法进行设计的，实现了启发式和讨论式的教学方法、知识传授与能力培养、理论研究与应用实践、定性分析与定量分析的有机结合。极大地丰富了课堂教学内容，提高了学生的学习兴趣和自主学习的动力。

（五）打造系列化精品，促进教学质量持续提升

出版了精品教材《理论力学》《材料力学》，满足了相关院校对此类教材的需求。材料力学精品课程、理论力学精品课程的建设，使课程的教学内容、教学条件、教学方法更加完善，并具有了先进性。

三、应用情况与实际效果

（一）每轮实践，教学效果优良

到2012年底为止，基础力学“探究—认识—实践”型教学平台的教学实践在机电学院、土建学院的相关专业的进行了3轮（每轮教学周期为1年）以上的实践，教学效果优良。教学方式和方法普遍受到学生的欢迎，近几年的学生评价中，团队平均分为92分。特别是学生到了高年级，反思“在大学应该学什么，怎样学”这个问题时，更加深刻地体会到这种教学模式对培养他们多方面的能力和增强今后发展的后劲起到了积极的促进作用。

（二）在多次组织开展的学科竞赛活动中取得优异成绩

2009年，我校学生获得第七届全国“周培源”大学生力学竞赛优秀奖2项，以及第六届江苏省大学生力学竞赛二等奖1项、三等奖2项。2010年，获得第三届江苏省大学生力学实验竞赛三等奖6项。2011年，获得第八届全国“周培源”大学生力学竞赛优秀奖6项，获得江苏省第七届“木渎杯”力学竞赛一等奖2项、二等奖4项。指导教师认为这些学生分析、解决问题的能力和动手能力与以往相比有明显提高。

（三）多名学生升学升造

在2010年、2011年、2012年的研究生入学考试中，我校机电学院多名学生

选取力学课程作为考试科目，多数学生取得力学单科 140 分以上的好成绩，分别考取南京航空航天大学、西安交通大学、江苏大学、合肥工业大学等知名高校。

（四）教学团队取得阶段性成果

教学团队通过教学改革的研究与实践，取得了阶段性成果。主编的《理论力学》教材被评为院级精品教材，团队成员先后获得江苏省优秀力学教师、江苏省优秀教育工作者、江苏省高校“青蓝工程”优秀青年骨干教师培养对象等荣誉。教师通过从事科研工作，提高自身的学术水平，并增强自身的科研能力，有利于将科学研究的思想方法和学科的发展趋势融入基础力学的课堂教学，进而提高教学水平。近年来，团队成员曾获得过江苏省“333 高层次人才培养工程”首批中青年科技领军人才、常州市“831 高层次创新创业人才培养工程”首批中青年骨干人才、常州市优秀科技工作者、常州市优秀科技论文奖、常州市科技进步奖等诸多奖项。

（2012 年获常州工学院教学成果奖一等奖）

汽车服务工程专业应用型人才培养模式的研究与实践

戴建国　廖连莹　桑　楠　唐国兴　林　琳　张凤娇　廖旭辉

进入21世纪以来，我国进入了一个汽车产业快速发展时期（以下简称新时期）。由此加速了我国汽车服务行业从传统的维护保养向多元化、网络化、专业化、标准化等方向发展，从而引发了对不同汽车服务人才更高的多样化需求。本成果是依托校级教学研究重点课题"汽车服务工程专业应用型人才培养模式的研究"，经过3年的积极探索与实践，确立了我校新办汽车服务工程专业的办学定位与培养目标，形成了初具特色的汽车服务工程专业人才培养模式，为我校汽车服务工程专业创建校级、省级特色专业奠定了理论基础，并取得了显著的办学成效。

一、确立了新时期汽车服务人才的培养理念和培养目标

随着日新月异的科学技术发展和全球经济一体化的发展趋势，我国汽车产业呈现汽车产品极大丰富，产品质量迅速提升，产销规模实现快速增长，汽车服务门类增加，汽车产业链条大大延伸，汽车服务市场由粗放服务到细分服务发展等特点。现代汽车已成为机、电、液和计算机一体化的高科技产品，汽车服务业所需人才的知识结构、应用能力和综合素质必须更高更强更全面。据专家预测，到2012年我国汽车服务业的从业人员要从现在1 000万人增加到1 500万人，专门人才的比例从现在的25%提高到30%，约需增加200万人，其中本科层次人才达20万人以上。从目前的人才现状看，存在着高层次人才少，特别是新兴领域高层次人才稀缺，人才素质与技能适应性差，特别是技术应用能力普遍不强等差距。处于绿色环保、低碳经济、汽车社会的时代背景下，确立适应新时期的汽车服务人才培养理念和培养目标十分重要。因此我们以如何实现以人为本的

价值观为出发点，依据应用型本科院校注重理论实践一体化的学习和客观规律的应用，主要承担培养应用型人才的任务这一办学定位，确立了“适应新时期特点、适应新领域拓展、适应新人才需求”的汽车服务人才培养理念，进而确立了“懂技术、擅经营、会管理”的培养目标，使之真正培养出“适应能力强、动手能力强、实干精神强”的高级复合人才。

二、形成了初具特色的汽车服务工程专业人才培养模式

在确立我校汽车服务工程专业的人才培养理念和培养目标的基础上，我们依据学校目前汽车服务工程专业的办学条件和资源情况，逐步摸索和建立了以“一主线、两融通、三体系及四个一体化”为原则，以两个平台为基础（机械工程学科平台、汽车技术专业平台），三种能力为根本（培养学生的专业核心能力、技术应用能力和就业竞争能力）的具有新时期特征的人才培养模式，并在在校四届学生的教学中加以实施，取得了较为明显的成效。

（一）以培养提高汽车服务工程专业学生的专业核心能力、技术应用能力和就业竞争能力为主线

1. 确立核心课程（群），突出专业核心能力的培养

专业核心能力是专业在长期发展过程中形成的一种累积性学识，是以学生的工科专业知识和技能为核心，通过对汽车服务工程专业人才培养目标和方案的设定，对课程体系的合理设置和开发，依托优势资源（硬件、软件等），整合该专业中的核心要素，从而使学生获得可持续发展优势的能力。汽车服务工程专业的教学内容比较庞杂，涉及到机械、电子、控制、化工、保险、营销、管理、物流等方方面面的知识。但它的专业核心能力主要体现在汽车故障检测能力、汽车维护修理能力、汽车运用能力和汽车企业管理能力等汽车综合服务能力上。这些能力是通过对专业核心课程的学习来获得。因此如何科学合理地选择核心的专业课程来构建专业核心课程群，对学生这些能力的培养就显得非常重要。我们从专业实际及专业特点出发，以培养汽车检测与维修的高端人才为主来构建本专业的专业核心课程（群）。因此我们在构建汽车服务工程专业的理论教学体系中，确立了以“汽车理论”“汽车构造”“汽车电器与电子设备”“汽车电控技术”“汽车检测与故障诊断”及“汽车服务工程”等六门课程构成的专业核心课程

(群),并大力加强重点课程建设,不断提高教育教学水平。目前已经初步建设了"汽车构造""汽车检测技术""汽车电控技术"三门重点课程,在理论教学中改进教学方法,运用启发式、讨论式和理论实践一体化的现场教学等形式来提高教学效果;在实践教学中改进教学手段,运用虚拟技术来实现计算机软件与实验室台架试验相结合的实验过程,同时实行实验室开放,为学生创造条件,提供更多的实践机会。通过以上几门重点课程的建设,完成了课程简介、教学大纲、授课教案、电子教材、多媒体课件、实验指导、作业习题、试题样卷、参考资料、命题指南及相关网站的建设任务。通过对学生的学习效果的统计分析,这些课程考核的一次通过率都达到100%,较好地培养了学生的专业核心能力。在后续的汽车维修工岗位等级考核和用人单位招聘中,这些单位对我们学生的评价是:"理论知识比较强,动手能力也不差。"我们以建设重点课程为抓手,带动了其它一般课程的调整和提高,经过05级学生一轮完整的教学过程,已全面完成了08,09级学生培养计划、教学大纲、实验实习指导书的制修订工作,为培养汽车服务工程专业高质量人才打下了良好的基础。

2. 实行开门办学,突出技术应用能力的培养

学生的技术应用能力主要指把所学的专业知识应用于工程实际的能力。为了更好地培养理论与实际结合,知识与能力兼备,更适应汽车服务企业岗位要求的技术与管理人才,创出办学特色,我们认识到,必须要走一条开门办学,实行多渠道、多方位校企联合培养汽车服务人才的道路,同时也能充分发挥社会力量、社会资源参与办学的积极作用。近3年我们在常州市机动车维修行业协会的大力支持下,与本地区的众多汽车销售服务企业和汽车维修企业建立了广泛的联系,并且建立了以常州中天汽车销售服务有限公司为代表的10余家校外实习单位作为学生专业岗位实习的定点实习基地,为发展校企联合培养人才奠定了基础。从2006年起我们就开始了同常州中天汽车销售服务有限公司的全方位合作,其主要内容包括:①成为我校汽车服务工程专业学生稳定的实习基地,先后接纳了近10批05,06,07,08级学生的各种校外实习任务,使学生能够便捷地到企业真实的工作环境中上岗见习,及时把所学知识直接应用于实践;②组织汽车服务工程专业学生利用课余时间到该企业开展社会活动,如参与车展服务、进行专题调研和担任企业调查员为企业暗访调查等,及早介入汽车服务企业活动,积累一定的社会实践经验;③不定期地邀请企业经理人和高层技术、管理人员为汽车服务工程专业学生进行专题讲座,使学生了解汽车服务企业的岗位能力和要

求，了解企业文化，激发学生的学习热情，明确学习的重点和努力方向。通过多种方式的开门办学，使汽车服务工程专业学生更加注重专业知识的学习，特别是应用能力的提高，05汽车班中有10名学生被常州中天汽车销售服务有限公司录用，并已在06，07级学生中建立了一支20余人的企业后备人才库，可以为该企业源源不断地输送合格人才。目前汽车服务工程专业已同常州中天汽车有限公司签订了订单式人才培养协议，准备从07级开始实行。

3. 改革实践教学，突出就业竞争能力的培养

面对众多的高校竞争对手和严峻的大学生就业形势，我们不满足于通用性能力的培养，结合汽车技术和行业管理发展趋势，拓展实践教学的内容，增强实践教学的适应性和有效性，旨在进一步练就学生在竞争环境下的"看家本领"，形成较强的就业竞争能力。在汽车服务工程专业本科4年的教学中，实践教学除了在时间总量上有保证，安排了共计29周的实习、实训环节，做到4年不断线，而且在内容方面进行了有益的探索。在认识实习的环节中，我们改变了原先放到校外实习单位单纯进行汽车维修生产实习、且2周时间固定在一个单位的传统做法，变为对汽车服务行业各种类型单位如汽车制造、汽车销售、汽车维修、汽车检测线、汽车配件市场及二手车交易市场的全面认识，拓宽了学生对汽车服务行业的了解面，及早地建立对专业的全面认识。在对学生进行了系统的基本能力训练的基础上，对专业实习内容和时间安排进行模块化设计和优化，特别是根据汽车检测技术、汽车环保技术、汽车维修技术的发展趋势设置了"汽车发动机检测与排故""汽车尾气检测与调整"和"汽车自动变速器维修"3个实训模块，作为培养学生就业核心竞争力的实践教学环节。通过对05汽车学生的9周实训，学生普遍感到收获较大，较为熟练地掌握了1－2种型号发动机、自动变速器及尾气检测方法，在综合能力方面得到了系统的训练，也大大提高了就业竞争力。

(二) 把专业知识和岗位技能融合于人才培养的各个环节中，实现学历和岗位服务能力相融通

1. 科学合理制(修)订人才培养方案，使学生专业知识积累、岗位服务能力循序渐进

基于对新时期汽车服务人才知识结构、服务能力和综合素质的调查分析和教改研究，围绕创建专业特色，着重对学生专业知识和岗位技能进行培养，创造条件集成、整合、深化教学改革与研究成果，每年均按学校要求制(修)订

新生的培养方案和教学计划，并根据具体情况按规定程序对在校生培养方案和教学计划进行补充和完善。对于办学的重大问题则组织专业指导委员会和机电学院教授委员会成专题研究决定。如自2007年下半年经对国内有关高校的调研走访，对常州周边地区汽车专业用人单位的深入调查，通过二级学院教授委员会讨论，决定对原培养计划的专业方向进行调整，对原来设置的专业方向进行合并，并对其课程体系特别是专业课程群作了相应的调整。现在的主要专业核心课程重点培养学生汽车检测与故障诊断能力，兼顾学生汽车营销、汽车服务企业管理、汽车保险理赔、二手车交易、汽车装潢美容等服务能力的培养。同时将暑期生产实习从任选课调整为限选课。以2008级汽车服务工程专业人才培养方案(见佐证材料)为例，学生毕业时应获得的最低学分数为206.5，公共基础课与专业基础课分别为40.97%和37.99%，主要是通过通识教育公共平台、学科基础平台和专业基础平台来加强基础理论、专业知识与综合素质的培养，其余21%主要是专业方向课程，主要用于强化专业课程基础知识、基本原理、专业技能和发展个体特长。集中性实践教学环节均多达41周，约占45%，理论与实践教学总学时之比约为1.37∶1。其中，由汽车拆装与调试实习、汽车检测与排故实习、汽车维修技术实训、暑期生产实习、专业岗位实习等以专业技能素质和汽车技术为主体内容构成的集中性实习实训教学环节，实现了“实践能力训练四年不断线”，对于加强实践能力和培养创新精神，提高培养质量奠定了坚实的基础。

2. 建立引导与鼓励学生提高适应能力的机制，使学生尽快进入“社会角色”

在05级培养方案中提出了学生应取得汽车维修中级工以上职业资格证书和C级以上驾照，并圆满达到了预定的培养要求。后来在各年级培养方案虽然没有明确提出，但我们通过合理设置课程的学习进程，充分考虑专业课与学生参加岗位资格考试的时间上的衔接。比如，在二年级第2学期安排学习“汽车构造”课程，在暑假可以参加汽车维修中级工的培训考试；在三年级第2学期学习“汽车检测与故障诊断技术”课程，暑假可以考汽车维修高级工。同时通过班导和专业系两个层次的专业思想和就业教育，同暑期自主生产实习结合，积极参加各种汽车服务岗位能力培训和考证。现在05汽车班学生全部取得学历、学位证书和岗位资格证书，顺利毕业。06级两个毕业班有34人取得汽车维修中级工证书，17人取得汽车维修高级工证书，1人取得汽车估损师资格证书，有60余人拥有C级以上驾照，较好地实现了学历和岗位能力相融通的培养要求。

(三)构建理论教学、实践教学和素质培养三个相辅相成相互渗透的教学体系,以全面提升学生综合职业素质

1. 创建了以完善汽车服务人才知识结构为要求的理论教学体系

汽车服务工程专业理论教学体系是指学生就业所必须的若干理论课程互相联系而构成的一个整体。目前,国外的大汽车集团如福特、通用、大众等基本上形成了从整车销售与分销、汽车金融服务、汽车保险、汽车维修与配件、租借和租赁以至旧车处置和回收整个汽车服务产业价值链的完整涉及,并且以汽车金融业为整个集团的中心,全力保证和支持了汽车整车的销售,获得了整个汽车产业链上的竞争优势。所以,架构汽车服务工程专业理论教学体系应以提高技术型汽车服务工程专业人才应用能力为目标,以应用为主旨和特征,构建相互独立又紧密联系的课程教学体系,体现课程体系的科学性、特色性、系统性及可操作性,主要包括整车、维修、保养、救援、信息、咨询、保险、二手车交易等内容,其理论教学体系如图1所示。

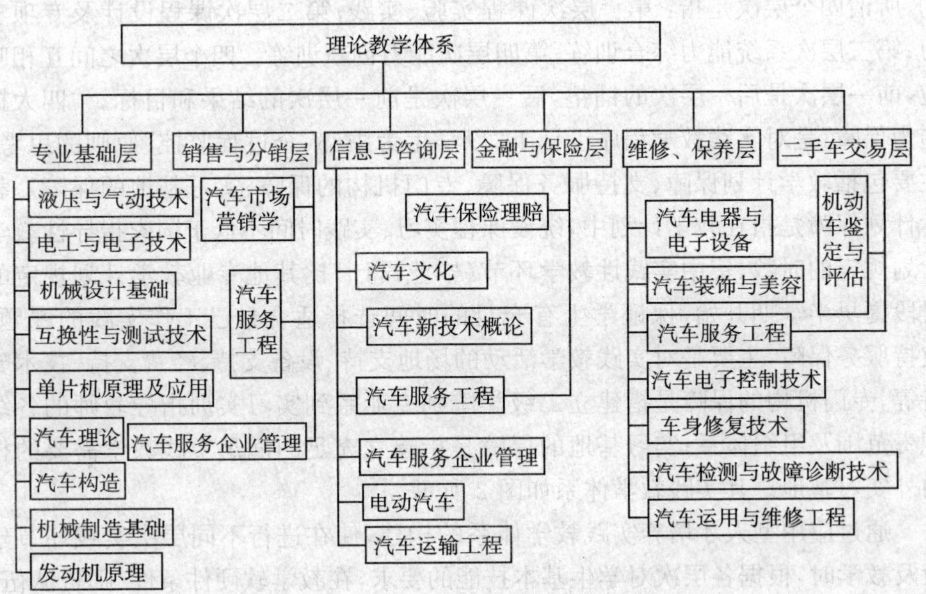

图1 汽车服务工程专业理论教学体系

2. 创建了以"四年不断线,四个层次相呼应,四大措施为保障"作为运行机制的的实践教学体系

实践教学一般是指课程实验、课程设计、实习(认识实习、生产实习及暑期自主实习)和毕业设计(集中实践)等,这一环节的教学目的主要是解决学生"怎么做"的问题。汽车服务工程专业是一个操作性、应用性很强的专业,特别是专业课如汽车检测与故障诊断技术、汽车修复技术等实践性偏重的课程,单凭理论讲授很难讲清讲透。因此,对汽车服务工程专业实践性教学要充分保证教学时间,而且要创造特定的条件,包括高水平的教师、专业训练场所及规范化的管理来作保证。因此,重建符合认识规律,循序渐进,实现培养学生三种能力的实践教学体系十分必要。

该实践教学体系的设计思想为"四年不断线""四个层次相呼应""四大措施为保障"。"四年不断线"是从实践教学的时间设计上考虑的,主要体现"全过程实践"的原则,即将实践教学贯穿到学生的整个学习过程中,学生在学期间参加实践的时间不断线。"四个层次相呼应"主要是从实践教学的内容设计上考虑的,所谓四个层次是指:第一层次课程实验、实践;第二层次课程设计及专项实习;第三层次系统能力综合训练;第四层次能力创新训练。四个层次之间互相呼应,前一层次是后一层次的铺垫,后一层次是前一层次的结果和目标。"四大措施为保障"是对实践教学程序设计上"以学生为中心、全过程监控"原则的思考。主要包括教学计划保障、支持服务保障、专门机构的保障、实习基地的保障。教学计划保障是指在教学计划中,统设课程实习、实践时间不低于国家指导性教学计划规定的时数,集中实践性教学环节(毕业设计)比其他专业教学计划规定的时段提早半学期开始,保证学生有充足的时间选择适合自己工作实践的课题。支持服务保障,主要是对实践教学活动的场地支持、设备支持、经费支持、技术支持等,专门机构的保障是指建立二级学院到专业系到实习实训指导教师的各级职责范围及组织体系;实习基地的保障是指建立充足的满足实践教学需要的校内外实习基地。其实践教学体系如图 2 所示。

通过应用型人才培养实践教学体系的构建,使在进行不同层次实践环节建设及教学时,根据各层次对学生基本技能的要求,在教学软硬件条件、师资队伍、教学方法和模式进行针对性地建设,使各个实践教学环节既有效承担起实践教学培养链条中特定实践训练任务,又具有承上启下的功能。

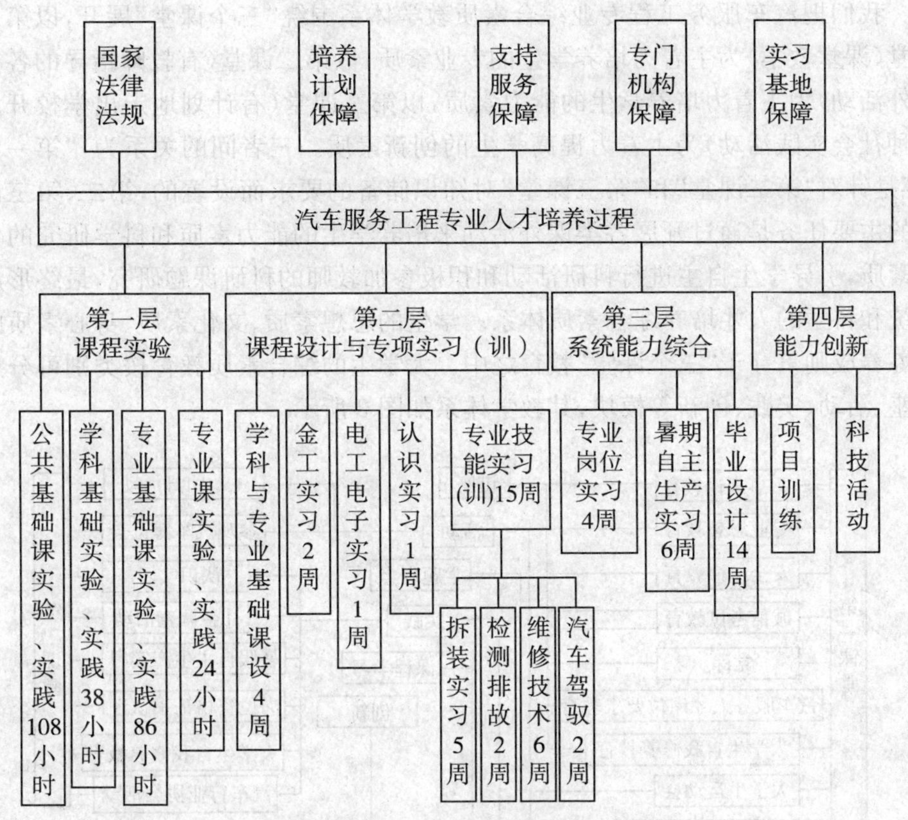

图2 汽车服务工程专业实践教学体系

3. 创建了围绕“三个课堂”展开的综合素质教学体系

在我国汽车服务业迅猛发展的背景下，其服务的广度和深度大大增加，对人才的要求也越来越高，不仅要求学生有良好的专业素质，更强调包括思想素质、能力素质、创新素质及文化素质、身心素质在内的综合素质的高低。

一些世界知名品牌的跨国汽车公司在录用员工时重综合素质，轻专业技术，在笔试和面试的试题中，重点放在思维、应变、表达、沟通、协调、合作等能力上，他们认为在技术与素质的权衡上，以素质为重，素质起关键作用。有的公司甚至把道德素质看成是企业发展的第一资源，因此悉心培养具有较高综合素质的汽车服务工程人才，科学规划和架构人才培养的综合素质体系，事关重大。这不仅是社会提出的要求，也是我们培养合格人才的最终目标。

我们把汽车服务工程专业综合素质教学体系围绕“三个课堂”展开，以第一课堂（课堂教学）为主着力培养学生的专业素质，以第二课堂（有教师指导的各类课外活动）为主着力培养学生的能力素质，以第三课堂（有计划地走出学校开展各种社会实践活动）为主着力提高学生的创新素质。三者间的关系为：“第一课堂”是针对“第二课堂”和“第三课堂”对知识储备的要求而设置的，第二、第三课堂的主要任务是通过开展各类课外活动来培养学生的能力素质和科学研究的创新素质，引导学生自主进行科研活动和积极参加教师的科研课题研究，最终形成系统和科学的人才培养综合素质体系。学生的思想素质、文化素质、身心素质的锻炼养成则贯穿于“三个课堂”教育之中。大学生的综合素质教育按类别可分成讲座、活动、实践、创新等模块，其教学体系如图 3 所示。

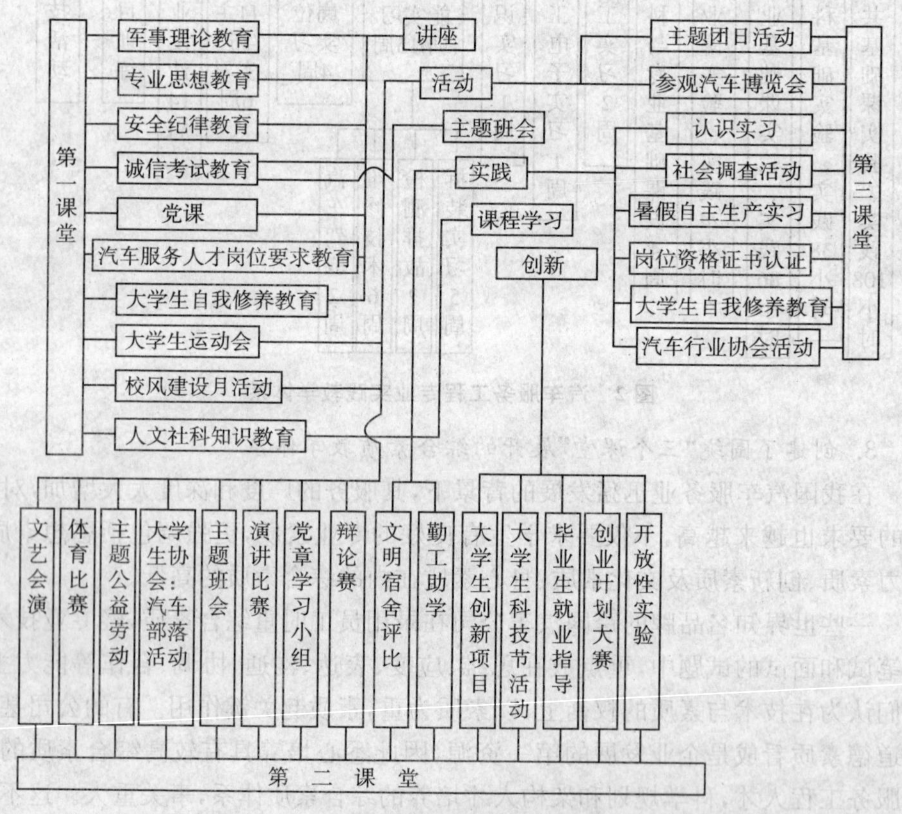

图 3　汽车服务工程专业综合素质教学体系

4. 实施核心专业课程一体化、理论教师和实践指导教师一体化、理论教学和实践教学一体化、课内教学和课外活动一体化的培养方法

核心专业课程一体化是指我们在确定培养方案中，根据专业核心课程知识相互关系、与基础课程的关系，尊重学生学习知识的规律，对专业基础和专业课进行一体化整合。如原来的汽车应用材料、汽车制造工艺基础合并为机械制造基础（Ⅰ，Ⅱ），把理论力学与材料力学合并为工程力学，在机械制图的基础上增加计算机绘图，以调整知识结构，加强基本训练。同时还新增发动机原理、汽车服务工程、汽车文化等新课程。

理论教师和实践指导教师一体化是指我们专业教师在担任课程理论教学并承担课程实验指导的基础上，通过自身学习和培训，从 2008/2009 学年开始就努力创造条件，克服种种困难，担负起本专业 1—3 个班学生校内实习的教学任务，目前已完成 2005、2006 两届 3 个班共计 24 周的校内实习，实现了理论教师和实践指导教师一体化。

理论教学和实践教学一体化是指我们把汽车专业的核心专业课程与工程实际必须紧密结合，也就是在讲述理论的同时要结合汽车或零部件实物或实际场景为教学对象，才能让学生易于接受和正确理解，把枯燥难懂的专业知识融会贯通。因此，我们改革教学方式，经常利用汽车实验室专门建立的专业教室，进行理、实一体化教学，如汽车构造、汽车检测与故障诊断技术、汽车电控技术等课程。

课内教学和课外活动一体化是指我们以大学生创新训练项目为载体，紧密结合专业教学和实验室建设需要，组织学生创新团队，积极申报各级大学生创新计划，近三年争取列入校、省级项目 5 项，其中省级 2 项，校级 3 项，由指导老师组织学生团队结合课外活动和毕业设计，完成了汽车发动机传感器实验台的设计与制作、汽车销售网站制作等 3 项课题，较好做到课内教学与课外实践活动有效结合。

三、完善了适应汽车服务工程专业人才培养的教学条件

（一）开展专业实验室特色建设，建立产学研平台

汽车服务工程实验室的建设是培养应用型人才的教学保障，它为培养学生专业能力，特别是汽车检测与维修能力提供了必要的硬件条件。因此在专业申报之初就制定了详细的实验室建设计划，汽车各专业实验室从无到有，目前汽车

服务工程专业实验室占地 1 000 多平方米，设备资产总值达 204 万余元，基本建成一个满足汽车服务工程专业实践教学需要的一个专业实验室。

在实验室建设过程中，重点建设了有别于其他高校同类专业实验室的三个具有我校特色的实验分室，即汽车发动机故障诊断实验室、汽车自动变速器检测维修实验室和汽车尾气检测治理实验室。

通过在这三个特色实验室开展实践教学活动，培养了学生较强的电控发动机故障诊断、自动变速器拆装与检修、汽车尾气检测与治理的核心竞争能力。在“通才”培养的基础上，突出“专才”的培养，使学生具有较宽知识面的同时，又有一技之长。

特色实验室的建立也为产学研的开展搭建了平台。其中汽车自动变速器检测维修实验室的建设就采取了校企合作方式建成。我们与专业汽车自动变速器维修企业合作，基本按照一个专业的汽车自动变速器维修公司的模式建立实验室，建立了自动变速器配件实验室、自动变速器拆装实验室、自动变速器性能检测实验室和自动变速器翻新实验室。这些实验室既可作为自动变速器专修公司模式对外进行自动变速器的维修和翻新业务，同时也可进行日常的实验教学工作。在实验室建设上，公司为我校提供教学所需的各种型号的自动变速器，自动变速器专修工具和检测设备，以及提供自动变速器的维修检测技术支持。我校为公司提供开展经营活动场所，为公司开拓自动变速器维修市场提供支持。另外学校还为公司培养专项人才，满足公司业务开展需要，实现了校企双赢的良好局面。

（二）依托地方行业协会，拓展校外实习基地和就业基地

汽车服务工程专业是一个理论与实践结合较强的专业，实践性教学在整个教学体系中处于非常重要的地位。而为了完成预定的实践教学任务，仅仅靠学校的实验实训条件有很大局限性，是很难完成的。因此建立校外实习基地，通过这些基地进行产学研项目合作、联合进行毕业设计指导、生产实习、暑期生产实习等教学环节，加强学生生产实践能力、知识运用能力的培养。

汽车服务工程专业由分管院长、专业系主任亲自外出联系和落实实习基地，在行业协会的帮助下，把具有良好成长性的企业逐步建设为校外实习基地。建立了一批以中天汽车公司为代表的汽车服务企业作为我校汽车服务工程专业的校外实习基地和就业基地，并保持经常联系和开展交流活动。目前校外实习基地最多能一次接纳三个班学生同时实习的容量。实习基地的建设为学生的实习提供了条件保证，同时也为学生拓展了社会实践的舞台。

我们对这些校外实习基地建设不仅仅是停留在形式上，更重要地是使其满足各种教学实习的需要，并使得这种关系长期稳固不断发展。我们不满足于以一张纸面一块铜牌来约定的关系上，而是想方设法拓宽联系渠道，不断发展合作关系。我们在成立专业教学委员会时吸纳校外实习基地单位的代表参加；有时根据专业教学委员会会议的内容邀请全体校外实习基地单位代表出席，征求他们对专业建设、实验室建设和人才培养要求的意见；建立校外兼职教师队伍时聘请了行业协会、部分校外实习基地的负责人和技术人员担任兼职教授（教师）；在校外实习基地招聘员工时向他们推荐优良毕业生。可以说这些校外实习不仅为人才培养做出了很大贡献，也为学生的就业提供了广阔的渠道。比如 2009 届毕业生，在全国就业非常严峻的形势下，汽车服务工程专业的就业率并没有受到影响（就业率和签约率均为 100%），究其原因就在于校外实习基地解决了大部分学生的就业，特别是常州中天汽车有限公司接收了 10 名毕业生的就业，仅此一个实习基地就解决了 25.64%的就业率。

（三）以提高教师实践能力为抓手，推动“双师型”师资队伍建设

教师的水平高低，直接决定着人才培养质量的优劣。为适应应用型本科人才培养目标，我们对专业教师进行了有计划有目的的培养，重点培养教师的实践动手能力，着力培养出既具备扎实的基础理论知识和较高的教学水平及一定的科研能力，又具有较强的专业实践能力和丰富的实际工作经验的教师。经过我们多年的实践，探索出一条适合我专业的“双师型”教师队伍建设的路子。

一是参加各类专项培训，以项目训练提高教师的实践动手能力。①学院聘请专业人士到校对教师进行培训，主要针对“汽车拆装与调试实习”和“汽车维修技术实习”两门校内实习的指导教师进行上岗前培训。例如上两学期学院分别聘请了一名有丰富汽车检测技术经验的汽车维修技师对实习指导教师进行了为期 2 周的汽车拆装与调试培训和 3 周的汽车维修技术培训。这样每位实习指导教师都有能力进行实习指导。②学院派出教师参加各类培训班进行培训。如南京理工大学每年暑假举办的师资培训班。最近几年，我们已先后派出 7 人次参加各类培训班进行实践能力的培训，其中 2 人通过培训考核还获得“汽车维修技师”资格。③安排教师到兄弟院校的实验室进行进修学习。派到高职、应用型本科及科研型本科的实验室进行学习。重点为应用型本科院校。④有计划分批安排教师到企业一线进行锻炼。⑤教师自行安排进修。学院要求教师每年除了学院安排的培训任务外，还需保证一定时间的进行实践自修。⑥选派教师参加各种学术交流会议10余人次，特别是连续三年参加全国汽车服务工程专业教学指导委员会年会，通过与各高校同行专家交流沟通，及时了解汽车服务业发展趋势和办学经验，对拓宽教师视野，提高教学水平帮助很大。

二是积极开展各项科研活动，以科研带动教师的实践教学能力。例如汽车服务工程教师通过自行开发实验教学设备，先后开发了汽车自动变速器试验台、汽车传感器执行器试验台等教学科研设备，大大提高了自身的动手能力，同时对于理论运用于实践也有了更深的认识，这也促进了教学水平的提高。

(四) 建立健全的人才培养全过程的教学文件和规章制度

汽车服务工程是一个新办专业，为充分发挥目标导向、激励约束、监督控制的功能，在三年的改革与探索中逐步建立和完善了各种教学文件，包括培养方案、课程教学大纲、学习指导书、实验指导书、课程试卷库等，并制定了相关的管理制度，以保证人才培养模式的顺利实施。

四、取得了人才培养工作的显著成效

(一) 教学改革成效

三年来，汽车工程系以培养适应新时期要求的汽车服务人才为目标，大力推进专业建设，积极开展教研和科研活动，完成教改课题2项，重点建设课程3项，双语教学课程1项(待验收)，校级、省级大学生创新训练项目共3项，发表教研论文11篇，科研论文11篇，有3名青年教师先后获学校青年教师讲课比赛二等奖和优秀奖，校级优秀毕业设计1个。

(二) 人才培养质量成效

我校汽车服务工程专业首届毕业生已顺利毕业，全班学生课程通过率达100%，有20余人次获得了各类奖学金，其中国家奖学金2人，连续两年获校优良学风班级称号，有15名学生光荣加入了中国共产党。该班学生100%通过了汽车维修中级工考核并取得了岗位操作证书，近50%的学生获得了高级工岗位操作证书。全班就业率和签约率均达到100%，其中26人从事与汽车行业相关的工作，占全班人数的66.7%，充分体现了人才培养的质量和良好的就业前景。2010届汽车服务工程专业学生目前也将面临毕业及就业，我们对他们的就业意向进行了调查。根据调查显示，92%的学生愿意在汽车服务业内就业，见图4。说明经过近四年的学习，大多数人对专业是认可的，树立了坚定的专业思想。而学生对关于就业岗位意向调查表明，选择汽车检测和维修岗位和汽车营销岗位的人次在前两位，具体人次见图5。这与“以汽车检测与维修为主，汽车营销为辅，其他方向为补充”的专业培养方案指导思想相吻合，说明我们的培养结果是正确的，效果是明显的。

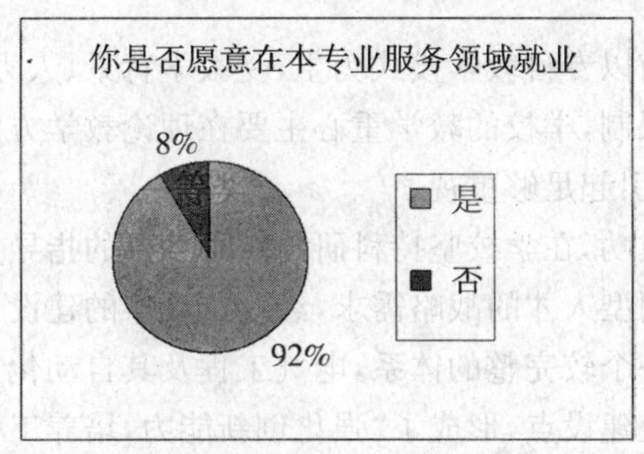

图4　就业领域意向调查统计

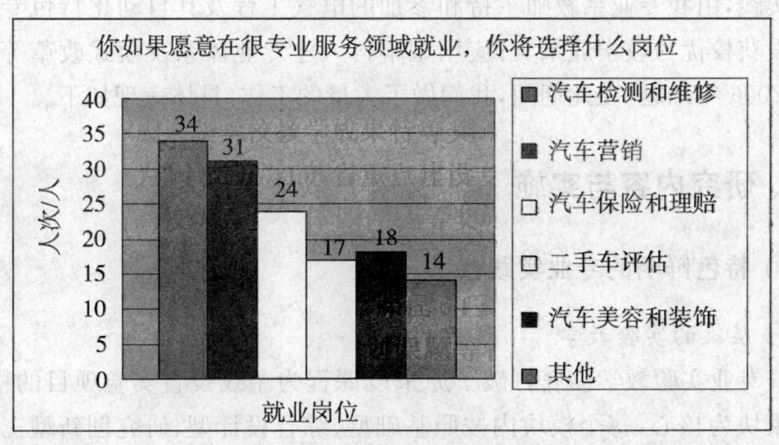

图5　就业岗位意向调查统计

（2009年6月发表于《常州工学院学报》；2009年获常州工学院教学成果奖一等奖）

强化创新能力和工程素质培养的电气类专业实践教学体系的研究与探索

张建生　黄文生　郭建江　陈伦琼　庄志红

电气类专业以前以专科教学模式为主，受教学背景、人力资源、实验条件、科研条件等多项因素限制，学校的教学重心主要在理论教学方面，实践教学环节在主观和客观上，没有引起足够重视。

随着学校升本成功，在学校坚持科研与教学并重的指导方针下，为适应培养具有创新能力的应用型人才的战略需求，经过这几年的建设，电气类专业在实践教学环节已经构建一个较完整的体系，电气工程及其自动化专业也于2008年成为了江苏省特色专业建设点，形成了"强化创新能力，培养工程素质"为特色的培养模式，在实验、实践和毕业设计、学生和教师科研、教材等方面进行积极地探索研究和实践，由我专业系教师主持和参加的电气工程及其自动化特色专业的研究与建设获校优秀教学成果奖；应用型本科人才专业体系及模式改革等教改项目也于2006年结题，在此期间，我们做了大量的工作，具体表现如下。

一、研究内容与实施

（一）特色鲜明的专业实践教学

1. 多层次的实验教学

电气专业实验教学彻底打破了原来以课程为主线设置实验项目的格局，形成实验模块为核心，每个模块内按照基础型、综合设计型、研究创新型三个层次设置实验项目。以供电技术教学为例，其课内实验主要为基础性和综合性，以锻练学生的基本动手能力为主，而研究创新实验主要以设计性实验为主，学生利用业余时间对感兴趣的内容自主学习、自主设计，实验室全天候开放，老师给予适当的指导，从而进一步提高了学生供电设计综合应用能力。

2. 实用型的课程设计

课程设计的开设主要是加强学生对该课程基本概念、基本理论的巩固和掌握，为后续实践类课程打基础；为此在制定教学计划和实施课程设计时，特别强调实用性，课程设计选题上围绕教学内容要求，紧密联系实际、实用课题相结合，如单片机课程设计题目有：作息钟系统、水塔控制系统、里程表、速度计、遥控器等，基本上做到人手一个课题，从系统的认证、方案的规划、硬件系统的设计和调试、软件的编制和调试等环节，指导教师加强过程控制；达到在实践中发现问题、分析问题和解决问题，在设计中提高动手能力。通过课程设计，一方面提高设计经验、另一方面提高对课程的学习兴趣。通过课程设计的实际训练，形成了很多项实际学生作品，其中代表性作品有：电子密码锁、15 路电路打遥控器、四车道交通灯等。

3. 具有创新意识的科研实践课程群建设

本课程群由“科研实践Ⅰ”“科研实践Ⅱ”“专业综合设计和实践”三门课程组成，课程群的设置力求打通专业课的横向联系，通过“理论-实践-工程训练”的学习和训练过程，使学生不断加深和逐步掌握该专业核心能力的知识、技能、基本应用和系统应用，培养学生的综合应用能力。“科研实践Ⅰ”课程是在公共基础课和专业基础课之后进行，主要是培养学生的基本电子电路的设计安装和调试的能力。“科研实践Ⅱ”课程是在学习了电气专业课程后开设的，使学生具备单片机的硬件原理的分析与设计、接口芯片的应用和汇编语言软件编写的能力，训练学生对综合性系统的设计、开发、编程及调试的能力，掌握实现对象控制所需要的主要知识和能力。“专业综合设计和实践”课程是在毕业设计前进行，使学生能够对电气控制系统的设计，安装和维护有一个完整的认识和实践，训练学生 PLC 的编程、通信及组态软件的应用能力。该课程群所设课题内容均具有良好的工程实际意义，如：5V，1.5A 直流稳压电源、CMOS 模拟开关密码锁、简易地震测试仪、温度测控器、电子钟、控制电机驱动线路设计的实践、智能称重系统分析和部分设计实践等，通过这些课题动手实践，提高了学生设计、编程兴趣，培养了学生的工程实践能力。

4. 企业型运行的生产实践

生产实践是学生毕业设计前走向社会的、熟悉工厂环境而设置的一个重要实践教学环节，地点一般安排在实践定点单位或友好单位，部分已经鉴约的学生安排在鉴约单位或者已经有签约意向的企业进行实习。生产实践要求学生以企业员工身份,按照企业日常生产经营活动标准要求,积极参与企业的生产活动,了解生产工艺过程和生产组织管理。

学生通过实习日志形式总结每天心得体会,指导教师和师傅及时点评。生产实践考核由实习企业对学生进行考核、评价并反馈实习意见。

5. 贴近工程实际的毕业设计

毕业设计是本专业培养学生的最后一个综合性的实践教学环节,本专业历届的毕业设计题目大部分来自于教师的科研项目,或与企业合作的相关课题。设计意识。以08届毕业设计为例,80%以上题目均为教师或企业科研项目。通过贴近工程实际的毕业设计,使学生在真实的环境下进行训练,培养工程设计意识,许多学生一就业就进入企业核心设计部门,成为技术骨干。

(二)形式多样的大学生创新实践活动

本专业积极开展第二课堂,开展教学改革,提高学生的创新及综合实践能力,注重学生个性发展。主要有以下几个方面。

1. 建成以科研创新实践为主的创新实践平台,培养学生的创新精神

创新实验室的建立为科研创新实践为主的开放型创新实践提供了一个良好的平台,让学生从中低年级开始就逐步介入科研活动,培养学生的科研意识,提高学生的理论水平和工程技术能力。

“大学生科技实践创新中心”作为本专业学生的创新能力培养的另一平台,积极引导和组织学生参加科技创新活动,利用特定时间集中精力展开综合应用能力的训练;通过特定培训,发现和培养尖子。如:电子竞赛培训、师生共研项目训练、大学生实践创新训练计划项目等多种方式。

通过以上两个平台,培养了一批具有一定实践能力和创新能力的学生,取得多项成果。参加“大学生电子大赛”的学生,获得省级奖励获奖学生有近10名,其他级别获奖项目多项。

2. 结合大学生实践创新训练项目,培养学生工程实践能力

本专业结合省级和院级大学生实践创新训练计划项目,开展由学生自行申报课题,学生通过申报科研课题在二级学院内评审立项,批准实施,这样既让学生学会课题申报和组织的全过程,又可以让学生真刀真枪地练兵。立项课题由教师指导、专业建设费中给予资助、并提供研究场地、最后通过验收结题的实践

办法，这种办法可以创造学生科技活动的氛围，提高学生参与工程的积极性。目前电气工程及其自动化专业学生自主申报并完成一项省级项目——“总降变变压器保护实验设计与实现”，两项省级项目——“基于仿真技术的电类综合性实验设计与实践”和“水泥回转窑胴体温度实时监测系统设计与实现”已经立项。另有多名学生申报了院级大学生实践创新训练计划项目并立项。

3. 鼓励学生参与教师科研项目，突出个性发展

针对学生的兴趣、爱好不同，因材施教，鼓励特长，积极加以方向性引导。鼓励学生参与教师科研项目，建立师生间长期辅导、合作关系。专业系在硬件上给予经费支持，专业教师给予技术支持。

（三）丰硕的教学研究成果

1. 教学改革

本专业多人次获得过省级教学改革立项课题及省级优秀教学成果奖项。“大学生科技实践创新中心”为载体培养学生创新能力和创业素质的探索与实践项目获省教学成果奖一等奖；教育部高等教育研究中心批准的“电子与电气信息类应用型人才动手能力、第二课堂科技活动培养模式的创新与实践”已通过国家验收。

2. 课程及教材建设

本专业教师积极参加全国应用型本科教材及院内教材的编写工作，主编《工厂供配电》《供配电技术》《现代仪器电源》《计算机控制技术》《数控装置及研究开发》等教材，参编《工厂供配电》《供配电技术》被评为省级精品教材。所编写的教材大都作为本专业学生教学教材。课程建设取得成效，“电路原理”“模拟电子技术”“数字逻辑系统与设计”三门专业基础课为院级重点建设课程，已经通过验收。“单片机课程建设”通过院级重点建设课程验收并获一类优秀，“供电技术”通过院级精品课程建设验收并获教学成果一等奖。

3. 科研建设

近年来本专业教师主持或参加各级科研项目 54 个，其中合作完成 863 项目 1 个，国家基金项目 2 个，省级课题 15 个，市级 3 个，院级及横向项目多项，专利 3 项，通过鉴定或结题的项目共 30 多项，科研经费共计 185.1 万元。使团队得到了很好的锻炼。尤其在 2008 年，在二级学院的领导下，和多家企业联合申报市级以上课题及横向项目，为以后的实践教学创建更好的科研实践平台。

近五年来，本专业共发表科研论文约150余篇，其中，三大检索（SCI，EI，ISTP）9篇，中文核心期刊50余篇。

4. 实验室建设

为了增强教师与学生的实践能力，鼓励教师和学生自制仪器设备，目前已有电工实验台装置、PLC单片机微机综合实验外设模拟与仿真系统、单片机仿真系统、物流系统等自制设备。上述自制仪器设备有特色、教学效果好，使用效率高。

（四）专业的市场价值得到提升

按照学校“培养应用型本科人才，为地方建设培养人才”的办学思路，进行特色教学，对本专业的学生进行了中级电工的培训和考证的辅导工作，其目的在于在办好专业理论知识的同时，加强理论知识和应用和专业技能的综合训练，并增强毕业生的就业竞争能力。毕业生当中很多学生在很短的时间内成为了技术骨干和主管，得到了企业的认可，在长三角地区有一定的影响力。

电工考级培训班从2003年开办以来，已培训600多人，并全部拿到中级维修电工证书。

二、主要创新点

新的教育思想、教学方法和学科发展成果融入到综合性实践教学体系中，激发学生学习兴趣，锻炼学生综合运用知识，分析和解决实际问题的能力，体现素质教育和创新教育，促进实践课程教学从知识型到应用型的转变，从以教师为主体到以学生为主体的转变，建立并逐步完善学生“自主学习”教学模式。主要创新点表现在以下几方面。

(1) 改革培养计划，强化实践教学体系。将对人才素质和特点的要求作为优化实践教学体系与内容，从2005级开始，对教学计划逐步进行了调整，强化实践环节在教学过程的作用，使理论教学总学时与实验教学总学时的比例达到1.14：1。

(2) 紧密结合工程实际，培养工程设计素质。以认识实习、科研实践、专业综合设计与实践、生产实践、毕业设计等实践教学体系的探索和创新为突破口，以师生共研项目实验平台的搭建为契机，要求课题尽可能来自工程实际，或与教师的科研项目密切相关。

(3) 培养自主创新意识，提高创新能力。鼓励学生自主申请课题，专业系在实验环境、经费等方面给予支持。加强各类培训，以赛促练，在实践中提高设计能力，在省级大学生创新实践项目、电子竞赛中成绩显著。

（2008 年获常州工学院教学成果奖一等奖）

应用型电类基础课程的创新教学与建设

张立臣　吴雪芬　徐　维　关　静　杨子立

电类基础课程是应用型本科人才培养的重要内容，对人才培养具有重要意义。电子信息与电气工程学院在广泛调研的基础上，决定成立面向全校电类基础课程的教学研究团队，进行应用型电类基础课程的创新教学与建设，探索应用型本科人才培养的有效途径和方法。团队积极构建立体化教学模式，挖掘教学资源，完善教学体系，历时五年，取得了良好成效。

一、构建立体化教学模式

（一）项目引领教学

通过国家基金项目“用于扩大主动磁悬浮系统稳定域的数字化非线性功率放大技术的研究”的立项，省级基金项目“数控机床用主动磁悬浮电主轴的线性化控制研究”、省六大人才高峰资助项目“数控机床中的主动磁悬浮电主轴研究”的验收，市级科技计划项目“基于GSM的六氟化硫断路器监控系统软件开发与应用”、校级基金项目“高频变频调速系统的开发与应用”、“无线通讯在汽车防盗中的应用”等多个项目的完成，项目参加教师获得了大量有关电力电子技术、计算机控制技术、电力拖动技术、计算机网络技术的实践开发经验，在讲台上主讲“电路分析”“电子技术”“电工学”等课程时得心应手，生动明了，真正做到了理论与实践的精确统一。

（二）教学促进考研

优化教学内容，使之既与工程实际紧密联系，又与考研有机融合。采用以学生为主体的教学方法，如发现法、对比法、讨论法，让学生参与到教学活动中来，充分发挥其积极性、主动性和创造性，教学效果明显，尤其在学生考研结果上表现特别显著。近年来电气学院领导十分重视考研工作，考前分班级做细化动员工作，安排骨干教师随时答疑、辅导，分数公布后根据每个学生具体情况做好规划，并积极召开表彰、奖励、总结大会。团队不仅为电气学院学生做好考研辅导工作，还为其他二级学院（如光电学院、机电学院等）电类基础课考研学生做考研辅导，为全校考研录取比例的提升做出了重大贡献。

（三）实例演示教学

课堂教学结合生产生活实际，引入与教学内容相关的实物，由浅入深地展开教学内容，帮助学生对基础理论的消化理解。比如把器件带到课堂上让学生观察，增加感性认识，效果远好于对着课本图形进行分析讲解。讲解触发器时，不是沿袭以往先电路结构、后功能、再应用的教学模式，而是首先演示一个由触发器作为核心的三路抢答器，使学生初步了解触发器的功能和作用，唤起他们的好奇心，为新课的讲授做好铺垫。这样，能把书本上陌生的理论知识变得简单化、具体化，提高学生的应用能力。

（四）能观性多媒体课件

多媒体课件表现形式多样化，将动画教学、演示教学引入课堂，使课堂教学由枯燥的静态灌输变为图文并茂的动态传播。比如，PN结的形成和双极型三极管内部结构及电子的扩散与复合运动等微观、抽象；变压器的工作原理、异步电动机的结构、转动原理等复杂、枯燥，用多媒体动画演示可以变得直观、容易理解，给学生留下深刻的印象。另外增加软件仿真演示，观察电路中某个参数改变对电路工作状况的影响、输出波形的变化等，仿真效果形象、逼真。

（五）“天空教室”网络平台

网络教学与课堂教学互补，网络课堂内容丰富，设置“课程公告”“电子教材”“授课录像”“相关讲座”“教师答疑”“教学计划”“电子课件”等多个栏目，各司其职，方便学生学习。另外还特别设置了专业科普知识讲座，向学生介绍课程知识的实际应用，展示新技术、新成果。

（六）学生第二课堂

通过省级电工电子实验中心向学生提供开放实验室及开放课题，丰富学生

第二课堂，学生可利用业余时间，自己设计实验，或对课堂上未能掌握的知识反复操作，直到掌握。定期为学生举办学术讲座、学术报告，开展电子设计、制作项目训练。选择优秀学生参与教师的科研项目，了解科研和创新过程，在科研中锻炼提升学生的应用能力。

(七) 学生实践创新

近三年，指导学生参加全国大学生电子设计竞赛和“天华杯”电子专业人才设计与技能大赛等比赛，获特等奖、一等奖、二等奖等数10项奖励。完成省级大学生实践创新计划项目3项、校级大学生实践创新计划项目1项。通过以学生为主体的创新计划项目的实施，指导并辅助学生完成作品，为更好地培养与企业需求“零距离”对接的人才服务。

(八) 学生科技协会

引导学生利用课余时间进行小发明、小制作，参加各种竞赛，参与实验室维护。

二、挖掘教学资源、完善教学体系

(一) 精品课程建设

学院领导重视和支持精品课程建设，积极组织学术带头人、骨干教师申报省、校级精品课程，目前“数字逻辑系统与设计”获得省级精品课程，“电路分析”获得校级精品课程，“模拟电子技术”“电子技术”获得校级精品课程立项，“电工基础”“电工电子技术”获得校级优秀课程，“电工电子基础实验课程群”“电类基础课程群”获得校级优秀课程群，精品课程、优秀课程数目在全校名列前茅，这些课程建设成果的取得为学生提供了高水平教学平台。

(二) 师资队伍

团队研究生以上学历13人，占总人数的86.7%；副高以上职称8人，占总人数的53.3%。目前年龄在50岁以上的3人，占总人数的20%；年龄在40—49岁的6人，占总人数的40%；年龄在40岁以下的6人，占总人数的40%。团队成员大多数来自国内不同重点院校。职称结构为，教授：副教授：讲师＝3：5：7。具有了合理的学历结构、学缘结构、知识结构和年龄结构。学院领导重视教学质量，定期组织听课评课，开展教学研讨，学习先进的教学理念，交流全新教学方法和教学经验，使得团队教学水平已经达到了较高水准，尤其是青年教师的教学水平有了显著提高，在近三年的青年教师讲课比赛中连续多次获得一等奖、二等奖。

（三）打造精品教材

团队为我校学生编写的教材《电工技术》《电路与模拟电子技术》《数字电子技术与逻辑设计》《电路基础》等，其中有被列选入普通高等教育“十一五”规划教材、也有获得了校级精品教材奖，另外还编著了学术论著如《数字电路应用设计》《模拟电路应用设计》《OP 放大器电路及应用》来辅助教学，真正做到因“材”施教。

（四）制作多媒体课件

团队成员开发的《电工技术》《数字电子技术》多媒体课件分获第九届全国多媒体课件大赛优秀奖、三等奖，其中《数字电子技术》还获得了校多媒体课件遴选优秀奖，这都为丰富教学资源、提高教学水平做出了贡献。

（五）图书馆网络资源

学校近年来为师生逐年递增一站式检索平台，平台整合了网络数字资源，为教学科研及学习自主学习提供了有力的支撑，尤其是弥补了外文电子资源的不足，方便师生快速准确地查找到所需的中外文文献资源，团队教师在课堂教学、第二课堂、创新实践中引导学生积极利用图书馆资源和电子网络资源，开阔学生思维。

（六）省电工电子实验中心

省级电工电子实验中心正式通过验收，为全校学习电类基础课程的学生提供了高质量的实验实践平台，同时通过校级教学改革重点项目“应用型本科电工电子基础实验教学体系建设研究与实践”建设及校级精品教材“电工电子实验应用教程”建设，实验教学体系日臻完善。

(七)省、市级工程技术研究中心

近年来科学研究平台建设取得了重大进展,与江苏英特曼电器有限公司联合申报的江苏省家居智能化电工器件工程技术研究中心获批为省工程中心、与常州亚美珂宝马电机有限公司联合申报的常州市电机工程技术研究中心获批为市工程中心,工程中心的成立为教师提供了科学研究平台,为更好地申报省市项目乃至国家项目奠定了扎实的基础。

经过5年来的教学实践和研究,应用型电类基础课程教学立体化的教学模式已构建成功,教学资源丰富而完善,为我校培养应用型本科人才做出了卓有成效的工作,发挥了重要作用。因此申报2011年常州工学院教学成果奖,请领导和专家评议。

(2011年获常州工学院教学成果奖一等奖)

基于 CDIO 提高电气工程及其自动化专业学生核心能力的教学体系改革

黄文生　范力旻　庄志红　陈伦琼　史建平　许泽刚

电气工程及其自动化专业作为江苏省特色专业建设点、常州工学院的品牌专业，为了更好地培养电气工程及其自动化专业学生的实践、创新能力，提高其工程素质，以 CDIO 工程教育模式为指导，我们对 2006 到 2009 级培养方案中的专业基础、专业和专业实践课程进行了不断的优化，形成了目前特色鲜明的专业及专业实践课程教学体系。

一、电气工程及其自动化专业应具备的四个核心能力

围绕我校的应用型本科的办学定位，我们进行了一系列的人才培养的研究工作，并于 2006 年首次提出了电气工程及其自动化专业的四个核心能力的培养目标和要求。

1. 以 PLC 可编程控制器为核心的电气控制系统应用能力

主要支承了 PLC 控制技术在工业生产中的开发与应用工作，解决生产设备、机电一体化产品的可靠性问题，提高了产品的附加值。

2. 以单片机为核心的计算机控制系统的开发能力

掌握微控制器应用系统和计算机控制系统的设计、编程、调试、运行和维护的能力及仪器仪表产品的研究与开发工作。

3. 以计算机技术为核心的现代信息系统应用能力

掌握计算机及其网络在工业生产、设计与仿真、管理网络的运行维护的技能和应用能力。是当今信息技术应用、计算机辅助设计、现代化管理不可缺少的一部分。

4. 以供配电技术应用为核心的电力系统自动化应用能力

掌握供配电系统的设计、运行、维护和管理的能力。这方面的能力主要支撑

了供电系统自动化技术的应用工作，是供配电系统的设计、运行、维护和管理工作不可缺少的理论和技术基础。

二、成果主要内容

（一）形成了特色鲜明的专业及专业实践课程教学体系

单片机、PLC、计算机和电力系统自动化应用能力做为本专业的四个核心能力，围绕这四个核心能力，我们引入了 CDIO 工程教育模式的理念，对课程体系进行了改革，形成了以培养核心能力为目标的四个课程体系。

（1）单片机课程体系：主要课程有单片机原理及应用（64 学时）、单片机课程设计、新型单片机实践、创造学与创新实践、科研实践、毕业设计，其中新型单片机实践、创造学与创新实践为 32 学时，一半为课内实践环节。

（2）PLC 课程体系：主要课程有电器与可编程控制器、电气控制课程设计、专业综合设计与实践、组态软件与触摸屏、毕业设计。

（3）计算机应用课程体系：主要课程有计算机信息基础、计算机语言、计算机软件基础、微机原理及应用、计算机强化训练、毕业设计。

（4）电力系统课程体系：主要课程有供电技术及课程设计、电力系统、发电厂电气设备、继电保护及自动装置、电气设备试验技术。

四个课程体系之间既相互独立又相互联系，在保证课程的理论教学的同时，加强实践环节的过程监督，并保证课程的延续性。以单片机课程体系为例，从单片机原理及应用课程一开始就给每个学生下发了一个明确的任务：每个学生都要完成一个具体的实物设计，而该设计在后续课程中将对其进行不断的功能完善和升级。这样学生在学习的过程中就有了一个明确的目标，是在为自己的一个“产品”而学，学习的主动性有了很大的提高。

（二）独具特色的专业拓展类课程

本专业的专业拓展类课程也独具特色，在课程体系中起到了非常重要的作用，课程设置也充分体现了 CDIO 的理念，目前本专业共设置了 15 门专业拓展类课程，所有这类课程均采用 16＋16 模式，即 16 学时授课，16 学时实践，从三年级开始每学期可以从这些课程中有选择的开出 2～3 门课程。教师和学生的创造性在这类课程中得到了充分的发挥，教师可以在这些课程中将自己在平时的科研中完成的项目或经验进行扩展，学生也可以充分发挥自己的特长，在老师的指导下完成既定的项目。学生的实践动手能力得到了加强。

(三) 形式多样的大学生创新实践活动

依托二级学院的创新实验室和各个专业实验室，建成以科研创新实践为主的创新实践平台，通过电子竞赛培训、师生共研项目训练、大学生实践创新训练计划项目等多种方式的培训，发现和培养尖子。培养学生的创新精神和实践能力。

(四) 充分发挥毕业设计的作用，鼓励学生参与教师科研项目，突出个性发展

我专业将毕业设计工作提前到三年级学生，让学生及早建立和指导教师的联系，建立师生间长期辅导、合作关系，针对学生的兴趣、爱好不同，因材施教，鼓励特长，积极加以方向性引导。鼓励学生参与教师科研项目。让学生参与到项目开发的各个环节。

三、创新点

(一) 引入工程教育模式理念

引入了 CDIO 工程教育模式的理念，形成了以培养核心能力为目标的四个课程体系：单片机课程体系、PLC 课程体系、计算机应用课程体系、电力系统课程体系。

四个课程体系之间既相互独立又相互联系，在保证课程的理论教学的同时，加强实践环节的过程监督，以项目为基础，以最终产品为目的，保证课程的延续性。

(二) 独具特色的专业拓展类课程

课程设置充分体现了 CDIO 的理念，所有这类课程均采用 16＋16 模式，即 16 学时授课，16 学时实践，从第 5 学期开始每学期从这些课程中有选择地开出 2～3 门课程，加强学生的实践能力。教师和学生的创造性在这类课程中得到了充分的发挥，教师可以在这些课程中将自己在平时的科研中完成的项目或经验进行扩展，学生也可以充分发挥自己的特长，在老师的指导下完成既定的项目。

(三) 鼓励学生参与教师科研项目

充分发挥毕业设计的作用,鼓励学生参与教师科研项目,突出个性发展,将毕业设计提前到三年级学生,让学生及早建立和指导教师的联系,建立师生间长期辅导、合作关系,针对学生的兴趣、爱好不同,因材施教,鼓励特长,积极加以方向性引导。

四、应用情况

(一) 教学改革成效

2008 年电气工程及其自动化专业被评为江苏省特色专业。2009 年江苏省高等学校基础课实验教学示范中心电工电子中心实验室通过验收。现有省级精品课程 2 门,校级精品课程 4 门,校重点课程 5 门。先后主编 8 部教材,其中 2 部获省精品教材。

(二) 学生创新能力和工程素质得到提高

积极组织教师申请各种科研项目,以科研促进教学。近 3 年,科研经费达到近 300 万元。教师将科研课题部分内容作为学生毕业设计内容,将科研直接转化到教学中。现已有学生 5 人次参加省大学生实践创新项目,12 人次参加校大学生实践创新项目训练。

专业教师通过指导学生自已组建科研小组,有计划地参加丰富多彩的课外科技活动。组织学生积极参加相关的科技竞赛,学生获得了全国大学生电子竞赛江苏赛区的二等奖 3 次;“挑战杯”江苏赛区二等奖 1 次、三等奖 2 次;数学建模竞赛江苏一等奖 4 次;“第四届江苏省‘挑战杯’大学生创业计划竞赛”二等奖 1 次。2009 年 9 月举行的全国大学生电子竞赛和天华杯电子竞赛,学生积极报名,均取得了良好的成绩。

(三) 科研成果反哺教学

本专业教师积极开展科研工作,贯彻“教学带科研、科研促教学”指导思想,近年来相关专业教师主持或参加各级科研项目 60 多个,其中合作完成 863 项目 1 个,国家基金项目 2 个,省级课题 15 个,市级 3 个,院级及横向项目多项,获得专利 3 项。尤其在 2008 年中，和多家企业联合申报市级以上课题及横向项目。近五年来，相关教师发表科研论文约 60 余篇，其中，三大检索（SCI，EI，ISTP）9 篇，中文核心期刊 20 余篇。为实践教学创建更好的科研实践平台。

（四）学生就业率和签约率均名列前茅

自 2006 年，本专业毕业生的签约率一直在 90％以上，就业率也在全校名列前茅。

（2009 年获常州工学院教学成果奖一等奖）

基于"SS—双适应"模式培养技术应用型人才

何一鸣　江昌勇　俞伟钧　周皓悦　谢金楼

中国高等教育正经历着从精英化向大众化的历史跨越。量的增长与规模的扩张只是高等教育大众化的一种表现形式，高等教育大众化的内涵更应体现在质的变化，包括教育理念的改变、教育功能的扩大、培养目标和教育模式的多样化、课程设置、教学方式、管理方式以及高等教育与社会的关系等一系列变化。地方本科院校承担大众化教育培养责任，不仅是学校自身发展实际的必然选择，寻求发展特色的必由之路，更是实现跨越式发展的便捷之路。为避免同质化竞争，对于办学条件和生源相对不处于优势的地方本科院校应找准人才培养目标的定位，走错位发展之路。延陵学院于 2005 年启动了高等教育大众化阶段基于"SS—双适应"模式培养技术应用型人才的研究和实践工作。5 年来，依托 8 项校级科研项目，提出高等教育大众化阶段"适应学生、适应社会"人才培养双适应的核心理念，针对延陵学院人才培养工作现状及地方应用型本科院校所面临的共性问题，致力于技术应用本科人才的培养。在理论探索、应用设计、实践验证等方面取得了一定的成绩，达到了预期的效果。

一、成果概述

(一) 背景

延陵学院创建于 1998 年，是经江苏省政府批准的省内最早实行公有民办机制的两所学院之一。现在是常州工学院按新机制、新模式举办的本科层次的二级学院，承担大众化教育培养责任。随着高等教育大众化进程的不断加大，传统本科教育的同质化体系将逐步分化，高校的分类、分层培养格局必定显现，意味着接受高等教育的形式与内容应有新的分化，人才培养规格多元化趋势已呈必然。延陵学院的学生总体上基础薄弱,学习兴趣不高、动力不足,且学习方法也存在一定误区,学习成绩不尽如人意。2005 年以前,所实行的有关培养教育方案或模式上存在诸多既不适应学生发展又不能完全适应社会需求的地方。因而结合延陵学院的学生实际、教学及管理现状,对延陵学院人才培养体系及培养方案进行研究与实践,找准人才培养目标的定位,探索切实可行的有关人才培养的思路及实施途径,具有特别重要的现实意义及一定的指导意义。

技术应用型人才的提出源于我国产业结构的提升。随着我国的产业结构逐步从劳动密集型向高科技知识集约型方向转变。新兴行业的不断出现,原有行业的调整和转化,使得社会需要一大批既具有理论和专业知识,又具有很强的实践应用能力的劳动者,而我国对这方面人才的培养远远没有跟上经济的发展。这就为技术应用型人才的产生创造了契机。

技术应用型人才是在出现大量毕业生结构性失业的背景下提出的。一方面,我国的产业结构进行了调整和转换,出现了许多高级技术岗位缺人的情况;另一方面,中国高校普遍把研究型院校作为发展目标,把培养目标定位于“高、精、尖”人才,致使学生不能适应社会对技术应用型人才的大量要求,因此便出现了“有事没人干,有人没事干”的矛盾局面。

培养技术应用型人才是地方本科院校在应对高等学校激烈竞争的局面中提出的。我国的高等教育在重点发展一流大学和高等职业教育的“二元重点发展目标”指导下,研究型大学和高职高专院校的发展较为迅速。而处于二者中间的地方本科院校,既没有条件走学术研究型的发展道路,也不具备高职高专的办学活力,所面临的形势比较严峻。培养技术应用型人才有利于其在激烈的竞争中赢得市场。

(二) 成果内涵

1. SS—双适应

双适应——适应学生(Student),适应社会(Society),“SS”分别为 Student 和 Society 的首字母。即在大众化教育阶段,适应学生的认知水平和已有知识、技能结构,为每一个学生提供适应社会需要和有职业发展前景的学习资源,以切实可行的人才培养思路及实施途径,将学生培养成为区域经济和社会发展迫切需要的有用人才。

适应学生。教育的一大重要责任就是对学生的发展负责,以学生为本、适应学生多元化发展的思想更是现代教育所强调的重要理念。地方本科院校培养目标的设定,也必须体现这一点。必须首先符合的是“人本”的要求,它不能脱离学生现有的认知水平和知识、技能结构,不是短期功利的就业包装,它不应该束缚学生的个性潜能的发展,而应该从学生的终身发展着眼,给学生表现真实的自我、发现潜在能力的机会和条件。

适应社会。地方本科院校必须彻底打破计划经济时代办学的封闭和半封闭状态,把自己推向社会,建立学校和社会联系的广泛渠道,成为整个社会开放市场的一部分。也就是说,地方本科院校把满足社会需要作为办学的宗旨,把接受社会检验作为办学的标准,在快速变化的社会人才市场中把握培养目标的要素,保证自己的人才培养目标是合乎社会需求的,培养的人才“出口”通畅。

2. 技术应用型人才

应用型人才在把科学原理转化为具体产品的过程中,有三个层次,按照在生产活动过程中所运用的知识和能力所包含的创新程度、所解决问题的复杂程度,应用型人才可以进一步细分为工程型、技术型和技能型。

技术应用型人才是指以适应广大用人单位实际需要的技术型的大众化教育为取向,面向生产、建设、管理、服务第一线,将科学的一般理论和最新研究成果运用到实际的经济生产领域的专门人才。首先,技术应用型人才应该具有较高的学历和较扎实的基础知识,这是高职高专培养的人才所不具备的;其次,技术应用型人才主要从事产品开发、生产现场管理、经营决策等活动,将设计方案与图纸转化为产品,有较强的动手能力。这又是研究型大学培养的人才所无法比拟的。可见,地方本科院校把培养目标定位于技术应用型人才,既适应了学生发展的现实基础,适应了社会发展的新需求,又充分发挥出了自身的优势。

二、成果解决的主要问题

(一) 培养目标的定位

不同层次的应用型人才在知识结构和基本技能等方面的要求是很不相同的,因此不同层次、不同类型的高校应该侧重于培养不同类型的应用型人才,准确定位,有所侧重,从而形成分层次培养应用型人才的格局。其中,基于学生的认知水平和已有知识、技能结构,为避免同质化竞争,地方本科院校应侧重于培养技术应用型人才，以社会需求为导向，为每一个学生提供适应社会需要和有职业发展前景的学习资源。

(二) 培养规格的界定

技术应用型人才，是技术型与技能型两类人才的“重叠带”，从概念上来分析，技术型人才和技能型人才都强调应用性，但技术型人才侧重于指导，技能型人才侧重于操作。高素质技术应用型本科人才，是指以适应广大用人单位实际需要的技术型的大众化教育为取向，面向生产、建设、管理、服务第一线，将科学的一般理论和最新研究成果运用到实际的经济生产领域的专门人才。

(三) 培养方案的设计

技术应用型本科教育的基本特征，是以培养技术应用能力为主旨构建新的课程体系，这是对传统教育观念的一个突破。通过对技术应用型本科人才市场需求的调研，分析技术应用型本科人才的职业岗位能力，解剖技术应用型本科人才的知识能力结构，合理设置课程链路，以“综合素质和工程技术应用能力培养”为主线，基于学生的认知水平和已有知识、技能结构，以能力为本位，以综合素质培养为基础，构建培养方案。

(四) 培养过程的优化与监控

倡导适应学生发展的教育培训理念，建立多样性、灵活性与选择性相统一的教学机制，力求给教师和学生提供选择和创新的空间。以学生为主体，适应学生多元化的发展，培养过程的实施及监控体现科学性和灵活性，构建切实可行的学生管理与教学管理的新模式，构建多元化的教学质量监控主体体系和多层面的教学质量监控客体体系，形成教学互动的良好格局。

三、成果的主要内容

(一) 理论探索

主要针对在课题实施过程中遇到的一系列问题开展理论研究，完成了一项校级科研课题、三项校级教育教改研究重点课题、立项在研四项校级教育研究课题，撰写和发表30余篇学术论文，完成多篇研究报告。一项成果获江苏省高等教育科学研究成果三等奖；一项成果获江苏省高校教学管理研究会优秀论文三等奖；一项成果获常州工学院教学成果二等奖；三项成果获常州工学院优秀论文二、三等奖。

（二）应用设计

已经立足于延陵学院17个专业制订专业培养方案（2005级～2010级）、课程教学大纲和相关课程学习指导书，自2005年开始，对在校各年级的专业培养方案进行针对性的动态调整和完善。

辩证处理个性化培养与批量化培养的关系、知识传授与能力培养的关系，制定一系列管理制度并在实践中实施，动态跟踪人才培养全过程，及时反馈和调整。

实行专业主持制度和专业导师制，专业导师与学生日常管理的有机结合，产生了“1＋1＞2”的效果。

构建了多元化的教学质量监控主体体系和多层面的教学质量监控客体体系，全员参与，形成对教学质量多角度、多方位、多层次的监控，力求教学质量的监控能覆盖教学的各个环节。

构建与完善实践教学体系，安排学生进行暑期生产实习，将“突出实践能力培养”真正落到实处，提高了学生的就业适应能力与竞争力。

校地联手共建，学校智力资源服务地方经济和社会发展，地方实践基地服务学校人才培养。通过成立大学生社会实践实习基地、选拔优秀大学生到社区任主任助理、建立大学生志愿者服务站、成立人才培养议事委员会等共建载体，培养适应社会需要的应用型人才，实现校地双赢。

（三）实践验证

主要包括针对学生的学风效果调查分析、教师课堂质量测评、学生就业率统计数据、用人单位反馈信息数据、学生在校获得成果统计、毕业生就业资料等。

四、成果应用情况

2005年9月，开始实施以新培养目标为指导思想所构建的课程体系和教学计划。完成了基于“SS—双适应”模式培养技术应用型人才的教学管理、学生管理的创新研究与实践探索。自2005年开始，对在校各年级的专业培养方案进行针对性的动态调整和完善；制定一系列管理制度并在实践中实施，动态跟踪人才培养全过程，及时反馈和调整。

健全教学质量监控与评估体系，实行全员参与教学过程质量管理。建立了教学检查制度、坚持全员听课评课制度、建立学生信息员队伍并坚持学生评教制度、实行教学反馈与交流制度、完善教学质量综合测评制度。从而形成了一个制度化、良性运转的教学质量监控的动态过程。学生评教、教师评学，教与学的过程更加和谐。从而产生既适应学生发展又适应社会需求的技术应用型人才培养的合力效应。

积极倡导和鼓励学生参与各类科技创新大赛，参加相关专业技能实训和考证，参与常州工学院大学生创新中心的活动，参加大学生电子信息兴趣小组、英语话廊、古诗文朗读小组等活动。指导学生加入省级及校级大学生实践创新训练计划。各类比赛，成绩可喜。先后与劳动和社会保障部和电子信息产业部下属相关机构、中国图学会、江苏省职业技能培训中心、上海对外经济贸易教育中心、市人事局、市劳动局及我市有关职业技能鉴定站等培训考证机构建立了合作关系，为学生专业技能实训和考证创造了良好条件。

五、实践效果及社会评价

经过五年的实践，我院基于“SS—双适应”模式培养技术应用型人才，业已形成自己的特色，学生培养质量得到社会的认可，迄今已有五届毕业生(共15个专业4 600余人)。从学生毕业就业后反馈回的信息看，基于“SS—双适应”模式培养技术应用型人才，是适应学生多元化发展的，是适应当前区域经济发展和社会需要的，是科学有效的。毕业生具有良好的综合素质、比较扎实的专业知识基础和较强的应用实践能力，受到用人单位的青睐。在全省39所同类学校中总就业率和协议签约率均位于前列。

有关实习单位对在校学生的实习表现的满意度也不断提高，普遍反映学生运用所学知识分析问题和处理问题的能力有明显提高。在校学生的专业技能和综合素质均得到有效的提升，2005年至今学生共获得各类有效职业技能证书5 000余份。学风逐年好转，教与学良性循环。

据不完全统计，2005 年至今学生获市以上各类竞赛奖励累计近 40 项，参加常工院组织的各项活动和比赛，获奖 200 余项。

与常州天宁街道结对共建，精心设计了十大共建载体，畅通了学生与社会的联系渠道，开展的系列特色活动，有效提升了我校人才培养质量和社区建设的整体水平。中国常州网、中吴网、常州日报电子版、常州天宁区政府网站、常州天宁区总工会网站、大学社区、江苏民政网站等多家媒体均予以关注并报道。

六、优秀毕业生典型

(1) 毕业于机械制造及自动化专业的孙寅，2008 年 8 月毕业后到泰州中航船舶重工有限公司工作，在舾装车间实习 2 个月后，各方面表现优秀，调办公室工艺组。同年 12 月份，被推选为企业第一届职工代表，并在大会上发表演讲，受到了公司领导的好评。2009 年 2 月，由于工作表现突出，从舾装车间工艺组调生产部门，作为企业的项目管理者，工作中敢于管理，善于创新，脚踏实地，经过一年多的努力，现任生产部项目副经理，主管公司 92 500 吨级散货船的建造项目。

(2) 机械制造与设备及工业电气自动化专业的殷曦，2008 年毕业后在当地一家知名汽车零部件制造公司担任产品质量管理，2009 年进入一家纺织机械公司新品设计部，任项目经理。2010 年成功研制中国第一条(PTFE)特宽幅薄膜生产线，填补了国内的空白。其生产的产品 PTFE 薄膜成为中国高新技术产品。目前这项技术已经成为公司主要发展方向，同时订单不断也给公司带来的丰厚的经济回报。

(3) 毕业于英语专业的张天然，经省委选拔于 2007 年 7 月被派往铜山县单集镇洪楼村担任村党支部副书记；2008 年 5 月她以 45 票赞成票的结果全票当选该村党支部书记。荣获“首届中国优秀大学生村官”，事迹登上《光明日报》，被誉为“大学生村官中的传奇人物”。2009 年 6 月 27 日，中央电视台《面对面》栏目播放了《张天然：广阔天地大有作为》专题节目。2010 年 3 月 25 日，作为全国大学生村官的优秀代表入选由中宣部、教育部、共青团中央联合组织的 2010 年大学毕业生建功立业先进事迹报告团，是 7 名报告团成员中唯一的女性。

(4) 计算机科学与技术专业的陆铁群，2007 年毕业后工作于南京航天晨光股份有限公司，2008 年获集团公司优秀共产党员，同年创建常州工学院毕业生校友会，创建了毕业生校友交流沟通互助的平台。2010 年为江苏鸿联集团策划产品国内渠道搭建方案，得到江苏鸿联集团投资 200 万元，创建了常州汇丰家居有限公司，并出任公司总经理。

（5）机械制造及自动化专业的陈旺，大学四年期间成为肯德基江苏市场第一位学生管理组长；2008 年 7 月毕业后到味千控股集团，10 天转正为餐厅主任，25 天升为餐厅副理，2 个月后升为餐厅经理调往宜兴开第一家分店；2009 年 4 月开始自主创业，获“常州市青年创业贷款项目”，经营一家名为“相聚宾馆”的颇具规模的艺术型宾馆，创业事迹登上《南京晨报》。

（6）外贸英语专业的冯菲，经省委笔试、面试双层选拔于 2009 年 7 月被任命为宜兴市丁蜀镇塍里村书记助理，2009 年 10 月被任命为该村团支部书记。在农村工作的一年中，她以基层团建工作作为农村工作的重点突破口，在省团委的“青春燎原”计划中，她申报的一村官一团建项目“扬帆——大学生就业模拟面试”得到了宜兴团市委、无锡团市委的高度重视，并成为无锡团市委的重点培育项目。

（2010 年获常州工学院教学成果奖一等奖）

“一体两翼”创新培养模式
“四轮驱动”提高人才质量

朱锡芳　潘雪涛　邬华芝　周祥才　蔡建文

一、背景及意义

测控技术及仪器专业(以下简称本专业)由11个仪器类专业归并而成,是一个宽口径专业。光、机、电、算多学科基础使得毕业生很多被贴上了“万金油”“万能胶”之类的标签。如何在专业规范的大框架下,明确人才培养定位和服务面向,结合自身优势办出特色是本专业面临的共同问题。此外应用型人才直接面向企业一线,需更注重工程实践技能的训练,由于受资金投入等的限制,多数高校还不具备与之相匹配的良好的实践条件,还没有形成行之有效的培养模式与方法。

针对这些问题,本专业对接区域经济发展需求、挖掘现有办学条件、实施政校企联动,创建了“一体两翼”复合应用型人才培养模式,如图1。教学实践中遵循学生认知规律、根据测控专业特点,实施“四轮驱动”策略,以教学体系为支撑力、教学资源为推动力、教学方法为提升力、学风制度为保障力,确保人才培养质量,取得了一批高质量的理论与实践成果,提高了专业水平,形成了鲜明的办学特色。

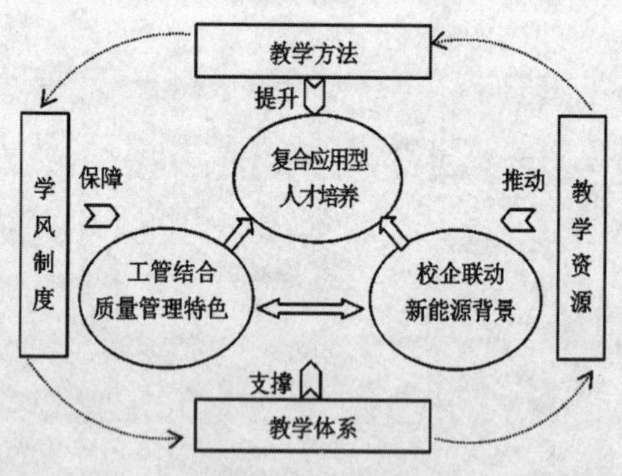

图1　“一体两翼”复合应用型人才培养模式

二、成果主要内容

(一) “一体两翼”创新人才培养模式

依托常州新能源学院和省中小企业新能源产业公共技术服务平台，通过与常州质量技术监督局、光伏协会、新能源企业开展政、校、企深度合作，确立了“培养面向国民经济各行业，尤其是新能源产业的以检测技术为基础的测控系统设计与应用、生产过程和产品的质量控制与管理的复合应用型本科人才”的培养目标，创建了“一体两翼”培养模式。“一体”：以复合应用型人才培养为主体，强化工程实践能力；“两翼”：工管结合，彰显质量管理特色；校企联动，突出新能源产业背景。

本专业明确了人才的服务面向和培养定位，理顺了知识和能力结构，设计了“一个目标、两个课堂、三个模块、四个层次、五个结合”的人才培养方案，如表 1。

表 1　测控专业人才培养方案框架

一个目标	培养具有“复合型、应用型”特征的“质量工程师、测控系统设计师”	
两个课堂	第一课堂	第二课堂
理论课程的三个模块	通识课程模块	
	专业基础核心课程模块	
	专业特色课程模块	
实践教学的四个层次	基础层：认知实习、演示实验、验证实验	
	应用层：综合实验、课程设计、实训实习	
	提高层：设计实验、毕业设计、技能培训、社团活动、暑期实践	
	创新层：创新实验、创新训练项目、学科竞赛	
五个结合	理论与实践结合、科技与人文结合、共性与个性结合、课内与课外结合、校内与校外结合	

培养方案在 2007 级学生中实施。我院于 2012 年 4 月、2013 年 1 月，联合天合光能、常州亚玛顿股份有限公司等 20 余家新能源企业，举行了两场专场招聘会，提供了 530 多个岗位，学生受到了用人单位的欢迎。在 2012 年 4 月常州市光伏协会理事会上，亚马顿公司董事长、协会副会长林金锡先生特别介绍了我校测控专业培养面向新能源行业应用型人才的情况。

(二)"四轮驱动"提高人才培养质量

1. 构建了纵横协同教学新体系,支撑人才培养

(1)理论课程体系。理论课程分为3个模块,通识课程包含8个学分的人文类课程,其中至少选修艺术类限定性课程2学分,体现了科技与人文结合。学科及专业基础模块以信息流为主线,选择五门重要课程组建核心课程群,如图2。为更好地服务区域经济发展需求,依据"方向分流"原则,设置面向新能源产业、彰显质量管理特色的专业课程,满足学生个性发展需要,如图3。3个模块有机联系,依时间和内容上的衔接性、关联性合理分配教学任务,夯实理论基础,实现了共性与个性结合。

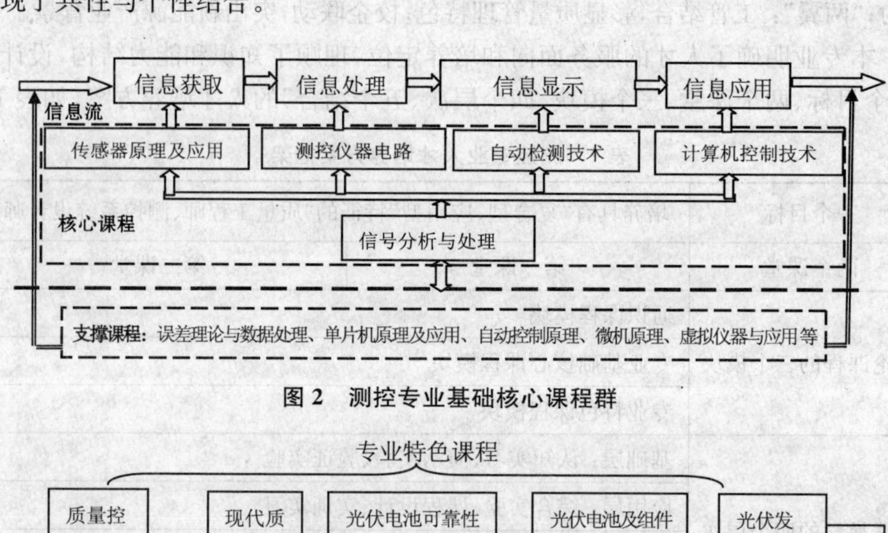

图2 测控专业基础核心课程群

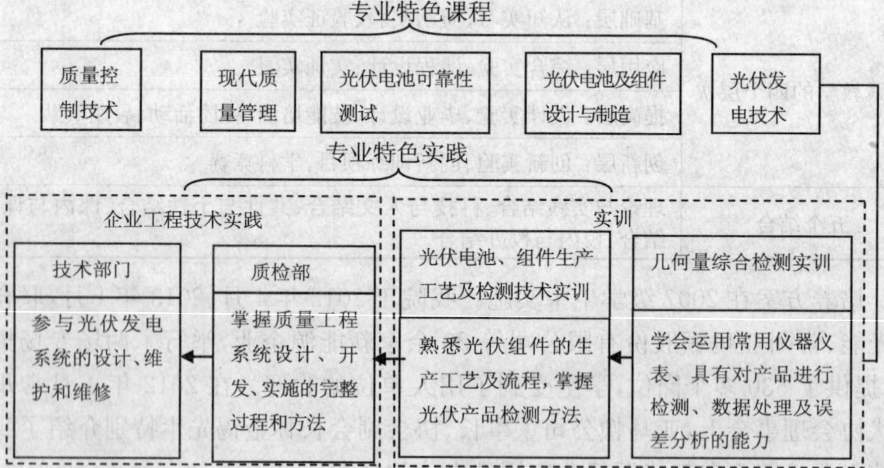

图3 测控专业特色课程模块

(2) 实践教学体系。实践体系横向涵盖了认知实习、传感器实验、光伏检测实验、综合实验、实训实习等七大系列的“模块化、系列化、多样化”实验内容。如表2所示。

表2 七大系列实验模块

课程模块	涵盖的课程名称	总实验学时	综合性实验学时	设计性实验学时	创新性实验学时
常用检测仪表的认知实习	涵盖所有核心课程。要求学生了解PLC,传感器以及变送器,电子测量仪表,机械零部件、设备的工作原理、基本性能、技术指标、主流的生产厂商及价格等相关信息	结合生产实习、综合实训进行			
精密测量技术系列课程	互换性与精密测量技术	12	6	2	
	精密仪器仪表机构设计	4	4		
传感器与检测技术系列课程	传感器原理及应用	8	4	2	2
	自动检测技术	6	4	2	
	测控仪器电路	6	2	2	2
计算机测控技术系列课程	单片机原理及系统设计	8	4	4	
	信号分析与处理	6	4	2	
	计算机控制技术	8	4	4	2
	电气控制与PLC	6	4		2
	虚拟仪器技术	16			16
光伏检测技术系列课程	光电测试技术	8	4	2	2
	光伏发电技术	6	4	2	
	光伏电池及其组件设计与制造	6	4	2	
	光伏电池可靠性测试	6	4	2	
质量管理与控制系列课程	质量控制技术	4	2	2	
	现代质量管理	4	4		

（续表）

课程模块	涵盖的课程名称	总实验学时	综合性实验学时	设计性实验学时	创新性实验学时
开放、综合实训	几何量综合检测实训	1周	按照教学计划执行，安排专门的教师全程指导		
	测控技术专业综合实验	1周			
	光伏组件检测实训	1周			
	精密仪器仪表机构设计课程设计	3周			
	智能仪器设计课程设计	2周			
	工业测控综合课程设计	2周			
	质量控制技术课程设计	1周			
	质量管理课程设计	1周			
	毕业设计	18周			
	课外科技创新实践	全天开放			

纵向以“能力培养”为主线，构建“分层次、递进式”实践能力训练体系，如图4。将实践能力培养贯穿于实验、课程设计、技能培训、创新训练、学科竞赛等全过程，体现“全程化”。毕业设计的选题来自于科研或工程项目，使学生受到系统的工程训练，体现“工程化”。针对不同基础，提出不同层次的要求，不搞“一刀切”，体现“多元化”。

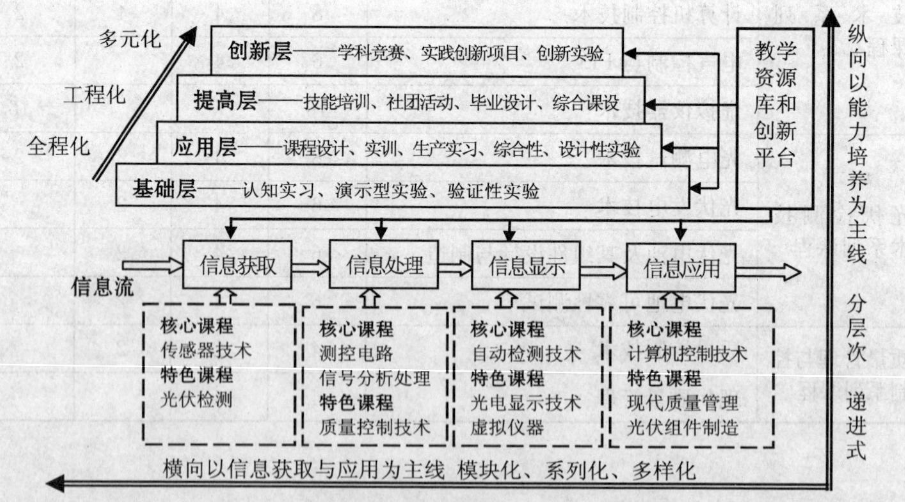

图4 纵横协同实践教学新体系结构

纵横之间通过虚拟测控实验室和 NI ELVIS 实践创新平台有机联系，协调运作，有效解决实践内容依附于理论课程进行划分，模块之间关联度小，知识缺乏连续性、系统性的问题，实现了理论与实践、课内与课外、校内与校外的结合。

2. 开发并推广了优质教学资源，推动人才培养

本专业开发了具有“非线性、协同性、开放性”特色的教学资源库。资源库包含 50 多个实验及工程实践视频、100 多个虚拟实验、300 多个仿真实验及演示动画、2 000 多道试题、30 余万字文字素材。将各教学模块的重要知识点通过超链接方式进行重构，体现非线性。以自测试题、虚拟实验、协作交流等模块为载体，引导学生进行协作学习，体现协同性。资源库还可作为科普网站实现资源共享，体现开放性。资源库的阶段性成果相继获得国家、省、校多媒体课件比赛奖励十多项。

尤其是在 LabVIEW 平台上开发的“可视化、交互式、可共享”的远程虚拟测控实验室，虚拟实验把仪器功能用面板控件形成软件模块，像实物仪器一样完成测试、处理等任务，将实验搬进了课堂，搬上了网络，实现了教学与实验完美融合，促进了实验方法、手段的完善，提高了学习积极性和主动性。

3. 提炼了富有特色、行之有效的教学方法，提升了人才培养质量

（1）“三阶段、三步走、三结合”为特色的课程教学新模式。依托优质教学资源，创建了富有特色的理论教学新模式，如图 5。

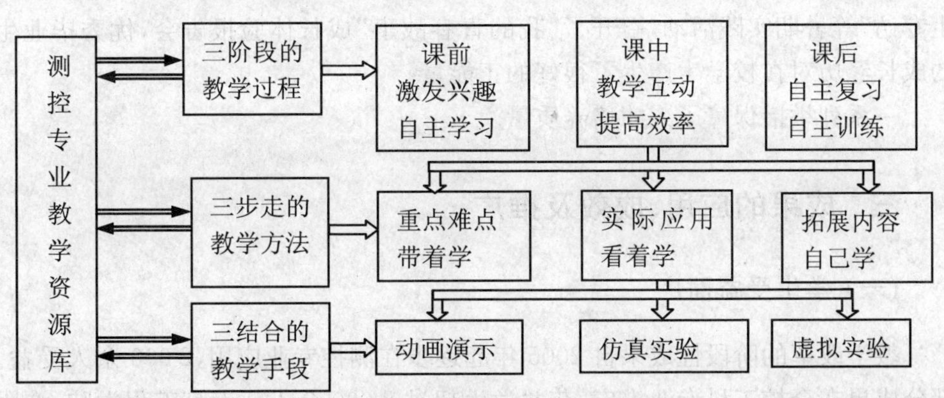

图 5　课程教学新模式层次

教学过程包括课前、课中和课后三个阶段。依托优质教学资源，课前，激发学生兴趣，养成自学习惯，培养自学能力；课中，采用“三步走”互动教学方法，提

高课堂效率;课后,自主训练,巩固提高。教和学的目的性、针对性更强,实现了反馈式教学。

课堂教学中,重点难点“带着学”、实际应用“看着学”、拓展内容“自己学”。教师带着学生一起“走进”教学内容,提高了学习效率,实现了互动式教学。

教师将动画演示、仿真软件、虚拟实验三种现代化教学手段有机结合,对重要知识点进行渐进式讲授和验证,学生从定性理解到定量掌握,实现了启发式教学。

(2) 虚拟仿真与综合训练互动的实践能力培养新举措。虚拟实验室和 NI ELVIS 实践创新平台既具鲜明的教学功能,又具科研工程价值,供不同层次学生使用。以“工程任务”为导向,以设计性、创新性实验和综合训练项目为载体,采用“移植与复现”“虚拟与实训互动”教学法,通过“虚拟仿真、综合训练、实际应用、创新提高”四个渐进过程,培养学生发现问题、解决问题、学以致用和举一反三的能力。

4. 制定了调动学习积极性的完整的学风制度,保障了人才培养质量

围绕学风建设,构建了“心中有目标,周围有榜样,宿舍树学风,班级讲荣誉”的学风体系。对 8 个学期进行时序优化设计,绘制了工作流程图,推进长效管理。出台了 15 项激发学习内动力的制度,提出并倡导工作中遵循的 8 项准则。开展了“我的时间我管理”等主题活动,组织了“青春踏访——光电学院优秀毕业生专访”等暑期实践活动,召开了“我的青春故事”成长体验报告会,优秀毕业生的成长经历对在校学生产生了很好的正能量。

一系列举措保障了人才培养质量。

三、成果的应用、成效及推广

(一) 学生受益面广

教学改革的阶段性成果自 2005 年起逐步在测控专业应用,2 000 余人受益。部分成果在全校工科专业推广,获益学生超过 8 000 余人。南京工程学院、淮阴工学院、江苏理工学院等院校相关专业利用教学资源辅助教学,效果显著。开发的课件通过江苏省高校多媒体资源网(http://cc. njnu. edu. cn/)和中国教育资源网(优课网 http://www. uken. cn/)面向全国开放共享。成果部分内容编入

出版的教材,由出版社进一步向全国高校推广应用。

(二) 人才培养质量优

1. 从基础理论看成效

学生课程合格率稳步提升,从 07/08 学年的 92.5%跃升至 08/09 学年的 95.54%,09/10,10/11 学年分别达到了 96.85%,98.85%的较高水平。

2. 从实践技能看成效

本专业组织了国家质量/环境体系内审员资格、质量技术监督行业高级技能职业资格等的培训。近几年,95%以上学生在毕业时具有相应的职业技能资质证书。

学生承担国家级大学生实践创新训练项目 4 项、省级 21 项。学生获全国大学生电子设计大赛江苏赛区一等奖、"挑战杯"省二等奖、省物理及实验作品竞赛特等奖等省级以上学科竞赛奖励 40 余项,发表论文 5 篇,授权实用新型专利 2 项。

3. 从综合素质看成效

学生获国家、省以上各类奖/助学金 650 余人次。05 测控徐井同学以 416 分的好成绩考取华东理工大学研究生,07 测控考研录取率达 20%,08 级朱昶旭、钟云等考取西安交大、哈工大等高校研究生。

(三) 教学改革成果多

(1) 教学改革成果获学校教学成果特等奖 1 项、一等奖 4 项。

(2) 测控专业为"十二五"江苏省重点建设专业,学校特色专业。

(3) 课件获省高校优秀多媒体课件一等奖 1 项,全国多媒体课件大赛二等奖 1 项,三等奖 3 项,优秀奖 2 项。

(4) 获省精品课程 1 门,获校精品课程 6 门,校一、二类优秀课程 8 门。

(5) 完成省教育科学"十一五"规划课题等省级教学研究项目 4 项,完成校级教学改革课题 23 项,发表教学研究论文 40 余篇。

(6) 出版教材 11 部。其中国家"十一五"重点图书 2 部,全国高等院校"十二五"规划教材 2 部,校精品教材 1 部,教材获省哲学社会科学优秀成果三等奖 1 项、常州市哲学社会科学优秀成果二等奖 1 项、三等奖 2 项。

(四) 社会影响及评价好

1. 专家及同行评价

教学改革成果获得南通大学校长袁银男教授、常州大学党委书记史国栋教授、东南大学仪器科学与工程学院院长宋爱国教授、南京理工大学光学工程系主任陈延如教授、江苏大学机械工程学院副院长李伯全教授等十几位校内外专家的一致好评。

2. 社会影响

近5年学生一次签约率分别为91.1%,92.3%,94.7%,100%,100%。由于专业特色鲜明,毕业生获得了用人单位好评,本专业已在苏南乃至长三角地区具有较高的影响力。如常州星宇车灯有限公司连续三年每年录用我系学生4~5人。

《中国经营报》《常州日报》、中国经营网、清洁能源网、太阳能光伏网、中国常州网等十多家新闻媒体对我校成立常州新能源学院和培养面向新能源产业的复合应用型本科人才进行了广泛报道。

在2012年4月22日常州市光伏行业协会理事会上,常州亚马顿股份公司董事长、协会副会长林金锡先生特别介绍了我校测控专业培养面向光伏行业应用型人才的情况。

在2012年11月10日召开的江苏省仪器仪表学会学术年会上,我院做了"应用型本科测控技术与仪器专业教学改革、实践与创新"的大会交流发言,在全省仪器类专业中产生了较好的影响。

3. 优秀毕业生评价

学院暑期社会实践小组对近几届毕业生进行回访,编写了专刊《青春踏访——光电工程学院历届优秀毕业生专访行动》。这些毕业生在不同的岗位取得了良好的业绩。有昆山佑威电子材料有限公司厂长程恒(2001测本班学生),上海波汇通信有限公司销售主管李锐(2004测二班学生),高淳县淳溪镇人民政府科员陈丽萍(2005测控班学生、2009年选调生),英国勒霍普森公司中国区服务工程师尹春节(2003测二班学生),赴美读研并在硅谷华硕分公司负责北美市场数据分析的丛紫帏(2004测一班学生)等。采访中他们都表示,测控专业复合应用型人才培养模式、实践教学体系等对他们帮助很大。这些毕业生的成长经历对在校学生产生了很好的正能量。

4. 第三方评价

学校委托麦可思数据公司对2011届毕业生进行跟踪调查。从调查报告看，在学校被调查的30多个专业中，测控专业毕业生半年后非失业率全校第一；毕业半年后就业竞争力指数全校第四；毕业半年后月收全校第四；毕业时掌握基本工作能力全校第三；工作与专业相关的人数全校第四；半年内离职人数在离职率较低的院系中排全校第四；主要专业核心课程评价中，“质量控制技术”课程重要度及满足度分别为89%和68%，“现代质量管理”课程分别为86%和74%，分列全校第一、二位。由此可见，测控专业建设及人才培养成效显著，位居学校前列。

（2012年获常州工学院教学成果奖特等奖）

创新虚拟实验教学模式，培养自主学习能力

李江蛟　邬华芝　潘雪涛　周祥才　张美凤
陈志伟　何一鸣　庄燕滨　张建生　干为民

一、成果简介及主要解决的教学问题

测控技术及仪器专业由原来的11个仪器仪表类专业归并而成，是多学科交叉的综合性、边缘性学科。光、机、电、算多学科基础使得该专业应用型本科人才培养存在几个突出的问题：一是专业涉及面广，新理论、新技术不断涌现，教学内容大幅扩展，导致专业课时紧张；二是该专业课程实践性强，需提供良好的开放实验室环境，配置昂贵的教学仪器。因此，传统的"粉笔＋黑板＝教学"的课堂教学方式和"仪器＋实验报告＋简单数据分析＝实验"的实践教学方式已经不能很好地适应人才培养的要求。

此外，用人单位注重学生的自主学习和创新实践能力，学生要想在工作中有更好的发展，这样的能力也至关重要。对于类似我校这样的应用型本科院校，急需在培养本科学生自主学习和创新实践能力方面摸索出行之有效的方法。

2005年以来，课题组以培养高素质应用型人才为目标，以大学生科技实践创新中心为载体，以网络技术、多媒体技术和虚拟仪器技术为手段，以教改项目、课程建设为依托，进行了系统的教学改革与人才培养的探索和实践，取得了一系列理论与实践成果。

(1) 开发了具有创新性、达到国内先进水平的可视化、交互式、可共享的"远程虚拟测控实验室"，将实验教学搬进课堂，搬上网络，体现了"绿色实验"的理念；建成了基于LabVIEW及传感器、调理电路、计算机等相应硬件构成的创新实践平台，开发了具有"非线性、协同性、开放性"特征的专业网络教学平台，实现了理论与实践的完美融合，使实践教学更经济、更便捷、更有效。为实现不受时间空间限制的远程互动教学创造了良好的硬件平台，为应用型本科人才培养打

下了坚实的物质基础。

（2）依托远程虚拟实验室、创新实践平台和网络教学平台，构建了纵横协同实践教学新体系，创建了以“三阶段完整教学过程、三步走互动教学方法、三结合现代教学手段”为特色的教学新模式，营造了“学教并重，教依据于学、学受教于导”的师生协调一致的教学氛围，真正实现了“反馈式、互动式、启发式”教学，为理工科专业远程在线自主学习（尤其是实践环节的教学）提供了可借鉴的有效途径。

（3）在大学生科技实践创新中心成立虚拟仪器工作室和虚拟仪器社团，在全校范围内推广应用教学成果，为学生营造了一种开放的学习环境，提供了一种学科交叉的平台，开辟了一个人际交流和团队协作的途径，形成了实践创新能力培养的四种方法，为应用型本科院校学生自主学习和实践创新能力培养提供了可以复制推广的模式。

二、成果解决教学问题的方法

（一）将虚拟仪器技术与网络技术和硬件结合，开发建设远程虚拟测控实验室和创新实践平台

我们将虚拟仪器技术与网络技术相结合，开发了基于网络的“可视化、交互式、可共享”远程虚拟测控实验室，含有100余个虚拟实验。虚拟实验室把传统仪器的测试功能用形象逼真的面板控件形成软件模块，在计算机的协调下像实物仪器一样完成测试、处理、分析、显示等任务，得到在实验室里相同的实验过程和测试结果。每个虚拟实验，包含“实验原理”“功能描述”“实验示例”和“在线实验”四个模块，层层递进，有利于启发学生的思维。

虚拟实验可在一台计算机上实现示波器、频谱分析仪等多种仪器功能，避免了重复购置的浪费，节约了大量资金，改善了实验条件，体现了“绿色实验”的理念。虚拟实验将实验教学搬进课堂，搬上网络，还可通过网络进行数据传送，教师通过计算机监控实验过程，同时管理几十个甚至上百个学生做实验，实现了理论与实践的完美融合，促进了实验教学方法、手段的完善。

我们还将虚拟仪器和传感器、调理电路、计算机等相应硬件相结合，建成了基于 NI ELVIS 的创新实践平台。虚拟实验室和创新实践平台以“工程任务”为导向，以设计性、创新性实验和综合训练项目为载体，实现了“移植与复现”教学

法，形成虚拟实验与综合训练互动的实践教学新方法。在该平台上，学生可以方便地自制电路与接口，可根据需要设计自己的检测系统、电子电路、信号调理及小型的电子机械设备控制等，根据兴趣创造性地添加更多新的功能，灵活应用所学的知识。系统中设置有电子元件参数测试仪设计、数字温度计设计、常用滤波器的设计、交通灯控制系统设计、虚拟直流电机转速计设计等创新性实验。通过这样的训练，可以培养学生想象、构思、自主实验的能力，可以实现专业课知识的综合应用，从而提高学生分析问题、解决问题的能力。

（二）开发了具有“非线性、协同性、开放性”特色的测控专业网络教学平台

课题组将 50 多个实验及工程实践视频、100 多个虚拟实验、300 多个仿真实验及演示动画、2 000 多道试题、30 余万字文字素材进行整合，开发了测控专业网络教学平台。网络教学平台将专业核心课程的重要知识点通过超链接方式进行重构，体现非线性；以自测试题、虚拟实验、协作交流等模块为载体，引导学生进行协作学习，体现协同性；面向校内外开放，实现资源共享，体现开放性。

网络教学平台的资源丰富，覆盖面广；逻辑结构清晰、使用方便、实用性强；充分运用动画、计算机仿真、虚拟实验等工具软件，形式新颖；实现了教学方式的灵活多样；使用文字、图片、视频、动画、计算机仿真等多种手段，具备“广、实、新、活、多”的特点。

网络教学平台主结构及媒体类型如图 1 所示。

网络教学平台中动画演示、仿真软件、虚拟实验都是针对测控专业课程中的重点难点而设计的，能够模拟测控系统工程应用环境，与网络平台无缝链接，学生无需下载，直接开启及连结使用物件进行仿真实验，可以弥补理论脱离实际的问题，用实验给枯燥的内容以活力，给抽象的理论以形象，使深奥的理论变得生动易懂。平台知识点多，覆盖面宽，大大超出了传统的“课程”“教材”的范围，较好地解决了学时不足、专业新知识不断增加的矛盾。

（三）构建了测控专业纵横协同的实践教学新体系

横向以测控系统中的“信息获取与处理”为主线，组建核心课程群和特色课程群，实践教学内容涵盖认知实习、课内实验、综合实训等 7 大系列，形成“模块化、系列化、多样化”的实践课程体系。纵向以“能力培养”为主线，构建“分层次、递进式”实践能力训练体系。纵横协同教学新体系结构如图 2 所示。

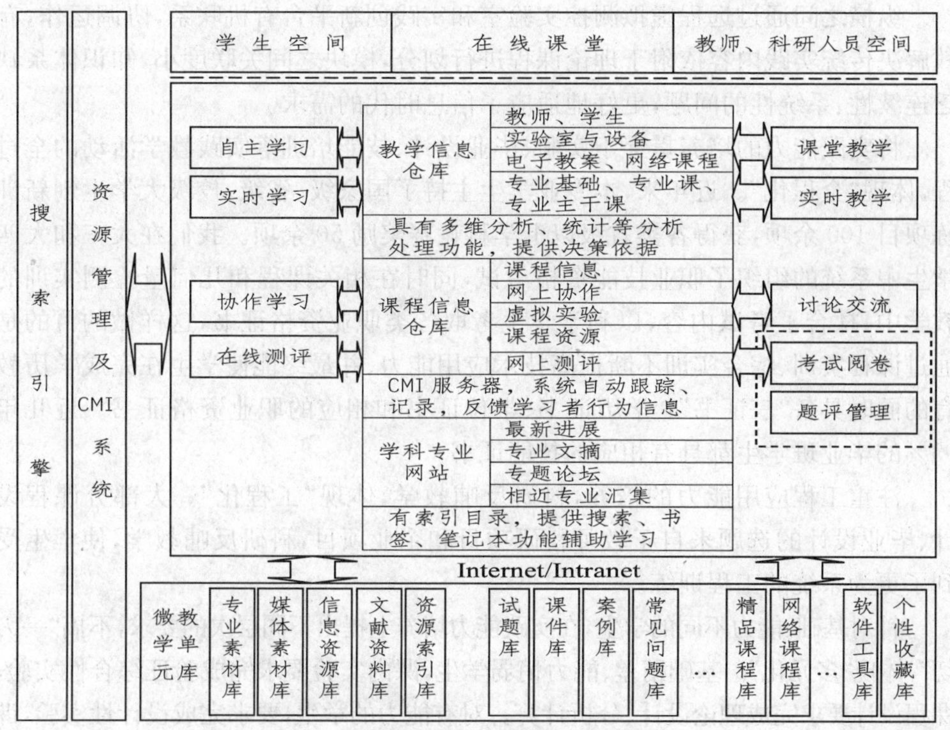

图 1 网络教学平台主结构及媒体类型

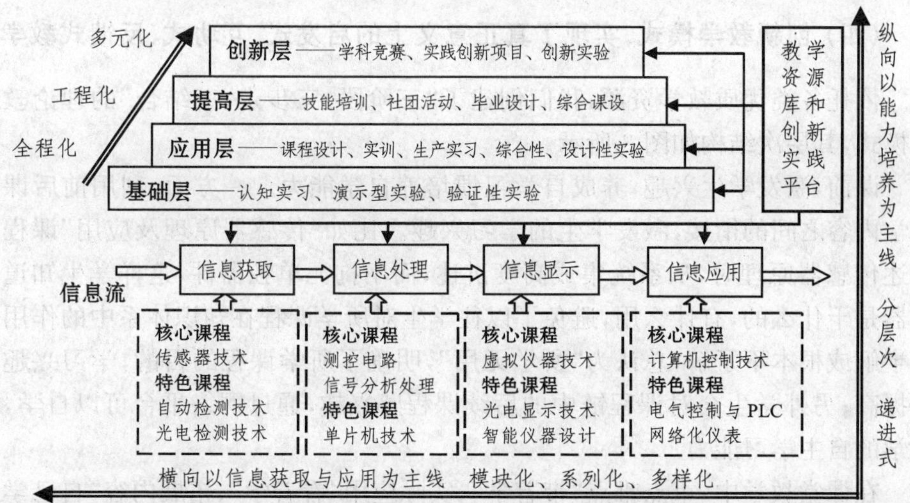

图 2 纵横协同教学新体系结构

纵横之间通过远程虚拟测控实验室和实践创新平台有机联系，协调运作，有效解决传统实践内容依附于理论课程进行划分，模块之间关联度小，知识体系缺乏连续性、系统性的问题，更好地适应了信息时代的需求。

将实践能力的培养贯穿于实验、毕业设计、技能培训等实践教学活动的全过程，体现"全程化"。近年来，本专业学生主持了国家级、省级、校级大学生创新训练项目100余项，获得各类省级以上学科竞赛奖励50余项。我们在大三和大四学生中系统的组织了职业技能资格考试，同时在相关课程和几何量检测实训的教学中，揉合了考试内容，以利于学生考取各类职业资格证书，这样做的目的是通过课程实训、综合实训不断提高技术应用能力、并最终能使学生在完成学历教育的同时具备"三证书"：学历证书、学位证书和相应的职业资格证书。近几年95%的毕业班学生都具有相应的技能证书。

注重工程应用能力的培养，科研反哺教学，体现"工程化"。大部分课程设计、毕业设计的选题来自于教师科研项目和企业项目，科研反哺教学，使学生受到了更为系统的工程训练。

针对基础、能力不同的学生，在实践能力培养上提出不同层次的要求，不搞"一刀切"，体现"多元化"。基础稍差、能力稍弱学生，课内实验要求完成验证综合性实验，课程设计要求完成理论设计、分析计算。对有能力的学生，要求完成设计性实验，课设、毕业设计必须做出实物，同时引导这些学生参加科研项目和各类学科竞赛。

(四) 创新教学模式，实现了真正意义上的启发式、互动式、反馈式教学

依托各类优质教学资源，我们创建了"三阶段、三步走、三结合"的理论教学新模式，其层次结构如图3所示。

课前，激发学生兴趣，养成自学习惯培养自学能力。一方面，利用前后课程教学内容之间的衔接，激发学生的学习兴趣。比如"传感器原理及应用"课程在讲述传感器原理时，从系统集成高度讲述，而不拘泥单独器件，这样学生知道传感器是干什么的，有什么用，避免了以往学生对所学课程在知识体系中的作用一知半解或根本不了解，总认为"所学无用"，明确了所学课程的目的，学习兴趣自然提高；另外学生会对课程链中的后续课程感兴趣，通过网络平台可以自学，提高学的自主学习能力。

在课堂教学中，重点难点"带着学"、实际应用"看着学"、拓展内容"自己学"。教师带着学生"走进"教学内容，提高了学习效率，实现了互动式教学。每门课程

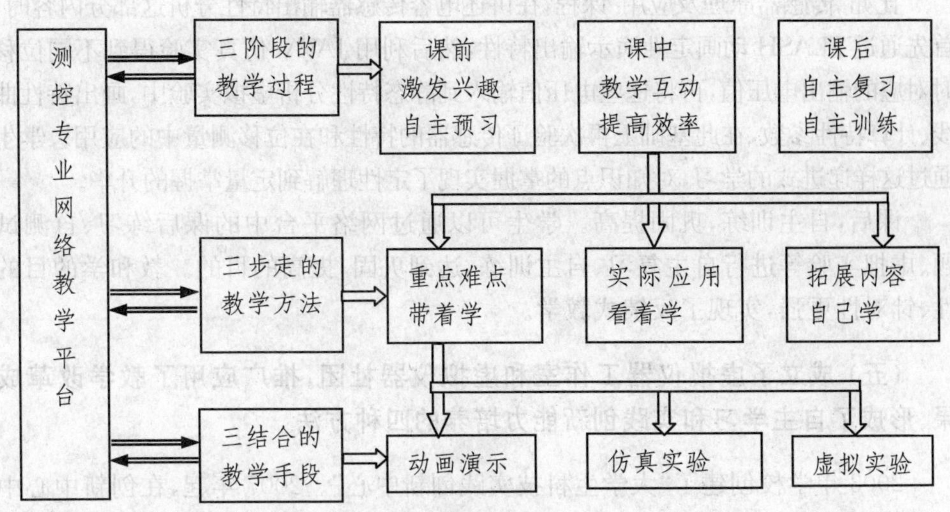

图 3　教学新模式层次

的重点难点内容由老师采用“三结合”的教学手段，抓住主线，精讲、细讲。

测控专业的主干课程都有很强的应用性，在讲述常用器件、装置、技术在工程实际中的应用时，一方面教师在课堂上播放图片资料、动画、视频等资源，增强学生的感性认识，提高了教学效果。另一方面注重系统性，教师在授课时通过典型案列将课程中讲授的相关知识串起来，有利于学生将各知识点有机融合，对工程上的典型配置、应用有直观的认识。如在“计算机控制技术”课程中教师结合“硫化过程控制系统”科研项目，讲解如何进行系统功能分解、配置和传感变送器、控制装置、人机界面软件的选型等。学生不仅了解各部件的原理、性能指标等，更对相互的组合和融汇有进一步认识，建立系统的概念。拓展类的教学内容由学生利用平台中提供的教学资料、参考资料自己学。比如在“自动检测技术”课程中介绍最新的检测技术时，教师布置题目，学生通过网络平台中提供的素材或者专业网站，自己查找资料撰写综述性论文，不仅有效的缩减了课时还锻炼了学生查阅、整理文献资料的能力。

对于课程的重要知识点，教师在“带着学”的过程中，将平台中的 FLASH 动画演示、基于 MATLAB/JAVA 的仿真软件、基于 LabVIEW 的虚拟实验三种现代化教学手段有机结合，进行渐进式讲授和验证，使学生对这些知识点实现了定性理解到定量掌握的升华，实现了启发式教学。

比如“传感器原理及应用”课程，在讲述电容传感器输出特性分析这部分内容时，首先通过 FLASH 动画定性演示输出特性，然后利用 JAVA 仿真实验得到不同位移时对应的输出电压值，再将这些电压值输入到静态特性分析虚拟实验中，画出特性曲线、计算特性参数，在此基础上再次验证传感器的特性和在位移测量中的应用。学生通过这样递进式的学习，对知识点的掌握实现了定性理解到定量掌握的升华。

课后，自主训练，巩固提高。学生可以通过网络平台中的课后练习、自测试题、虚拟实验等进行自主复习、自主训练，达到巩固、提高的目的。教和学的目的性、针对性更强，实现了反馈式教学。

（五）成立了虚拟仪器工作室和虚拟仪器社团，推广应用了教学改革成果，形成了自主学习和实践创新能力培养的四种方法

2003 年学校创建了“大学生科技实践创新中心”。2007 年起，在创新中心中成立了虚拟仪器工作室和虚拟仪器社团，为全校学生营造了一种开放的环境，使学生能灵活应用专业知识、训练相关技能；提供了一种学科交叉的平台，使学生能学到其他学科的有关知识，培养创新能力和发散性思维能力；开辟了人际交流和团队协作途径，训练学生的团队精神、协作意识和组织能力。在应用型本科学生自主学习、创新实践能力的培养上摸索出了 4 种行之有效的可以推广的方法。

1. 虚拟仿真与综合训练互动教学法

我们将自主学习和实践创新能力具体的分解为敏锐发现问题的能力、有效解决问题的能力、学以致用的能力和举一反三的能力。学生在虚拟仪器社团和工作室中，以工程任务为导向，以创新实验和综合训练项目为载体，利用网络平台和虚拟实验室的资源自主学习、自主训练，培养敏锐发现问题的能力和有效解决问题的能力；通过“虚拟仿真、综合训练、实际应用、创新提高”四个渐进互动过程，从初步入门达到灵活自主应用的阶段。有效培养了自主学习和创新实践能力，如图 4。

2. 零距离法

在培养过程中，坚持选题实际，过程实际，结果实际，实现研发、制作过程真实化，达到零距离的效果。

3. 动态组织法

虚拟仪器社团和工作室实施动态化管理，即过程管理动态化、队伍构成动态化。整个工作，从招募成员、宣传策划、项目研究到参加竞赛都是由学生自主完成。社团的管理方法和参加人员不断调整和完善，形成优胜劣汰的氛围。

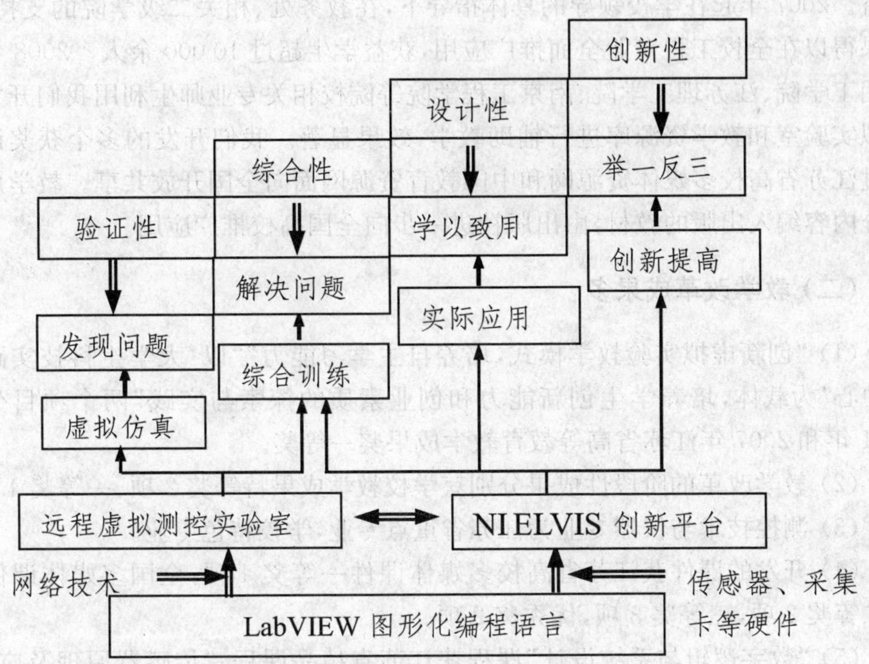

图 4 自主学习和实践创新能力培养路线

4. 全面素质渗透法

注重学生各类素质的培养,让素质教育渗透在训练的过程中。在社团和工作室中招收不同年级、不同专业的学生,让他们相互了解,相互学习,相互交流。实践场所由学生自己管理,增强学生的劳动观念,提高管理和领导能力。让学生参与实践成绩和作品的评定,培养学生公平、公正的处事原则。精心设计创新实践的每一阶段,以过程考核为目的,既让学生品尝失败的苦涩,又让他们感受成功的喜悦,锻炼学生刚强的意志、良好的心理素质。文理科学生共同参与实践创新活动,通过学科的交叉,使人文素质与科学精神相互渗透,从而挖掘他们的创新意识和创新能力,提高综合素质。

三、成果的推广应用效果

(一) 学生受益面广

自 2005 年起该成果在本校测控技术与仪器专业得到应用,共约 2 000 余人受益。2007 年起在学校领导的具体指导下，在教务处、相关二级学院的支持下，成果得以在全校工科专业全面推广应用，获益学生超过 10 000 余人。2008 年起淮阴工学院、江苏理工学院、南京工程学院等院校相关专业师生利用我们开发的虚拟实验室和教学资源库进行辅助教学，效果显著。我们开发的多个获奖课件通过江苏省高校多媒体资源网和中国教育资源网面向全国开放共享。教学成果部分内容编入出版的教材，由出版社进一步向全国高校推广应用。

（二）教学改革成果多

（1）“创新虚拟实验教学模式，培养自主学习能力”“以‘大学生科技实践创新中心’为载体，培养学生创新能力和创业素质的探索与实践”两个项目分获 2011 年和 2007 年江苏省高等教育教学成果奖一等奖。

（2）教学改革的阶段性成果分别获学校教学成果特等奖 2 项、一等奖 4 项。

（3）测控技术与仪器专业为江苏省重点专业，学校特色专业。

（4）开发的课件获江苏省高校多媒体课件一等奖 1 项，全国多媒体课件大赛二等奖 2 项，三等奖 3 项，优秀奖 2 项。

（5）“数字逻辑与系统设计”课程获江苏省精品课程、“传感器原理及应用”等 6 门课程获学校精品课程，另有 10 门课程获学校优秀课程。

（6）主持完成江苏省新世纪高等教育改革工程课题、江苏省教育教学改革研究课题、全国高等教育科学“十五”规划重点课题、江苏省教育科学“十一五”规划课题等省级以上教改项目 7 项，完成校级教学改革课题 30 余项，发表教学论文 30 余篇。

（7）出版教材 11 部，获江苏省哲学社会科学优秀成果三等奖、常州市哲学社会科学优秀成果二等奖等市级以上教材奖励。

（8）成果主要完成人获市级以上教学表彰 15 项。

（三）人才培养质量优

本专业学生近 5 年 1 次签约率分别为 91.1%，92.3%，94.7%，100%，100%。毕业生获得了用人单位普遍好评，本专业已在长三角地区具有较高的影响力，如常州星宇车灯有限公司、雷勃电气（常州）有限公司连续三年每年录用我系学生 5～8 人。学院暑期社会实践小组对近几届毕业生进行回访，编写了专刊《青春踏访——光电工程学院历届优秀毕业生专访行动》。这些毕业生在不同的岗位取得了良好的业绩。有昆山佑威电子材料有限公司厂长程恒(2001测本班学生),上海波汇通信有限公司销售主管李锐(2004测二班学生),高淳县淳溪镇人民政府科员陈丽萍(2005测控班学生、2009年选调生),英国勒霍普森公司中国区服务工程师尹春节(2003测二班学生),赴美读研并在硅谷华硕分公司负责北美市场数据分析的丛紫帏(2004测一班学生)等。采访中他们都表示,教学改革成果对他们帮助很大。

近年来,本专业学生承担国家级大学生实践创新训练项目12项、省级41项,获全国大学生电子设计大赛江苏赛区一等奖、"挑战杯"省级二等奖、省物理及实验作品竞赛特等奖、一等奖等省级以上学科竞赛奖励50余项,发表论文7篇,授权专利2项。95%以上的应届毕业生具有相关行业高级技能职业资格等资质证书。近年来本专业学生考研成绩稳步提升,其中2005测控徐井同学取得416分的好成绩,2007测控考研录取率达20%,2008级朱昶旭、钟云等考取西安交大、哈工大等高校研究生。

(四)社会影响及评价好

(1)成果获省内外仪器仪表类10余位知名专家,如上海理工大学庄松林院士,教育部仪器类教学指导委员会副主任委员、湖北工业大学副校长钟毓宁教授,教育部仪器类教学指导委员会委员、东南大学仪器科学与工程学院院长宋爱国教授、南通大学校长袁银男教授、常州大学党委书记史国栋教授等的一致好评。

(2)在2012年11月召开的江苏省仪器仪表学会年会上,我院就教学改革成果做了专题发言,产生了较好的影响。2013年10月江苏省仪器仪表学术年会在我校召开,来自东南大学、南京理工大学、南京航空航天大学等30余所高校的80多位仪器类专业教师对本专业教学改革成果有了更为深入的了解,给予了较高的评价。近年来,有美国加州州立大学长滩分校、英国赫特福德大学、台湾勤益科技大学、上海理工大学、湖北工业大学、湖州师范学院、湖北民族学院、淮海工学院等10余所高校的同行到校交流,起到了很好的示范和辐射作用。

(2011年获江苏省高等教育教学成果奖一等奖)

“一体化双主体”应用型软件外包人才培养模式的研究与实践

李江蛟　庄燕滨　胡智喜

一、研究的背景及课题支撑

软件外包人才既拥有软件人才的一切特征，又有从事国际化软件开发的特性（外包），而应用型软件人才强调的是受到软件开发工程化训练、熟练掌握开发平台或测试工具、熟悉软件开发项目管理规程、以程序员为主体的软件开发人员。应用型软件外包人才培养以“岗位目标、职业培养”为抓手、以“国际化背景、工程化训练、程序员标准”为标志，因而，“校企合作、中外合作”是其培养的重要模式和途径之一。

校企合作成功的关键在于学校主体和企业主体有一致的目标、能形成长久利益共同体。但由于两者承担的社会职责和分工是有区别的，因而在人才培养中具有不同的动因，难以建立相互信任、互利共享的长久机制；难以整体协调、统一运作管理。为此，我们在应用软件外包人才培养中探索了深度融合的“一体化双主体”人才培养机制改革。

本成果得到两项江苏省高等教育教改立项研究课题“‘校企一体化’应用型软件外包人才培养模式的研究与实践”（2009－160）和“中外合作办学专业人才培养模式及质量保障体系实践与研究”（2007－117）及一项校级人才培养模式创新实验基地建设项目“软件外包人才培养模式创新实验基地”（J080602）的支持。

二、主要成果陈述

（一）提出了深度融合的“一体化双主体”应用型软件外包人才培养机制改革的理念

在该模式中，双主体即指学校主体（常州工学院计算机信息工程学院）和企业主体(签订合作协议、共同参与人才培养的合作企业及实验实训基地)，其中，由计算机信息工程学院具体运作管理的常工富藤科技有限公司等构成企业主体的核心(称核心企业)；一体化强调校企共同分析 IT 人才岗位需求和职业标准，综合学校学历教育、用人单位岗位培养、培训机构项目实训的特色制定人才培养方案，共建实训平台、共担培养任务；深度融合要求学校主体和核心企业构成共同的责任主体、实施一体化的管理，发挥支撑作用。

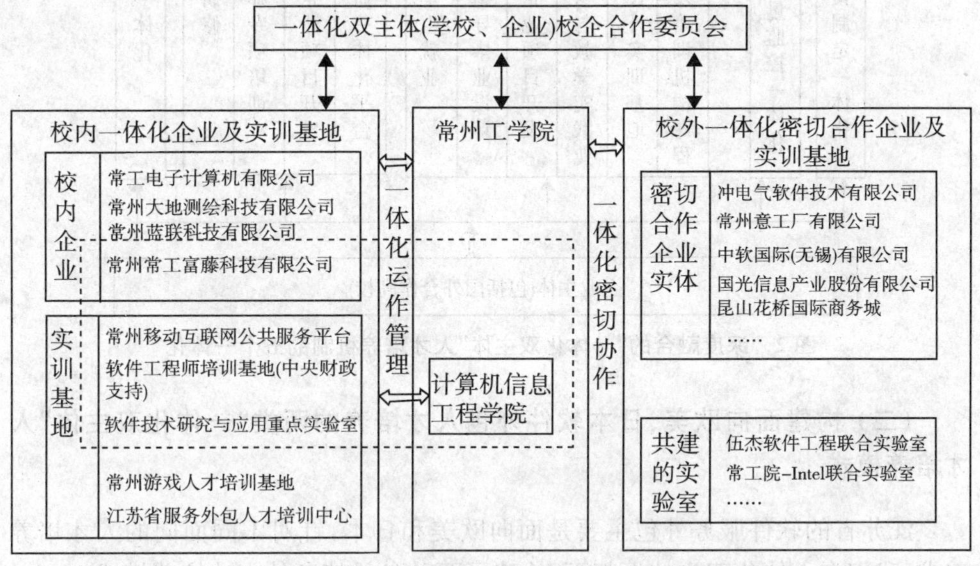

(注：一体化运作管理分成二个层面，由计算机学院运作管理的实体、实训基地构成企业主体的核心)

图 1　深度融合的“一体化双主体”架构

深度融合的“一体化双主体”人才培养机制使核心企业在错位发展中得到了学校“人才、科技”的大力支撑，使学校在履行职能上实现了“人才培养、科学研究、社会服务”的深度融合，真正使校企在运作管理上实现了“目标、责任、权利”的一体化，由此破解了校企合作的相关结症，解决了软件外包人才培养和企业需求相对脱节的问题。

深度融合的一体化双主体要求企业全方位参与人才培养的全过程，承担人才培养任务和责任，在培养过程中实施“五个一体化”。(图 2)

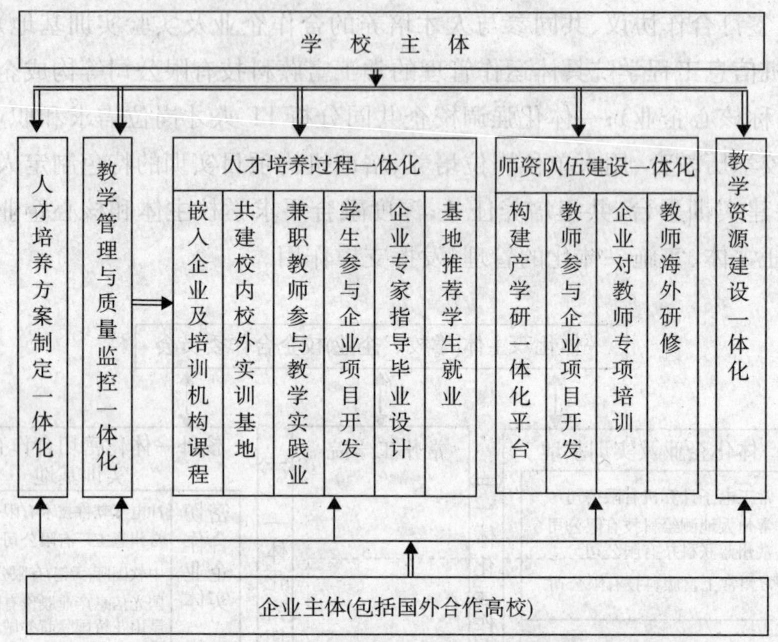

图2 深度融合的"一体化双主体"人才培养机制的五个一体化

（二）构建面向欧美、日本软件外包人才培养的两类"一体化双主体"人才培养模式

江苏省的软件服务外包主要是面向欧美和日本，针对不同面向的人才培养需求，我们在一体化双主体框架下，构建了两种各具特色的人才培养模式。

1. 基于学校和企业双主体并重视政府引导的"三重螺旋体"模式

美国的亨利·埃兹科维茨教授和荷兰的罗伊特·劳德斯多夫教授提出的"三重螺旋模型(Triple Helix)"，解释了在知识经济发展中大学、政府和企业之间在国家创新体系中的相互依存互动关系。

学校在欧美软件外包人才培养中，学习英国赫德福德大学在专业教育中有效发挥企业作用的经验，借鉴创新体系的三重螺旋体模型结构，在校企双主体合作的基础上，根据国情重视政府的引导，构建了基于学校和企业双主体并重视政府引导的"三重螺旋体"人才培养模式（图3）。该模式的要旨是：高校要围绕人才培养责任主导三种力量形成交叉影响的"三重螺旋体"关系节点，由关系节点形成人才培养的能力强化平台。

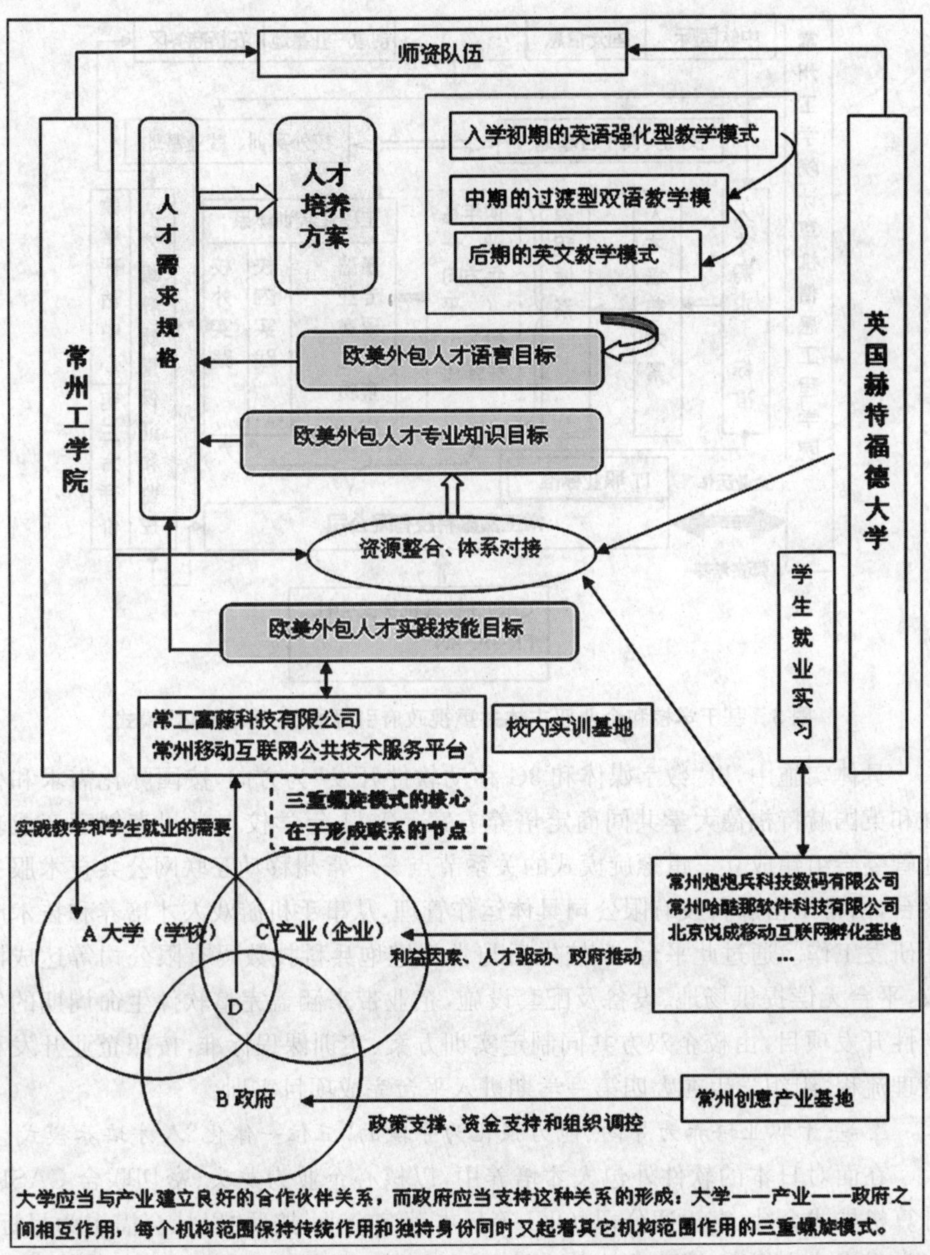
师资队伍
常州工学院
人才需求规格
人才培养方案
入学初期的英语强化型教学模式
中期的过渡型双语教学模
后期的英文教学模式
英国赫特福德大学
欧美外包人才语言目标
欧美外包人才专业知识目标
资源整合、体系对接
欧美外包人才实践技能目标
学生就业实习
常工富藤科技有限公司
常州移动互联网公共技术服务平台
校内实训基地
三重螺旋模式的核心
在于形成联系的节点
实践教学和学生就业的需要
常州炮炮兵科技数码有限公司
常州哈酷那软件科技有限公司
北京悦成移动互联网孵化基地
…
A大学（学校）
C产业（企业）
利益因素、人才驱动、政府推动
D
B政府
常州创意产业基地
政策支撑、资金支持和组织调控
大学应当与产业建立良好的合作伙伴关系，而政府应当支持这种关系的形成：大学——产业——政府之间相互作用，每个机构范围保持传统作用和独特身份同时又起着其它机构范围作用的三重螺旋模式。

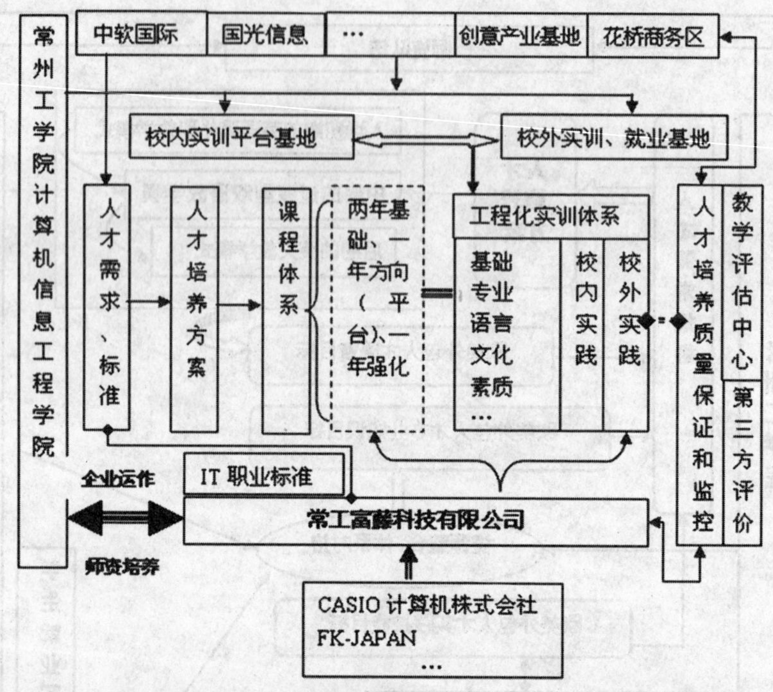

图 3　基于学校和企业双主体并重视政府引导的“三重螺旋体”模式

具体实施中，以“数字媒体和 3G 移动软件开发”为方向，按国际化需求和标准和英国赫特福德大学共同商定培养方案。2011 年学校与常州市创意产业基地管委会组建成立三重螺旋模式的关系节点——常州移动互联网公共技术服务平台，由常工富藤科技有限公司具体运作管理，从事手机游戏人才培养和技术应用研发工作。通过此平台，学校先后与常州炮炮兵科技数码有限公司等达成协议，平台无偿提供场地、设备及配套设施，企业带来涵盖完整软件生命周期的生产性开发项目，由校企双方共同制定实训方案、实训课程标准，按照企业开发和管理流程，组织学生在大四第一学期进入平台完成项目实训。

2. 基于职业培养为导向、能力强化为手段的“三位一体化”人才培养模式

在面对日本的软件外包人才培养中，以核心企业为龙头、密切联合 CASIO 计算机株式会社、富士通公司、OKI 等日本著名企业，按照“以社会需求为目标、以学生成才为根本，以职业培养为导向、以能力强化为手段”的指导思想，综合分析对日软件外包行业对 IT 人才的需求，分解日本 IT 行业岗位标准，确立人才培

养的知识点和能力点，校企共建校内、校外实训基地，以此构建了基于职业培养为导向、能力强化为手段的“三位一体化”模式(图 4)。

- 在应用型软件外包人才培养理念上，充分突出了“理论与实践、知识与能力、国际化背景和行业应用”的“三位一体化”；
- 在设计人才培养方案中，做到了融合“学校的学历教育、用人单位的岗位培养和培训单位的项目实训”要素的“三位一体化”；
- 在人才培养质量保证和监控中，对于人才培养质量的评价实现了用“人单位、毕业学生、第三方评价机构综合评价”的“三位一体化”；对教师教学质量的评价要采用了“督导(评估中心)、学生网上评教、学院教师互评(包括领导听课)”的三种方式综合的“三位一体化”；
- 在进行课程体系设计、制定课程考核标准时，坚持了“学科规范、本科标准、行业特色”的“三位一体化”；
- 在构建工程化实训体系时充分考虑了“理论和实践结合、课内和课外相继、校内和校外整合”的“三位一体化”；
- 在学生创新意识培养中，充分应用了“创新项目驱动、学科竞赛获奖、项目开发强化”的“三位一体化”。

(三) 构建了“校企一体化”双向联动，针对岗位、重视能力强化的人才培养课程体系，形成了以“岗位目标、职业培养”为抓手、以“国际化背景、工程化训练、程序员标准”为标志的软件外包人才培养特色

(1) 遵循计算机学科基本规范，分析人才培养的行业背景及岗位标准，确定“本科标准”的知识点和能力点，在“一体化双主体”人才培养框架下，面向欧美和日本，以“知识保障、能力渐进、素质为本，重视技术应用能力培养为主线”“2＋1＋0.5＋0.5”架构的课程体系。即两年在校内进行公共基础和学科基础学习，一年在校内进行专业基础和专业学习，半年校内基地进行开发平台下的企业课程学习和项目实训、半年在校外企业进行国际化背景下企业实习和毕业设计(图 4)。

(2) 在重视技术应用能力培养的课程体系中，坚持“以学生工程意识、创新意识和工程实践能力培养”为重点，以“培养学生的工程化开发能力和职业素质”为原则，按双主体设计实践教学体系，在“一体化双主体”框架下构建了以校内企业和实训基地为主、一体化管理的工程实践平台，形成一个把基础理论、实践教学和工程实践融为一体的整体化培养机制，让学生的基础知识、科学素养、专业知识、创新能力、工程能力和职业素质都得到全面均衡的发展(图 5)。

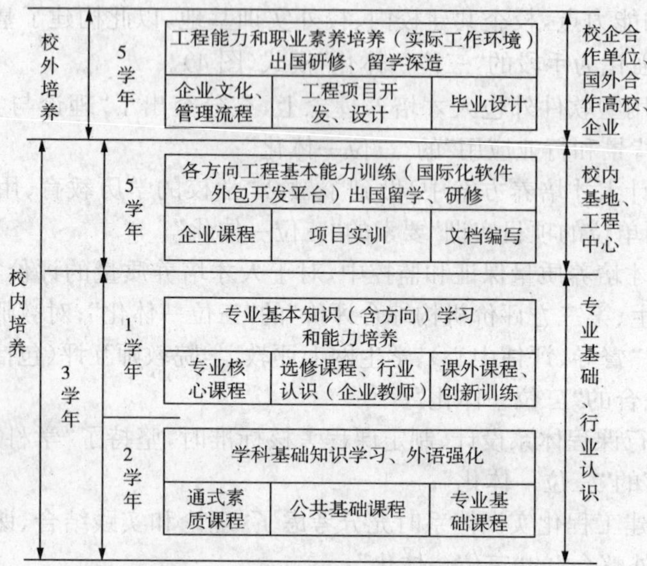

图4 “2＋1＋0.5＋0.5”架构的人才培养课程体系

中软国际资源信息技术（无锡）有限公司	企业实习		项目实训	综合设计能力
江苏国光信息产业股份有限公司			实际项目开发	技术创新能力
天地（常州）自动化股份有限公司			企业课程学习	文档编制能力
常州创意产业园、昆山花桥国际商务区			企业文化、管理规程	沟通协作能力
煤炭科学总院常州自动化研究院			毕业设计	外语应用能力
英国赫德福德大学、台湾勤业科技大学等			国外合作企业研修	职业道德、企业素质
OKI，CASIO 等日资企业			境外合作高校访学、留学	
中央财政支持软件工程师培训基地	校内实训		大作业	软件开发能力
常工富藤科技有限公司			课群课程设计	工程实践能力
3G 移动互联网公共技术服务平台			模块综合训练	项目开发能力
			移动设备应用开发、手机游戏培训	自学能力
计算机实训与创新实验室	课程实验	课外实践	学科竞赛	系统分析能力
人工智能研究室			大学生创新训练项目	项目开发能力
常工院-Intel 联合实验室			暑期大学生社会实践	创新意识能力
			专业认识实习	团队精神
计算机软件专业实验室		课内实践	物理	基础知识运用能力
软件工程实验室			计算机组成原理	工具平台应用能力
软件测试和项目管理实训室			微机原理	逻辑分析能力
伍杰软件工程联合实验室			程序设计语言	自学能力
计算机组成实验室			数据结构	
微机原理实验室			操作系统、编译原理	
嵌入式系统实验室			软件工程	
物联网工程实验室			嵌入式系统、技术	

图5 学生工程化开发能力和职业素质培养的工程化实践环节

(四) 构建了“一体化双主体”下的以校内企业和实训基地为主的工程化实践平台

工程化实践平台包括校内课程实验平台、校内实训平台和校外实习实训平台。课程实验平台以培养学生专业基础知识应用和项目开发能力为目标，以计算机学院中心实验室、江苏省计算机基础实验示范中心等为依托；校内实训平台以培养学生项目开发能力和工程实践能力为目标，以校内企业常工富藤科技有限公司、校内实训基地——常州移动互联网公共技术服务平台和中央财政支持软件工程师培训基地等为依托；校外实习实训平台以培养学生团队协作能力、实践创新能力和职业素养为目标，以紧密协作企业单位中软国际信息技术(无锡)有限公司、江苏国光信息产业股份有限公司等为依托。

1. 常工富藤科技有限公司

常工富藤科技有限公司是在学校的支持下，以拓展国际合作渠道、搭建应用型人才培养平台、成为服务地方的对接窗口为目标，按现代企业制度、整合优质合作资源，由常州工学院科技实业总公司、日本 FK-JAPAN 株式会社等投资组建的，成立以来已发展成为江苏省认定的高新技术企业、软件企业、江苏省服务外包首批五十强之一，取得了卡内基梅隆大学认定的 CMMI 3 级证书以及 ISO 2000和 ISO 27001 信息安全认证，是微软认证的金牌合作伙伴。

2. 常州移动互联网公共技术服务平台

常州移动互联网公共技术服务平台占地面积 250 m^2。目前该平台拥有高性能计算机、基于 iOS 操作系统的手机及平板电脑、基于 Android 操作系统的手机及平板电脑、投影仪等设备。实验室建设有三大智能手机开放式平台：Android，iPhone 和 Windows Phone。该平台可以提供 3G 移动应用开发、移动娱乐开发技术(iPhone)以及 Entertainment System 等课程相关实验的实验环境及手机软件开发实训。

3. 其他一体化实习实训平台建设

学院充分利用中央财政支持地方高校建设资金、江苏省计算机实验教学示范中心建设项目、常州创意产业基地及有关合作企业的支持，共同建设以校为主、多方参与的校内一体化实习实训平台；同时通过校企合作，建立了一批有影响的校外实习实践和就业基地，为学生的校外实践活动提供了良好的平台。

(五) 对接主体企业,借鉴企业质量管理标准,引入过程管理,探索了第三方评价

以省级立项课题研究为契机,将企业质量管理理念引入人才培养领域,注重软件人才培养的过程管理,设计了专业教学质量保障体系,编制了《教学质量管理手册》等质量文件,在学校教学管理框架下对人才培养就业竞争力定期跟踪反馈并实施第三方评价。

(六) 形成了双主体框架下,以参与软件项目开发与管理为抓手,教学与科研联动的师资队伍建设与培养渠道

依托校企合作核心企业,围绕培养和锻炼拥有国际化项目开发、管理实际经验,满足软件外包人才培养的高水平师资队伍,建立了教学与科研联动、国内和国外研修、参与实际项目开发和管理的师资队伍培养渠道,确保了"一体化双主体"人才培养模式的顺利实施。

学院先后派遣 5 名教师赴日本 CASIO、富士通等大公司进行为期一年的项目开发研修;派遣 20 多人次教师赴英国、加拿大、美国等合作高校进行访问及从事为期 3 个月的短期进修;10 多位教师在主体企业担任项目经理、20 多位教师参与项目开发或业务培训。据统计,近几年,共有 160 人次的企业导师指导学生毕业实习和毕业设计。

(七) 引进国外优质资源及校企合作课程等资源库建设

课题组教师主持参与的各类教学改革项目共 14 项;正式发表相关教改论文 17 篇(见佐证材料 6.3、6.4)。

着眼于课程体系的整体优化,引进国外优质教育资源,推进双语教学;按一体化原则,重视企业课程的开发及资源库建设。2008 年以来已建成省级精品课程 2 门,校级精品课程 3 门、重点课程群 1 门、重点课程 6 门、双语课程 3 门、企业课程 17 门;在建校级精品课程 2 门、重点课程(群)2 门;引进英国赫特福德大学课程 16 门、共建课程 2 门;主编教材 8 本;日本专家编写《对日软件系统开发概论》等内部教材 2 本。

三、人才培养实际效果

自实施面向欧美和日本的软件服务外包人才培养试点以来，软件外包相关专业学生的实践动手能力、团队协作能力和创新能力都有了显著提高，学生的就业竞争力也不断提升。近两年来，软件外包相关专业毕业生就业率和签约率均达到 100%，毕业生就业相关度、就业满意度大幅提升（如表①、表②所示）。

表 1　2011 届、2012 届毕业生（软件外包人才培养）概况

服务外包人才培养相关班级		
平均新生第一志愿报考率	91.5%	92.5%
毕业生情况	2011 届：计算机科学与技术（服务外包）39 人	2012 届：软件工程（服务外包）、计算机科学与技术（中英合作）64 人
英语四级通过率	89.5%	91.3%
学士学位获得率	90.6%	97.3%
毕业生总就业率/协议就业率	100%/100%	100%/100%

表 2　2012 届毕业生初次就业率及相关情况统计

<table>
<tr><th>专　业</th><th colspan="2">班　级</th><th>毕业生人数</th><th>签约率</th><th>就业率</th></tr>
<tr><td rowspan="5">软件工程（对日服务外包）</td><td colspan="2">08 软（对日服务外包）</td><td>37</td><td>100%</td><td>100%</td></tr>
<tr><td>工作单位</td><td>国企</td><td>35%</td><td>合资</td><td>30%</td></tr>
<tr><td colspan="4">工作性质与专业相关性（为所学专业或相近专业）</td><td>94.6%</td></tr>
<tr><td>专业满意度</td><td>满意或比较满意</td><td>94.6%</td><td>基本满意</td><td>5.4%</td></tr>
<tr><td rowspan="4">计算机科学与技术（中英合作）</td><td colspan="2">08 计二（中英合作）</td><td>27</td><td>100%</td><td>100%</td></tr>
<tr><td>工作单位</td><td>国企</td><td>35%</td><td>合资</td><td>30%</td></tr>
<tr><td colspan="4">工作性质与专业相关性（为所学专业或相近专业）</td><td>75%</td></tr>
<tr><td>专业满意度</td><td>满意或比较满意</td><td>100%</td><td>基本满意</td><td>0%</td></tr>
</table>

学生参与科技创新活动屡屡取得优异成绩，“机器人创新团队”在 RoboCup

足球机器人比赛中屡次获得佳绩，成为大家公认的国际强队，“程序员之家创新团队”在全国第二届、第三届服务外包创新应用大赛中获三等奖。2篇毕业设计论文获省优秀毕业设计二等奖，20多篇毕业设计论文获校级优秀毕业设计奖。

学校已通过第三方——麦可思公司对学校2011届毕业生进行了独立调查，计算机信息工程学院2011届毕业生就业竞争力指数（综合非失业率、月收入、毕业时掌握的基本工作能力和就业现状满意度四项指标）整体为98.3%，名列全校第一，包括软件服务外包人才培养的计算机科学与技术专业的就业竞争力指数为98.5%，名列全校各专业排名第一。

中软国际信息技术（无锡）有限公司等用人单位对我校软件外包方向的毕业生给予了高度评价。一致认为：毕业生既有较强的专业基础知识和专业实用技术，又有较强的软件外包工程开发能力，既熟悉国际化软件外包开发平台和软件外包企业文化，又熟悉软件外包开发与管理规范，又具有相应外包方向的外语交流与应用能力，体现了应用型人才上手快的要求和服务外包人才国际化的特征。

四、成果水平和实际推广应用价值

（一）成果水平

本成果已获得常州工学院教学成果特等奖，研究成果居国内领先水平。

（二）专家、学校评价、毕业生评价

本成果获得常州大学党委书记、博士生导师史国栋教授，东南大学计算机科学与工程学院院长、博士生导师罗军舟教授，江苏省计算机学会常务理事（秘书长）、南京大学计算机科学与技术系副主任杨献春，河海大学计算机与信息学院院长、博士生导师许峰教授，江苏省计算机学会副理事长、扬州大学博士生导师陈崚教授等专家的高度评价，对成果在国内的领先和推广作用给予了充分肯定。一致认为“该成果在软件外包人才培养理念、课程体系构建和实践环节规划中均有较大创新，特色鲜明，受益面广，兄弟院校广泛认同，有良好的示范作用，对同类高等院校培养应用型软件外包人才有很强的借鉴意义”。

常州工学院教学评估中心徐建方主任认为，“校企一体化”软件外包人才培养机制的研究和实践改革针对性强，特色明显，实践效果显著，对校内外相关专业人才培养具有很好的借鉴意义。

通过对毕业生调查反馈，学生一致认为通过本项目的实施，经过多层次工程化训练，了解了服务外包项目管理流程，个人代码编写能力、沟通能力、团队合作等综合职业能力得到全面提高。

(三) 推广情况

本成果已在计算机信息工程学院应用型人才培养中全面推开，也在学校相关专业应用型人才培养中得到借鉴，受益学生人数超过 8 000 人。

2011 年以软件工程专业为主申报的服务外包人才培养项目获江苏省教育厅和商务厅批准为培养软件服务外包人才试点高校项目；2011 年和英国赫特福德大学合作的软件工程专业 3＋1 项目获教育部正式批准；2012 年计算机科学与技术专业和软件工程专业获批江苏省卓越计划（软件类）试点专业；2012 年软件工程学科获批江苏省重点建设学科（见图 6）。

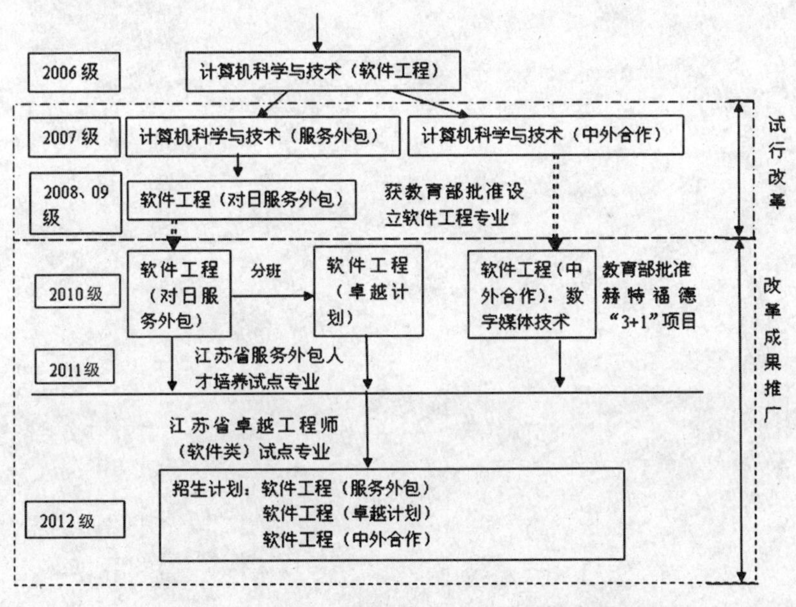

图 6　“校企一体化”人才培养模式推广图

在 2010 年 4 月教育部、商务部在苏州大学举行的服务外包研讨会、2011 年在昆山花桥举行的江苏省服务外包人才培养校企对接交流推进会、2012 年 12 月在常熟理工学院举行的第三届全国服务外包人才培养高峰论坛等会议上，我校教师就本成果进行了交流。

苏州大学、扬州大学、淮海工学院、盐城师范学院、金陵科技学院、江苏师范大学、徐州工程学院、浙江嘉兴学院、浙江湖州师范学院、安徽池州学院、安徽铜陵学院等省内外高校计算机学院领导和老师来院进行交流、探讨、学习。

本成果对于同类高校计算机专业和其他服务外包行业的人才培养也具有借鉴价值。

（2013 年获江苏省高等教育教学成果奖二等奖）

应用型土木工程人才培养模式的探索与实践

李文虎　郭献芳　钱红萍　蒋晓曙
赵风华　代国忠　刘爱华　李书进

"土木工程专业建设项目"从2005年开始在学校立项建设，2009年通过学校验收。我校土木工程专业2009年被批准为国家特色专业建设点，从此开始在更高层次上进行地方高校土木工程专业建设的探索和实践。在专业建设的探索和实践中，我们适应高等教育"大众化"的新形势，主动面向地方、行业的执业需求，通过创新应用型土木工程人才的培养模式，实现地方高校土木工程专业教育的转型发展，显办学特色优势，促进人才培养质量提高。经过几年的探索与实践，取得了一批教学成果，土木工程专业特色建设也取得了显著成就。

一、问题的提出与解决问题的基本思路

在高等教育由"精英"向"大众化"进展过程中，大学的教育职能和培养目标定位也应当随之发生变迁：由"精英"教育的面向少数、造就学术精英转向面向大众兼顾学术创新和职业教育的分层次教育。研究型大学肩负和发挥更多地研究职能，提供知识创新和培养学术精英；而地方高校则直面地方和行业需求，肩负更多的技术传播职能，传扬先进技术和培养地方、行业需要的高素质职业劳动者。地方高校为地方和行业输送高素质的职业劳动者，是地方高校具有合法性的逻辑前提，是适应高等教育发展形势的历史必然，是满足社会经济转型升级的客观要求，也是地方高校自我发展的必然选择。

但纵观全国地方高校，在高等教育"大众化"的背景下，许多高校还沿袭着"精英"教育时期培养"学术创新人才"的定位，按照惯性思维朝着"研究型"大学

迈进。不分学校类别、条件、历史，依然存在着浓重的“学术”中心、“课堂”中心、“教师”中心色彩，重理论、轻实践，重学术、轻技术。带来的问题是毕业生不能满足社会对人才的需求，就业困难，出现了大学毕业生的结构性失业。

要解决这些问题，地方高校就应当主动适应高等教育发展规律，转变传统专业教育思维，更新专业教育理念，实现专业教育转型发展。地方高校应当确树立主动融入地方、行业的专业教育理念，注重专业教育优先与社会需求对接，确立满足行业执业需求的应用型人才培养定位，改变“封闭课堂与开放的人才成长工程环境”相矛盾、“理论师资与应用型人才培养”不相适应、“以教师为中心的知识传输与学生自主参与实践”不协调、“学术本位与面向执业需求”相互脱节的局面，坚持产学研合作，建立适合应用型人才成长的培养模式。

二、解决问题的主要做法

(一) 主动融入地方、行业，确立了满足执业需求的应用型人才培养定位

麦可思数据有限公司对我校土木工程专业毕业生就业去向调查结果显示，我校土木工程专业的毕业生近75%集中在常、苏、锡、沪、宁地区，约92%在建设行业。鉴于此，我校土木工程专业建设指导委员会经过分析论证，确立了“面向长三角、服务建设行业”的服务面向定位。以此作为制定培养方案的基本依据，使我校的土木工程教育体现出鲜明的江南和建设行业特色。实践证明，地方高校专业建设只有融入地方和行业，富有地域和行业特色，接好地气，才能打破“千校一面”，落地生根，才能突破大学毕业生结构性失业的困境，体现高校的社会价值和责任。

麦可思的调查结果表明，我校土木工程专业毕业生主要集中在“基础、结构、房屋外面承建”岗位。在专业建设委员会建议下，确立了“瞄准执业需求，强化工程实践教育环节，培养建设领域承建和设计执业工程师”的培养目标。根据面向工程执业实践的培养目标定位和土木工程实践性学科专业的特点，在专业培养方案中，一方面强化课内实践性教学，另一方面，借助“工程实践教育中心”等产学基地，培育专业实践的第二课堂。在第一课堂中，课内实践性教学环节占到了总学时的40%余。除了实习外，主要知识领域都安排了课程设计，比如房屋建筑学、地基基础、混凝土结构、钢结构、施工、项目管理、工程估价等。通过设置课外“创新学分”，引导学生主动走向以“工程实践教育中心”为主要平台的第二课

堂。实践证明，通过大量卓有成效的专业实践，可以提高学生职业技能，实现学校专业教育和未来岗位执业的有效衔接，学与用的“无缝对接”，受到好评。

(二) 创新应用型土木工程人才的培养模式

按照应用型土木工程人才的成长要求，我们创建了“依托工程实践教育中心等实践教育基地，发挥‘双师型’、有企业经历教师和企业导师的师资优势，强化工程实践，在真实的土木工程环境中培养土木工程人才，第一课堂、第二课堂交互联动的立体化育人体系”的应用型人才培养模式。

在工程环境中培养工程人才。建立产学研合作育人机制，与南通四建集团公司、江南大学共建国家级“工程实践教育中心”，与江苏省建筑科学研究院、江苏筑森建筑设计公司、常州第一建筑工程公司、武进建安集团公司等不同执业类别的企业共建省级“木工程实践教育中心”等校外实践基地；充分发挥校办建筑设计所、工程质量检测所和土建中心实验室等校内专业资源作用，建立了校内实践教育中心。校外“基地”和校内“中心”搭建起了实践教育的基本架构，延伸了应用型人才培养的课堂。它不单满足了建筑认识实习、施工生产实习对工程场所的需要，更是提供了熟悉建筑产品生产全过程、真实体验施工工艺实现过程、工程质量实现过程的实例，实现了由参观性实习向体验式实习的转变。不仅如此，专业培养方案中的房屋建筑学、混凝土结构、钢结构、工程施工、项目管理、工程量计算与工程估价等课程设计和毕业设计等环节也都安排实践教育中心深度参与，使封闭的课堂向工程开放。

由应用型师资培养应用型人才。借助工程实践教育中心的平台，通过政策鼓励和引导专业教师参与工程实践，丰富执业经验，增强专业技能，造就适应应用型人才培养的“双师型”队伍。目前，在专业教师中，有80%的“双师型”或有企业经历的教师。另外还聘请了40余位执业经验丰富、责任心强的企业兼职导师。实习、课程设计、毕业设计等实战训练项目由“双师型”或有企业经历的教师和企业导师“双导师”共同指导。实现了由应用型师资培养应用型人才，解决了理论性师资培养应用性人才的矛盾。

在开放环境中检阅人才的培养质量。改革学习效果的考核评价方式，由传统的考核知识掌握程度转向设定情境下知识的运用；由封闭考核转向让企业教师参与的毕业答辩、课程设计答辩、实习和社会实践答辩。在专业实践教学中，力求使课题源于工程实际，把真实的工程问题原汁原味地留给学生；“双导师”按照工程标准指导学生的专业实践活动，让学生按照规范、标准要求解决工程问题。鼓励学生参加专业竞赛，以横向考核专业教育质量。

发挥学生主体作用，建立应用型人才培养的“立交桥”。创新学生学业管理机制，变课堂中心、教师中心的“圈养”模式为充分发挥学生主体作用的“放养”模式。在专业培养计划中，设置独立于第一课堂之外大学生“创新学分”，把专业创新实践活动作为学生毕业的基本条件。从而建立起学生自主、自觉参加专业创新实践活动的激励机制，调动学生参加专业实践的积极性，让学生真正成为专业教育的主体，构筑起了第一、第二课堂交互联动的人才培养立交桥。通过开放工程实践教育中心，为学生自主参加专业实践活动提供支持。几年来，每年都有多人次参与混凝土配比设计、结构创新竞赛、工程质量检测、工程事故调查分析、工程监理等专业实践活动活动。第二课堂由学院发起并提供支持，由学生自主组织、自发参加，已经成为第一课堂的重要补充。立体化的训练平台，很好的促进了学生的个性成长，提高了专业技能。

（三）坚持以科研和社会服务促教学，注重专业、学科协调发展

正确处理教学、科研和社会服务的关系，坚持教学的中心地位，积极开展科学研究，主动融入地方经济建设和社会发展。通过科研和社会服务，培育学科特色和优势，夯实专业建设的学科基础。近三年，承担国家自然科学基金项目3项，省部级项目8项，企业委托项目几十项，发表学术论文100多篇。逐步形成了结构设计优化、岩土与基础工程设计、绿色与节能建筑、工程检测与加固、工程质量事故鉴定等学科特色和优势。科研创新和专业实践活动的成果通过教师的教学活动融入人才培养，科研和社会服务反哺教学，使专业建设内涵更丰富，专业教学时效更强，提高了人才培养教学质量。

三、成果的创新点与特色

（一）树立“融入长三角建筑行业，满足执业需求，培养应用型土木工程人才”的专业建设理念

适应高等教育大众化的新形势，把土木工程教育置于地方建设行业环境中，面向长三角建设行业，适应岗位执业需求，培养承建和设计执业工程师，实现专业教育由“学术中心”向“职业中心”“课堂中心”向“工程中心”“教师中心”向“学

生中心”“知识掌握”向“知识运用”的转型发展。

（二）创建“由‘工程师’在工程环境中培养应用型土木工程人才”的培养模式

建立产学研合作育人机制，依托与企业共建的“工程实践教育中心”等实践教育基地的优势资源，发挥校内“双师型”或有企业经历师资、企业教师在培养应用型人才上的独特作用，通过在真实的土木工程环境中对学生强化工程实践训练，提高解决专业问题的能力，提升专业核心竞争力。

（三）构筑“第一课堂与第二课堂交互联动”的立体化应用型人才培养体系

创新学生学业管理机制，通过在培养计划中引入“创新学分”，把“创新学分”作为毕业的前置条件，建立起学生自主参加专业实践的激励机制，培育以开放“实践教育中心”为主要形式、以专业实践活动为主要内容、以学生自主管理、自愿参加为显著特征的的第二课堂。两个课堂相互补充、相得益彰。

（四）实施“把握中心，夯实基础，促进专业、学科协调发展”的系统建设举措

以提高应用型土木工程人才培养质量为中心，通过专业教师的科研和社会技术服务，培育学科特色、优势，夯实专业建设的学科基础。把教师的科研和社会技术服务成果反哺教学，把学科优势转化为教学特色，丰富专业建设的内涵，促进专业、学科协调发展。

四、成果的推广成效

（一）毕业生很好地被行业接受

根据江苏省高校招生就业部门公布的信息，近三年我校土木工程专业毕业生的初次就业率分别为 96.1％，97.7％，98.4％，高于麦可思研究院《大学生就业报告》中同专业 95.7％，93.8％，95.3％的就业率。麦可思提供的《常州工学院社会需求与培养质量年度报告（2013）》表明，土木工程专业 2012 届毕业生就业竞争指数达 95.4％，毕业半年后的月薪为 3 328 元，高于同专业全国平均的 2 194元及全省非 211 高校的 3 139 元；非失业率为 97％，高于全省非 211 高校的同专业均值 94％；工作与专业相关度为 91％，与全省同专业基本持平；毕业生就业现状满意度 77％，高于全省非 211 高校 62％的均值，高于全国高校同专业的

58%;毕业生校友推荐母校比例为57%,与全省水平持平;毕业生对母校满意度为89%,与全省水平持平;对与工作相关的核心课程满意度达85.6%。

(二) 教学质量显著提高

有多人次在全国、省大学生力学竞赛、基础力学实验邀请赛、非理科专业高等数学竞赛中获奖;有多人次发表了学术论文,其中两篇被EI检索;多人次在全国三维数字化创新设计大赛、江苏大学生结构创新大赛、全国大学生混凝土设计大赛中获奖。近三年研究生考取率分别为17.6%,10.9%,10.3%,高于同专业的约6%。仅2013年,参与各类专业实践的学生就有百余人。

(三) 专业建设成效显著

土木工程专业2009年确定为国家特色专业建设点,2012年通过省级特色专业验收,2012年与建筑学专业被确定为江苏省重点专业(类)建设项目。

在专业教师中,教授、副教授职称教师的比例为60%;博士比例为40%,"双师型"或有企业经历的教师比例为80%。另选聘高校和研发、设计、施工单位学术水平高或工程经验丰富的兼职教师40余名。师资队伍、课程、教材等基础建设取得成效。

(四) 产学研合作良性发展

与南通四建集团公司、江南大学共同建设的"工程实践教育中心"已通过国家立项建设。与江苏建筑科学研究院、江苏筑森建筑设计公司和常州市第一建筑工程公司共同建设的"土木工程实践教育中心"已经在江苏省教育厅立项建设。另外建有产学研基地10余家。

(五) 取得了一批教学成果

获得江苏省高等教育教学成果一等奖一项,校教学成果特等奖一项,一等奖4项,二等奖一项。获得国家、省多媒体课件比赛奖4项;省级精品教材3部;校精品课程(重点课程群)9门,校重点课程3门。

在几年的应用型土木工程专业人才培养模式探索与实践中,共完成省部级教学类项目4项,发表教研论文30篇。

(六) 教学管理规范,教学秩序良好

先后出台了《土木工程专业指导委员会章程》《课程考核管理规定》《实习管理规定》《毕业设计管理规定》《双导师制及企业导师遴选管理办法》《创新学分管理规定》《大学生创新计划项目(实践中心开放项目)管理办法》《加强学生专业实践若干规定》《教师教学过程监控与评价办法》等教学管理规定,为创新应用型人才培养模式提供了制度支撑,规范了课程考核、实习、毕业设计、专业实践等重要教育教学环节。

(2013 年获江苏省高等教育教学成果奖一等奖)

工业工程专业“三贴近，一深入”实践教学模式建构与实践

应可福　李卫红　甘信华　宗蕴璋　李　炭　丁兆国　张　忠

一、研究背景及意义

工业工程专业(以下简称本专业)主要培养服务于企业一线的应用型人才。因此,更需要注重学生熟练运用工业工程知识和方法解决实际问题的应用能力培养。然而,由于资金投入受限、企业经营模式变化等因素的影响,使得大多数应用型本科院校没有形成与人才培养要求相适应的行之有效的实践教学模式和方法,不具备与之相匹配的良好的实践教学条件和环境。

针对这些问题,近年来本专业对接区域经济发展需求,通过产学研结合、实施校企联动,创建了“面向需求、以学生应用能力培养为核心”“以‘三贴近,一深入’为主要内容”“以企业—学生—学校为评价主体”的“三层次”工业工程专业实践教学新模式(参见图 1)。

二、成果主要内容

(一) 面向需求、以能力培养为核心构建实践教学模式

对接区域经济和企业的需要,构建实践教学新模式。注重学生应用能力的培养,坚持“应用型、开发式、学生主体、教师引导”的实践教学原则。通过知识、能力划分,使各实践教学过程目的明确、内容充实、过程受控。

(二) 以“三贴近、一深入”为主要内容、以“本土特色”的实践教学平台和环境为支撑强化应用能力培养

1. 以“三贴近、一深入”为主要内容

以“三贴近,一深入”为主要内容,强化实践教学环节(参见图 2)。

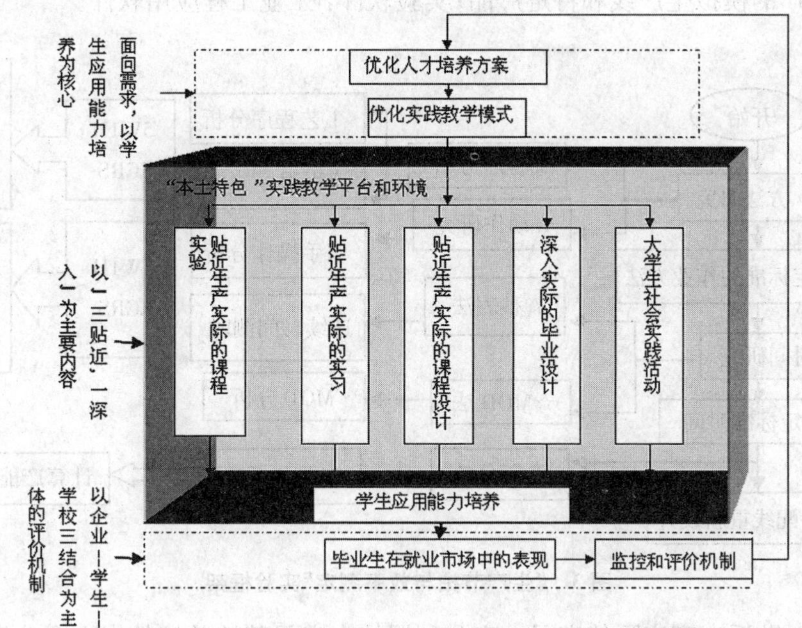

图 1 工业工程专业实践教学新模式

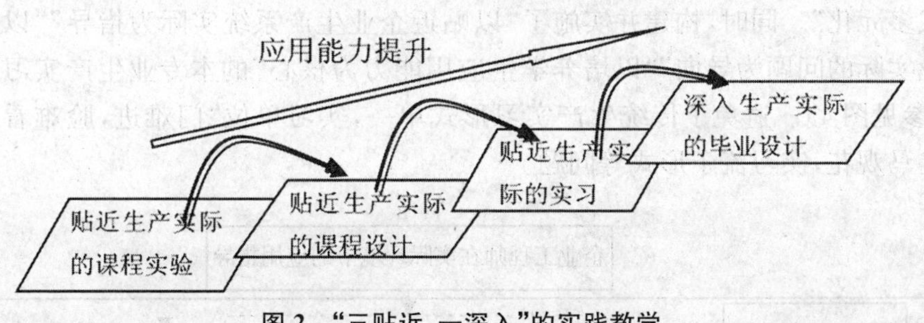

图 2 "三贴近，一深入"的实践教学

(1) 贴近生产实际的课程实验。在策划和设计教学实验时，以"贴近生产实际为导向"，以"模拟、仿真"为手段，以基于微型工厂的生产系统和软件为平台，以综合性、设计性、创新性实验为载体，通过"演示验证、综合设计、创新提高"三个不断深入的过程培养学生综合运用所学知识和技能解决复杂问题的应用能力。

以"生产节拍与效率测定"实验为例（参见图 3）。实验目的：要求学生通过运用方法研究、时间研究、产能分析等知识对流水线进行优化；实验硬件：基于微型工厂的模拟生产线和特定产品；实验软件：工业工程应用软件。

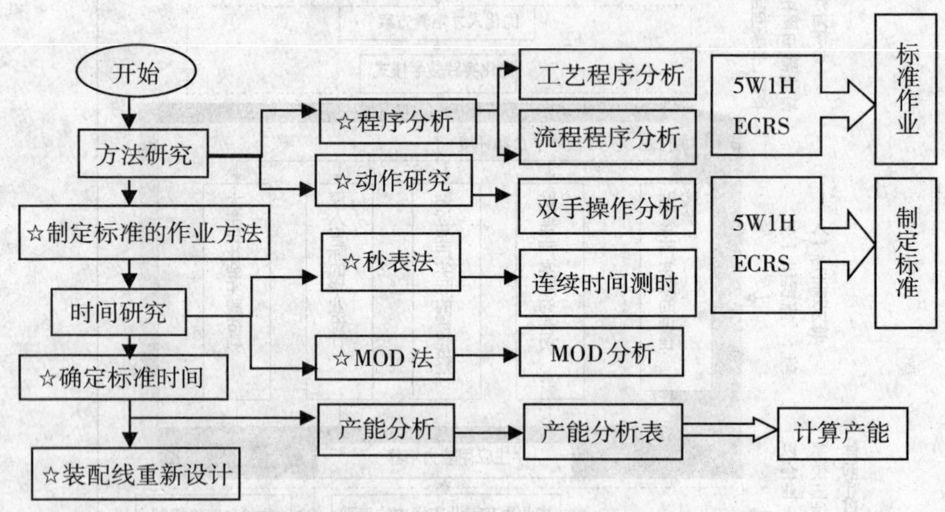

图 3 “生产节拍与效率测定”实验框架

（2）贴近生产实际的实习。充分利用校内实习基地及校外本土企业实践教学基地，校内和校外实习相结合，课内集中与假期分散实习相结合，实现了“实习方式多元化”。同时，构建并实施了“以贴近企业生产系统实际为指导”“以符合企业实际的问题为导向”“以培养学生应用能力为核心”的本专业生产实习新模式（参见图 4）。避免了传统生产实习形式单一，实习单位“门难进，脸难看”，学生走马观花，实习流于形式等问题。

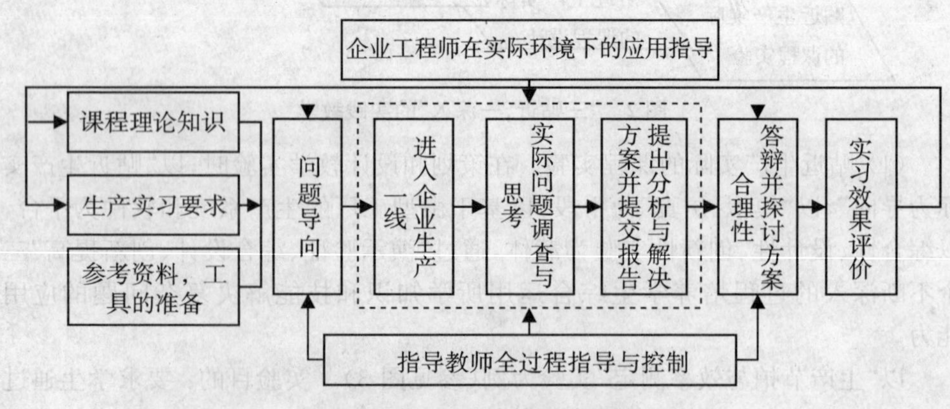

图 4 贴近生产实际的生产实习

(3) 贴近生产实际的课程设计。本专业的课程设计以“科学性、实践性、可行性,适应性”为原则。在内容安排选择上,“以贴近企业生产实际”为内容;在教学安排中,“以学生为主体,以项目为导向,以学生应用能力培养为目标,以学生个人能力为基础”,合理搭配,一组一题,分工协作,各司其职,实现了以项目管理为控制手段、做到“人人有事做,人人事不同”。避免了内容脱离实际,过程控制松散,“一人做,多人抄”等现象。

以本专业核心专业课程“物流工程”课程设计为例(参见图5)。

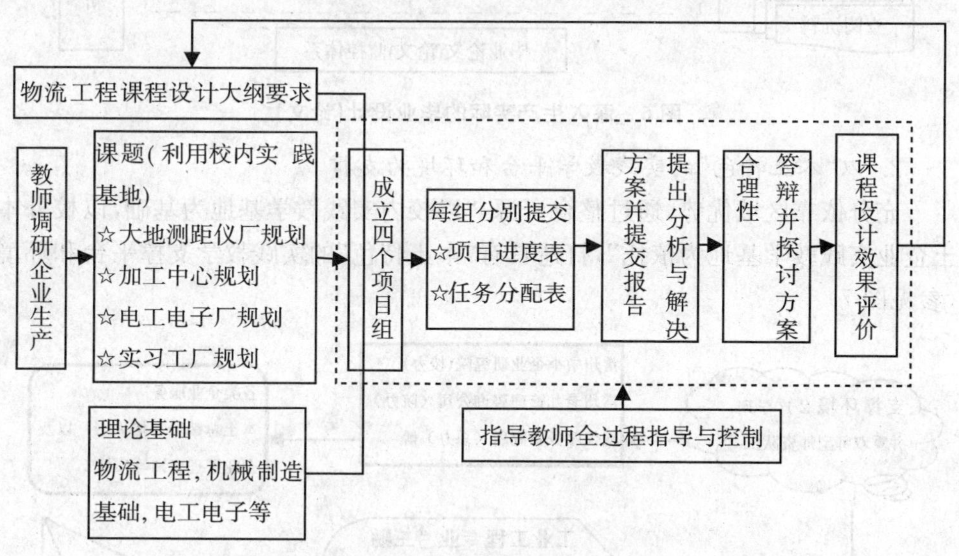

图5　物流工程课程设计流程实例

(4) 深入实际的毕业设计(论文)。围绕应用能力的培养,确定了“综合训练,贴近专业,结合工程,鼓励创新”的本专业毕业设计(论文)指导思想。制定了本专业毕业设计(论文)选题申报、质量监控等制度;强调“学生主体,深入企业,结合专业,发现问题,自主选题,自我分析,教师引导”(参见图6);注重“毕业设计(论文)与实际相结合,与学生就业相融合”。通过毕业设计(论文)进一步加强了与企业的互动,不断完善了企业资源库、学生就业资源库、课题来源库等。极大地改变了传统毕业设计(论文)写作过程中教师主导,学生从属的情况,最大程度地激发了学生的积极性和主动性。解决了毕业生“工作与学习冲突、理论与实践脱节、选题与工作无关、就业与论文质量”的矛盾,真正实现了实践教学与企业生产实际的无缝对接。

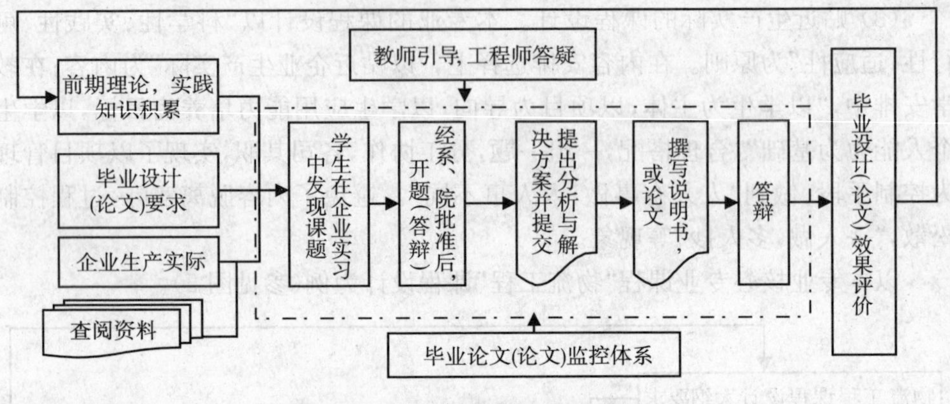

图 6　深入生产实际的毕业设计(论文)

2. 以"本土特色"的实践教学平台和环境为支撑

充分依靠区域优势,通过整合资源,"以校内实践教学基地为基础,以校外本土企业实践教学基地为依托",打造具有"本土特色"的实践教学支撑平台和环境(参见图 7)。

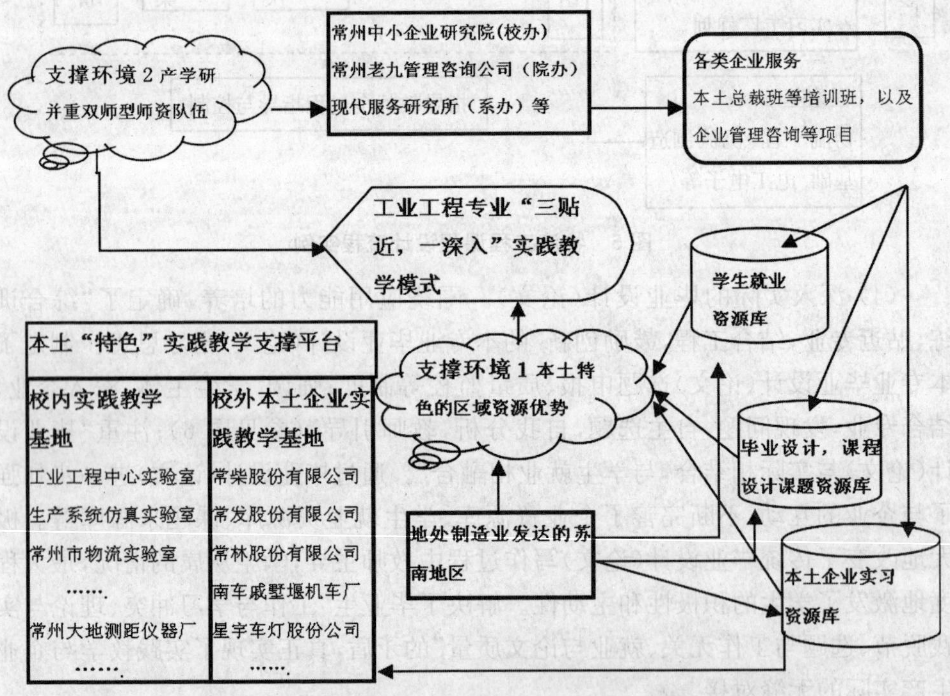

图 7　具有"本土"特色的工业工程专业实践教学支撑平台和环境

(1) 打造具有“本土特色”的校外优质实践教学资源环境(支撑环境1)。依托常州制造业发达的得天独厚的区域经济优势以及“本土化总裁班”等社会服务项目,建立了以本土企业为依托的实践教学资源库和学生就业资源库。目前,固定的校外实践基地有35家。

(2) 打造贴近企业生产实际的校内实践教学基地。精心打造校内实践基地,突出贴近生产实际的特点。建设了“基于微型工厂的工业工程中心实验室”(参见图8)、生产系统仿真实验室等;加强和完善了“多层次”的校内实践基地的建设。

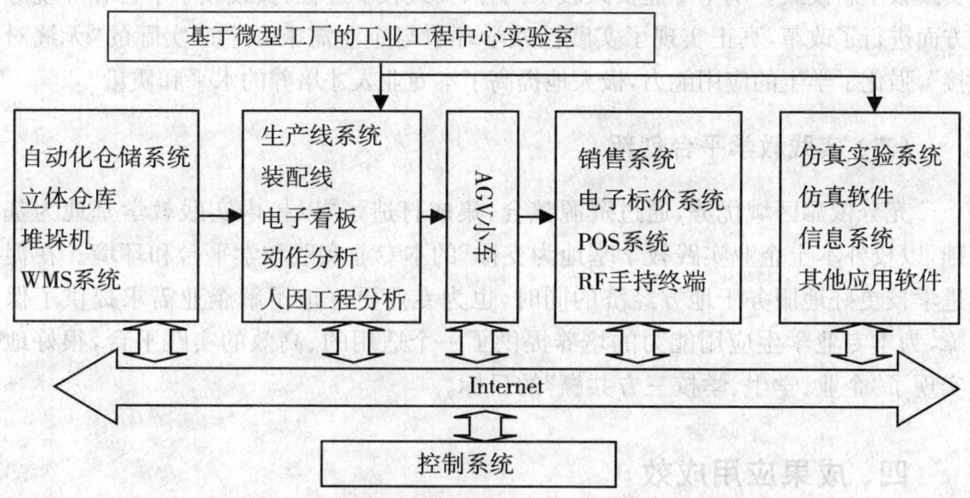

图8 基于微型工厂的工业工程实验平台

(3) 构建了产学研并重的双师型师资团队(支撑环境2)。构建了由12人组成的师资团队,其中教授3人,副教授5人,讲师4人,双师型教师占比为66.%。

(三) 建立以“企业—学生—学校”三结合为主体的“三全”评价机制

在学校现有监控制度基础上,制定了毕业生定期跟踪回访制度、企业用人单位对毕业生评价制度、企业专家评价制度、监控反馈制度等,建立了真正意义上的“全员参与、全程管理、全面介入”的“三全”实践教学质量评价机制。实现了评价的“校内—校外的结合”“企业—学生—学校的结合”“封闭式、标准化的评价与开放式、个性化的评价相结合”,提高了评价的有效性、客观性,起到“以评促教”

“以评促学”的作用，改变了过去评价的片面性、静态性、形式化，重视理论教学的监控，忽视实践教学监控；重视校内的意见，忽视企业的意见等问题。

三、创新点

(一) 实践教学模式创新

系统构建了“面向需求、以学生应用能力培养为核心”“以‘三贴近，一深入’为主要内容”“以企业—学生—学校为评价主体”的“三层次”本专业应用型人才培养实践教学新模式。从本专业实践教学内容、实践教学过程、实践教学平台和环境等方面进行了改革，真正实现了实践性教学环节与企业需求和生产实际的“无缝对接”，强化了学生的应用能力，极大地提高了本专业人才培养的水平和质量。

(二) 实践教学平台创新

充分依靠区域优势，通过资源整合，集成打造了“以校内实践教学基地为基础，以校外本土企业实践教学基地为支撑”的本专业实践教学平台和环境。在促进学校更好地服务于地方经济的同时，也为专业更好地了解企业需求提供了保障，为本专业学生应用能力的培养提供了一个适用的、高效的实践平台，很好地实现了“企业、学生、学校三方共赢”的目标。

四、成果应用成效

(一) 学生就业竞争力强

本专业自 2006 年有第一届毕业生。从 2008 届至 2012 届，5 届毕业生的一次签约率均为 100%，本专业培养的人才得到了用人单位的普遍认可和欢迎，特别在苏南乃至江苏地区具有了较强的影响力。如富士康(昆山)连续多年录用本专业毕业生，仅 2007 年就录用 23 人；从 2010 年起，徐工集团已连续 3 年每年录用本专业毕业生 3～4 人。在 2012 年学校委托麦可思数据有限公司对 2011 届毕业生的跟踪调查中，本专业的就业竞争力位于学校第三。

(二) 实践教学质量优

实践教学质量大幅提高。特别是，综合体现应用能力的毕业设计(论文)成效更为显著。2006年以来本专业所有毕业设计(论文)选题与生产实际相结合率平均达到90%以上。自2006年以来,每届学生均有一篇毕业设计(论文)获得江苏省优秀毕业论文。迄今为止,共获江苏省优秀毕业论文7篇;获校级优秀毕业论文18篇。实践教学很好地实现了"企业、学生、学校三方共赢"的目标。

(三) 产学研合作成效显著

通过互惠互利,优势互补的校企合作运作机制,"产学研"相结合,既实现了为区域经济服务的目的,又极大地丰富了实践教学内容,提高了实践教学质量。依托这些校外实践教学基地,为学生营造了尽早适应社会及工作的条件与氛围,尽可能多的"贴近"或者"深入"实践。避免了学生"学"和"用"之间的断裂,提高了学生的应用能力;同时,这些校外实践教学基地,为学校拓宽了学生就业面、成为企业点对点招收人才的一个平台,提升了本专业学生的就业竞争力。

(四) 学生应用能力(强)、实践能力和创新能力得到显著提高

学生获得第十二届"挑战杯"全国大学生课外学术科技作品竞赛江苏省二等奖1项;"金蝶杯"常州市大学生物流企业经营管理沙盘大赛特等奖2项;"新华杯"常州市第二届高等教育和职业教育创新创业大赛二等奖1项;校"挑战杯"大学生课外学术科技作品竞赛二等奖1项;指导大学生创新创业实践训练项目11项,其中省级立项4项,院级立项7项。

(五) 社会评价好

1. 同行及专家评价

项目成果多次在全国质量工程学科学术研讨会及华东地区工业工程(IE)教学研讨会进行交流,成果受到了与会的许多同行及专家的肯定。同时,成果也获得南京航空航天大学李南教授、江南大学王丽娟教授、湖北工业大学杨练根教授、江苏常发集团副董事长兼副总经理谈乃成先生等省内外专家的一致好评。

2. 毕业生评价

专业系通过问卷及访谈等多种形式对本专业的毕业生进行了不定期的回访。这些毕业生在各自的工作岗位上取得了可喜的业绩。调查中他们都表示,本专业的创新实践模式对他们应用能力提高起到了很大的作用,为他们适应工作、适应社会奠定了扎实的基础。

3. 用人单位评价

专业系不定期通过问卷及访谈等多种形式就本专业毕业生的表现情况进行了跟踪调查。用人单位对本专业毕业生的综合素质，特别是应用能力给出了很高的评价。

4. 第三方评价

2012年学校委托麦可思数据有限公司对11届毕业生进行跟踪调查。调查结果显示，工业工程专业的校友满意度为91%，位于全校第二。

(六) 推广价值大

通过本课题的研究、建设与应用，构建了工业工程专业实践教学新模式，在国内同类大学中尚属首创。本课题研究成果对于提高我国应用型人才培养质量，推动地方型高等学校更好地为区域经济服务具有重大的现实意义、指导价值和应用推广价值。

(2013年获江苏省高等教育教学成果奖二等奖)

复合型应用型本科英语人才培养模式的创新与实践

戎林海　朱　江　蒋　勇　杨　焱　冯雪红

常州工学院外国语学院英语专业具有较长的办学历史、较为坚实的学科基础、优质的课程资源和良好的教学条件。英语专业是我校的传统优势专业，也是常州地区办学历史最为悠久的英语专业。近年来，我们积累了丰富的办学经验，为社会、尤其为常州市及其周边地区的经济建设输送了近千名优秀人才。外国语学院一贯高度重视英语专业的建设与发展，注重英语专业人才培养模式的改革与创新，始终坚持培养高素质的具有创新精神和实践能力的复合型应用型本科人才的定位，注重用先进的教育理念指导办学实践，并结合地方经济结构发展的特点、要求，进行学科、专业建设，不断深化教育改革，创新人才培养体系，探索和实践复合型应用型人才培养模式。英语专业复合型应用型人才培养模式创新与实践是根据社会需求的巨大变化，审时度势、与时俱进做出的一个创新之举。英语专业的建设目标是通过创新教育教学理念，创造性开展教学改革，特别是课程体系、教学内容与方法、实践环节等人才培养模式的综合改革，全面提高教育教学质量，培养具有国际视野、跨文化交际才能、实践动手能力和创新创业精神的高素质复合型应用型英语人才。

一、成果的主要内容

(一) 明确人才培养定位，加强学科、专业建设，为专业建设奠定坚实的学科专业基础

作为人类交往工具的外语和文化传播者的外语人才必将成为这场竞争的核心，特别是英语和英语人才。过去那种单一英语专业和基础技能型的人才已不

能适应市场经济的需要，市场对单纯语言文学专业毕业生的需求量正逐渐减小。因此，英语专业必须从单科人才培养模式转向宽口径、应用性、复合型人才的培养模式。经过调研，我们认为 21 世纪的英语人才应具备以下 3 个方面的特征：①扎实的语言基本功。主要指语音、语调的标准，词法、句法、章法的规范，词汇表达的得体，熟练的听、说、读、写、译的技能，较强的外语实际运用能力和跨文化交流才能。这是适应社会主义市场经济和科学技术发展的需要和前提，也是复合型英语专业人才培养的目标。②宽广的知识面。英语专业的学生除了熟练掌握的英语专业知识和专业技能外，还应该具有宽广的知识面。必须至少熟知一门相关学科或专业的知识，这是培养复合型人才的一个重要方面。相关学科的知识要涉及外交、外事、金融、经贸、文学、语言学、法律、新闻和科技等诸多学科领域。③较强的实际外语应用能力和跨文化交际能力。英语专业教学要注重培养学生自主学习的能力、较强的实际外语应用能力和跨文化交际能力以及创新创业能力。同时，语言的学习必须与异国文化的熟悉同步，逐渐养成良好的跨文化交际能力。

外国语学院英语专业人才的培养定位是：培养具有扎实的英语语言基础和比较广泛的跨学科知识，具有创新创业精神和初步科学研究能力，应用能力较强，德、智、体、美全面发展，能在外事、外经、外贸、教育、科研、旅游等部门从事翻译、业务操作、教学、研究、管理等工作的高级复合型应用型英语专业人才。英语专业复合型应用型人才培养模式创新秉承常州工学院“坚持面向基层、服务地方和培养高素质的具有创新精神和实践能力的应用型本科人才”的教育理念，以学科建设为龙头，以专业建设为核心，团结奋斗。经过多年努力，已奠定了较为坚实的学科专业基础。2004 年外国语学院英语专业以 97 分的高分成绩顺利通过了江苏省学士学位授权专业评估。2006 年 12 月，学校在全省新建本科院校中率先以优良的成绩通过了教育部本科教学工作水平评估。英语专业 2006 年被学校评为特色专业建设点并于 2010 年确立为特色专业。2010 年，翻译学科被列为学校重点建设学科。

在学科建设与专业建设中，我们充分发挥学科梯队和英语专业指导委员会的作用。学科、专业指导委员会的主要职能就是根据本学科的发展方向，组织编写、修订本专业教学计划、教学大纲、教材等，对专业改革中的重大问题给予指导、研究，分析专业的发展方向，为教学管理、教学改革、科研等提供建设性、指导性意见。作为外国语学院英语专业建设和改革的指导机构，专业指导委员会的成员定期通过各项具体教学、科研、研讨、讲座等活动能实质性、制度性地参与人才培养的全过程，指导教学计划编制、教学项目改革、实践性教学建设，不断提升英语专业办学质量。

具体而言，英语专业指导委员会在英语专业应用型复合型人才培养的过程中发挥了以下重要的指导作用。专业指导委员会多次举行专业建设研讨会，讨论专业建设规划、人才培养模式改革以及教学过程中的具体改革措施与实际工作。实践证明，英语专业指导委员会的专业发展定位准确、方向明确。专业指导委员会成员始终保持优化组合的最佳状态，根据学科发展规律、专业发展需要、人才培养规格变化、时代发展召唤，适时动态调整专业指导委员会成员的构成，兼顾校外具有丰富实践经验的本领域的专家能够吸纳到专业指导委员会中来，做到不同层次的成员优化配置，始终保持委员组成的科学性、合理性、有效性，最大限度地发挥专业指导委员会的指导效能。比如，外国语学院聘请了常州市戚墅堰区政协副主席、统战部长董宪教授、常州市外事办公室主任沈一林先生、常州市对外贸易集团副总经理陈文新先生（外国语学院英语专业毕业生）等专家作为英语专业指导委员会的委员，同时聘请他们作为英语专业兼职教授，不定期给学生开设专题讲座，丰富学生知识结构、让学生了解外经外贸企业运作机制以及对人才规格的要求等，有效地指导了学生的学习方向。这些校外专家作为专业指导委员会委员，还积极主动地为英语专业学生介绍、提供实习场所，以期锻炼学生的实践动手能力，增强毕业生的核心竞争力。

（二）明确专业建设思路，确定复合型应用型人才培养目标，不断优化人才培养方案

外国语学院英语专业将“基础实、专业通、技能多、素质好、适应快”十五字作为专业建设指导思想。“基础实”就是注重掌握英语基础和相关专业的基本知识，培养语言应用能力和分析解决问题的能力。“专业通”就是强化专业方面的知识。“技能多”就是在校期间学好掌握好以后进入社会所需的各种技能。如，翻译技能、跨文化交际技能、外贸实务技能等。“素质好”就是加强基本素质和专业素质教育，使学生具备正确的价值观和道德观，具备健全的心理和健康的体魄，同时引导学生根据职业意向和自身特点，有针对性地提高专业素质。“适应快”就是面向企事业单位的应用需求，面向学生职业生涯设计计划，改进教学内容和教学方法，使学生德、智、体、美全面协调发展，快速适应社会不断变化的

需求。

人才培养方案是专业建设的核心，是实现人才培养目标的基础和保障。培养适应社会经济建设和发展需要的，德智体全面发展的，基础扎实、知识面宽、实践能力强，有创新意识和良好综合素质的外经外贸外事领域应用型、复合型高级英语人才是本专业的培养目标。外国语学院十分重视英语专业人才培养方案的制订和修订，并把它作为不断推进教育教学改革，不断优化人才培养模式，完善专业人才知识结构，提高人才培养质量过程中的重要环节。为使人才培养更加科学合理，在广泛调研、充分论证的基础上，每年均对原有的培养方案进行修订，并多次召开研讨会，听取校内外专家、企事业用人单位的意见与建议。修订后的方案更加适应经济社会发展对人才培养的需求，明确提出了“复合型应用型英语人才”的培养目标。英语专业复合型应用型人才培养模式的主要内容包括：一个基本培养目标（高素质复合型应用型英语人才），二种知识（英语专业＋外贸英语或翻译或科技英语方向）融合，三个渠道（课堂教学、校内实践、校外实践），四个结合（理论与实践相结合，校内与校外结合，教学与科研相结合，输入与输出相结合），五个研究（研究专业、研究课程、研究教材、研究教法和研究学生）融为一体的方式。

（三）加强教学内容改革，提高课程、教材建设水平，为专业提供优质的课程资源

教学内容应力求适时充分地反映高等教育改革和专业的新发展、新要求，减少陈旧内容。外国语学院英语专业的教学内容改革本着“重素质、重能力、厚基础、宽口径”的教育理念，重视对学生基础理论、基本知识、基本技能的培养；注意为学生构建点面结合、宽度深度结合的知识结构；着眼于学生在专业上进一步发展的需求及就业需求，注意综合素质的培养结合。从实施全面素质教育出发，以优化知识结构、能力结构、素质结构为主线，进行课程体系的重组和教学内容的精选与优化，与市场需求相结合，形成全新的课程大纲，使课程设置体现灵活性和实用性，重视理论教学与实践教学的结合。在教学内容的改革上，按照知识基础化、系统化、综合化、前沿化的思路，切实推进改革，注重各门课程在课程体系中的地位和作用，注意各门课程之间的连贯和衔接。如在基础阶段增开语法与修辞课程，基础英语写作课，对实用性较强的外贸类课程增加学时，调整好各类外贸课程开设的学期，根据学生在今后工作中的需要，增开“高等数学”“统计学”

等课程，将国际金融课程压缩为实用性较强的国际结算部分等。强化外贸英语类课程教学的实用性，使学生在英语的环境中熟悉外贸知识，迅速适应外贸公司业务要求，结合网络和外贸业务实习平台，为学生提供大量扩充性资料，将国际贸易活动的真实内容引入课堂教学。

课程是实施专业人才培养的主要载体，是教育教学工作的基础，加强课程建设是人才培养模式改革的重要内容。按照英语专业培养方案的人才培养思路，新的课程体系设有公共基础课、专业基础课、专业方向限选课、专业任选课、其他学科任选课、集中性实践环节、素质培养环节七大板块，这种安排使得具体课程设置更为灵活，不但可以加强课程间的整合，使板块间形成互补优势，而且还有利于学生个性和特长的发挥，拓宽了学生的知识面。在课程门类的改革上，结合本地区经济的和社会需求的要求，增加了多门与外贸企业生产经营相关的专业限选课程，如科技英语阅读、科技英语翻译、外贸英语阅读、外贸函电、外贸英语会话等；为了提高学生的文化素养和审美情趣，开设了跨文化交际、英美文学选读、旅游英语等专业限选课；为了帮助学生拓宽知识面，紧跟时代步伐，在一至四年级的各个学期长期开设各类专题的系列讲座。公司业务实践，能够拓展书本知识，让学生在十分逼真的案例中切身体会商品进出口贸易的全过程，完成外贸过程中相关函电的写作和翻译。此外，我们还十分注重优质课程建设，以精品课程和重点课程建设为抓手，促进英语专业课程整体水平的提高。体现外国语学院英语专业复合型应用型人才培养特色的外贸英语课程获得了外贸英语课程群重点课程建设，于 2007 年立项并在 2009 年顺利结题且被学校评为优秀课程群。经过努力，目前英语专业已建成校级精品课程 1 门，校级重点课程(群)3 门(外贸英语课程群、综合英语课程群、英语口译)。为了保证人才培养质量，英语专业建立健全了优秀教材选用机制。英语专业的课程均选用“国家十五规划教材”、省部级优秀教材、“面向二十一世纪优秀教材”和全国外语专业教学指导委员会推荐的优秀教材。同时鼓励广大教师，结合英语专业人才培养的具体要求和学校的实际研编高水平的英语专业教材，先后研编 4 部英语专业教材：《科技英语读本》(主编：戎林海，2006 年，国防工业出版社)，《商务英语阅读新视野》(主编：戎林海，2007，东南大学出版社)，《科技英语》(主编：朱江，2008 年，上海外语教育出版社)和《新编实用翻译教程》(主编：戎林海，2009 年，上海外语教育出版社，该教材获得 2011 年江苏省高等学校精品教材)。

(四)加强师资队伍建设,打造高水平教学团队,为专业人才培养确立师资保障

加强师资队伍建设,打造高水平教学团队,充分发挥教师集体智慧和团体精神是教育教学研究和改革的重要举措。建设一批教学质量高、结构合理的优秀教学团队,有利于形成教师队伍的团队合力与整体优势,系统地推动教学内容、教学方法和人才培养模式的改革创新。英语专业现有兼职硕士生导师 2 名,教授 3 名,博士 1 名,在读博士 2 名,副教授 9 名,学校英语学科建设带头人 1 名,英语学科学术带头人 2 名,常州市优秀教育工作者 1 名,校优秀教师标兵 1 名,校优秀教师 2 名,校师德模范 3 名,校中青年优秀骨干教师 5 名。教师教学、科研成果丰硕,教学团队建设成效显著。近 3 年来,英语专业教师主持省部级教学科研项目 1 项,获得省级、市级以及校级教学科研奖励 80 余项,校级教学成果奖"一等奖"1 项、"二等奖"1 项,出版专著多部,发表教学研究论文百余篇。

学科建设、专业建设关键在人,在师资。英语专业始终坚持把师资队伍建设作为提高人才培养质量的根本保证,围绕学校"抓质量、创特色、树品牌、办名校"的办学思路,加大师资队伍建设的力度,想方设法,采取了如下措施,提升师资队伍的科研水平和教学水平,建设了一支师德高尚、结构合理、素质优良、富有活力的高水平教师队伍。①坚持和完善"导师制",进一步加大了"老带青"的力度,落实培训,促进成长。迄今为止,外国语学院已连续开展了 12 轮"老带青"活动,即采取师徒结对的方式,由高级职称的教师与一至二名的助教或讲师结成对子,充分发挥老教师、骨干教师的传、帮、带作用,采取专家指导、名师带教,壮大骨干队伍,旨在使青年教师尽快成长。②采取"请进来、走出去"的办法培训和提高在职教师的教学与科研水平。加强高级职称教师、骨干教师引进和自培工程建设,逐步建立吸引人才、稳定人才、使用人才、培养人才的用人机制,为不同层面教师成长搭建舞台。平均每年都选派了 1~2 名教师出国进修,鼓励教师参加国内外的学术会议;每年邀请一些教授、学者来院作学术讲座。③充分利用校外智力资源。外国语学院先后聘请了多位省内外知名的专家学者比如全国著名学者、中国翻译协会副会长、江苏省翻译工作者协会会长、南京大学博士生导师张柏然教授,江苏省外语教学研究会会长、东南大学外国语学院院长李霄翔教授,苏州大学原外国语学院院长徐青根教授,南京大学词典编纂中心主任魏向清教授等作为英语专业的兼职教授,充分利用他们的优良资源提升我们的教育教学和科研

水平。④充分利用国外的智力资源。继续聘请了美国、英国、加拿大等国家教师来外国语学院教学。除为学生讲课外，适时请外教为青年教师作学术讲座，提高青年教师的水平。⑤坚持每年举行一次外国语学院学术报告会，进一步推动教师的学术研究，至此已经举办了8届学术报告会，有效锤炼了教师队伍，提升了教师的科研和教学水平。⑥积极承办全省乃至全国性的学术研讨会。2008年10月外国语学院成功举办江苏省翻译协会年会；2011年10月又成功举办第二届“面向翻译的术语研究”全国学术研讨会，受到业界与专业人士的高度评价与赞誉。通过承办相关研讨会，我们锻炼了一支队伍，教师的学术视野也得到了拓展，外国语学院的知名度也得到了提升。

（五）加强教育教学研究和科学研究，注重教学与科研相互支撑，提升办学层次与质量

在长期的教学改革与建设实践中，英语专业在富有创新意义的人才培养基本理念基础上，采取“以立项促教改，以教改出成果”的指导方针，鼓励教师积极开展教育教学改革研究。近年来，教师参加课程建设、申报各类项目、编写教材，成果显著：2009年，戎林海院长主持、朱江副院长等参与的江苏省教育厅2009年度高校哲学社会基金指导项目“赵元任翻译思想研究”已顺利通过验收并结题，成果为戎林海主编的《赵元任翻译研究》，2011年9月由东南大学出版社出版，收录了相关研究论文20余篇。出版的专著还有由戎林海主编的《翻译问题探微》(2010年8月，东南大学出版社)。与南京大学双语词典研究中心合作的3本词典已正式出版2本，即《最新高级英语学习词典》和《牛津英汉双解词典》，另一部达1 800万字的《综合英汉大词典》正在紧张地编撰中。这三个横向合作项目，外国语学院有近30位教师参与其中。通过参与项目，教师的科研能力与水平得到了很大的提高。近几年英语专业教师在《中国翻译》《外语界》《方言》《中国科技术语》《江苏外语教学研究》《西安外国语大学学报》《湖州师范学院学报》《江苏技术师范学院学报》《南通大学学报》《扬州大学学报》和《常州工学院学报》等刊物发表教学研究与改革论文、学术论文近百篇，获得省、市、校级科研、教育教学改革立项项目共20多项，多人获得省、市、校级教师讲课比赛、课件制作比赛名次以及“师德模范”“优秀骨干教师”等各类奖项或称号。杨焱老师在2007年江苏省高校青年(英语)教师授课竞赛中荣获授课竞赛一等奖。束超超老师在2011年省高校青年(英语)教师授课竞赛中荣获授课竞赛一等奖、全国竞赛三等奖。2011 年 1 月，朱江、戎林海、杨淼等老师申报的“应用型本科院校大学英语教学改革的研究与实践”项目获得常州工学院 2010 年教学成果奖“一等奖”。2011 年 3 月，朱江老师获常州市第十一届哲学社会科学优秀成果“三等奖”。

（六）建立健全管理制度，注重目标、过程管理，提高管理运行效果

英语专业遵循教育教学规律，坚持育人为本，制定和实施了一系列体现先进教育思想、符合专业建设实际、行之有效的教学管理规章制度，并采取有效措施严格执行。

1. 注重目标管理与过程管理

抓好年度教学质量评估与期初、期中、期末教学质量检查，尤其是期中教学质量检查。为此，我院专门成立了教学评估督导小组，督导组成员通过随机听课、抽查教学基础材料、与学生座谈等方式及时了解全院教师的教学情况，抽查结果采取书面形式反馈给被抽查教师以便其及时进行自我反思与改进，取得了良好的效果。

2. 抓系、部教研活动

强调系、部工作要围绕“研究专业、研究课程、研究教法、研究教材、研究学生”五个方面进行，系部的活动体现自身的特色。专业系坚持每学期举行教师公开课，开展学生竞赛活动。鼓励专业系部人员经常走出去，加强与兄弟院校的交流与合作。近三年来，我们先后去浙江湖州师范学院、南通大学、扬州大学、淮阴工学院、淮阴师范学院、淮海工学院、台湾勤业科技大学等进行了交流与学习。

3. 抓好一支管理队伍

从院长到系主任人人都是管理员，同时又是服务员，充分发挥和调动系主任的积极性、自觉性，坚持平均每两周召开一次系主任会议，讨论相关事项，交流相关信息，布置相关工作，督查相关任务的完成情况。

4. 抓制度建设

为了将教学管理工作落到实处，我院专门制定了《外国语学院管理规定》《外国语学院教育教学工作考核条例》《外国语学院科研工作意见》等二级学院文件，并连同学校教学管理的若干文件一同装订成册，发给每位教师参阅，以便每位教师能够全面了解学校、学院的各项教学规章制度，明确职责，自我监督，各尽其责。教学管理规章制度的严格执行，将教学活动和管理工作纳入规范化、科学化、制度化的轨道，提升了教学和教学管理水平，促进了优良教风、学风和校风的形成，收到了很好的效果。

（七）积极开展实践教学和第二课堂活动，大力培养学生的创新精神与实践能力

英语专业按照学校加强素质教育和“应用能力强、富有创新精神”的人才培养目标，注重让学生在实践中学习新知识，运用新知识，启发学生的创新意识，培养学生的实践能力与创新创业能力。2006 年，英语专业在对人才培养方案进行修订时，对实践教学体系进行了大胆改革与创新，从培养学生实践能力与创新精神出发，缩减课内理论课时，增加与专业相关的实践训练、课外竞赛活动；实践教学环节中增加了专业实习、社会实践、翻译实习等内容，形成了新的实践教学体系。同时，学校经常举办外语晚会、英语演讲比赛、英语歌曲演唱比赛等丰富多彩、形式多样的第二课堂活动，以促进学生综合素质的提高；鼓励和支持广大学生积极参与各类社会实践活动，如常州市外经贸洽谈会、人口与家庭发展工作创新国际研讨会、第十九届世界女子手球锦标赛等大型国际活动中担任翻译和接待服务，学生志愿者均表现突出，受到主办单位的高度评价；广泛组织学生参加各种专业技能竞赛，如“外研社杯”全国英语比赛、“CCTV 杯”全国英语演讲比赛江苏赛区的比赛、常州市“大学生英语演讲比赛”等，取得了骄人成绩。

英语专业在重视学生牢固掌握专业知识的基础上，不断组织社团活动开展社会工作、社会实践和志愿服务。鼓励学生参加学校的各类社团，如学生通讯社、大学生摄影爱好者协会、漫画协会、武术协会等通过参加各类社团活动丰富了校园文化生活，同时英语系成立了“英语角”社团。注重课内外相结合，第一课堂与第二课堂相结合，学习与实践相结合，围绕职业设计指导、素质拓展训练、建立评价体系、强化社会认同四个环节，通过教学、课堂、讲座、活动等丰富多彩的方式展开，促进了学生的全面发展。在社会实践活动中，英语专业积极帮助学生联系寒暑假实习单位，组织学生参观和专业相关的企事业单位，帮助学生有效地将书本知识和实践相联系。积极参加青年志愿者活动，开展社会实践和志愿服务。经过全院上下的努力，在培养学生个性化发展方面取得了一定的进展。一大批优秀毕业生脱颖而出，2007 届优秀毕业生、“中国十佳大学生村官”“校友之星”张天然；2011 届毕业生顾靓一毕业就成为企业高管，担任总经理助理一职，并在第八届中国（常州）国际动漫艺术周的相关活动中担任翻译。目前，英语专业毕业生受到社会的普遍欢迎，每年的毕业生就业率达到 100%。

实践教学是专业建设中非常重要的一个环节。我们依据专业指导思想，将

课内实践与课外实践相结合，将校内实践与校外实践相结合，将学期实践与毕业实践相结合，并以此来确保学生做到“专业通”，并为学生做到“适应快”打下良好的基础。毕业论文是本科教育重要的实践性教学环节，是学生大学四年学习的总结，是学生创新精神和实践能力的综合体现。英语专业非常重视此项工作，严格依照常州工学院毕业论文（设计）工作条例，进行精心准备和组织，成立了外国语学院毕业论文指导工作委员会，由毕业论文指导工作委员会对毕业论文工作进行全面地组织、安排，完善了毕业论文工作机制和规章制度体系，取得了良好的效果。英语专业的毕业论文选题主要通过毕业论文指导工作委员会设计选题题库和学生在指导教师的指导下自行选题两种方式结合进行。选题都要经过校内外的本领域的专家“二级审查”方可动手写作，也即是先由毕业论文指导工作委员会组织校内本领域专家对论文选题的可行性作出价值判定，然后再聘请校外本领域专家作出二次价值判定，严格把关，层层遴选，避免了以往由学生自由选题的盲目性和不科学性，有效提高了毕业论文写作的质量。根据不同的选题，结合指导教师的学术研究专长、从事的教学工作及社会实践经验，安排各选题的指导教师，并吸收学校其他部门的、富有实践经验的有关专业课教师参与毕业论文指导工作，指导教师和学生双向选择。毕业论文过程管理严密，严格按照毕业论文任务书的要求进行把关。同时，认真地进行毕业论文的总结工作，组织毕业论文等实践教学档案的归档。对毕业论文工作实行初期阶段、中期阶段、后期阶段、答辩阶段 4 个管理环节。为确保毕业论文工作的顺利进行和有章可循，英语专业完善了《毕业论文教学大纲》《毕业论文学习指导书》《毕业论文工作条例》《毕业论文选题申报制度》《毕业论文成绩评定程序及标准》《毕业论文答辩工作规程》《毕业论文撰写规范》以及《优秀毕业论文评选标准及奖励办法》等一系列规范管理规章制度。近 3 年来，共有 10 篇论文获得学校优秀毕业论文一等奖、二等奖和三等奖。

英语专业还十分重视实习基地建设。实习基地建设是进行实践教学的根本保证，对于高素质人才的实践能力和创新、创业能力的培养有着十分重要的作用。在过去的几年中，英语专业通过以下三种形式建立了一系列不同类型的实践教学基地：①（学）校地（方政府）合作共建教学实习基地；②（学）校企（业）合作共建实习基地；③学校内部的实习基地。通过以上三种形式，英语专业已与常州对外贸易集团公司等多个政府和企业实体建立了 40 余个实践教学基地，较好地满足了英语专业实践教学的需要。

二、成果的特色与创新点

办学特色是一所学校在发展过程中形成的独特的、稳定的被社会公认的办学特征，是学校在长期办学过程中积累形成的并且具有与时俱进的时代性和相对稳定性，是一所高校区别于其他学校的被社会广泛认同的优势。一所学校是否具有鲜明的办学特色，直接关系到学校的办学活力。外国语学院一直坚持学校应用型人才培养的定位，秉承学校“让每个学生都获得成功”的办学理念，牢记“教会、学成”的校训，积极探索英语专业复合型应用型人才培养模式，形成了鲜明的特色。

（一）教育理念创新

在近30年的办学历程中，学院始终坚持教学以学生为主体、办学以教师为主体的办学观，始终坚持“德智体美”全面发展的人才观，始终坚持“抓质量、创品牌”的发展观，与时俱进，不断更新深化自己的教育理念。我们把培育和发展特色作为保持英语专业长久生机和活力的保证，确立了以学生的自主性学习为主体，教师教学科研引导为主导，以培养学生的创新能力和实践能力为核心的教育理念，坚持“国际导向、实用为主”，为常州及周边地区地方输送更多具有“国际视野、跨文化交际才能”的高素质应用型复合型英语专业人才。这是对传统经院式、精英式单一英语人才培养理念的创新，是新时期大众教育阶段英语专业人才培养适应经济建设和社会发展的必然要求。

（二）人才培养方案创新

外国语学院在英语专业建设过程中始终把“零距离”特征的应用型复合型人才培养作为英语专业的基本定位。为了培养高级应用型、复合型英语人才，在学科和专业建设上，始终以人才市场为导向，紧密结合常州地区的经济建设和全球经济一体化专业人才的需求，充分利用现有的学校资源，积极创造条件，拓宽专业口径，走“语言能力与专业技能”相结合的发展道路，注重夯实学生听、说、读、写、译的五项基本语言功，强化外经外贸等专业能力的训练，培养“语言与技能”能力双强的英语专业复合型应用人才，形成了“以外经外贸外事为背景、以英语为平台、以能力为主线、以专业技能实践为核心”的人才培养模式。具体而言，表现在以下几个方面。

1. 人才培养目标与培养模式的大胆改革创新

面对社会需求的巨大变化和学校办学目标与条件，英语专业积极探索和改革英语专业教学模式和课程体系，对人才培养目标及培养模式予以大胆改革，着力发展复合型专业，培养复合型人才，扩大学生知识面，提高他们的应用能力和适应能力。人才培养目标由经院式、精英式单一英语人才的培养转向复合型英语人才的培养人才培养目标由经院式、精英式单一英语人才的培养强调英语语言技能的培养，而复合型英语人才的培养既要求学生掌握熟练的听、说、读、写、译语言技能，在此基础上，根据复合型人才知识的构成及《全国英语专业教学大纲》对英语专业学生知识结构（外语专业技能知识、外语专业知识、相关专业知识、人文知识和科学知识四大板块）安排学生的知识结构，形成知识的复合。根据复合型人才知识结构，我们构建了符合高素质复合型应用型人才培养模式的课程体系，按照学生的知识结构开设课程，同时注意将广博与精深相结合、能力与素质相协调。

2. 构建"学校-企业-社会"相结合的实践教学体系

应用型人才教育旨在培养适应企业岗位需求的高技能人才，因此实践教学是人才培养体系的重要组成部分。能否构建特色鲜明的实践教学模式，是实现人才培养目标的关键。为了实现以上培养目标，英语专业主动走出校门，联系社会，寻求合作企业，给予学生提供实践锻炼的机会，建立了校企合作模式。先后与常州市及其他地区 9 家企业单位签订了紧密型合作协议、30 余家单位签订了松散型合作协议，建立实习基地，为学生的实践教学提供了保障。完善了"学校-企业-社会"相结合的培养机制，形成了校内课程教学与校外企业实习的互动，共同合作参与学生专业技能的培养，探索课堂与实习基地的一体化，使课程内容更注重知识与技能结合、服务技能与职业技能结合、教学标准与职业标准结合、理论教学与校外实习相结合，将职业技能贯穿于整个教学过程，突出对学生实践能力、创造能力、就业能力、创业能力的培养，实现课程教学与就业岗位的"零距离"对接。为进一步加强实践教学，培养方案做出大胆突破，缩减课内理论课时，增加与专业相关的实践训练、课外科技活动，构建起从教室到实验室，从课内到课外，从学校到社会的完整实践教学体系。根据这一体系，实践教学分为集中实践教学、课外实践教学两个环节，每个环节设立相应实践学分，并纳入人才培养方案。此外，方案中还设立了学生创新学分，鼓励学生从事科学研究，参与各种专业技能竞赛和专业创新活动。把培养学生的实用能力和创新精神作为实践教学主线，培养强技能、能创新的高素质复合型应用型英语人才。此外，学院还依托上海口译考点、全国商务英语翻译考点和“外教社外语(本科)教学示范点”及常州翻译协会会长单位、常州市语言协会单位等优势，充分利用资源支持英语专业教学和实践教学工作。

3. 注重学生个性化培养

坚持“以人为本”，促进学生从被动地接受知识向主动地学习知识转变是培养方案的另一大特色。培养方案中选修课程所占比例大大提高。为拓宽学生知识面、加强学生素质教育特别是文化素质教育、满足学生个性发展开设的课程覆盖文、理、经、管、法、史、哲等多个学科门类；专业选修课程是根据英语专业的培养要求和特点，在专业必修课的基础上，旨在使学生对专业知识进一步深入和扩展而开设的课程。选修课的大量开设为学生提供了更多的选择机会，学生可以根据自己的兴趣爱好、智力禀赋、个体意向等选择学习内容，确定将来的发展目标，更好地满足其个性化发展的需要，为学生的成长和成才提供了更大、更宽阔的空间。

(三) 管理与运行机制创新

外国语学院英语专业将“基础实、专业通、技能多、素质好、适应快”十五字作为专业建设指导思想。在学科建设、专业建设与人才培养过程中严格管理，核心理念就在于为学生发掘创新能力和实践能力创造适宜的氛围。管理的核心内涵不在于“管”，而在于“理”，也就是理顺基础与创新的关系，协调整体与个体的关系，引导教与学的关系。在人才培养建设过程中，理清专业与社会需求的关系、理清专业需求与课程设置的关系、理清基础课、专业课、实践课的关系、理清课程、教材、教法与师资的关系、理清专业教学与学生学习现状的关系。通过这种弹性的管理体制，为学生发挥想象、发掘潜能创造更大的思想空间，既有利于学生夯实专业基础知识与能力，又有利于学生展开创造性思维，充分发掘内在创新潜能，不断培育创新能力与实践能力。

三、成果的应用情况

英语专业毕业生具有扎实的外语基本功和良好的综合素质，备受用人单位的青睐。毕业生一次性就业率为100%,签约率始终保持在90%以上。

(一)用人单位评价好

自英语专业建立以来,立足常州市及周边城市,辐射全省乃至全国,致力于培养"德、智、体"全面发展,具有良好的综合素质,系统地掌握本专业的基本理论、基本知识和能力,面向企事业单位的外语外贸应用型复合型的高级英语人才。本专业培养的近千名毕业生,凭着扎实的专业基础知识,良好的创新能力和综合素质,奋斗在外语、外贸、外事等相关岗位。可以说,常武地区、苏南地区的大小企业几乎都可见常州工学院外国语学院毕业生的身影,英语专业的毕业生深受用人单位的欢迎。因此,在常州、苏南乃至全省,可以说常州工学院外国语学院英语专业是培养外语外贸应用型复合型的高级英语人才的摇篮。近年来,英语毕业生在各自的工作岗位上建功立业做出了突出贡献,涌现出了一大批杰出校友,如2007届优秀毕业生、"中国十佳大学生村官""校友之星"张天然;2011届毕业生顾靓一毕业就成为企业高管,担任总经理助理一职,并在第八届中国(常州)国际动漫艺术周的相关活动中担任翻译。

(二)社会评价好

《常州日报》以及网站对外国语学院人才培养、就业先进事迹和人物、科研成果等方面进行了多角度、全方位的宣传报道,充分肯定和高度评价了我校的人才培养质量。(报道时间、版面与标题:①2006年11月20日B3版的"常工院外国语学院全国大赛摘大奖";②2008年1月4日B1版的"奥运志愿者全省选拔出10人我市有3人";③2010年12月16日A6版的"常工院:全市大学生英日语演讲比赛";④2011年6月2日A6版的"常工院:英语教学省赛夺冠";⑤2011年10月27日A6版的"常工院:喜获江苏省精品教材奖";⑥2011年10月27日A6版的"束超超:做老师是很幸福的一件事")

(三)同行专家评价好

外国语学院所精心构建的英语专业应用型复合型英语人才培养模式已经初见成效,在省内外产生的影响愈来愈大、声誉愈来愈高,不少省内外同等类型院校所主办的英语专业,如浙江湖州师范学院外国语学院、徐州工程学院外国语学院、淮阴工学院外国语学院、南京晓庄学院外国语学院、南通大学外国语学院、常州大学外国语学院、江苏技术师范学院外国语学院等主动前来我院交流、学习、相互取长补短，其示范辐射作用已经相当明显。湖州师范学院外国语学院院长梁正宇教授、徐州师范大学语言科学学院副院长杨通银教授、上海师范大学外国语学院副院长李照国教授、广西大学外国语学院宋亚菲教授、中南大学外国语学院辛红娟教授对我们的人才培养工作均给予了首肯与较高的评价。

（2011 年获常州工学院教学成果奖一等奖）

实践贯穿小学教师职前培养全过程的研究与应用

王传金　刘维俭　赵振杰　谢国忠　孙卫俊

2005年2月，常州工学院教育学院（2007年7月更名为师范学院）启动了"实践贯穿小学教师职前培养全过程"的教学改革实验。经过4年的研究和探索，该项目取得了明显成效。

一、小学教师职前培养中存在的一个突出问题

2004年下半年，我们对常州市小学教师的职业能力现状进行了全面调研。此次调研发现的突出问题是，很多师范毕业生普遍存在着实践能力不高、自我优势不明显、就业竞争力不强、职前和职后明显脱节等弊病。许多教育行政领导和中小学校长也认为，近几年的师范毕业生在实践能力方面不如以前的中师生。

很多年以来，在教师的职前培养中，实践教学一直是一个非常薄弱的环节。近年来，这个问题显得尤其突出，主要表现在：

（1）缺乏稳定的实践基地。在教师职前培养中，注重理论教学，而脱离学生实际和中小学实际。平时和中小学校几乎没有多少专业上的来往，只是在规定的时间内才到实践学校去。中小学因考虑到自身的教学质量、升学压力和经济利益等，对师范院校的教育实践普遍不热心、不欢迎，甚至不接受。

（2）实践内容单一。现在很多师范院校都把实践教学内容片面的理解为仅有教育见习和教育实习，大大减少了实践的内容。实践学校的教师主观上对师范生的实践缺乏积极性和合作精神，难以给师范生提供较充分的实践锻炼和有效的指导，致使师范生实践内容单一。

（3）实践时间的安排过于集中。由于教育观念、人力和财力等各种主客观因素的影响，教育实践一般也只有6周的时间，不足总学时的5%。而且入校后

马上就开始试教，省略了见习的时间。另外，我国大部分师范院校的实践都是集中安排在固定的一段时间内进行，其不足就是实践过程中发现的有些问题还没有来得及改正和解决就毕业了。

(4) 缺乏有经验的实践教学教师。有经验的指导教师，往往是学校里的骨干或中坚，教学、管理任务繁重而不能脱身到实践学校长时间亲自指导，因此，带队教师大多是年轻的助教甚至是高年级的学生或研究生，他们的指导效果就可想而知了。

(5) 实践教学缺乏有效的组织和管理。当前，很多师范院校疏于对实践教学的管理，甚至让学生自行联系实践学校，自我完成实践任务，这样的实践更难达到预期目的。

(6) 实践教学还缺乏相应的理论支撑。师范院校的实践教学活动很长一段时间以来一直都是根据经验进行安排的，既没有相应的教材，也没有专业的教师。从根本上说，还没有使之擢升到课程的高度而予以足够重视。

二、实践贯穿小学教师职前培养全过程的研究

基于以上小学教师职前教育中实践教学方面存在的问题，我们从不同的视角和层面对之进行了理论的思考，提出了“实践贯穿小学教师职前培养全过程”和“练习、见习、研习、演习、实习”一体化的改革理念。

(1) 由刘维俭和赵振杰主持完成的常州工学院重点教学改革项目“应用型小学教育专业人才培养体系与模式研究”课题从了解基础教育现状、提高教师职业认同感、改变传统的实践教学范式、增强学生实践教学能力等方面进行了理论和实证的研究，研究成果《实践须贯穿教师培养全过程》一文发表在《中国改革报》(2006 年 6 月 13 日)。

(2) 由王传金撰写的《论准教师实践性知识的习得》一文认为，准教师不仅需要实践性知识，而且可以通过实践类课程的学习获得实践性知识。我们要致力于旨在促进准教师习得实践性知识的理论研究和制度创新，重建教师职前教育中的实践课程体系，进而培养出知识结构合理、具有专业发展潜质的现代教师。

(3) 由谢国忠主持完成的江苏省高校哲学社会科学基金项目“小学教师职前教育中的综合师范实践活动研究”，提出要将教师职业技能训练、教育研习等

环节整合为系统的教师职前教育课程形态。研究成果《小学教师职前教育中的研究性学习浅议》一文发表于《常州工学院学报》(2006年第2期)。参与上海师范大学教育科学学院惠中教授主编的《小学教育实践导引》一书,主要从了解小学教师的职业生活及小学教教育实践活动的实际体验两方面阐述了小学教育实践活动的组织和实施。

(4) 由王传金、谢国忠主持完成的常州工学院教育教学改革项目"教师职前教育实践教学基地建设和评估研究",提出了选择教师职前教育实践基地的原则和基本条件,明确了师范院校和基地学校在人才培养中各自应承担的任务,建构了教育实践基地的评估指标体系。研究成果《教师专业化背景下的教育实习指导策略探讨》发表于《当代教育论坛(校长教育研究)》(2008年第9期)。翻译出版的《实习手册》(赵振杰等译,江苏教育出版社,2007)一书,对国外教育实践基地建设的有关做法作了介绍。

(5) 通过理论研究,我们对"准教师""教师职前教育实践""实践教学"等有关概念进行了梳理与规约;明确了实践贯穿小学教师职前培养全过程的改革思路;提出了构建实践类课程的实施体系、评价体系、管理体系的设想;建构了"练习、见习、研习、演习、实习"一体化的实践教学体系;制定了《小学教师实践能力培养实施方案》。

三、实践贯穿小学教师职前培养全过程的实施

在理论研究的基础上,我们对所有实践教学的过程进行了系统的全面整合,进行了实践贯穿小学教师职前培养全过程的改革。

(1) 进行了小学教育专业培养计划的修订和完善,增加了实践教学的内容,延长了实践教学的时间。在本专业的培养计划中,明显强化了实践性教学环节,丰富了实践教学的内容、方式和途径,除固定学期、固定时间的集中实践外,还增加了每周至少12个学时的分散实践。

(2) 有效的组织机构保障,做到了专人联络、专人负责、专人监控。在学校有关部门的领导和支持下,在教务处设立了"师范教育管理科"。根据学生人数和工作的需要专门配备了2人,具体负责师范生教育实践课程教学全过程的对外联络、学生分配、实践内容、材料收集、课程考核等工作。同时,切实保障了其经费、设施的及时到位。

(3) 完善了实践课程教学的大纲,使之很好的体现了该课程的教学目的。对课程的性质、主要内容、学时分配、考核要求等都分门别类地进行了修订和补充。

(4) 加强了教材建设,使实践教学真正满足了学生在特定学习情境中的需要和兴趣。鉴于目前国内还没有一套系统的教师职前实践课程教学的教材,课题组成员牵头编写了指导实践课程教学的适用教材——《教师职前教育实践概论》和《现代教师基本礼仪教程》(已由南京师范大学出版社 2006 年出版)。

(5) 重视了实践教学指导教师的配备,在小学教育专业中实行了双导师制。在教学改革方案实施之始,师范学院就为学生配备了有丰富经验的教育学科和心理学科的实践课程指导教师,实践学校也抽出了本校各年级主要学科的优秀教师作为学生的指导教师,这样就确保了每位师范生都有一位本院的指导教师和一位小学的指导教师。学院和基地学校双方定期对这些指导教师进行考核和评价。

(6) 密切了学院与教育实践基地的关系,严格了对实践基地的管理。我们对与师范学院签约的基地学校提出了明确的任务,澄清了双方的责任,并进行定期的考核。实行了定期交流,师范学院经常组织教师到有关小学考察学习,并选派教师到小学挂职任校长助理,全面了解小学的教育教学和管理工作;同时,邀请优秀校长和优秀教师来师范学院作专题讲座。

四、研究的成效与推广价值

本研究系统梳理了准教师实践性知识习得的理论基础,并把它提到了应有的课程教学高度,对教师实践性知识的概念、构成、类别和特性等进行了较为深入的学理思考,明确提出了"实践贯穿小学教师职前培养全过程"的人才培养理念,完善了以前现象描述和情绪感悟所造成的行动空泛和零乱,基本形成了较为规范的实践课程体系,扭转了以前教师职前培养过程中实践指导的盲目性和局限性。

在应用成效方面,经过 4 年左右的观察和考核,我们发现,"实践贯穿小学教师职前培养全过程"方案实施下的"准教师"们的教师职业情感得到了明显的增强,行为习惯得到了显著的改善,理论学习得到了有效的运用,课堂教学能力得到了有效的提高,班队管理技巧得到了明显的提升,教师基本功得到了长足的进步，用人单位对毕业生的评价普遍好转。学生在国家、省、市不同级别的教师技能比赛中屡屡获奖就是最好的证明。常州市天宁区教育文体局原局长丁方指出："常州工学院师范学院近几年的师范毕业生综合实践素质得到了比较明显的提升。"常州市博爱路小学王必达校长认为："我们学校近两年接纳的常州工学院师范学院的毕业生和以前相比，教师基本功扎实，教学实践能力强，综合素质较高是他们明显的优势。"

本研究成果所具有的重要应用价值和借鉴意义主要表现为：

(1) 研究成果具有重要的理论价值。该研究在提出"实践贯穿小学教师职前培养全过程"的理论假设基础上，从多个方面考察了"准教师"和"实践性知识"等基本概念的界定，并从国内外的历史视界内对教育实践活动的发展情况进行了谱系梳理。这些对丰富和发展教育教学的基本理论具有重要的意义。

(2) 研究成果具有实际推广价值。该研究经过四年多的实践，使我们坚信，"实践贯穿小学教师职前培养全过程"的做法对提高教师职前综合素质和教育实践能力，使其加快向合格小学教师转型方面具有可行性和有效性。该研究中所提出的教育理念和具体的应用措施不仅对其他高等师范院校培养优秀教师具有"可通约性"，而且对其他领域人才的培养也具有借鉴意义。

五、需进一步研究的问题

本教学改革项目的研究和应用虽然取得了一些明显的成效，但需要继续研究和探索的问题还是明显存在的，主要表现在以下几个方面：

(1) 仍需进一步深化对"实践贯穿教师职前培养全过程"的理论研究。

(2) 仍需进一步加强对实践类课程的建设。

(3) 仍需进一步强化实践教学过程中的制度建设和资源保障。

(4) 仍需进一步完善实践教学实施方案。

(2009 年获江苏省高等教育教学成果奖二等奖)

艺术型学前教育专业实践教学体系建设研究与应用

张建波　杨　玲　程妍涛　陈　蓓　杨晓岚

2005年9月，我们启动了“艺术型学前教育专业实践教学体系建设研究与应用”的教学改革实验。经过4年多的研究和应用，该项目取得了明显的成效。

一、教学改革实验研究的缘起

2005年下半年，我们对常州市幼儿教师的职业能力现状进行了广泛调研，完成了《常州市幼儿教师职业能力现状调研报告》。通过这次调研，我们发现新入职的幼儿教师在专业技能方面存在明显不足；许多教育行政部门领导和幼儿园园长认为，近几年的学前教育专业毕业生在实践能力方面不如以前的中专生，本科学前教育专业学生教育实践能力较差的问题已经成为毕业生就业选择难的主要原因之一。园长们强烈要求学前教育本科专业要加强实践类课程建设，完善实践教学体系，提高职前幼儿教师的教育实践能力。

因此，为了提高办学质量，确保首届学前教育专业学生能够合格成才，顺利就业，学前教育系经过对省内外高校学前教育专业办学情况的调查分析，确立了培养“品德高尚、文化深厚、基础扎实、技能精湛、身心健康、一专多能，具有艺术特色和双语特色”的应用型学前教育本科人才的办学思路，在学生入学之初就开始了实践教学体系的构建研究，经过4年时间的探索，现已形成了全方位、立体式的实践教学体系。

二、艺术型学前教育专业实践教学体系建设的研究

基于以上幼儿教师职前教育中实践教学方面存在的问题，我们从不同的视

角和层面对之进行了理论的思考。

(1) 杨玲和张建波分别主持常州工学院哲学社会科学研究课题“幼儿教师素质结构与学前教育专业人才培养规格的研究”和“学前教育专业(艺术方向)本科课程体系改革的研究”从了解学前教育现状、改变传统的课程体系设置、增强学生实践教学能力等方面进行了理论和实证的研究,研究成果《艺术型学前教育本科专业的培养目标与课程设置》一文发表在《常工院学报》(2009.3),在国内首次提出了通过“全方位、立体化、多层次、宽领域的隐性教育课程来提高幼儿教师职业能力”的实践教学模式,形成了“两条主线、一个舞台、若干校园社团来推动”的实践教学体系。

(2) 张建波主持的江苏省教育科学“十一五”规划课题“艺术型学前教育本科人才培养模式研究”与杨玲主持的江苏省高等教育教学改革课题“幼儿园教师职前培养与职后培训一体化研究”,从新纲要背景下研究了艺术型学前教育本科学生的实践能力培养内容、培养方法,研究成果《试论新纲要背景下高师学前教育专业学生教师专业技能的培养》发表在《学前教育研究》(2009.5);《艺术型学前教育本科人才培养模式的研究》发表在《绥化学院学报》(2009.3);《“学、创、教、评”教学法刍议》发表在《理论观察》(2009.1)。

(3) 由张建波、杨晓岚主持的学前教育系课题“艺术型学前教育本科生教师专业技能培养研究”中,教师撰写的《学前教育专业学生教育技能的训练与考核方案》中,首次提出了艺术型幼儿教师“十会一特长”的职业技能要求,并对幼儿教师专业技能的概念、构成、训练方式、考核方法等进行了较为深入的学理分析,为实践类课程建设和实践教学提供了理论支撑。

(4) 由程妍涛主持的学前教育系课题“幼儿教师职前教育中的实践活动研究”中,提出要改变原有教育实践活动的时间和方式,将规定性实践环节(集中实践环节和课内实践环节)与自主实践环节(专业技能训练、专业技能展示、毕业生汇报演出、社团实践活动等)有机结合。

三、艺术型学前教育专业实践教学体系建设研究的实施

(1) 按照“艺术型学前教育专业实践教学体系建设研究”的实践教学改革思路,对所有实践教学环节进行了全面整合,将“十会一特长”的要求写入培养计划,明确了实践类课程的地位。

(2) 进行了学前教育专业培养计划的修订和完善，增加了实践教学的内容，延长了实践教学的时间。在本专业的培养计划中，明显强化了实践性教学环节，丰富了实践教学的内容、方式和途径，除固定学期、固定时间的集中实践外，还增加了每周半天的分散实践和专业理论课程中的课内实践教学课时。

(3) 改变了原有教育实践活动的时间和方式，将规定性实践环节(集中实践环节和课内实践环节)与自主实践环节(专业技能训练、专业技能展示、毕业生汇报演出、社团实践活动等)有机结合。

(4) 有效的组织机构保障，做到了专人联络，专人负责，专人监控。根据学生人数和工作的需要专门配备了3人，杨晓岚老师具体负责学生专业技能训练、专业技能展示和专业技能考核工作，程妍涛老师具体负责“幼学社”的社团实践活动，陈蓓老师具体负责每月一台的专业技能汇报演出和毕业生汇报演出。由教务处师范教育科具体负责学前教育专业教育实践课程教学的对外联络、学生分配、课程考核等工作。同时，切实保障了其经费、设施的及时到位。

(5) 由杨玲、张建波、陈蓓负责完善了实践课程教学的大纲，对课程的性质、主要内容、学时分配、考核要求等都分门别类地进行了修订和补充。

(6) 加强了教材建设，使实践教学真正满足了学生在特定学习情境中的需要和兴趣。编写了指导学生“十会一特长”的《幼儿教师专业技能训练与考核方案》和《学前教育专业学生幼儿教师专业技能考核标准》，明确了幼儿教师职业技能训练与考核的内容、形式、方法与标准。

(7) 重视了实践教学指导教师的配备。在教学改革方案实施之始，就为学生配备了有丰富经验的实践课程指导教师，幼儿园抽出了优秀教师作为学生的指导教师，实施“双导师制”。密切了学校与教育实践基地的关系，严格了对实践基地的管理，澄清了双方的责任，实行了定期交流。

(8) 形成了全方位、立体化、多层次、宽领域的隐性教育课程，采取“两条主线、一个舞台、若干校园社团”来推动的实践教学体系。两条主线是上半年举办文化节，侧重提高学生的理论素养，下半年举办艺术节，侧重提高学生的艺术素养。一个舞台是每月由一个班级进行专业技能汇报演出，为学生综合素质的提高搭建平台。此外，“崇师社”“幼学社”等社团利用双休日和课余时间开展丰富多彩的校园活动。

四、研究的成效与推广价值

本研究首次系统梳理了艺术型学前教育专业实践教学体系建设的理论架构，在国内首次提出了艺术型幼儿教师"十会一特长"的职业技能要求，并对幼儿教师专业技能的概念、构成、训练方式、考核方法等进行了较为深入的学理分析，为实践类课程建设和实践教学提供了理论支撑。提出了通过"全方位、立体化、多层次、宽领域的隐性教育课程来提高幼儿教师职业能力"的实践教学模式，形成了"两条主线、一个舞台、若干校园社团来推动"的实践教学体系。

在应用成效方面，经过 4 年的观察和考核，我们发现，"艺术型学前教育专业实践教学体系建设研究"方案实施下的"准幼儿教师"们的教师职业技能得到了有效的提高，2009 届毕业生与其他院校毕业生相比具有明显的素质优势，受到用人单位的一致好评，就业率高达 100%。学生在国家、省、市不同级别的比赛中屡屡获奖。

本研究成果所具有的重要应用价值和借鉴意义主要表现为：

(1) 研究成果具有重要的理论价值。在国内首次提出了艺术型幼儿教师"十会一特长"的职业技能要求，并对幼儿教师专业技能的概念、构成、训练方式、考核方法等进行了较为深入的学理分析，为实践类课程建设和实践教学提供了理论支撑。构建出通过"全方位、立体化、多层次、宽领域的隐性教育课程来提高幼儿教师职业能力"的实践教学模式，形成了"两条主线、一个舞台、若干校园社团来推动"的实践教学体系。这些对丰富和发展教育教学的基本理论具有重要的意义。

(2) 研究成果具有实际推广价值。经过 4 年的实践，使我们坚信"十会一特长"的做法对提高幼儿教师职前综合素质和教育实践能力，使其加快向合格幼儿教师转型方面具有可行性和有效性，该研究中所提出的教育措施不仅对其他高等师范院校培养优秀幼儿教师具有"可通约性"，而且对其他领域人才的培养也具有借鉴意义。

（2009 年获常州工学院教学成果奖一等奖）

构建产学研教学实践平台
培养创新创意人才

秦　佳　汪瑞霞　徐　茵　赵可恒　达　红

创意产业的根本观念是通过“越界”促成不同行业、不同领域的重组与合作，从而寻找新的增长点，推动文化与经济的发展，并且通过全社会的推动和创造性发展，来促进社会机制的改革创新。当今世界，不少国家和地区已把创意产业作为主导未来的战略产业，并通过各种政策措施和手段积极扶持和推动，希望以此来进一步提升其国家或城市的核心竞争力。中国的文化创意产业也正在以前所未有的速度迅速崛起。常州地处经济繁荣的长江三角洲，市政府统一部署大力发展文化创意产业，并初具成效，这不仅是常州经济转型的有效路径，也充分发挥了常州历史文化底蕴深厚的优势。

但是，伴随着创意产业的迅猛发展，创意产业人才极其匮乏已经成为阻碍我国创意产业发展的主要瓶颈。据悉，在纽约，文化创意产业人才占所有工作人口总数的12%；伦敦为14%；东京为15%。而北京、上海等地的比例还不到千分之一，因此加快推动创意人才的培养已经势在必行。

常州工学院艺术与设计学院充分利用常工院创意学院、常州创意人才培训中心、常州工学院动漫研发中心、中韩游戏人才培训基地等机构在产学研实践中探索研究，总结出具有创新意义的常工院艺术人才培养的有效经验，坚持以动画为抓手，以艺术为基础，以创新为核心，以工程背景为实践依据的品牌人才培养模式实践。学院充分利用地处常州创意产业核心园区的优势和常州市创意产业基地产学研政策，以“常州意工厂创意产业研发中心”为纽带，搭建起政府、企业、学院一体的“意工厂”创意人才产学研教学实践平台。先后成立了意工厂创意人才产学研实践教学平台——意工厂日本株式会社、意工厂美国公司、意工厂香港国际服务中心；江苏省商务厅、常州市人民政府、常州市创意产业基地与意工厂企业四方共建的“CNITO中国国际服务外包承接中心（公共服务平台）”已上线启动；建设中的“常州文化产品出口公共服务平台”成绩斐然。扩大了艺术与设计学院的影响力和知名度的同时也极大地推进了艺术与设计学院教学改革，拓展了师生的视野，加强了教学科研能力，提高了教学水平和教育质量，

意工厂创意人才产学研教学实践平台为我院“基础性、专业性、实践性”多层次数字艺术教学课程体系的构建提供了有力支撑。通过意工厂实践平台上具体项目的研究与实践，师生更深一步了解了国际社会的需求和世界知名企业的运作模式，真正由象牙塔走向外面的世界。由常工院动漫研发中心“意工厂”品牌开发制作的《太阳能发电系统》系列动画片及其衍生产品，得到了日本 JFE 电制株式会的高度肯定与赞赏。“意工厂”为上海世博会世界气象馆设计的“云中水滴”，向世人展现了“常州智造”的魅力。至今意工厂已完成数百个项目，现正在进行新一轮的包括动画人才在内的国际化创意人才培养规格的研发，以满足创意企业对人才的特殊要求。

意工厂创意人才产学研教学实践平台打破原有艺术设计课程因过早细分专业方向导致的过于注重制作技能训练的缺陷，突出体现数字艺术相关专业综合能力的训练与培养，注重创意产业链节所需要的各种能力训练。平台整合了动画、游戏美术、设计、音乐、戏剧、影视、营销，甚至源于艺术实践的软件开发等多学科内容，以充分体现数字艺术的综合艺术特质。

意工厂创意人才产学研教学实践平台基本满足了从事新兴的创意产业发展研究平台支撑的需要，也能基本满足师生结合地方文化、政治经济、社会发展开展的产学研活动以及实际横向项目研发和仿真、大学生创新实践项目开展、各类展赛活动的需要，为文科产学研实践提供支持，同时增强了学生的专业意识，拓展了专业视野，提高了解决实际问题的能力。

意工厂创意人才产学研教学实践平台为全校非艺术类学生的艺术素质及艺术实践能力的培养提供了支持。在该平台上能开设面向全校其他专业的造型艺术通识类实践课程，让非专业的学生通过关于艺术设计、艺术创作的实验课程的学习，培养了艺术兴趣，完善协调能力、培养形象思维能力和艺术审美能力。此外，利用该平台还可以开展服务地方企业的以动画为核心的人才培训，溢出经济效益，反哺实验平台的可持续发展。

意工厂创意人才实践教学平台还积极致力于创意类大学生的创新、创业教育，积极收储、扶持在实践平台上成绩突出的大学毕业生自主创业，在资金、市场及管理等方面给予最大的支持，目前已有效孵化 3 个大学生创业企业。同时依照在国际项目中实施人才培养的策略，平台云集了近 500 名海内外创意人才，在

推进创意人才培养改革方面大显身手。现在创意人才实践教学平台上已云集了包括常州创意人才培训中心、数控研发中心、建筑设计研究所、工业设计(结构)产学研教学中心、工业设计(造型)产学研教学中心、动漫研发中心、演艺运作中心、艺术设计(环艺)产学研教学中心、艺术设计(平面)产学研教学中心、民间美术产学研教学中心等十多个主题鲜明、分工明确的项目团队,这些团队由高校专业导师引领,企业技术教练指导。

意工厂创意人才培养实践教学平台积极支持学科带头人和学科团队成员开展国际合作研究、参加国际学术组织和学术会议、扩大国际国内学术交流与合作。学院先后与 ACG、IDD 国际动画教育协议开展国际合作培训,跟进 IDD/ACG 国际动画教育精心设计的 ATAP 项目培训课程。我校已有 60 多名动画、设计、音乐类学生、参加了此项培训,其中 8 名学生录取为 ATAP 学员,主修已为北美和国际认可的动画教育课程,这批学生首先成为常州国家动画基地的品牌人才。

在意工厂创意人才产学研实践教学平台建设的过程中,艺术与设计学院还成功承办了"ICCIE 动漫设计大师高校行国际论坛""常州国家动画基地人才培养国际化"讲座;组织了"MTTP 国际影视动画编剧/游戏故事策划常州大师班——数字媒体项目创意策划最新技巧及教学实践";与香港太阳公司合作,开展结合实质性网游项目的导入式培训;成功承办 2008、2009 中国(常州)国际动漫产业和艺术论坛;成功承办 2009 中国·江苏首届国际产学研合作论坛——《数字·产业·人才》常州分论坛;成功承办"2010 世博常州行动创意产业国际论坛";成功承办 2010 中国(常州)国际动漫艺术周的重要论坛之"中外动漫产业发展研讨会——创意、精品、市场"。

这些活动有效打造了一支实践经验丰富、应用能力强的师资队伍,学院积极推荐骨干教师参与各届国际 CG 行业总监/教育专家大师班和文化创意企业高管赴港培训班的培训,至今我院已有 5 批次 11 名教师接受了此类培训,获高级别资质证书累计 10 余种,通过这些国际性的培训与活动,将世界上最先进的创意理念与技术带到师生的面前,有力推动了常州创意行业的创造力,并与国际较高水平的相关行业同步发展。意工厂创意人才产学研教学实践平台已引起全国及省市领导的关注,全国人大常委会副委员长严隽琪、国家科技部副部长杜占元、国家商务部副部长蒋耀平、国家文化部部长助理高树勋、中国民族贸易促进会执行会长刘延宁、江苏省人大副主任李全林、江苏省省长助理徐南平、江苏省经信委副主任龚怀进等领导先后到常州意工厂创意产业发展有限公司考察。领导们对意工厂特色品牌建设的战略定位、政企校联动，产学研一体的创新型运营机制予以高度肯定和有效指导。

意工厂创意人才产学研教学实践平台积极倡导并致力于新兴创意产业背景下的传媒、计算机、软件、交互式软件、网络、游戏、电子商务、建筑设计、通信、出版等交叉学科内容之于特色体系的整合研究，并注重规律性总结，自成体系，初步形成文理工学科内容有机渗透结合的艺术学科建设特色体系——一个具有国际视野的、特色鲜明的、能快速适应我国发达地区经济发展需求、在我国创意产业领域发挥重要作用的创意人才培养体系已经形成。

（2010 年获常州工学院教学成果奖特等奖）

工业设计专业设计基础课程的教学实践研究

薛　锋　李志强　赵可恒

工业设计专业是美学、艺术与工程技术完美结合的交叉学科。工业设计专业的特色是围绕如何把美学、艺术与工程技术完美结合，是艺术和科学结合的典范。因此，作为工业设计专业的设计基础课程教学实践的理念必须有较大的突破，对此我们做了一些大胆地探索和尝试。经过一段时间的教学实践研究，积累了经验和体会，也取得了良好的研究成果。

一、设计基础课程教学实践研究的背景

工业设计专业开设的设计基础课程是根据专业特点开设的，其目的是打破过去单一型的工业设计专业意识，改变工业设计专业纯绘画性观念指导专业基础训练的不合理现状，形成既注重技能训练与实验创新相结合，又注重科学方法掌握与思维拓展相结合的平衡框架，扩展并深化了设计基础课程教学实践的内涵，从而使专业基础教学成为学习专业的真正后盾。

(1) 工业设计是一门的交叉学科，在产品设计过程中，无论是现实的构思还是未来的想象，都需要设计师能通过设计与表现这样一种形式，将抽象的创意转化为具象的视觉媒介，表达和传递设计的意图，而设计基础课程就体现出它在其中扮演的重角色，被公认为设计师必须掌握的基础并引起高度关注。

(2) 设计基础课程作为工业设计专业的主要课程，其教学必须紧贴学校培养应用型本科人才的指导思想，通过设计基础课程的学习可激发学生潜在的审美意识，提高设计表现能力，开发心灵智能创造力的教育目的，培养学生成为动手能力较强的应用型人才，对于提高学生的核心竞争力具有重要意义。

(3) 为了解决基础教学与专业教学相脱节的矛盾，培养学生对美的认识，研

究符合工业设计教学规律的课程结构，嫁接理工科院校固有的底蕴和优势，吸收艺术设计的长处，达到美学、艺术与工程技术完美结合。

(4) 经过多个设计基础课程教学实践周期的研究，进一步明确了培养应用型设计人才的专业目标，初步构建了设计基础课程的体系，使设计基础课程教学与实践真正达到理论联系实际、学以致用、重在学生能力培养并走向稳步发展阶段。

二、设计基础课程教学实践研究的新思路

工业设计专业的设计基础课程的教学与纯艺术的教学相差甚远，前者强调的实用功能是直接为设计服务并是产品设计环节中重要的组成部分；而后者的作用是训诂，即使从唯美主义角度来看，纯艺术也只是审美的范畴，并不能直接参与到社会经济活动之中来。德国包豪斯设计学院在 1919 年应运而生以后，设计基础课程体现出了它在其中扮演的重要性。

(1) 首先，围绕工业设计专业培养要求对课程进行定位。工业设计专业的基础训练离不开扎实的绘画艺术功底，以纯艺术的绘画性观念指导设计专业的基础训练是不科学的，设计基础课程的教学必须考虑工业设计专业的特殊性才可能取得切实的效果。

(2) 将设计基础课程的教学与专业和实践性环节的课程穿成一根线，强调各种艺术元素对设计的渗透，以工学结合为切入点的实践教学，将各学科知识密切渗透，互为贯通，课程体系得到连贯。让学生把从课堂上获得的知识与社会实际结合起来，拉近实际与课程教学的距离，让学生有更多的时间去接触实际情况，加深对职业岗位的认识。

(3) 工业设计和纯艺术教育对造型能力的要求不一样，设计基础课程对学生的潜在影响是其它学科不能替代的，它不是单纯的以绘画自身内容为中心的教学观念，它包涵了基本造型要素、美感训练、创意转化、工程技术等诸多内容。根据设计基础课程的特性，寻找适合工业设计专业的特点来指导教学的训练目标。

(4) 改革课程考核方法，规范课程考评考核体系，为课程教学活动的开展和教学质量提升提供有力的保障。把能充分体现设计基础课程知识点、技能点的部分都作为考核内容，通过多次测试来评定学生学习成绩。对课程考核成绩的

评定实行“集体评分制”，使学生的成绩评定更加公正、公平、公开、科学合理。将学生的课程作业作公开展示，既监控教师的整个教学过程，又使“过程控制”与“目标控制”得到结合。

(5) 构建对培养学生知识、能力和思维方法较为科学合理的设计基础课程体系，增强学生对理论知识和实践感悟的训练，激发学生的科研和创新兴趣，以艺术创造赋予专业设计以美感和情愫，藉此以课程来拓展学生的视野和想象力，丰富他们的设计表现方法、手段和设计词汇，增强他们的创意表达能力，扩展并深化设计基础课程的内涵，为学生自主发展、创造性思维和综合素质的提高创造较好的条件。

(6) 由于工业设计专业的特殊性，设计基础课程中的技能教学配备多名老师上课，保证每位学生都能得到老师的及时辅导。各课程均按要求对课时进行了压缩和精减，要求课堂讲授把基本理论知识系统、精要地阐述，课内加强辅导，课外加强训练，回课时进行讲述分析总结提高。

(7) 采用教师讲授和学校网络教学平台，在“天空教室”中进行互动交流，如：问题答疑、公告发布、作业布置、讨论交流、作品展示、作品赏析等，使学生们有一条课后与老师互动交流的途径。

(8) 整合或新增了设计基础课程一些必要的技能学习内容，将各单元的教学内容相互关联且各有侧重，形成一个既注重技能训练与实验创新相结合，又注重科学方法掌握与思维拓展相结合的平衡框架，改变以往把设计基础课程教学仅作为造型基础能力训练的做法，充实设计基础课程的教学方法，使设计基础教学成为工业设计专业的真正后盾。

(9) 基于社会发展对人才需求的变化，在适应时代发展的要求前提下，结合本学科发展的新特点和新趋势，汲取与本专业办学相关的研究成果。在遵循教学规律以及精练课程内容、加强课程衔接的前提下，适时对设计基础课程的大纲进行必要的调整，紧密贴近社会。

(10) 确立理性的思维与感性的认识相互融会，既无偏于纯艺术的浪漫，也无偏于纯技术的呆板，而赋予美学、艺术、技术以时代的气息，使学生在展示个性、面向未来的实践中，发展自己的素质。

设计基础课程的教学所蕴含的空间巨大，处处都能看到运用设计基础课程的教学所获得的成功实例。艺术和设计又是相通的，设计与表现将力求寻找一个着力点，使设计基础课程始终以艺术创造赋予专业设计以美感和情愫，使教学过程总是充满激情、生命力和美感。

三、设计基础课程教学实践研究的成效

(1)人才培养规格得到提升。围绕工业设计专业培养要求,根据社会和经济发展对人才需求的变化,强调在设计基础课程中各种艺术元素对设计的渗透,以工学结合为切入点的实践教学思路,激发了学生对课程学习和创新的兴趣,拓展了视野并增强了设计表达能力。通过教学和实践,学生的作品曾代表江苏省唯一的工业设计作品选送全国参赛,许多学生获得了资质证书和江苏省工业设计"新人奖""最佳设计奖"等,以学生综合素质培养的教学方式得到社会的充分肯定和好评。

(2)教学改革与研究成果丰富。围绕工业设计专业中设计基础课程融艺术、设计、实践为一体的学生综合素质培养与教学实践,进行了设计基础课程的教学改革和课程建设,先后完成了"效果图技法精品课程建设""效果图技法课程考核改革""产品表现技法课程群建设""设计素描重点课程建设"等多个项目的结题。

为了提高设计基础课程的教学质量,课题研究组教师注重对设计基础课程的教学研究,陆续在中文核心期刊和省级期刊发表教学教改和学术研究论文40余篇以及其他各种设计竞赛奖项。如:《浅析产品设计效果图的信息传达作用》《工业设计专业"效果图技法"课程考核改革的实践探索》《基于核心能力培养的工业设计专业专业课程体系研究》《开设地方文化与民间美术课程,继承保护非物质文化遗产》《色彩情感表现是赋予产品设计的灵魂》《基于工程背景下工业设计人才培养模式探寻》《设计基础教育与设计综合能力的培养》《符合设计艺术基础教学的素描改革方法》《设计素描的审美特征》《符号学理论在产品通用设计中的应用》《试探形式美的生成机制》《语意学对产品设计的影响》。出版了教材多部,如:教材《动画发展史》《动画风景快速表现技法》《水彩画技法与赏析》《高丽纸花卉技法与赏析》等。

积极参加教学教改研究,完成结题项目10多项(其中省市级教学项目4项),如:①工业设计专业设计+制造特色建设实践和研究(省教育厅);②工业设计专业应用型人才培养模式研究(省教育厅);③常州工业遗产的保护和利用(常州市社科联);④试论金坛刻纸艺术的传承与创新(常州市社科联);⑤产品表

现技法重点课程群建设（校级）；⑥产品设计重点课程建设（校级）；⑦设计素描重点课程建设（校级）；⑧装饰基础重点课程建设（校级）；⑨产品设计精品课程建设（校级）；⑩基于核心能力培养的工业设计专业课程体系研究（校级）；⑪效果图技法课程考核改革专题研究建设（校级）。

课程小组成员还积极科研活动并完成了下列主要科研工作：①江苏省（教育厅）横向科研项目“13.7 米城市客车造型设计”；②完成校级横向科研项目“智能快速冷却型电动车充电器造型设计”；③完成校级横向科研项目“电子控制高清晰度电焊帽造型设计”；④完成校级横向科研项目“激光全站仪产品造型设计”；⑤常州市社科联项目“老常州地方文化与民间艺术的研究和开发”；⑥完成校级横向科研项目“江苏弘州金福车业有限公司的摩托车整体造型设计”；⑦完成校级横向科研项目“无轨导自主爬行焊接机器人造型设计”；⑧完成校级横向科研项目“CJ800 银行客户交互终端造型设计”；⑨完成校级横向科研项目“尚阳 3D 放映机外壳设计”；⑩完成校级横向科研项目“柜面立式影像仪造型设计”等，其中 90％的教学研究课题已获得结题。

此外，课题研究小组的成员还获得了许多教学和科研奖励，如：①“电动车造型设计—Apirlio”获“常州工学院优秀毕业设计一等奖”；②“电动助力车造型设计”获“常州工学院优秀毕业设计团队一等奖”；③“台式飞球钟造型设计”获“常州工学院优秀毕业设计一等奖”；④“DVD 产品造型设计”获“常州大学生艺术设计作品展三等奖”；⑤“全自动组织脱水机产品造型设计”获“常州大学生艺术设计作品展三等奖”；⑥“普利司通 Ostrich 电动车造型设计”获“江苏省第一届大学生艺术展演三等奖”；⑦“可移动电子冰箱设计”获“江苏省第一届大学生艺术展演活动优秀奖”；⑧“产品设计表现技法课程群”入选“常州工学院优秀课程群”；⑨“电圆锯造型设计”获“常州大学生艺术与设计作品展二等奖”；⑩“手枪钻造型设计”获“常州大学生艺术与设计作品展二等奖”；⑪“B&F”和“K-Ling”两幅作品入围“国际商业美术设计师协会”全国展览；⑫“MY－0386 幼儿三轮自行车造型设计”获“常州工学院优秀毕业设计三等奖”；⑬“MY－0320 幼儿自行车造型设计”获“常州工学院优秀毕业设计一等奖”；⑭“试论高校设计艺术基础教育的审美层次跨越”获“全国第一届大学生艺术展演活动艺术教育科学论文评选三等奖”；⑮教材《动画发展史》获“常州市第十届哲学社会科学优秀成果一等奖”；⑯粉画《记忆中的故乡》获“江苏省教育系统美展一等奖”；⑰粉画《淡花丽韵》获“江苏省美术作品优秀奖”；⑱油画《记忆》入选江苏省第三届油画大展；

⑲庆祝中华人民共和国成立 60 周年 2009 年获“常州市教师艺术作品展一等奖”;⑳水粉画《冬日残雪》入选庆祝中华人民共和国成立 60 周年江苏省美术作品展览;㉑《画刊》杂志 2005 年 7 月刊登李志强作品 6 幅;㉒赵可恒 2010 年 4 月获得江苏省高校首届大学生创意大赛优秀指导老师;㉓“工业设计专业设计基础课程融艺术、设计、实践为一体的教学实践研究”2011 年 1 月获得常州工学院 2010 年教学成果奖一等奖;㉔作品《温馨时刻》获“江苏省首届水粉画优秀奖”;㉕作品《迎客的少女》入围江苏省高校美术作品展。

以上这些科研课题和项目,为课题的研究提供了有力的支撑,使课题研究小组成员的学术水平迅速提升,科研能力进一步提高,带动了教学质量的不断提升。

(3) 学生再学习能力获得提高:在课题研究和设计类基础课程教学中,努力培养学生通过教学获得知识、技能和实践经验,养成科学钻研、协作的精神和科学态度,综合运用所学知识和技能解决实际问题的能力,为学生再学习能力的提升、自主发展、创新思维和综合素质的提升创造了较好条件。在设计基础课程自主学习的扩充性资料使用方面,为学生提供了大量课外学习的图书资料、理论刊物、外文期刊。同时,每届毕业生离校之前,学校都会收集留下他们的优秀作业,这为教师课堂教学提供了丰富的实物样品资料。

(4) 教学手段全面改革创新。注重教学方法的探索与教学观念的更新,积极探索理论知识的传授与技能训练的相关性、科学性和系统性探索。针对设计类基础课程教学的特点,提倡求同存异的开放性思维模式,研究运用个性与共性的关系引导学生的个性发展。教学中采用以形式多样的设计竞赛活动,促进了学生对课程知识的理解和掌握。形成了以学生为中心,以能力为本位,以解决实际项目问题为学习目标的创新性和应用性教学体系,让学生在“学中做”“做中学”,形成培养学生创新性和应用性的课程教学体系。

(5) 实践渠道拓展形式多样。在优化理论课程教学的基础上,构建完整的实践教学体系,缩短理论教学与设计实践之间的距离。实践教学按照设计类基础课程技能训练和能力培养两层进行,在课程教学中强调各种艺术元素对设计的渗透,以工学结合为切入点的实践教学,拉近了实际工作和课堂教学的距离,使设计基础课程的教学达到了一举多得的效果。通过设计基础课程的教学和实践,学生除了能掌握设计基础课程的基本技能和基础知识外,还能家具参加各类设计大赛的和参与实际项目的设计,能获得硕士研究生考试和参加职业资格证考试的信心,使得毕业生得到用人单位的好评,近5年来毕业生就业率均达98%以上,考研率达到10%左右。

(6) 注重网络教学环境营造。依托学校网络设施先进的条件,设计基础课程已在学校的"天空教室"中建成了完善的网络教学资源,非常适应开放式教学。其次,利用网络教学环境,为设计基础课程的学习提供了丰富的网上资源,进一步扩充了学生的专业学习资料,拓宽了视野,延伸了教学过程,强化了学习辅导。

积极运用现代化辅助教学手段,在设计基础课程的教学过程中经常运用多媒体课件进行图文并茂的教学,提高了学生的审美眼界。在多媒体教学课件在教学中得到了广泛应用的同时,加入了丰富的教学元素,使课程信息得到了进一步的扩充,让学生一目了然地达到了易学、易懂、易记的效果。

(7) 注重学生课程作业效果。在设计基础课程所布置的作业中,遵循由易到难循序渐进的原则,前期以临摹和借鉴优秀范图为主,同时结合交流观摩。后期以充分利用实际项目进行教学为主,以强化应用型为本的指导原则。对学生的每次作业进行分析点评,及时指出问题,提出下一步改进措施,对优秀作业采用观摩交流方式予以推广。通过这些方法,有效保证了学生作业的质量和每次作业实际效果。

(8) 课程考核改革成效显著。围绕设计基础课程的教学,改革了考核方法,规范了考评体系,突出了考核与综合素质相结合的评价体系,为课程教学活动的开展和教学质量提升提供有力的保障。由于设计基础课程具有较多的课内实践课时,针对这一情况,规范了技能课程的评分标准和方法,更加科学合理地对学生学习成绩作出评定,进一步体现应用型人才培养的要求,也为今后的专业课程的学习和专业设计工作打下坚实的基础。

首先,加强平时学习过程控制,改革平时成绩计算方法。把能充分体现设计基础课程知识点、技能点的部分都作为考核内容。当一个单元的内容学习结束时,就进行一次考核。授课老师及时在课堂对学生的单元考核作业进行点评与辅导,把过程控制与目标控制相结合,并用多次测试来评定学生学习成绩,促使学生在平时就注重课程的学习和训练,避免了以前一次考试定终身的情况。

其次,教学与社会实际相结合,改革课程考核试题内容。根据设计基础课程融艺术、设计、实践为一体和动手能力要求高的特点,强调课堂教学与社会实践、实际项目相结合。为课程的考核内容引入了社会实践项目,根据不同单元参插了将"真题设计"带入课程,通过真题项目的实战训练,改变了传统设计基础教学忽视社会实践的现象，既培养了学生的市场意识和动手能力，又通过课程的学习和考核，使学生真正掌握设计基础课程的内涵并具有极强的适应实际设计工作的能力。

最后，规范课程考评与核体系，改革课程考核评定方式。规范了设计基础课程的评分标准，课程考核成绩的评定实行“集体评分制”，由系部组织专家老师对课程考核的作业进行集体评分，并对课程考核作业做公开展示，使学生的成绩评定更加公正、公平、公开、科学合理。通过这一形式，对任课教师的教学过程进行监控，促进教师教学的责任性，也接受广大师生的监督，提高课程教学水平。

四、设计基础课程教学实践研究的创新点

(1) 科学研究带动教学。设计基础课程的教学围绕专业人才培养的规格展开，为了提升教学质量，完成了“效果图技法精品课程建设”“效果图技法课程考核改革”“产品表现技法课程群建设”“设计素描重点课程建设”等多个教学改革和课程建设项目的结题。注重学术研究、教学研究和科学研究，先后在核心期刊和省级期刊发表各类教改和学术论文 40 余篇，获得设计竞赛奖多项和横向科研项目近 30 项，使科研带动了教学内涵的提升。

(2) 实际项目体验教学。贯彻教学服务社会的理念，将重要的知识点与实际应用相结合，以真实设计项目来驱动实践训练，融创新思维培养、团队协作、案例教学于教学中，使学生真正掌握设计基础课程的学习内涵，提高适应实际工作的能力和职业道德，使设计基础课程的教学达到一举多得的效果。

(3) 设计比赛促进教学。在设计基础课程的教学期间，不断引入各种设计竞赛并组织参赛，通过形式多样、丰富多彩的设计竞赛活动，提高学生的学习兴趣，加深对知识的理解和技能的掌握。

(4) 因材施教提升质量。注重教学观念的更新，引导学生的个性发展。在设计基础课程的技能训练教学中配备了多名老师，针对不同基础的学生进行有的放矢地辅导，确保每一位学生都能得到老师的指导。同时，经常邀请学生进行经验交流，教师进行示范演示，教学环节循序渐进，使不同基础的学生成绩都有显著的提高。

(5) 过程与结果双监控。严控教学质量和教学效果。首先规范课程考评体系和改革考核方法，把能充分体现课程教学的知识点、技能点都作为考核内容，

用多次测评来评定学生的学习成绩,避免"一考定终身"的情况;其次,采用"集体评分"方法对考核成绩进行评定,使学生成绩的评定更加公正、公平、公开、科学合理;再次,将课程教学作业在全校作公开展示,既对任课教师的教学过程进行监控,又促进了教师教学的责任性,也接受了广大师生对教学质量的监督。

(6) 教学过程得到延伸。将课堂教学发展到课外学习,建成完善的课程网络教学平台,使教学过程得到扩展。通过提供丰富的网络教学资源,提高学生审美眼界,丰富教学手段。

五、专家、老师和学生反馈的意见

对"工业设计设计基础课程融艺术、设计、实践为一体的教学实践研究"已历时多年,从中积累了许多宝贵的经验,特别是在课题研究期间,以培养学生的创新能力、实践能力为切入点,摸索出了一套适合工业设计专业设计基础类课程教学实践的方式方法并得到了专家、老师和学生的一致赞赏。

(一) 专家、老师的评价

(1) 刘任先,艺术与设计学院工业设计系教授。薛锋老师主持的效果图技法课程,采用多种形式的教学方法和手段,在课程改革、研究、建设方面取得了令人满意的成绩,尤其是课堂教学的示范受到学生的欢迎,教学的针对性很强。同时课程组成员都具有丰富的教学与实践经验,多年来教学效果好,学生作业引人瞩目,教学质量得到了很大提高,该课程的成功经验,值得学习和推广。

(2) 卢景同,江苏技术师范学院机电学院工业设计系主任副教授/高级工艺美术师。薛锋老师主持的效果图技法课程是同类院校中频具特色的、内容较为完善的一门课,课程尤其重视在实践性环节教学过程中注意培养学生创意思维,注意各学科知识之间的渗透,既强调表现技巧、表现形式等艺术素养的学习,又强调实践应用素养的培养,使该课程具有鲜明的专业特色和实用价值,彰显出课程内容适应社会需求的特性。

(3) 张新荣,艺术与设计学院艺术设计系主任副教授。工业设计专业在效果图技法课程建设方面做了大量的努力和探索,收集大量教学资料,积累了很丰富的教学教改经验,课程安排紧凑而富于节奏,与前期的设计素描、色彩等专业基础课程及后续专业课程的衔接恰到好处。

(二) 学生的评价

(1) 彭成峰(2005 届工业设计专业毕业生)美利龙餐橱具(苏州)有限公司设计师。学校对学生的培养非常注重能力和知识的全面性,就我们的工业设计来说,课程走进企业,了解产品从有设计草图之初到模具开发完成的全过程,与企业合作,为企业设计新产品,好的设计作品可以申请外观专利,吸引企业的眼球,为专业打造了品牌。

(2) 徐玉琴(2006 届工业设计专业毕业生)南京林业大学研究生在读。首先我非常感谢母校 4 年来对我的栽培和教育,让我有机会继续深造读研究生。希望母校继续加强对学生的培养工作,让常州工学院更加强大。在课程方面,我觉得工业设计专业将理论知识与实践相结合,专业知识和专业技能相结合,使我们所设计出来的产品不至于华而不实。基础打得扎实对以后的工作和继续深造帮助很大。

(3) 丁幼丹(2007 届工业设计专业毕业生)。在学习手绘技巧的过程中,薛锋老师教学认真,悉心指导,教会了我各种手绘方法、上色技巧、步骤,培养了我良好的绘画习惯,使我对于手绘产生了浓厚的兴趣,并且取得了一定的成绩。作为一名工业设计专业的学生,手绘是极其重要的一个环节,是能力的一个体现。正因为如此,通过老师的指导,我的手绘能力得到了提升,在学习和工作中有一个很好的平台去展示。

(2010 年获常州工学院教学成果奖一等奖)

以“大学生科技实践创新中心”为载体培养学生创新能力和创业素质的探索和实践

朱锡芳　田鸿发

一、概述

(一) 背景与思路

随着经济的快速发展,用人单位对毕业生的要求越来越高,甚至要求聘用的本科生能拥有两年及以上的工作经验;另一方面,企业为提高竞争力,提升企业的创造能力,企业越来越重视创造性和创新性人才的引进,要求学生具有较强的创新精神和实践能力;同时,面对高等教育大众化进程的不断推进,社会面临越来越大的就业压力,国家提出以创业带动就业的措施,社会对高等学校培养的人才不仅要有较强的就业能力,甚至要有较强的创业素质和创业能力;这一系列的变化无疑对现有的教育教学模式提出了严峻的挑战,急需我们要有新的思路、新的措施和新的模式去应对这一挑战。

为探索培养学生创新能力和创业素质的途径和方法,我们为学生营造了一种开放的环境,提供了一种学科交叉的平台,开辟了一个人际交流和团队协作途径,模拟了一个创业的舞台,通过锻炼、熏陶和实践,使他们的创新能力和创业素质有较明显的提升,满足社会对人才的要求。

“大学生科技实践创新中心”(简称“创新中心”)成立于 2003 年,为学校处级单位,挂靠在教务处。“创新中心”作为培养学生创新能力和综合素质的重要载体,是学校应用型人才培养体系的重要组成部分,其工作重点在于创新教育,探索和实践:培养学生创新能力、综合素质和创业素质的途径和方法。

还创立了学生自主管理机构“创新创业大学生基地”,领导和组织各学生工作室成员进行社会项目的创作和创业活动。

目前，“创新中心”仪器设备总值近 1 000 万元；2003—2006 年活动场地近 460 m^2，2006 年底迁入新址活动场地近 1 200 m^2。

（二）创新能力和创业素质培养的模式

“创新中心”提出了“4＝6”的培养理念，即通过“创新中心”这一载体，进行系统的、动态的、零距离的、技术和素质兼顾的培训和训练，使学生在 4 年的学习期间，能积累出相当于 2 年的工作经验和经历。

为实现“4＝6”的培养理念，我们提出了三层次人才培养模式：

（1）基础层——通过开设系列创新综合实践课（公选课形式）和各类兴趣班，进行专业课程的深化和非专业课程的多元化基础训练；

（2）拓展层——通过组建各类工作室和参加各级各类比赛，拓展专业知识的应用能力，进行综合、创业素质的培养；

（3）提高层——通过将工作室进行市场化运作和参加各类大型综合比赛，提高学科交叉知识的应用能力、人际交流和团队协作能力、以及工作室、企业的经营、管理和熟悉市场能力、市场实战能力。

（三）创新能力和创业素质培养的实践

“创新中心”通过创新教育的研究、探索和实践，在创新能力和创业素质培养上形成了自己独到的教学风格，摸索出了创新能力培养的 4 种方法和创业素质培养的 3 个阶段。通过零距离法、动态组织法、资产二次增值法、全面素质渗透法，培养过程实战化，过程管理动态化，旧仪器设备整合案例化，素质教育渗透化，达到培养学生的创新能力。通过基本素质、创业能力和运作能力三阶段的培养，学生具备吃苦耐劳、自信、自强精神，不断增强创业意识，并通过“准公司”、工作室的自我管理和运作，达到培养、训练和提高学生创业素质。

（四）实践成果

自“创新中心”成立以来，已开 5 届培训班，每年开展近万人次的学生活动；学生完成横向项目 30 项，学生承担省级、校级项目 11 项；获国家级和省级文化类、科技类竞赛奖 70 项，国家级和省级竞赛奖杯 7 只；已开办企业 3 家，运作“准企业”5 家，运作学生工作室 10 家；“创新中心”建立校外大学生创新实践基地 3 家，企业与“创新中心”学生工作室合作设立研发中心、设计中心 5 家。整合了近

1 000 万元的旧仪器设备，使资产二次增值，有效地培养了学生的创新能力和创业素质。

二、“4＝6”的培养理念

4 应该等于 4，学生在校 4 年，得到系统的专业知识和理论，获得一定的实践能力，毕业后走上工作岗位，难以满足现代企业用人的要求。但是，相当多的企业提出要聘用拥有两年工作经验的本科生，也就是说，企业迫使学校要进行“4＝4＋2”的诠释。

另一方面，企业为提高竞争力，提升企业的创造能力，企业越来越重视创造性和创新性人才的引进，要求学生具有较强的创新精神和实践能力；同时，面对高等教育大众化进程的不断推进，社会面临越来越大的就业压力，国家提出以创业带动就业的措施，社会对高等学校培养的人才不仅要有较强的就业能力，甚至要有较强的创业素质和创业能力。

因此我们提出了“4＝6”的培养理念，让学生在 4 年的学习期间，除完成培养计划规定的目标和任务外，在课余时间利用“大学生科技实践创新中心”这一载体，进行系统的、动态的、零距离的、技术和素质兼顾的培养和训练，较好地解决了第一课堂教学受时间、空间和内容限制的问题，极大地拓宽了实践的时间、实践的空间和实践的内容；通过导师系统的引导，创造出一个开放的环境，提供学生工作和实践的机会，使学生在校期间就能拥有相当于 2 年的工作经验和经历，这就是“4＝6”的培养理念，即学生通过高校 4 年的系统学习，而课余时间利用“大学生科技实践创新中心”这一平台的实践，学生不仅可获得 4 年的专业培养，而且可以积累“2 年的工作经验和经历”，有较强的创新能力、创业素质和创业能力。

三、“4＝6”的三层次培养模式

（一）第一层次——基础层

通过开设系列创新综合实践课（公选课形式）和各类兴趣班，由相关专业导师授课、辅导，并从各个二级学院选拔学生，利用课外时间对他们进行专业课程的深化训练，和非专业课程的多元化训练，最大程度的拓展他们的知识和技能。

（二）第二层次——拓展层

通过组建各类工作室和参加各级各类（国家级、省市级、校级）比赛，完成自我管理和运作，充分发挥个性、特长和潜能，通过比赛得到了知识的运用和实践，提高学生的实践能力和独立工作能力，获得了团队精神和协作意识的培养。通过“创新中心”培养、输送学生骨干到学生社团和协会组织开展学生活动，从而渗透到整个学校的学生层面展开创新创业实践，达到提高学生创新能力和创业素质培养的受益面，带动学校形成创新创业的浓郁氛围。

（三）第三层次——提高层

通过将工作室进行市场化运作和参加各类大型综合性比赛、社会项目、企业项目，提高学生学科交叉知识的应用能力、社会沟通交际能力、市场运作能力和企业的管理能力。引导学生熟悉市场运作，学习企业经营和管理，培养学生自主创业素质与能力，实现“以创业带动就业”的目的。

通过“4＝6”三层次的培养模式，科学有效的引导学生提高自身综合素质与能力，并使其得以大幅提升，实现“4＝6”的培养理念。

（2007 年获江苏省高等教育教学成果奖一等奖）

创造环境注重实践
全面提高学生创新能力

庄志红　杨家树　陈伦琼　张　兵　许泽刚　张立臣

"实践能力和创新精神"是江苏省高等学校品牌、特色专业建设中"人才培养质量"考核指标中一项重要的内容，常州工学院电气工程及其自动化专业于2008年获江苏省高等学校品牌、特色专业建设点立项。为此，实践教学团队抓住特色专业建设契机，将"注重实践，全面提高学生创新能力"作为人才培养的重要目标，在创新教育方面不断摸索，现总结如下。

一、基于CDIO教育理念，改革传统教学模式

先进的教育理念是人才培养的重要保证，为此，团队引入了当今国际工程教育改革的最新成果——CDIO教育理念，通过更新教育理念，在实践教学环节中，围绕四个核心能力(注：单片机、PLC、计算机和电力系统的应用能力)要求，对传统教学模式进行改革和尝试。

(一) 教学模式的改革

注重工程意识，培养卓越工程师素质，作为实践教学改革的主线，团队通过问题式教学模式、项目式教学模式、资源式教学模式、案例式教学模式、研究型教学模式等，打破传统观念，构建新型的教学模式。通过大力扶持学生实践创新训练计划、电子设计大赛、学生参与教师科研项目等，近年来，学生工程实践、工程设计和工程创新能力得到全面提升，学生的校级、省级创新训练计划项目逐年增加。张兵老师主持的"基于项目的学习模式研究(CDIO)"也于2008年作为学校教改项目获立项。

(二) 实践教学环节的改革

课程设计、实践环节作为实践教学中的一个重要环节,通过对台湾勤益科技大学等单位的调研,学院从 08 级学生开始,将电子技术、单片机课程设计等列为试点,制定了全新的实践教学实施计划,将实践教学从原来集中的 1~2 周,拉长到 18 周,使学生有充裕的时间和精力,去策划、去训练,从而提高自己的动手能力,在实践中培养创新精神;指导教师从固定 1 人,变成团队值班、轮流指导,发挥教师的集体智慧。实践表明,学生动手能力得到加强,作品水平明显提高。

(三) 创新教育平台的搭建

为了更好地进行应用型人才的创新教育,团队通过搭建"课堂创新教育平台""实践创新教育平台"和"课外创新教育平台"等平台,在教学理念、教学方法和教学手段等方面进行创新,多角度、全方位地进行尝试,为实践教育提供广宽的空间,让创新理念深入人才培养各个阶段。

二、创造实践的硬件条件,营造良好的环境氛围

如同"硬件"是计算机的"基础"一样,没有相应的硬件支持,再好的软件也无法发挥其功能。营造良好的软、硬件环境,为学生的实践提供必要保障,是提高实践能力和培养创新精神的客观要求。

(一) 硬件上提供保障

(1) 配备学生专属创新实验室。除依托学院的"大学生实践创新中心"外,团队更多挖掘内部潜力,在二级学院领导的协调下,为每个系部配备学生专用的创新实验室,由学生负责管理,时间由学生自己掌握,全天候开放。

(2) 充分发挥教学仪器功效。中心实验室在保证正常教学的要求外,实行学生值班制,让学生充分利用晚间、星期六日的业余时间,投身于实践的训练和能力的提高上。发挥教学仪器的最大功效,设备不怕用坏,最怕"闲坏"。

(3) 提供师资技术支持。积极扶持兴趣小组,支持学生参加各种社团组织、实践活动。比如:电子学会、单片机兴趣小组等,学院都为其配备经验丰富的一流教师,团队教师技术上提供强力支持。

(4) 制造必要的支撑工具。电子设计、单片机应用训练,都需要相应的实践工具,为此,团队调动各方面资源,由基础部杨家树老师主负责的模电、数电课程的典型电路方案设计,庄志红老师创意设计的单片机创新平台建设等。通过精心构造模组、设计线路板,为学生实践提供必要的训练工具。

(5) 打造实践竞赛平台。作为本学院重点打造的"天华杯"竞赛平台,其规模和影响力都在逐年扩大。相对某些较多掺杂学校影响力、教师水份因素的学生竞赛,天华杯可以较客观、公正地反映学生真实能力和水平。作为江苏赛区赛点之一,学院不求利润多少,更求为学生提供展示才能舞台,让学生在真实环境下训练提高、开宽眼界。

(二) 软件上营造氛围

(1) 加强宣传,营造良好氛围。宣传先进、营造良好氛围,本院一直走在前列。比如每学年的学院考研表彰会、奖学金表彰会、研究生形象宣传等,对本院学生已产生潜移默化的影响,已形成学习先进,要求上进的氛围;积极参加各类竞赛,在高等数学、物理制作、广告艺术等比赛中也得到体现。

(2) 充分发挥班导影响力。班级导师的管理理念与班级的学风有着一定关系,一个注重实践的班导,班级学生同样热衷实践。为此,团队坚持认为充分调动班导的积极性,最大层度发挥班导在实践环节中的影响力。真实表明,班导工作的影响力,可在其所带班级学生成果中得到直接体现。

(3) 导师工程环境熏陶。一个自身就注重实践的教师,一个具有丰富的实践经验和丰硕的研究成果的老师,一个具有创新精神的实践教学团队,学生在此环境下成长,势必起耳濡目染的效果。让学生有机会参与教师的科研项目,是团队长期坚持的策略。

(4) 评价制度灵活。注重实践,就需花更多时间用在训练上,这势必某种层度会影响其它课程的学习;注重创新,势必就要走弯路,有失败的风险。不局限于分数,更关注能力;不拘一格,全面评价;注重全面,更突出重点,灵活的评价制度为学生放心参与实践提供心理保障。

三、注重实践教育,坚持团队协作

注重实践教育,造就具有创新精神和能力的应用型人才;坚持团队协作,打造实战经验丰富的精英人才；在良好的成长环境下，全面提高学生创新能力。

(一) 注重实践教育

近年来，无论张建生老师主持的“强化创新能力和工程素质培养的电气类专业实践教学环节的研究与探索”，张立臣老师主持的“应用型本科人才电类基础课程教学的拓展与实践”，还是黄文生老师主持的“基于 CDIO 提高电气工程及其自动化专业学生核心能力的教学体系改革”等，教学团队始终将实践教育放在重中之重，培养计划中加大应用型课程比重，课程教学中突出工程案例，实践环节注重与项目结合。注重实践，是团队所有成员的共识；应用型人才强调的是动手能力、创新能力，能毕业后很快适应企业需求的“零距离”应用型人才。

(二) 团队分工协作，发挥集体力量

电子竞赛作为本学院师生的强项，“以赛促练，注重实践训练”是团队一贯坚持的指导思想。平时良好训练是成功的基础，为了更好地准备各类比赛，在院领导的直接指挥下，成立以庄志红老师负责的单片机设计与开发指导小组、杨家树老师负责的电子设计与制作指导小组两支竞赛团队，以点带面，打造精英。指导团队成员相互合作，发挥各自的优势，调动集体的力量，围绕一个目标精力指导，全面提高学生大赛能力和竞赛经验。

四、共同发展，成果丰硕

完美的实践环境，良好的实践条件，通过三年改革创新，在学院领导的大力支持下，师生员工共同努力下，学生和老师都取得了丰硕的成果。

(一) 学生方面

三年来，由本院老师直接指导的学生(含其他学院学生)，或在本院班级导师直接配合下、由其它学院老师指导的学生，参加各类比赛、获各类荣誉共 84 项，其中含全国性奖项 7 项。

(1) 2010 年全国电子专业人才设计与技能大赛：全国决赛：电子设计与制作：二等奖 2 项、三等奖 1 项；单片机设计与开发：三等奖 1 项、优秀奖 1 项。江

苏赛区：电子设计与制作组：一等奖 1 项、二等奖 2 项、三等奖 6 项、优秀奖 5 项；单片机设计与开发组：一等奖 2 项、三等奖 5 项、优秀奖 4 项；

（2）2009 年“天华杯”全国电子专业人才设计与技能大赛：单片机设计与开发江苏赛区一等奖 1 项、三等奖 5 项；

（3）2009 年全国大学生电子设计竞赛江苏省 TI 杯：一等奖 1 项、二等奖 3 项；

（4）“中天科技”杯江苏省高校大学生物理及实验科技作品创新竞赛：第七届：特等奖 1 项；第六届：一等奖 1 项、二等奖 2 项、三等奖 1 项；

（5）江苏省第十届高等数学竞赛：一等奖 2 项、二等奖 1 项；

（6）第三届全国大学生广告艺术大赛：国家级：二等奖 1 项；江苏赛区：三等奖 1 项、优秀奖 3 项。

（7）大学生实践创新训练计划项目：省级共 4 项，校级共 12 项；

（8）优秀毕业设计（论文）：省级 1 项，校级 6 项；

（9）学生参与发表论文：6 篇。

（二）教师团队方面

没有金刚钻，怎敢揽瓷器活；自身实践能力一般，没有创新意识，如何谈得上培养创新人才。在培养人才的同时，团队成员坚持加强自身建设，努力提高自身综合素质。3 年来，团队成员取得的主要成果有：教学教改研究项目、论文共 9 项，主要科研论文共 20 篇，各类奖励、荣誉共 19 项，教材建设共 8 部，发明专利共 8 项等。

（2010 年获常州工学院教学成果奖一等奖）

注重教学研究　构筑课程平台

——新建本科高校文化素质教育体系的实践探索

李文虎　房汝建　潘金林　苗贵松　朱锡芳

10年来我国大学生文化素质教育为构建中国特色高等教育人才培养体系做出了巨大贡献。但是,诚如教育部文化素质教育指导委员会主任杨叔子院士所言,高校文化素质教育的发展是不平衡的。

新建本科院校,是指上世纪末和本世纪初由原来专科办学层次的学校独立或合并升格为本科办学层次的高等学校。这些院校由于本科办学时间较短,学科专业特色建设还处于探索之中;办学方向上定位于为地方经济建设和社会发展服务,办学类型上定位于培养本科应用性人才为主的教学型高校。由于种种原因,这些院校文化素质教育的基础较为薄弱。加强地方新建本科院校文化素质教育理论研究和实践探索,已成为中国高等教育质量工程的重大课题之一。

常州工学院虽属新建本科高校,但多年来十分重视人文教育,将大学生的文化素质教育融入人才培养体系之中。特别是近4年来,学校以加强人文教育、促进科学教育与人文教育相融合为宗旨,注重教学研究,以研究引领文化素质教育,营造良好的人文教育环境,构筑文化素质类课程平台,开展丰富多彩的文化素质教育活动,在全面提升大学生综合素质方面进行了积极探索,积累了一些有益的经验,有力地推进了教育教学改革,促进了人才培养质量的提高,其操作性强、移植性好,具有较高的推广和借鉴价值。

一、注重教学研究:以教育教学改革研究引领文化素质教育实践

学校先后主持了“应用型本科院校人文素质教育优质教学资源库学科内容整合及其网站管理模式研究”“新建本科院校公共艺术课程教学平台建设”“中国

动画与当代青少年良好品格之养成的价值和途径研究”等全国高等学校教学研究中心、江苏省教育科学“十一五”规划与教育厅高校哲学社会科学基金项目及校级教育教学研究等科研课题，积极探索新建本科院校大学生文化素质教育的新理念与新方法，以研究引领实践，以实践推动研究，取得了丰硕的研究成果，仅本成果的主要完成人就发表了论文10余篇。

二、营造教育环境：校园人文景点与校外教育基地彰显地方特色

常州工学院作为市属本科院校，积极利用常州历史上人文荟萃的资源优势，建造了“院士语林”“秋白园”“赵元任先生塑像”等校园人文景点；同时，将瞿秋白故居、东坡公园、刘海粟美术馆、春秋淹城等作为校外人文教育基地，充分发挥地方人文资源在大学生文化素质教育中的陶冶作用。

三、构筑课程平台：十大课程体系、20余种文化素质教育教材初具规模

文化素质教育可以有多种方式并存，但根据高校的特点，课程教学的方式相对系统，应成为主要的方式。2004年12月，学校制订《常州工学院公共选修课课程库建设方案》，使公共选修课建设系统化、规范化。学校在健康、科技、信息、人文、社科、经管、艺术、女性、军事、导读10类中，规划了包括14门重点建设课程在内的402门课程库，开课830门次，84 281人次选修，数量充足，为全面推进文化素质教育打下了坚实的基础。参见表1。

表1　公共选修课教学平台建设情况一览

学年	学期	新增入库课程门数	开课门次	选修学生人数	列入学校重点建设课程门数
2004/2005	第1学期	263	76	7 746	
	第2学期		76	5 127	
2005/2006	第1学期	83	111	10 098	3
	第2学期		111	10 577	

（续表）

学年	学期	新增入库课程门数	开课门次	选修学生人数	列入学校重点建设课程门数
2006/2007	第1学期	24	111	10 139	2
	第2学期		129	10 795	
2007/2008	第1学期	16	110	10 096	8
	第2学期	11	120	10 729	
2008/2009	第1学期	5	96	8 974	1
合计		402	830	84 281	14

教材是课程内容的重要载体，学校十分注重文化素质类教材建设。由我校主持编写的“大学生文化素质教育丛书”20种已陆续由河海大学出版社出版；《社会伦理与青年学生》《中国传统文化概论》《口语表达艺术》《创业经营之道》《大学生心理健康教育》《戏剧艺术》《科学技术引论》《文学趣谈》《知音赏乐》等近20种教材待出版；“高等院校大学生艺术素质教育系列丛书”42种教材，即将由东南大学出版社出版。

四、探索教育模式：主体教育模式和综合渗透模式相辅相成

学校在文化素质教育中探索出两种教育模式：主体教育模式充分发挥学生在文化素质教育教学中的主体性，让学生在各类活动中自我教育、自主发展；综合渗透模式将文化素质教育成分参透到学校管理、教学活动、校园环境之中，达到教书育人、管理育人、服务育人、环境育人的目的。

五、健全管理体系：建立文化素质教育的长效机制

学校成立了“文化素质教育工作领导小组”，由校长与分管教学、学生工作的副校长分别担任组长和副组长，成员由各相关职能部门、相关二级学院的负责人组成。教务处、学生工作处、团委、招生就业处、图书馆及相关二级学院均有明确的任务与分工，确保了文化素质教育工作落到实处。学校还建立了一支专、兼、

聘结合的大学生文化素质教师队伍，组织相关教师参加了“江苏省高等学校大学语文青年骨干教师培训班”和“教育部高等学校文化素质教育青年骨干教师高级研修班”。

六、拓展活动内容：让学生在丰富多彩的文化素质教育活动中成长

（一）举办高水平讲座

几年来，学校先后聘请金怡濂等 70 多位国内外院士、教授、学者来校讲学；校内教师每年均举办人文、科普讲座 50 余场。高水平的讲座营造了浓厚的校园文化氛围。

（二）深入开展“校风建设月”活动

学校十分注重校风建设，从 1991 年起就将每年的 4 月份和 10 月份确定为“校风建设月”，着力塑造优良的校风。每一个“校风建设月”都有着鲜明的主题和相应的文化素质类教育活动。学校还将文化素质教育纳入精神文明建设的体系，积极开展校园文明建设，提升了学生的人文和科学素养。

（三）积极开展大学生“文化艺术节”“学术科技节”和“校园读书节”等主题活动

在“文化艺术节”活动中，开展文学、艺术系列讲座、大学生艺术社团文化活动展示、经典文艺电影展映、大学生主题征文、大学生 DV 大赛优秀作品展映、大学生摄影大赛优秀作品展、器乐演奏欣赏等系列活动，提高了大学生的艺术修养和人文素养；在“学术科技节”活动中，开展大学生课外学术科技作品竞赛、学术科技论坛、创新设计大赛、科普影展等系列活动，培养了学生的创新精神和实践能力；在“校园读书节”活动中，举办中外名著导读讲座、读书心得交流，组织读书知识竞赛或征文比赛，提高了学生的人文素养。在“倡导读书风尚，提高人文素养”主题读书活动中，全校有 5 303 名一、二年级大学生参加了相关活动，收到了良好的效果。

（四）依托“大学生科技实践创新中心”，积极开展创新教育活动

“大学生科技实践创新中心”是我校创新教育的基地，全校学生不分学科、专

业均可在此参加自己感兴趣、有特长的各类科技创新活动。“中心”定期举办大学生科普讲座，全面提升大学生的科学素养。“中心”组织学生参加“挑战杯”、创业大赛、机器人大赛等各种创新活动，四年来累计获省级以上竞赛奖励78项。

（五）鼓励和组织学生参加各类社会实践活动

大学生融入社会实践是文化素质教育的重要体现。几年来，学校鼓励和组织学生开展社会调查、社会公益活动、青年志愿者活动等，提高了学生的综合素质和实践能力，得到了社会的广泛好评。

（六）积极组织师生参加各类文化素质竞赛活动

2004年，学校组织了890多学生参加江苏省首届理工科大学生人文社会科学知识竞赛，安东同学获省一等奖（49名学生获其他奖项），在上百所高校中位列第九，获优秀学校奖。此后，在第八、第九届江苏省普通高等学校非理科专业高等数学竞赛中，获奖32项。

2005年，在江苏省第一届大学生艺术展演活动中，获单项奖45个，学校同时获优秀组织奖；在全国第一届大学生艺术展演活动中，张婧的水粉《春望》、蒋娜的水彩《黄土情》获绘画作品一等奖。苗贵松《论高校艺术类公选课程体系建设与管理规范》获一等奖，并受邀参加在全国高等学校艺术教育科学论文报告会和人民大会堂“灿烂青春”全国第一届大学生艺术展演活动闭幕式暨颁奖晚会。另有5位教师获二、三等奖。

2006年，在教育部语言文字应用管理司主办的“全国师范院校学生语言文字基本功大赛”中，共有196名学生获奖，学校同时荣获“组织奖”。

2007年，在江苏省第二届理工科大学生人文社会科学知识竞赛中，获二等奖4个、三等奖11个、优秀奖28个。

2008年，在省语言文字工作委员会和教育厅主办的江苏省首届中华经典诵读比赛决赛中，荣获大学生组唯一的一等奖，充分展示了我校文化素质教育的水平和实力。

新建本科高校开展文化素质教育要做到领导重视，部门支持，教师参与，学生投入，管理到位。“长风破浪会有时，直挂云帆济沧海”。常州工学院大学生文化素质教育工作今后必将取得更加丰硕的成果。

（2009年获江苏省高等教育教学成果奖二等奖）

后　记

常州工学院是教育部批准成立的一所全日制普通本科高校。学校坐落于经济发达、文教昌盛、交通便捷、美丽富饶的江南历史名城——常州，其前身为创建于1978年的常州市“七二一”工业大学，后更名为常州职业大学。1982年，经教育部批准，建立常州工业技术学院。2000年，常州工业技术学院、常州市机械冶金职工大学合并组建常州工学院。2003年，传承常州师范教育百年历史的常州师范专科学校并入常州工学院。伴随着国家改革开放的步伐，历经多年的建设和发展，学校现已成为一所以工科为主，工、理、管、经、文、教、艺术等多学科协调发展、办学特色鲜明的应用型本科高校。

自建校以来，学校始终坚持面向基层、服务地方的办学定位，致力于培养切合地方经济社会发展需要的应用型人才。迄今，学校已为社会培养输送了9万余名本专科应用型高素质人才。2006年12月，学校在全省新建本科院校中率先以优良的成绩通过了教育部本科教学工作水平评估。

为进一步梳理盘点学校“升本”以来在应用型人才培养方面的理论研究与实践成果，从而更好地总结经验、检视问题，找准今后人才培养的立足点和切入点，服务于学校的转型、提升、发展，我们编选了本书。限于篇幅，书中只收录了学校在应用型本科人才培养研究与实践方面所取得的部分成果，共收录了69篇论文，按“理论研究、实践探索、成果概览”之顺序进行了编排。为统一全书的体例，我们对少量入选文章略加删节，如有不当之处，敬请理解。

从成果遴选到编印，得到了全体教师和管理人员的积极响应与大力协助。付梓之际，谨表谢忱。

李文虎

2014年9月